KB203201

소비자
경제심리의
법칙

저자 **유동운**은 서울대학교 상과대학 경영학과를 졸업하고
미국 캘리포니아대학에서 경제학박사학위를 받았다.
현재 국립 부경대학교 경제학부에 재직중이며
공인회계사로 제도주의경제학을 전공하고 있다.
주요저서로는『현대경영』,『신제도주의경제학』,『경제진화론』,『경제본능론』,
『시장경제문화론』등이 있다.

소비자 경제심리의 법칙

초판인쇄 2006년 3월 10일
초판발행 2006년 3월 15일
지 은 이 유 동 운
펴 낸 이 이 찬 규
펴 낸 곳 북코리아
등록번호 제03-01157호
주   소 121-802 서울시 마포구 공덕동 173-51
전   화 (02) 704-7840
팩   스 (02) 704-7848
이 메 일 sunhaksa@korea.com
홈페이지 www.ibookorea.com

값 20,000원

ISBN 89-89316-73-1 03320

234 가지의 실험결과와 사례소개

소비자 경제심리의 법칙

원시본능의 소비자심리법칙 | 확실한 전망의존의 경제심리법칙 | 인지부조화해소의 인지심리법칙 | 과시소비와 군중심리의 진화심리법칙 | 과잉반응과 과소반응의 주식투자자 휴리스틱심리법칙

유동운 지음

북코리아

2002년 노벨경제학상이 스탠퍼드대학 심리학 교수인 대니얼 카니먼 (Daniel Kahneman) 에게 돌아가는 의외의 일이 벌어졌다. 1996년 타계한 그의 평생 동료교수인 심리학자 아모스 터브스키(Amos Tversky)에게는 대신 2003년 심리학, 음악, 교육학 등에 창의적인 아이디어를 발견한 자에게 수여되는 그로미어(Grawemeyer)상이 수여되었다. 1990년 헤리 마코위츠(Harry Markowitz)를 시작으로 2001년 조지 애컬로프(George Akerlof), 2002년 버논 스미스(Vernon Smith) 등에게 노벨경제학상이 돌아가면서 심리요소가 경제현상을 설명하는 데 중요하다는 인식이 들어서게 되었다.

전통적으로 경제학은 사람들이 신의 경지에 가까운 만사형통의 전능하고도 이성적인 기계인간이라고 전제하여 이들이 벌이는 경쟁적 상호작용이 어떤 결과를 낳는가를 분석하여 왔다. 그러나 인간은 고도로 발달한 엄연한 생물적 존재로, 사회적·정치적·경제적·문화적 본능을 바탕으로 살아가는 심리적 존재이다. 인간은 군중심리에 쉽게 휩싸이는 사회적 존재이고, 본인위주로 인지·행동하는 정치적 동물이며, 에너지를 절약하면서 이득을 추구하는 경제적 주체이고, 무엇인가를 후세에 남기려는 문화적 창조자이기도 하다. 이러한 인간들이 만들어 내는 경제행동은 전통적인 경제이론이 설명하는 바와는 다른 모습을 보여 준다.

이 책에서는 기계적 인간 대신에 유기체적 인간이 심리법칙에 따라 어떻게 경제행동을 벌이는가를 살펴보고자 한다. 그 동안 신경과학, 진화심리학, 인지경제학, 경제심리학 등에서 발견된 인간의 행동법칙을 경제거래에 적용하여 해석해 보고자 한다. 그에 따라 우리가 지금까지 당연시하였던 법칙들이 의지할 바탕을 잃어버리기도 하고, 또 그 동안 의아하게 생각하면서도 받아들이기 꺼렸던 원칙들이 엄연한 하나의 법칙으로 설명되는 까닭에, 독자들에게 한편으로는 혼란의 기회를, 한편으로는 확신의 계기를 제공할 것으로 기대한다. 다만 인간의 경제행동을 지배하는 배경에 심리법칙이 중요한 의미를 가진다는 사실을 이해하는 것만으로도 이 책의 출판의 의의를 찾을까 한다.

영국 켐브리지대학의 경제학자 피구(A. C. Pigou)는 경제이론이 천사들이 모인 사회의 상행위로 묘사되고 있다고 꼬집었다. 그는 경제행위를 추상적인 천사 대신에 경험에서 우러나오는 현실의 인간이 엮어내는 상행위로 대체되기를 바랐다. 비록 그의 소망이 달성되지 않았지만 심리학의 도움으로 경제학은 천사들이 아닌 인간들이 살아가는 세상의 경제를 그려 낼 수 있을 것으로 기대한다. 학문은 닫혀 있는 것이 아니다. 경제학이 심리학의 활기찬 영향에 개방함으로써 현실을 살아가는 인간의 상행위를 보다 더 잘 그려낼 수 있을 것으로 믿는다. 이 책은 〈소비자 경제론〉을 수강하는 학부생을 대상으로 편집하였으나 일반 독자들도 이해할 수 있도록 엮어보았다. 본인의 무지로 잘못 소개되거나 오해를 불러일으키는 부분은 너그러운 마음으로 헤아려 주기를 바란다.

출판사 사정이 여의치 않은 데에도 출판을 맡아 준 이찬규 사장님께 감사드리며 원고를 교정하느라 노고가 많았던 편집부 공홍 부장님께 감사드린다.

저자 유 동 운

|차|례|

제Ⅱ부_ 호모 에코노미쿠스의 정보처리

제Ⅲ부_ 본인위주의 경제심리

제IV부_ 시장을 지배하는 소비자심리

제 I 부
경제학과 심리학의 만남

옛날에 병을 앓는 사람이 의원에게 약을 지어 와서 본처인 아내에게 그 약을 달이라고 하였더니, 달여 온 약의 양이 늘 일정하지 않았다. 그는 본처에게 성의가 부족함을 나무란 뒤에 그 약을 첩에게 달이라고 하였다. 그랬더니 첩이 달여 오는 약은 늘 그 양이 똑같았다. 그는 매우 고맙게 생각하며 그 첩이 약을 어떻게 달이는지 눈여겨보았다. 첩은 약을 달인 뒤에 약의 양을 살펴보고 그것이 많을 때에는 그 양만큼 쏟아버리고 모자라면 물을 더 보태는 것이었다.

이것으로 보아 귀에 대고 나직나직하게 속삭이는 말은 믿을 수 있는 거짓말이고, 새어 나가지 못하게 당부하는 말은 깊이 사귈 수 있는 사람끼리의 교제가 아니다. 그리고 우정이 깊으니 얕으니 하고 떠드는 것은 믿을 수 있는 친구끼리의 할 말이 아니다.

朴趾源, 『燕巖集』

열 길 물 속은 알아도, 한 길 사람 속은 모른다

제1장
소비자 경제행동의 심리학

생명을 다루는 모든 학문은 서로 유사하고 물리학
과는 다르다. 따라서 경제학이 생명의 조건을 따
지는 데에 가깝게 접근하는 이후의 단계에서는 다
른 조건이 동일하다면 기계론보다 생물학에서 그
유사성을 더 선호하여 찾을 것이다.

– Alfred Marshall, Distribution and Exchange, 1898

제1절 일상생활에서의 경제활동

경제학자들은 사람들이 일상적으로 수행하는 활동의 배경에서 어떤
법칙을 찾아내려고 한다. 경제학은 시장과 기업에서 소비자와 근로자들
의 행동원리는 물론이고, 요즘에는 사랑과 결혼, 스포츠와 문화예술 및
약물중독과 같은 주제에도 관심을 가진다. 이러한 활동에 관심을 가지
는 까닭은 사람들이 이와 같은 활동에 상당히 많은 경제적 자원, 즉 금
전과 노력 및 시간을 소비하고 있기 때문이다.

1989년 3,300명의 네덜란드인을 대상으로 조사한 연구를 보면 사람들이 하루 24시간 중에서 ⅓은 잠자고, ⅓은 경제활동에 소비하고, 나머지 ⅓은 레저활동에 소비하는 것으로 조사되었다. 여기서 가계 내에서 이루어지는 생산활동(먹이고, 집을 돌보고, 쇼핑하고, 어린이를 보육하고 자녀통학을 돕는 일), 보수를 받고 작업하는 활동, 자원봉사활동 등으로 보내는 시간을 경제활동시간으로 간주하였다. 대신 개인보호, 학업, 사교, 문화적 방문 및 스포츠와 휴식 등은 레저활동으로 분류하였다. 여기서 경제활동은 다른 레저활동과 마찬가지로 생활의 만족을 얻기 위해 중요한 역할을 차지한다는 사실을 알 수 있다.

 사례_01   1974년 이스털린(R. A. Easterlin)이 일반사람들을 대상으로 하여 자신의 개인적 소망, 희망, 근심 및 두려움이 무엇인지를 문의해 본 결과, 이들은 종종 삶의 수준, 주택, 레저시간, 현대의 편의기구 등과 같은 경제적 요소를 들었다. 이는 경제적 성취가 사람들의 일상생활에서 중요한 비중을 차지한다는 사실을 드러낸 것이다.

사람들은 시간을 경제적으로 사용하려고 애쓴다. 하루 24시간 중에서 잠자는 시간을 빼고 아까운 시간은 이동하는 시간이다. 그래서 요즘 들어 이동하면서 상품을 사용하는 소비자를 트랜슈머(transumer)라고 한다. 노트북, 휴대폰, MP3, 미니 DVD, 휴대용 게임기, DMB 등은 대도시 사람들이 과거 사장시켰던 이동하는 시간을 소비하는 시간으로 되살려 하루를 24시간이 넘도록 만들어 놓았다. 이동하는 차량에서 이메일을 주고받는 Telematics는 정지된 시간에서도 필요로 하는 정보를 주고받도록 서비스를 제공한다.

앞으로 출퇴근 시간이 길다고 짜증내는 사람 대신 재미있는 게임을 하거나 TV를 보면서 이동시간을 즐기고 공부하거나 정보를 습득하면서 효율적으로 시간을 활용하는 트랜슈머가 급속히 늘어날 것이라고 전망한다.

- 김혜련, 『히트 트랜드 전략』(해냄출판, 2005)에서

한 나라의 국민총생산고 가운데에서 소비지출에 해당하는 비율은 나라마다 차이가 있으나 60~80%에 이른다. 여기에 부동산과 금융자산 거래를 포함하면 일반소비자들이 거래하는 금액은 상당한 액수에 달한다. 이처럼 소비자들의 경제거래가 경제활동 가운데에서 상당한 부분을 차지하는 데에도 불구하고 경제학에서는 소비를 지배하는 원리를 아주 간략하게 수요의 법칙에 따라 값이 내려가면 더 산다고 잘라 말한다. 즉 자신이 선호하는 상품을 주어진 예산과 가격 안에서 극대화하다 보면, 값이 오르면 덜 구입하고 소득이 오르면 더 구입할 것으로 예측한다. 음식물과 같은 필수재이건 보석과 같은 사치재이건 모두 똑같이 효용(구체적으로 무엇을 가리키지는 않은 채)을 극대화한 결과, 수요의 법칙에 따라, 가격만 내리면 더 많이 구매하게 되어 있다고 주장한다. 그러나 소비자들이 상품을 구입하는 배경을 들여다보면 자신의 재정능력은 물론 자신을 둘러싼 외부여건에 상당한 영향을 받는다는 사실을 외면할 수 없다. 이 책에서는 소비자들의 경제거래를 지배하는 법칙을 살펴보고자 한다.

제2절 의문으로 가득 찬 경제행동

경제학은 선택을 다루는 학문이고 심리학은 행동을 다루는 학문이다. 선택이 사람들의 일상생활에 깊게 침투한 인간행동의 중요한 한 양상이

기 때문에 경제행동을 설명하려면 어쩔 수 없이 사람의 심리에 대한 이해가 필요하다. 생산자, 소비자, 투자자, 위험부담자, 경영자 및 기업가의 행동에 관한 경제이론들은 심리학이론과 많은 부분에서 관련이 있다. 가령 경제학자들도 경제모형과는 어울리지 않게 소비심리지수를 거론하는데, 그 까닭은 행동과학으로서의 심리학이 거시경제가 침체하는 원인을 설명하고 그 처방을 제시하는 데 도움을 주기 때문이다.

경제심리학은 사람들이 사회 내에서 선택하는 경제행동의 배경을 심리학에서 발견된 이론으로 설명한다. 심리학이 원칙적으로 모든 종류의 인간행동을 다루지만, 그 동안의 경제행동은 단지 극소수의 심리학자들, 예컨대 산업심리학자와 조직심리학자 및 경제심리학자들 그리고 경영학의 소비자행동 및 마케팅 관련학자들이 연구해 왔다. 그럼에도 인간행동은 여전히 전통적인 경제학의 패러다임으로서는 설명되지 않는 여러 경제현상들로 가득 차 있다. 예를 들어보자.

의문1   어떤 물품은 왜 가격을 높게 책정할수록 더 잘 팔릴까?

의문2   왜 사람들은 주식과 부동산을 군중심리에 휩쓸려 사고팔까?

의문3   왜 주식투자자들은 주가가 내려간 주식은 팔지 않고 보유하고 대신 주가가 올라가는 주식은 팔려고 할까?

의문4   소득이 늘어나면 사람들은 보다 더 행복해야 하는데 왜 계속 불만을 터뜨릴까?

의문5   많은 사람들은 낮은 이자율로 은행에 돈을 저축하면서 동시에 높은 이자율로 자동차를 할부로 구입한다. 왜 합리적으로 행동하지 않을까?

의문6   마케팅조사에서 시제품을 구입할 것이라고 응답한 소비자들이 실제 제품이 시장에 출하되면 이를 구매하지 않는 이유는 무엇일까?

의문7   왜 사람들은 금전적으로 보상이 거의 없는 무미건조한 과업에서도 만족을 얻을까?

의문8   사람들은 겨우 100원 정도 더 싼 배추를 사기 위해 멀리 떨어진 곳까
        지 장보러 다닌다. 그러나 10만 원이나 더 싼 옷을 물색하기 위해 바로
        인근의 상점을 둘러볼 생각을 하지 않을까?

의문9   왜 수요가 없는 데에도 한 번 오른 부동산 값은 내려가지 않을까?

의문10 왜 사람들은 살해되는 사람숫자가 질병으로 사망하는 사람숫자보다 많
        다고 생각할까?

의문11 사람들은 자동차사고와 같이 일어날 확률이 높은 사태에 대비하여서는
        보험에 가입하는데 인색하면서도, 왜 하루 힘들게 일하여 벌어들인 일당
        으로 당첨될 확률이 지극히 낮은 복권을 구입하는 데에는 너그러울까?

의문12 경마장의 도박사들은 왜 성적이 부진한 경주마에 내기를 걸까?

의문13 사람들은 선물을 한꺼번에 포장하지 않고 왜 낱개로 포장할까?

경제행동이란 경제적 의사결정을 수반하는 개인의 행동을 말하는데
수많은 행동을 결정하는 요인과 결과는 주관적이기 때문에 결국 심리적
해석이 필요하다. 게다가 관찰한 행동이나 행동결과에만 관심을 둘 뿐,
인간 내면에서 일어나는 정신적 과정을 연구하지 않는 전통적인 경제학
과는 다르게 소비자의 경제심리를 들추어 내야 하지 않을까 한다.

소비자들은 무의식적으로 쇼핑하는가 아니면 의식적으로 선택하는
가? 소비자들이 상품을 구입하도록 이끈 동기는 무엇인가? 사람들은
어떤 결과를 공정하다고 여기는가? 국민소득과 행복지수는 왜 같지 않
는가? 광고는 소비자들의 제품과 브랜드에 대한 태도에 과연 영향을 미
치는가? 경제정책이 성공하려면 어떤 심리적 요소를 고려하여야 하는
가?

대부분의 경제이론들은 소비자와 생산자가 효용이나 이윤을 극대화

한다는 간략한 메세지에서 출발하여 얻어진 법칙으로 가득 차 있다. 그에 따라 가계는 상품 자체가 제공하는 기능에서 만족만을 얻는 기계적 인간으로, 그리고 기업은 원재료, 노동력, 자본재를 투입하여 산출물을 생산해 내는 기술적 공정으로 간주하여 왔다. 그러나 경제현실로 들어가 보면, 상품의 기능을 찾기보다 오히려 이를 통해 과시하려는 소비자들이, 의식적으로 구입하기보다 무의식적으로 구입하는 구매자들이, 기술을 적용하기보다 오히려 학습하는 생산자들이, 개성에 의존하기보다 눈치에 의존하는 가계들이, 개인주의에 의지하기보다 오히려 군중심리에 지배되는 가정주부들이 보인다. 그에 따라 전통적인 경제이론으로는 예측할 수 없는 경제현상에 대해 새로운 해석을 필요로 한다.

가령 인류학자들은 그 동안 사람들의 가치와 선호 및 소비수요의 배경을 설명하면서 경제행동의 다양성과 문화가 차지하는 역할이 중요하다는 사실을 지적하였다. 이들은 소비자행동을 사회과정의 한 부분으로 인식하여 그 사회의 문화규범이 소비패턴과 저축양태를 결정짓는다고 믿는다. 이 점이 다양한 소비자들을 모두 동질의 합리적인 경제인이라고 인식하는 경제학자들이나 개인의 소비동기에 초점을 맞추는 심리학자들의 시각과 사뭇 다른 점이다.

경제학은 개인을 독립적이고 자유로운 지위를 가진 주체로 다룬다. 하지만 현실을 들여다보면 개인은 사회집단의 구성원이고 집단 내에 귀감이 되는 사람들의 영향을 다분히 받는다. 즉 개인은 사회의 의무를 부담하는데 그 주변의 준거집단들이 수용하거나 수용하지 않아야 할 사회적 소비행동에 가치를 부여한다. 그런 측면에서 인간의 욕구는 그 자체가 사회에 의해 결정된다고 볼 수 있다. 그에 따라 다양한 형태의 소비의례규범, 가령 상품이 사회지위나 계급을 결정짓고, 일부 소비자계층이 접근하지 못하도록 배제하는 무기로 사용되어지기도 하는 따위의 사회규범이 들어선다.

사례_02   2002년 더플로(E. Duflo)와 사에즈(E. Saez)는 한 캠퍼스 내에 근무하는 436명의 대학 도서관 직원들을 대상으로 하여 이들이 퇴직연금에 투자하는 데에 같은 빌딩에서 근무하는 동료그룹으로부터 영향을 받는지를 조사하였다. 이들이 퇴직연금에 가입하는 비율은 11개의 빌딩마다 달랐다. 어떤 빌딩에서는 73%의 직원이 퇴직연금에 가입하고 또 어떤 빌딩에서는 단지 14%의 직원만이 퇴직연금에 가입하는 것으로 나타났다. 한 대학 캠퍼스에 근무하는 도서관 직원들의 교육수준이나 급여수준이 유사한 데에도 불구하고 단지 근무하는 빌딩이 다름에 따라 퇴직연금가입률이 다른 것은 각 빌딩마다 사회규범이 다르기 때문에 나타나는 것으로 분석되었다. 시간이 지나면서 같은 빌딩에 근무하는 동료들은 특정한 사회규범을 형성한다. 어떤 빌딩에서는 퇴직연금을 중요하게 여겨 가입비율이 높고 다른 빌딩에서는 연금가입을 중요하게 여기지 않아 가입비율이 낮다.

소비자들은 음식을 먹으면서 들어 있는 원재료를 음미하면서 먹지는 않는다. 그들은 삶고 구운 음식 전체를 경험한다. 그래서 시티뱅크(Citi Bank), 디즈니(Disney), 크라프트(Kraft), 존 디어(John Deere)는 소비자를 바라보던 기존의 시각을 바꾸었다. 이들은 소비자들이 제품을 평가할 때에 마음, 뇌, 신체 및 사회에서 어떤 일이 일어나고 있는가를 이해하려고 여러 학문분야, 예컨대 문화인류학, 심리학, 사회학 등과 같이 이미 친밀한 영역은 물론 음악학, 신경학, 철학 및 동물학 등 그 동안 관심을 가지지 않았던 학문분야의 연구결과들을 다시 훑어보기 시작하였다.

제3절 경제심리연구의 출현

프랑스의 사회학자 가브리엘 타르드(Gabriel Tarde, 1843~1904)는 경제생활에서 다른 사람을 모방하는 사람들의 심리를 설명하려고 최초로 경제심리(economic psychology)란 용어를 사용하였다. 그는 『심리경제학』(La Psychologie Economique)에서 인간을 사회적 존재로 인식하여 인간 사이의 상호작용이 경제학의 토대를 이루는 것으로 보았다. 또 『모방의 법칙』(The Law of Imitation, 1890)에서 사람들이 소비나 생활스타일에서 다른 사람의 것을 모방하는 데서 오는 사회적 영향을 다루었다.

이어서 노르웨이 태생의 솔스타인 베블렌(Thorstein Veblen, 1856~1929)은 『유한계급론』(The Theory of Leisure Class, 1899)에서 모건(J. P. Morgan)이나 반더빌트(C. Vanderbilt)와 같은 미국 부호들의 과시적인 생활 스타일을 비판하였다. 타르드와 베블렌은 경제분석에 심리개념을 도입할 필요성을 알린 최초의 연구자들이다.

시장행동은 비교적 대규모 집단행동의 특별한 경우로 이 심리적 관찰과 실험은 흥미로운 결과들을 나타냈다. 프린스턴대학의 하비 라이벤스타인(Harvey Leibenstein)은 1950년 "Bandwagon, Snob, and Veblen Effects in the Theory of Consumer Demand"에서 시장을 지배하는 군중심리와 과시적인 소비행동을 소비이론에 도입하였다(제10장 참조).

소비자들과 기업가들은 경제여건을 인지·평가하고 그것이 미래에 어떻게 전개될 것인지하는 기대를 바탕으로 자신의 소비의사를 결정한다. 경제심리연구의 개척자인 미국 미시건대학의 심리학 교수 조지 카토나(George Katona)는 제2차 대전 이후의 경제전망을 두고 경제학자와 시각을 달리하였다. 당시 경제학자들은 1948년 말과 1949년 초에 걸쳐 심각한 불황이 들이닥칠 것이라고 주장하였다. 즉 그들은 전쟁이 끝나면 유효수요의 부족으로 불황이 발생할 것이라고 전망하였다. 그러나 카토나는 소비자금융을 조사하는 과정에서 소비자들이 놀랄 정도로 많은 현금과 유동성 자산을 보유하고 동시에 이를 지출하려고 갈망한다는 사실을 파악하여 당시의 비관적인 경제전망을 반박하였다. 그의 예측은 들어맞았고 그 결과 경제학자들도 비로소 소비자의 소비계획과 주관적 기대에 관심을 보이기 시작하였다. 그의 경기변동 예측은 경제이론을 발전시키는 데 기여하였지만 안타깝게도 경제학 교과서에서는 지금도 그의 이름조차 언급하고 있지 않다.

전통적으로 행복은 구입하는 상품의 양에서 오는 만족으로 측정되고 상품을 구입하는 양이 많아질수록 체감한다고 믿었다. 그러나 티보 시토프스키(Tibor Scitovsky)는 *The Joyless Economy*(1976)란 저서를 통해 풍족한 사회로 인해 사람들이 즉시 충족시킨 욕망이, 기다림의 과정을 거쳐 충족될 수 있는 욕망을 대신한 결과, 보다 더 큰 행복을 얻을 수 없게 되었다고 지적하였다. 그로 인해 풍요 속의 빈곤이라는 현대의 증상(높은 소득수준과 소비수준이 역사적으로 높은 수준의 복지를 가져오지 않는 현상)이 나타난다고 지적하였다.

전통적으로 경제학은 사람들이 자신의 선호에 맞도록 합리적인 소비생활을 선택한다고 전제하였는데 그러면 곧바로 선호가 어떤 모습을 가질까 라는 의문이 생긴다. 그 동안 경제학에서 선호나 효용은 고정불변의 이미 주어진 것으로 가정하였다. 그러나 애컬로프(G. Akerlof)와 디킨스(W. T. Dickens)는 1982년 심리학의 인지부조화이론을 경제학에 도입하면서 소비자의 경제행동이 부단히 변하는 선호를 바탕으로 한다고 지적하였다(제8장 참조).

주식을 거래하는 자본시장에서는 소비자들이 위험을 사고판다. 전통적으로 주식시장에서는 어느 누구도 미래의 주가를 알 수 없다는 이른바 효율시장가설이 지배하였다. 그러나 근래 들어와 행태주의 금융학자들과 인지심리학자들은 효율시장에서 벗어난 모습으로 주식시장을 바라본다. 스탠리 샤흐터(Stanley Schachter), 후드(D. Hood), 게린(W. Gerin), 안드리아센(P. Andreassen) 및 르네르(M. Rennert) 등은 주식가격이 합리적으로 결정된 가격이 아니고 하나의 견해, 그것도 집합된 견해로 투자자들이 시시각각으로 평가한 결과에 지나지 않는다는 새로운 주장을 내놓았다(제11장 참조). 그에 따라 이들은 주식투자가 자신의 견해를 형성하고 재평가하는 데 다른 사람의 견해나 행동 그리고 매일매일 일어나는 사건과 같은 외부로부터의 원천에 의존하는, 이른바 심리적 의존성향을 주식시장의 자료를 통해 확인하였다.

제4절 인지경제학의 기여

경제행동이 합리적인 의사결정을 바탕으로 이루어진다는 최초의 생각은 1738년 베르누이(Daniel Bernoulli)가 도박에 참여하는 사람들은 효용을 극대화하는 토대에서 도박한다고 주장한 데서부터이다. 이후 그가 도입한 사람들의 합리적 행동이론은 18~19세기 동안 경제분석을 발전시키는데 기여하였다.

그러나 경제학자로서는 처음으로 1952년 알레이스(Maurice Allais)

가 사람들이 합리적으로 행동하지 않는다고 주장한 이후, 기업의 의사결정과정을 실증적으로 연구한 사이어트(Richard Cyert), 사이먼(Herbert. Simon), 트로(D. Trow) 등은 1956년 "Observation of a Business Decision"을 통해 합리적인 경제행동이 조직 내에 지배하지 않는 현실을 거론하였다.

만약 경제조직(시장과 기업)이 합리적인 경제인으로만 구성된다면 구성원 사이의 갈등이 대부분 사라질 것이다. 왜냐하면 모든 정보가 서로에게 투명하게 보이고 모두가 동질의 노동력을 제공하는 까닭에 상호간의 이해관계가, 비용을 들이지 않고 거래를 통해 주거니 받거니 하면서, 저절로 조정될 것이기 때문이다. 그러나 기업이나 조직의 현실을 들여다보면 노사문제에서부터 품질관리에 이르기까지 구성원들 사이에 갈등이 끊임없이 일어나고 있다. 그래서 사이먼은 만사형통의 합리적인 인간 대신에, 제한된 지식과 능력을 가진 만족화하는 인간을 도입하여 경제현상을 설명하여야 한다고 주장하였다. 사람들이 전자현미경과 전자계산기처럼 세세한 곳까지 훑어보고 계산하는 것이 아니라 세상을 단순하게 인지하여 만족하는 수준에서 선택한다는 그의 새로운 가정은 현실세계의 조직행동을 설명하는 데에 크게 기여하였다.

경제학은 전통적으로 인간이란 위험을 회피하는 성향을 가진다고 전제한다. 그러나 1974년 아모스 터브스키와 대니얼 카니먼은 사람이란 자신에게 주어지는 대안이 이득이냐 손실이냐에 따라 위험기피자도 되기도 하고 위험선호자가 되기도 하는 체계적인 편견(편향)에서 벗어날 수 없다고 주장하였다(제4장 참조).

합리성에 기초를 둔 소비자의 경제행동을 제대로 설명할 수 없게 되자, 일부의 경제학자들은 인간이 사물을 인지하는 과정에 일어나는 수

수께끼에 관심을 돌렸다. 그들이 탄생시킨 인지경제학은, 개인의 행동에 초점을 둔 인지심리학에서 벗어나, 인간이 사물을 어떻게 인지하여 선택하는가를 규명하였다. 그에 따라 인지경제학은 심리학이나 신경생물학 및 철학과 마찬가지로 인간의 정신활동에 대한 이해를 바탕으로 하여, 여러 관련 학문과의 학제간 교류를 통해 사람들의 경제행동을 설명할 수 있는 이론을 최근에 들어와 세우기 시작하였다.

경제학자 알프레드 마셜(Alfred Marshall)은 경제학자가 되기 이전에 철학과 신경생물학에 관심을 가지고 연구한 학자이다. 그는 인간의 마음구조와 기능을 설명하는 글을 발표하였는데 이를 조직의 성질과 역할, 일상적 체질의 출현과정, 혁신의 메커니즘, 위계구조의 창의성 등에 응용하였다. 특히 그는 1890년에 발표한 *Principles of Economics*에서 문제를 해결하는 데 개인학습이 차지하는 역할을 강조하였는데 이후 70년 가까이 지난 1958년 마치(J. March)와 사이먼의 *Organizations*와 그리고 터브스키와 카니먼이 1974년 *Science*지에 발표한 "Judgment under Uncertainty: Heuristics and Biases"에서 비로소 그의 생각이 구체화되어 실현되기 시작하였다.

하이에크(F. Hayek)는 『감각적 질서』(*The Sensory Order*, 1952)에서 인간이 완전정보의 상태에서 선택한다는 것은 불가능하다고 지적하면서 경제학이 당면한 중요한 문제는 인간이 어떻게 지식을 습득·사용하는가를 설명하는데 있다고 강조하였다. 그에 의하면 정보란 언어, 상징기호 등과 같은 객관적 실체인데 인간은 의사를 결정하려면 정보를 필요로 한다. 그런데 정보를 획득·처리하는 데에는 능력의 한계로 제약이 따르기 때문에 인간은 정보가 아닌 자신이 획득한 지식을 바탕으로 의사를 결정한다. 그의 주장에 따르면 기업의 행동과 규모가 관련 당사자들이 최적으로 의사를 결정한 것을 바탕으로 하여 이루어진 결과물이라고 주장하는 전통적인 경제분석은 부분적으로 타당할 뿐이다. 하이에크는 경제조직을 더 이상 인간이 합리적으로 계획하여 기계적으로 만들어 낸 실체가 아니고 환경에서 학습하는 지적인 유기체가 만들어 내는 실체로 바라보도록 이해시키는 데 기여하였다.

제5절 소비자 경제행동의 재해석

소비자는 이성적인 선택을 좇지만 종종 무의식적으로 감정에 이끌려 움직이며, 소비를 통해 자신의 본능을 표출하기도 한다. 자신을 표현하는 육체적 · 정신적 기관은 자연선택으로 진화한 산물이다. 소비자에 대한 이러한 새로운 시각은 인지과학과 진화심리학 등으로부터 파생된 최근의 연구결과와 개념을 포함하고 있다. 그러나 이러한 연구결과가 불행하게도 경제학 분야에서는 거의 다루어지지 않았다.

개인소비자나 기업가들을 효용만을 극대화하는 합리적 · 이기주의적 · 개인주의적인 주체로만 바라본다면, 극단적으로 말해 사회는 모두 자신의 이익은 최대화하고 비용은 최소화하려는 무임승차자들(free riders)로 넘쳐날 것이다. 경제행동이란 오로지 탐욕동기에만 좌우되는 것이 아니고, 인간의 본능, 인지상의 한계, 주변의 자극, 사회적 규범 등과 같은 요소의 지배받는다. 따라서 사람의 경제행동을 보다 더 현실적으로 설명하려면 전통적인 경제모형에서 벗어날 필요가 있다. 이윤이나 효용을 극대화하는 것이 인간마음의 산물이듯이 일상적으로 나타나는 본능, 도덕성, 동정, 충성, 이타주의 및 책무도 엄연한 인간마음의 산물이다.

1998년도 노벨수상자 센(Amartya Sen)은 경제학이 오로지 좁은 의미의 이기적 동기에 따라 행동하는 가계를 전제로 두는 현실을 비판하였다. 그는 두 가지 중요한 요소를 추가하였는데 하나는 동정심(sympathy, 자신의 후생을 희생하면서 다른 사람을 배려하는 마음)이고, 다른 하나는 책무(commitment, 다른 사람의 후생을 개선시키기 위해 자신의 후생이 떨어지는 것을 감내하는 의사)이다. 그는 경제학자들이 영국의 경제침체를 이해하지 못하는 까닭을 책무와 이를 둘러싼 사회적 관계를 고려하지 않은 기존의 경제이론에 의존하였기 때문이라고 지적하였다.

 사례_03　　워스터(D. Worster), 아론슨(E. Aronson), 에이브러햄(D. Abrams) 등은 범죄자와 검사의 설득력이 배심원들에게 미치는 효과를 실험하였다. 처음의 실험에서는 검사와 범죄자 모두가 검사에게 유리한 주장을 펼쳤다. 그러자 범죄자의 주장이 훨씬 더 설득력이 있었다. 왜냐하면 배심원들이 느끼기에는 범죄자가 자신의 이익에 반하는 이야기를 하는 것처럼 보였기 때문이다. 그리고 나서 이번에는 범죄자와 검사 양측이 모두 검사에게 불리한 주장을 내놓았다. 그러자 이번에는 검사가 더욱 설득력이 있어 보였다. 왜냐하면 검사가 이익을 얻지 못하는 것처럼 보였기 때문이다. 사람들은 동정심 때문에 상대방이 얻는 이익을 없는 투로 나오면 쉽게 설득을 당한다.

- *Secrets of Power Persuasion*, Roger Dawson, 2002, 박정숙 옮김, 「설득의 법칙」(비지니스북스)에서

의사가 의료사고로 고소로 당하는 이유를 보면 의료기술이 부족하거나 진료에 부주의하였거나 조악한 진료로 상해를 입혔기 때문이 아니라

환자 자신이 짐짝 취급을 받고 무시당하고 천덕꾸러기 대접을 받았기 때문이라는 감정적 이유에서 비롯한다(The Power of Thinking Without Thinking, M. Gladwell, 이무열 옮김, 『블링크』, 21세기북스, 2005에서).

인간행동을 지배하는 마음(뇌)에 깔려있는 인간의 본능, 동기, 정서, 인지능력과 같은 풍부한 심리학의 원천을 경제분석에 도입함에 따라 경제현상은 보다 더 폭 넓게 해석될 수 있을 것이다. 인간의 뇌, 즉 마음은 생물학적 진화의 산물이므로 여기서는 진화생물학, 진화심리학, 인지경제학 및 경제심리학을 바탕으로 소비자의 경제행동을 지배하는 법칙을 제시해보고자 한다.

특히 진화생물학을 바탕으로 발전한 진화심리학은 인간의 경제행동을 설명하는 데 도움을 주고 있다(제3장 참조). 가령 근로의 대가를 한 달 연기하여 지급하거나 상품대금을 한 달 이후에 지불하는 사람은 현재 지불하는 금액보다 더 많은 금액을 지급한다. 그래서 물건값을 치르기 위해 현찰을 지불하면 할인해 주지만 카드로 지불하면 값을 할인해 주지 않는다. 이러한 현상은 인간은 물론 비둘기와 같은 동물실험을 통해서도 확인되었다. 같은 금액이라고 하더라도 신용카드를 긁는데서 오는 고통은 당장 현찰을 지불하는데서 오는 고통에 비할 바가 아닐 정도로 가볍게 여겨진다. 뒤에 가서 지불되는 현금지출은 현재 부닥치는 생생한 고통이 아니어서 이를 저평가한다. 신용카드로 신용을 제공받는 기간이 평균적으로 한달 보름정도이지만 만약 신용카드 결제일을 일주일로 앞당긴다면 저평가되는 정도가 낮아 카드를 긁는 금액이 상대적으로 줄어들 것이다.

헤이즈(S. P. Hayes)는 1950년에 발표한 "Some Psychological Problems of Economics"에서 현실과 동떨어진 예측을 일삼는 경제이론에서

보완되어야 할 부분을 다음과 같이 지적하였다.

첫째, 경제학이 인간의 합리성을 가정하는 바람에 인간의 사고과정을 연구할 필요가 없도록 만들었다. 심리학의 관점에서 보면 이 가정은 비현실적인데 예를 들어 사람들은 이용 가능한 대안 가운데에서 가장 최선의 대안을 선택하지는 않는다. 이는 다음과 같은 사례와 실험으로 알 수 있다.

가령 매일 집 마당을 청소하는데 옆 집 꼬마에게 2,000원을 주고 마당을 쓸도록 부탁하였다. 그러나 자신은 동일한 크기의 옆 집 마당을 청소해 주는 대가로 1만 원을 받더라도 절대 청소해 주지 않는다. 자기 집의 마당을 청소하지 않고 대신 옆 집 마당을 청소하면 8,000원이나 돈을 벌 수 있는 합리적인 행동인데도 말이다. 이와 유사한 행동은 우리 사회에서 흔히 일어나는 현상이다.

사람들이 비록 비싼 가격에 자신의 집을 팔 수 있는 데에도 이를 매각할 의사가 없다는 사실도 밝혀졌다. 동시에 그처럼 높은 가격을 지불하고서 집을 구입하려 들지도 않는다. 이는 사람들이 수중에 있는 재산을 수중에 없는 재산과는 다르게 가치를 부여하는 심리법칙이 존재한다는 의미이다(제5장 참조). 기존의 경제이론에는 이러한 차이의 설명이 없다.

둘째, 경제학은 사람들의 선호가 이미 주어져 있고 장기간에 걸쳐 그다지 변하지 않고 안정적이라고 가정한다. 그에 따라 사람들의 행동에 변화가 일어났다면 이는 그의 선호가 아닌 그를 둘러싼 제약조건에 변화가 일어난 결과 때문이라고 치부한다. 그러나 선전이나 교육으로 사람들의 선호가 영향을 받을 수 있다는 수많은 역사적 사례를 목격하여 왔다. 예를 들어 경제학의 이론적 모형에서는 기업이 수행하는 광고지출을 포함시키면서 동시에 광고가 소비자의 선호에 미치는 영향을 배제시켜 버리는 기이한 일이 벌어졌다.

셋째, 인간 경제행동의 배경을 심리적으로 설명하려면 합리적 행동배경이 되는 이윤추구는 물론, 모든 종류의 습관, 태도 및 동기 등도 함께 고려하여야 한다. 가령 경제이론은 무임승차, 즉 집단의 성과물이 제공하는 편익만을 취하기만 하고 이를 위해 자신은 전혀 노력을 기울이지 않는 이기적 행동이 일어난다고 주장한다. 그러나 경제예측과는 달리, 현실에서 사람들의 40~60%가 공공재를 생산하는 데 자발적으로 기여하는 것으로 알려졌다. 가령 헌혈한다거나 모르는 자에게 정보를 제공한다거나 장애자나 노령자를 돕는다(제12장 참조).

넷째, 경제이론이 당초 기대한 대로 현실을 설명하지 못하는 현상을 목격한다. 그러한 예로 과잉정당화(over-justification)효과를 들 수 있는데, 이는 어떤 행동의 본원적 동기가 물질적으로 보상이 이루어짐에 따라 오히려 파괴되는 현상을 두고 말한다. 경제이론은 경제적 유인의 힘이 항상 작용한다고 예측한다. 그러나 경제적 보상이 없었다면 수행했을 동일한 행동을 경제적 보상이 주어진 까닭에 오히려 수행하고 싶지 않은 마음을 사람에게 심어놓는 과잉정당화효과가 일어난다(제9장 참조).

과잉정당화 효과의 사례로, 같은 직장의 동료를 공짜로(사교적 이유로) 자신의 차에 태워 출퇴근시켜 주었는데 얼마 후 동료가 요금을 지불하기 시작하면 본원적 보상(사회적 만족)이 사라지고 만다. 동료가 이제 다시 요금을 지불하는 행동을 중단하면 차 소유자는 공짜로 태워 주고 싶은 마음이 이제는 내키지 않는다. 인간은, 경제학자들이 예측하는 것처럼, 스위치를 켜면 불이 들어와 움직이고, 스위치를 끄면 불도 꺼져 정지하고, 다시 스위치를 켜면 또다시 움직이기 시작하는 기계덩어리가 아니다.

다섯째, 개인기부는 정부나 사회단체의 공공기부와 함께 사회부조에 기여한다. 구축효과(crowding-out effect)가설에는 공공기부가 늘면 개인기부가 줄어든다고 예측한다. 그러나 실무와 실험상으로 구축효과가 일어나지 않는 것으로 밝혀졌다.

 사례_04   킹그(R. Kingma)의 1989년도 연구에서 공공방송을 위한 기금으로 정부가 1달러를 늘리면 개인기부금은 평균적으로 단지 0.15달러만 줄어든다는 사실이 밝혀졌다.

여섯째, 사람들은 경제적 결과보다 과정에도 관심을 둔다. 가령 환경친화적으로 생산된 값비싼 재화는 환경에 유해한 값싼 재화보다 더 수요되기도 한다. 금전상 양호한 결과를 얻었다고 하더라도, 특정원칙을 따르지 않은 까닭에 사람들이 만족하지 않는 경우, 사람들은 과정도 고려한다. 마찬가지로 어떤 작업이 사회가 요구하는 바와 부합하지 않는 방법으로 보수를 획득하는 경우에는 작업과정이 중요한 역할을 차지한다.

 사례_05   최근 국제사회에서는 기업이 '사회적 책임(SR)'을 다하고 있는지를 평가하는 국제표준인 'ISO 26000'를 도입하였다. 이 잣대를 통해 기업의 뇌물수수 등과 같은 부정부패, 남녀차별과 아동고용 등과 같은 노동권과 인권침해, 그리고 환경파괴 여부 등을 평가한다. 국제사회가 여기에 관심을 두게 된 것은 1996년 나이키의 아동고용 스캔들이 계기가 되었다. 그해 미국『라이프』잡지에는 12세 파키스탄 소년의 사진 한 장이 실렸다. 지저분한 공장 한 귀퉁이에 쭈그리고 앉아 나이키 로고가 선명한 축구공을 꿰매는 모습이었다.

승승장구하던 나이키 주가는 이 사진 한 장으로 곤두박질해 반 토막이 났다.

- 〈중앙일보〉에서

이 사건은 브랜드 가치나 성장성이 아무리 큰 기업이라도 도덕성 시비에 휘말릴 경우 치명적 타격을 받을 수 있다는 사실을 일깨워 주었다. 이후 세계 각국과 다국적 기업은 앞다퉈 사회적 책임의 자체 기준을 만들었다. 2001년 ISO가 국제적 표준을 제정하는 일에 나선 것은 세계 각국이 만든 서로 다른 표준이 새로운 무역장벽으로 악용되지 않도록 하기 위해서였다.

제6절 요 약

경제심리학과 인지경제학은 인간의 심리적 요소를 도입하여 소비자의 경제행동을 설명한다. 전통적인 경제이론이 바탕으로 하는 합리적·기계적·이기적인 인간 대신에 선호가 왔다갔다하는 비합리적이고 유기체처럼 적응하면서 만족화하는 인간을 통한 경제현상 설명이 필요한 시기에 접어들었다. 과잉정당화의 심리법칙에 지배받는 경제인이나 구축효과가 작용하지 않는 인간의 경제행위가 심리학의 도움으로 설명되었다.

베블렌은 사람들이 다른 사람들이 보란듯이 과시하여 소비한다는 성향을 지적하고, 라이벤스타인은 군중심리에 따라 소비한다는 이론을 제시하고, 카토나는 경제전망에 대한 기대에 따라 소비하고, 시토프스키는 소득이 상승하더라도 만족이 결코 늘어날 수 없는 심리적 성향을 지적하였다. 더 나아가 근래 행태주의 금융학자들은 주식시장에서 이루어지는 투자자들의 심리적 성향을 통해 시장을 설명하기에 이르렀다. 사이먼은 합리적인 인간 대신에 만족하는 정도에 끝나는 인간행동을, 터브스키와 카니먼은 편견에 좌우되어 휴리스틱하게 의사를 결정하는 모형을 제시하여 노벨 경제학상을 수상하게 이르렀다.

경제학자 피구가 지적하였듯이 경제사회는 천사들이 모인 사회가 아니다. 심리학의 도움으로 경제학은 천사들이 아닌 인간들이 살아가는 세상의 경제를 그려낼 수 있다. 학문은 닫혀 있는 것이 아니다. 경제학이 심리학의 활기찬 영향에 개방적으로 대처한다면 경제모형은 훨씬 현실성 있고 보다 더 나은 예측력을 가지게 될 것이다. 지식을 새로 창조해내는 일도 중요하지만 한 발자국 뒤로 물러나 다른 관련 학문들이 무슨 이야기를 하고 있는지를 살펴보아 유용한 성과를 연계시키는 작업도 중요한 일이다. 근래에 이러한 경향이 나타나기 시작하였고, 경제이론은 심리학과의 학제간 연구를 통해 더 한층 발전할 수 있을 것으로 기대된다.

제2장
경제행동의 심리적 해석

풍요와 낙관이 풍미하였던 시대에 발전하였던 행동경제학은 이제 성장의 한계와 불확실성을 맞이하면서 새로운 과업에 직면하고 있다.

－George Katona, *Essays on Behavioral Economics*, 1980

제1절 만족에 머무는 소비자의 선호

기계적인 인간 대신에 심리학이 전제하는 유기체적인 인간을 경제학에 도입하면 어떤 일이 일어날까? 가령 다음과 같이 소비자가 선택하는 사례를 들어보자. 미식가가 자신이 잘 알지 못하는 화려한 레스토랑에서 식사를 주문한다고 하자. 그는 메뉴판 없이는 지혜롭게 주문할 수 없다. 여기서 메뉴는 그가 주문할 수 있는 선택기회를 가리킨다. 미식가는 메뉴판의 가격을 살펴본다. 그는 각 메뉴가 가져다 주는 만족 내지 효용을 생각하고 나서 생선은 싫어하지만 돼지고기는 닭고기만큼 좋아한다.

그런데 닭고기의 가격이 비싸면 미식가는 결국 돼지고기를 선택한다. 이러한 의사결정과정에서 미식가는 ① 무엇이 가치 있는 음식이고, ② 그러기 위해 무엇을 포기하여야 하는가를 결정한다. 만약 미식가가 경제이론이 가르친 대로 행동한다면 음식의 가치와 가격이 일치하도록 주문할 것이다.

소비자들은 여러 가지 선택가능한 대안 중에서 가능하다면 높은 만족을 제공하는 상품을 선택한다. 그러려면 자신에게 주어진 대안을 잘 알고 있고 또한 평가할 수 있는 능력이 주어져야만 한다. 즉 소비자가 생선, 닭고기, 돼지고기로부터 얻는 만족과 관련된 모든 정보를 효용함수 내에 담고 있을 때에만 가능하다. 이러한 가정을 심리적 측면에서 해석해 보자.

첫째, 소비자는 자신의 이기심에 따라 행동한다. 소비자의 후생은 다른 사람이 소비하는 상품의 수량과는 무관하게 오로지 자신이 소비하는 상품의 수량에 달려 있다. 여기서 소비자행동에서 핵심적인 부분인 상호작용은 처음부터 배제된다. 같이 식사하는 사람이 생선을 들든 닭고기를 주문하든 아랑곳 하지 않고 자신의 구미에 맞는 돼지고기를 선택한다고 예측한다.

둘째, 소비자는 효용을 극대화한다. 효용이나 이윤이나 생산 등을 극대화하는 행동을 합리적이라고 가정한다. 이러한 가정 때문에 최적화를 위한 수학, 예컨대 정차방정식, 미적분, 수리 프로그래밍, 최적제어 등이 소비자이론을 장식하고 있다.

그러나 이런 가정은 살과 피를 가진 인간이 수행가능한 행동에는 현실적으로 들어맞지 않는다. 1978년에 노벨경제학상을 수상한 사이먼은 "A Behavioral Model of Rational Choice"(1955)라는 논문에서 눈물도 없는 냉혹한 소비자가 선택할 수 있는 모든 대안을 두루 살펴 극대화하는 것이 아니라 처음에 부닥친 받아들일 만한 대안을 선택한다는 만족화(satisfying)가정을 제안하였다. 인간을 포함한 유기체는 주변의 정보에 접근할 수 있는 가능성과 계산능력의 한계로 단순하게 행동한다.

가령 집을 팔려고 내놓은 사람의 행동과정을 살펴보자. 그는 1억 5,000만 원을 수용할 수 있는 가격으로 생각하여 이 이상의 금액을 만족할만한 가격이라고 간주할 것이다. 심리학이론에서는 이 경계에 갈망수준(aspiration level)을 설정한다. 경제학이론에서는 집을 팔아도 좋고 팔지 않아도 좋은, 이른바 무차별한 지점에 매도가격을 설정한다. 매도자는 무차별한 매도가격이라면 어느 누구와도 거래할 수 있다. 그런데 매도자가 부닥치는 가장 큰 어려움은 여러 원매자들이 제시하는 가격을 한꺼번에 가질 수 없다는 사실이다. 이러한 상황에서 매도자는 어떤 가격을 수용할 만한 가격으로 받아들일까? 매도자는 무차별한 매도가격을 제시하는 원매자를 기다리지 않고, 대신 자신이 바라는 갈망수준의 가격, 즉 1억 5,000만 원을 처음 제시하면서 가령 중개수수료를 더 많이 부담하는 상대와 거래한다.

 사례_06 1972년 슈밀더스(G. Schmödlders)와 비어버트(B. Biervert)는 소비자들이 만족화를 통해 특정제품의 지출갈망수준을 설정한다는 연구결과를 발표하였다. 이들은 29가지의 내구재지출과 관련된 조사결과, 구비수준(실제 소유의 정도)은 가구의 소득과 플러스의 상관관계가 있지만 갈망수준은(의도하는 소유의 정도), 소득이 아주 높은 수준에서 급격히 떨어지는 현상을 제외하면 거의 일정하게 유지되는 현상을 발견하였다. 따라서 소득이 갈망수준을 나타내는 것이 아니라는 사실이 밝혀졌다. 대신 내구재의 갈망수준은 가구의 생활스타일에 의존하는 것으로 밝혀졌다. 즉 젊은 가족은 나이든 가족보다 갈망수준이 높은 것으로 조사되었다. 또한 갈망수준은 현재의 가족상태에 의존할 뿐만 아니라 그들의 경제적 기대, 즉 1년 이후의 국가경제상황에 대한 전망과 상관관계를 가진다는 사실이 발견되었다. 이는 새로운 갈망은 경제상황이 개선되면서 변한다는 사실을 지적한다. 따라서 변하는 환경과 기대에 갈망수준이 적응하는 것으로 밝혀졌다.

 사례_07　　1979년 캡틴(A. Kapteyn), 완스비크(T. Wansbeek), 바이지(J. Buyze) 등은 소비자들이 효용극대화를 선택하는지 아니면 만족화를 선택하는지를 알려고 28가지의 내구재의 지출로부터 얻어지는 개인의 행복을 질문을 통해 조사하였다. 그 결과 소비자들은 일정범위의 금액을 지출할 의사를 염두에 두면서 이 제품들로부터 고정된 수준의 만족(갈망수준)을 바라는 것으로 조사되었다. 즉 소비자들은 주어진 수준의 갈망을 얻고자 특정금액을 지출한다. 이러한 결과는 주어진 예산으로 만족을 극대화하는 수량을 소비한다는 경제모형과 다르다.

셋째, 소비자의 선호는 안정적이고 게다가 평생 변하지 않는다고 전제한다. 인간의 정신적 이미지는 사람마다 다르다. 그러나 사람들의 효용함수는 경험하는 결과에 따라 변한다. 가령 젓갈을 먹어 보기 이전까지는 오징어 젓갈을 얼마나 좋아할는지 모른다. 경험하지 않고서도 경험한 것처럼 가정하는 합리적 행동모형으로 현실을 제대로 설명할 수는 없다. 대신 심리학은 소비자의 선호, 욕망, 가치, 갈망 등이 평생 내생적으로 변하는 것으로 간주한다.

여기서 경제행동을 설명하는 배경이 되는 선호의 이전공리(移轉公理)

를 한번 살펴보자. 마치 수학의 이전공리처럼 가령 A가 B보다 선호되고, B가 C보다 선호되면, A가 C보다 선호된다는 공리인데 이 공리는 종종 현실에서 벗어나는 것으로 알려졌다.

 사례_08 경제학자 메이(K. May)는 이전공리가 지배되지 않는 초기의 실험 결과를 1954년에 발표하였다. 실험에서 62명의 학생들이 3명의 가상적인 결혼상대와 짝을 지어 선택하도록 했다. 그 중에서 17명이 이전공리를 위배하는 선택, 즉 A보다는 B를, B보다는 C를 선택하였으면 당연히 A와 C 사이에는 C를 선택하여야 하는데 A를 선택하는 일이 일어났다. 이어서 데이비스(J. Davis)는 1958년에 이 실험을 2회에 걸쳐 실시하여(일주일 간의 간격을 두고) 결혼상대방을 선택하도록 요구하였다. 실험결과 두 번째 선택에서는 처음에 결정한 결혼상대를 바꾼 쌍이 22.8%나 되었다.

이는 어느 정도 선호가 왔다갔다 한다는 의미이다. 변화무쌍한 선호를 두고 선호가 이전공리에 의한 것이라고 단정할 수는 없다. 아주 추상화된 세계에서는 순수경제모형이 그런대로 유효하지만, 현실적으로 일어나는 소비자들의 구체적인 경제행동은 보다 복잡한 심리모형을 통해 설명될 수 있다.

제2절 불확실한 세상의 전망

1. 위험을 기피하고 선호하는 투자자

경제이론에 의하면 사람들은 위험기피자이다. 따라서 위험이 보다 높은 자산은 보다 더 높은 수익률이 보장되지 않으면 맡겨지지 않는다. 사람들이 위험을 기피하는 성향을 수용한다면 보험에 가입하는 사람들의 행동은 이해가 되지만, 위험을 선호하는 도박사들의 행동은 이해가 가지 않는다.

위험기피와 위험선호가 동시에 존재하는 동기는 사람들이란 알려져 있는 확률에 보수적으로 평가하고 알려져 있지 않은 확률에는 과대평가한다는 전망이론(prospect theory)이 현실을 보다 더 적합하게 설명할 수 있다. 사람이란 드물게 일어나지만 파멸적인 사태를 심각하게 여기고 (보험에 가입하고) 동시에 드물게 주어지지만 커다란 이득을 과도하게 기대하는(도박하는) 요행심의 성향을 갖고 있다(제6장 참조).

금융상품을 거래하는 주식시장에서는 어떤 행동이 지배할까? 효율적인 금융시장이란 자산가격이 시장에 주어진 정보를 완전하고 정확하게 반영한 시장을 말한다. 정보수집이 용이하고, 정보를 사고파는 데 비용이 들지 않고, 모든 사람들이 똑같은 방식으로 인지한다면 주식가격은 랜덤워크(random walk)의 모습을 보여 준다. 그 결과 효율시장에서는 누구라도 주가를 예측할 수 없고, 따라서 이윤획득의 가능성이 매우 제한된다.

이처럼 실증적 증거들이 랜덤워크의 시장을 지지하지만(합리적 기대가 금융시장에서 이루어진다), 대부분의 투자자, 투기자 및 중개인들은 이를 받아들이지 않는다. 가격변화가 랜덤워크하는 것이 역설적으로 좋은 것이기는 하나, 그렇지 않다고 믿는 사람들이 많다는 데에 경제이론의 한계가 있다. 이들은 이윤을 얻으려고 정보를 수집하는 데 혈안이다. 주식시장은 불완전한 지식을 가진 투자자들이 비교적 군중심리에 의해 주식을 사고파는 시장이다(제11장 참조).

군중심리에 휩싸여 투자자들이 움직이는 행동을 군집행동(herding)이라고 한다. 군집행동은 동물의 무리들이 포식자로부터 잡아먹히지 않기 위해 무리 주변보다 무리 한가운데로 몰리는 현상을 두고 일컫는다. 그런데 군집행동은 그것이 심리적 편견을 증폭시킨다는 데에 문제가 있다. 투자자는 자신의 주관적인 판단이 아닌 군중심리를 바탕으로 투자를 결정한다. 투자한 종목이 손실종목으로 판명이 나더라도 당해 종목을 선택한 사람이 많아 후회의 감정도 여러 사람들과 공유한다는 사실 자체로부터 다소나마 위안을 얻는다.

 사례_09 증시의 평균 주가수익가치비율(P/E ratio)은 역사적으로 대략 15배 정도인데 1999년말 야후의 P/E비율은 1,300배, 이베이의 P/E비율은 3,300배였다. 앤드류 에지클리프(Andrew Edgecliff)는 'eToys Surges After Lifting'(1999)을 통해 군집행동으로 주가가 부풀려진 인터넷기업의 몰락을 설명하였다. 그에 의하면 온라인 장난감 소매업체로서 1999년 공개된 이토이즈(eToys)의 가치는 최초 주식공모 이후 높은 주가로 인해 회사의 주가시가총액은 80억 달러였는데 한 해의 영업에서 3천만 달러의 매출액에 2천8백6십만 달러의 적자를 시현하였다고 한다. 구 장난감 업체인 토이즈러스(Toys 'R' us)는 3억7천6백만 달러의 이익을 시현했음에도 불구하고 주가시가총액은 60억 달러에 지나지 않았다. 토이즈러스가 온라인 소매업역량을 개발한 이후에는 이토이즈의 시가총액이 80억 달러에서 2천9백만 달러로 떨어졌다고 한다.

-*The Psychology of Investing*, John, Nofsinger, 2005,
이주형 옮김, 『투자의 심리학』(스마트비지니스 출판)에서

군집행동으로 인한 주가의 과대평가는 신경제나 신기술 때문에 일어나는 것이 아니라 투자자들의 군중심리 때문에 일어난다. 많은 사람들이 심리적 편견에 좌우되어 투자를 결정하면 심각한 문제라는 사실을 확인한 증거이다. 한국의 벤처기업도 정부의 지원으로 부풀려졌던 주가 시가총액의 거품이 빠지면서 급락한 것은 이미 널리 알려진 사실이다.

2. 불확실한 미래를 대비하는 저축자

사람들은 왜 저축하는가? 경제학보다는 오히려 심리학에서 저축행동에 관한 연구가 수행되었다. 카토나(George Katona)는 수년에 걸친 조사 결과, 사람들이 저축하는 이유에 일관된 패턴이 있다는 사실을 자신의 저서 『심리경제학』(*Psychological Economics*, 1975)에서 밝혔다. 가장 공통적인 이유로 사람들은 질병, 실직과 긴급사태를 들었는데, 그 까닭은 자신들의 불확실한 미래에 대비하여 필요로 하는 자금을 보유해야 한다고 느끼기 때문이다. 두 번째로 은퇴에 대비하는 이유를 들었는데, 비교적 젊은 사람들이 많이 응답하였다고 한다. 또 다른 이유로는 자녀교육과 집을 구입하는 것이었다.

경제이론이 기대하는 대로 나중에 소비하기 위해서 또는 뒤에 더 나은 생활을 누리기 위해 저축하는 사람들은 드물었고, 이자나 배당금으

로 부수입을 벌거나 유산을 남기기 위해 저축하는 사람들도 거의 없었다. 대신 그들에게 저축은 중요한 가치와 관련되어, 노력하고 애쓸 만한 가치가 있는 목표로 여겨졌고, 저축하지 않는 것을 후회스럽고 때로는 도덕적으로 옳지 않은 행동으로 생각하는 것으로 조사되었다. 그리하여 많은 사람들이 절약과 결부된 청교도적 신념을 가치로 삼아 저축한다는 사실이 밝혀졌다.

제3절 생산자의 성향

1. 사회적 태만의 노동자

기업은 주어진 생산기술에 의해 투입물을 산출물로 변형시키는 과정으로부터 이윤을 극대화한다.. 이윤극대화의 가정은 경제학에게 주어진 양의 노동력과 자본 및 원재료로부터 최대의 산출량을 쥐어 짜내도록 요구한다. 이 가정은 완전경쟁시장은 물론 경쟁이 없는 독점시장에도 적용되는 가정이다.

라이벤스타인은 *Beyond Economic Man*(1976)에서 경제주체가 기업이 아니고 개별인간이라고 주장하였다. 그에 따라 기업을 천편일률적인 동질의 노동단위를 구입하는 주체가 아니라 생산에 중요한 개별노동자가 직접 투하한 노력집합으로 보았다. 경제이론에서처럼 모든 노동자가 동질의 노동력을 쏟아내는 것은 아니다. 오히려 모든 사람은 각자 시간당 얼마의 노력을 쏟을 것인가를 스스로 결정한다. 따라서 이들의 동기,

열정, 성과 등과 같은 심리적 요소가 생산과정에 의미를 낳는다. 그 동안 경제학에서 가장 소홀히 다루어진 분야가 작업자의 동기였다. 그렇다면 기업을 개별인간들의 집합으로 보면 무슨 일이 벌어질까?

현대의 작업장에서 노동은 소규모 내지 대규모로 집단적으로 이루어진다. 특히 서비스 종사자가 차지하는 비율이 제조업 종사자의 비율보다 높아 거래할 때에 사람들과의 긴밀한 상호작용을 필요로 한다. 그에 따라 사람들은 자신 혼자일 때보다 집단의 한 구성원으로 작업하는 경우, 각자가 다른 사람들에게 의지하여 보다 적은 노력을 기울이려고 한다. 심리학자 빕 라타네(Bibb Latané)는 피험자들이 고함을 지르는데 있어 참가자의 수를 한 사람씩 더 늘림에 따라 개인이 내는 성량이 점차 줄어든다는 사실을 발견하였는데 이를 사회적 태만(social loafing)이라고 불렀다.

사회학자 윌리엄스(K. Williams)는 108명의 대학생들을 대상으로 하여 감각을 차단(눈과 귀를 가림)하는 것이 큰 소리로 발성하는 양에 영향을 미치는가를 실험하였다. 실험결과 개인의 성량이 평가되는 경우엔 개인별로 소리를 지르든, 집단으로 소리를 지르든 차이가 없는 것으로 나타났다. 그러나 개인의 성량이 평가되지 않는 경우엔 개인별로 소리를 지르든, 집단으로 소리를 지르든 개인의 성량이 확연하게 줄어드는 것으로 나타났다. 즉 사람들은 자신의 노력이 드러나지 않는 상황에 놓여질 때에 열심히 노력하지 않는다는 사실이 밝혀졌다.

 사례_10 프랑스의 심리학자 막스 링겔만(Max Lingelmann, 1861-1931)은 100년 전 독일 근로자에게 가능한 힘껏 줄을 당기라고 하고, 그들의 힘을 측정했다. 근로자들은 혼자, 또는 3~8인의 집단을 이루어 실험에 참가하였는데 혼자서 당겼을 때 63kg의 압력을 보였다면 3인의 집단이 보여 준 압력은 160kg(1인당 평균 53kg)이었고, 마지막으로 8인의 집단이 함께 줄을 당겼을 때는 개인적 압력은 더욱 낮아져 전체 248kg(1인당 평균 31kg)의 압력으로 감소하였다.

이후 1974년 잉엄(A. Ingham), 레빙거(G. Levinger), 그레이브스(G. Graves) 및 패컴(V. Peckham) 등이 링겔만효과를 조사하기 위한 실험을 실시하였다. 링겔만이 수행한 실험과 동일한 방법으로 실시하고, 또 별도로 한 사람은 실제로 끌어당기도록 하고 나머지 사람들은 끌어당기는 것처럼 흉내를 내도록 조작하였다. 실험결과 링겔만효과(집단의 규모와 집단내의 구성원이 기여하는 힘의 크기와의 사이에 반비례하는 관계)가 나타났다. 특히 집단구성원 사이에 교류가 없어도 링겔만 효과가 나타나는 것으로 보아, 동기의 상실(성과를 다른 사람과 나누어 가진다는 사실)이 힘을 덜 들이는 요인인 것으로 밝혀졌다.

 사례_11 중국 춘추전국시대 제나라 선왕(宣王)은 왕을 위하여 피리를 불게 했는데 항상 통소꾼 300백 명을 합주시켰다. 성밖 남쪽에 살고 있는 풍각쟁이들이 왕을 위하여 통소를 불려고 너도 나도 할 것 없이 나서자 선왕은 기뻐하여 양식을 나눠 주며 초청했더니 피리를 불 사람이 수백 명을 넘었다. 그 후 선왕이 죽고 민왕(湣王)이 군주가 되었는데 그는 독주를 좋아했기 때문에 통소꾼들은 모두 도망가 버리고 말았다. 그들 가운데 어중이떠중이가 대부분이라고 판단한 민왕은 통소꾼들을 신뢰하지 않고 피리를 부는 자는 많은데 누가 잘 부는지 알 수 없어 한 사람 한 사람씩 불어 보도록 하여 재주가 있고 없음을 알아내려고 하였기 때문이다.

1964년 뉴욕에서 살인사건이 발생하고 있는 현장 부근에 살던 38명의 주민들이 피해자에게 도움을 내밀지 않아 살해된 사건이 일어난 배경을 두고 존 달리(John Darley)와 빕 라타네(Bibb Latané)는 사람들의 반응이 집단의 크기와 밀접한 관계가 있다는 사실을 발견하고서 이를 책임감의 분산(diffusion of responsibility)이라고 이름을 붙였다. 즉 사건을 목격한 사람들의 수가 많을수록 개인이 느끼는 책임감은 줄어든다. 군중들 사이에서는 책임감이 공평하게 나누어지기 때문이다. 책임감 분산이 사회적 예절과 결합되면 그것이 더욱 강력한 힘을 발휘하여 생사가 걸린 상황도 무시하게 된다(*Opening Skinner's Box*, Lauren Slater, 2004, 『스키너의 심리상자 열기』, 조증열 옮김, 에코의서재 출판에서).

경제이론은 경제적 효율성과 이를 얻는 데 장애가 되는 사항, 예컨대 독점이나 과점 등에 관심을 가진다. 그 결과 단위투입물당 최대산출량에 대한 관심으로 인해 낭비되고 있는 자원, 즉 최대로 생산성을 발휘하지 않는 투입물의 원인이 어디에 있는가에 대해서는 외면하였다. 라이벤스타인은 이처럼 낭비되는 자원이 전체 경제의 20%나 차지한다고 지적하면서 이를 엑스비효율(X-inefficiency)이라고 하였다. 역설적으로 심리학, 특히 조직행동분야가 엑스비효율의 성격에 관심을 집중하여 연구하는 데 비해 경제학은 그것이 존재하는 것조차 부인하였다.

2. 단기이윤을 추구하는 경영자

기업의 소유주가 동시에 경영자인 시대는 지나갔다. 1929년 『포춘』지는 상위 500대 기업의 44%가 주주가 아닌 경영자가 운영한다는 조사결과를 발표하였다. 1973년 갤브레이스(J. K. Galbarith)는 금융회사를 제외한 200대 대기업의 85%가 경영자가 관리한다고 발표하였다.

그런데 기업을 경영하는 전문경영자와 이윤을 추구하는 소유주(주주)의 이해가 서로 일치하기 어렵다. 그에 따라 경영자는 만족할 만한 수준의 이윤, 성장, 안정, 규모, 최대생애소득, 수용할 만한 수준의 이윤을 조건으로 하는 판매극대화 등을 추구한다는 주장들이 쏟아져 나왔다.

 사례_12 국내의 사례를 보자. 2005년 초 월간 『현대경영』이 조사한 바에 의하면 40년 전 100대 한국기업 중 현재까지 살아남은 기업은 12곳이라고 한다. 매출액 기준 100대 기업을 1965년과 2004년에 비교해 본 결과 생존에 성공한 기업은 LG전자, 기아자동차, 현대건설, 대림산업, 제일제당, 한화, 제일모직, 한국타이어, 대상, 코오롱, 대한전선 및 태광산업 등인 것으로 밝혀졌다. 1960년대 최대 기업이었던 동명목재, 금성방직, 판본방적, 경성방직, 대성목재, 동신화학 등 10위권 기업들은 대부분 문을 닫았거나 사업이 축소되었다. 결국 우리나라 100대 기업의 생존율이 12%인 것으로 알려졌는데 이는 미국이나 일본기업의 생존율 20%대보다 낮은 것으로 밝혀졌다.

전문가들은 산업발전에 맞도록 유연하게 잘 적응한 기업만이 살아남은 것으로 본다. 생존한 기업들이 공통적으로 갖는 형질을 살펴본 결과 ① 오너가 경영하는 기업이거나, ② 해외 무역관련 업종의 비중이 상대적으로 많은 기업들이 살아남은 것으로 알려졌다.

1980년대 미국의 생산성과 성장 및 경쟁력의 저하가 경영자의 단견 (단기적 이윤에 과도하게 집착한 나머지, 만족을 뒤에 가서 즐기려는 의지부족)의 탓으로 돌리는 연구가 1980년 헤이즈(R. H. Hayes)와 애버나시(W. J. Abernathy)에 의해 *Harvard Business Review*지에 발표하였다. 사실이 어떻든 간에 저드슨(A. S. Judson)은 1982년 미국의 경영자들이 미국의 생산성과 효율성을 떨어트린 것에 대해 책임이 있다고 꼬집었다. 그에 따라 이후 이윤극대화 불변의 철칙 대신에, 경영자의 목표를 내생변수로 하는 이론적·실증적 연구사례가 나타나기 시작하였다.

제4절 경제성과의 심리적 해석

1. 두 가지의 역사적 예측오류

케인즈의 일반이론은 국가 전체의 자원을 완전고용하면 경제가 잘 굴러갈 것이라고 예측한다. 그러한 과정에 거시경제학은 개인의 행동을 무시하고 거시경제변수(이자율, 물가, 통화량, 수출, 정부지출, 세율 등)가 어떻게 상호연결되어 있는가를 알려 준다.

미국의 경우 전체 총생산고의 ⅔를 차지하는 개인소비가 경제활동에서 커다란 영향력을 행사한다. 경제학자들은 비교적 상당한 기간 동안 소비함수가 안정적이었다고 확신한 나머지, 사람들의 소비행동에 구체적이고도 현실적인 이론이 없더라도 그들이 무엇을 소비하려고 의도하는지를 예측할 수 있다고 믿는다.

거시경제학을 개척한 케인즈는 과감하게 주식투자(자신과 자신이 몸담았던 킹스 칼리지를 위해)에 성공한 것으로 보아 사람들의 행동을 예리하게 관찰한 학자라고 평가받고 있다. 그는 『일반이론』(*General Theory of Employment, Interest and Money*, 1936)에서, 자신의 주식투자경험에서 동원된 지식과는 어울리지 않게, 소비와 투자를 결정하는 데 인간의 심리 대신에 정부의 역할(재정지출과 조세의 증감)이 중요하다는 점을 강조하였다. 그는 정부의 적극적인 개입이 없으면 제2차 세계대전 이후 미국 경제에서 전쟁소비가 사라져, 그 결과 총수요가 부족하여, 실직사태와 함께 경제가 침체될 것이라고 예측하였다.

그러나 카토나는 미국 전역에 걸쳐 조사한 결과, 일반대중이 전시 중에 소비하지 못한 구매력을 상당한 금액의 유동자산 형태로 보유하고 있는 사실을 발견하였다. 그에 따라 그는 미국의 소비자들이 소비할 수단과 욕망을 가지고 있기 때문에 경기가 침체되지 않을 것이라고 주장하였는데 그의 주장은 맞아떨어졌다. 즉 전쟁 이후 유사 이래의 경제호황을 맞이한 것이다. 소비자의 구매계획과 기대를 바탕으로 한 그의 이론은 경제를 정확하게 예측하였다.

경제학자들은 지금도 기대란 과거의 사건에 의해서만 지배된다고 믿고 있다. 그러나 카토나는 어떤 경우 소비자들은 이전의 경험과는 전혀 다른 새로운 기대를 형성한다고 주장하였다. 기대라는 것이 오랫동안 변하지 않고 지속되기도 하지만 기대가 변해야 할 충분한 이유가 있을 경우에는 극적으로 변한다는 것이 그의 생각이었다. 소비자들을 대상으로 실시한 조사를 토대로 연구한 결과, 사람들의 기대를 변하도록 이끄는 요소에 제한이 있을 수 없고, 따라서 소득과 가격의 기대가 이전의 소득과 가격정보만이 아니고 세금, 이자율, 정치적 및 국제적 사건 그리고 도시위기 등에 의해서도 영향을 받을 수 있는 것으로 보았다. 그는 경제학자들이 신봉하는 합리적 기대이론을 거부하고 경제에 변화가 일어나고 있는 상황에서 기대를 측정하려면 소비자들에게 직접 물어 보는 수밖에 없다면서 소비자를 대상으로 하는 현장조사방식을 고집하였다.

유럽에서도 현실과 부합하지 않는 예측이 경제학자들을 난처하게 만들었다. 즉 경제학자들이 전쟁으로 인해 황폐해진 유럽의 공장, 항만 및 장비를 조사하고 나서 전쟁 이전의 수준으로 생산을 회복하는 데에 장기간이고 느린 여정의 길을 밟을 것이라고 예측하였다. 즉 이들은 파괴된 물적 자본시설만을 보고서 생산이 전쟁 이전 수준으로 회복되려면 수년이 걸릴 것이라고 전망하였다. 그러나 이들의 전망은 빗나가고 말았다. 마셜 플랜과 함께 유럽 노동자가 과거 체득하였던 뇌와 육체 그리고 기술이 급속한 경제성장을 가능하게 이끌었다.

1961년 미국경제학회 회장직을 수락하는 연설에서 슐츠(Theodore Schultz)는 이러한 잘못에 "우리에게는 모든 자본개념이 없다. 따라서 현대경제에서 인간자본을 고려하지 못했고 생산에서 차지하는 인간자본의 중요한 역할을 이해하지 못했다"고 오류를 시인하였다.

2. 심리가 지배하는 경기후퇴와 경기침체

경기의 후퇴요인으로 여러 가지 견해가 있는데, 이들을 살펴보면, 통화량이 적절하게 공급되지 않아 경기침체가 일어난다는 주장(통화론자), 개인지출이 줄어들어 경기가 침체한다는 주장(케인지안), 국제원유가격이 상승하여 생산성을 떨어뜨려 경기가 후퇴한다는 주장(공급중시 경제) 등이다. 어느 견해가 옳건, 심리적 인지와 태도가 경기침체에 영향을 미친다는 사실을 부정할 수 없다.

 사례_13 1980년 3월 카터 대통령이 인플레이션을 퇴치하려고 신용카드 사용액의 한도 제한조치를 취하였다. 전문가들은 이에 찬반으로 나뉘어 논란을 벌였지만 일반인들은 신용카드로 구매하면 빚을 내어 구매하는 까닭에 마치 죄를 저지르는 것으로 인식하였다. 비록 신용카드의 사용제한이 구매에 미친 영향은 적었으나 일반인들은 이를 심각하게 받아들였다. 신용카드의 사용한도 제한조치 이후 소비자의 채무는 크게 줄어들었지만 소비자들의 잘못된 인식으로 소비가 줄어들자 쇼핑센터, 백화점 및 상점 등은 초토화되고 말았다. 이처럼 경제가 침체에 빠지자 다시 제한조치를 철폐하였지만 8월에 들어서야 경제가 다시 이전상태로 회복되었다고 한다. 마이탈(Sholomo Maital)은 *Minds, Markets and Money: Psychological Foundations of Economic Behavior*(1982)에서 이러한 일시적인 조치로 국민총생산이 석 달 동안 10%나 떨어졌다고 지적하였다.

정치가나 경제학자들은 경제정책에서 심리적 요소가 차지하는 역할을 과소평가하는 측면이 있지만, 이러한 사례는 사람들이 경제정책을 어떻게 인식하는가 하는 측면이 정책설계 자체만큼 중요한 의미를 지닌다는 사실을 일깨워 준 사건이었다.

제5절 인플레이션과 실업

1. 속수무책의 인플레이션

거시경제이론은 한 나라 전체의 경제활동수준과 그 변동을 설명하는 이론이다. 경제기록을 살펴보면 높은 인플레이션, 실업률 그리고 깊은 경제침체를 경험한 시기가 여러 번 있었다. 왜 인플레이션이 일어나는

가? 또 실업은 왜 일어나는가? 어떤 경우에는 왜 이들이 함께 일어나는 가? 여기서 벗어나려면 어떻게 하여야 하는가? 경제학자들은 이에 여러 가지 목소리를 낸다.

케인즈를 따르는 전통 거시경제학자들은 총수요를 구성하는 사적 부문과 공적 부문에서 지출수준의 높고 낮음에 따라 인플레이션과 실업이 일어난다고 믿는다. 그러나 총수요이론은 인플레이션(초과수요)과 실업(초과공급)이 동시에 존재하는 현상을 설명하는 데에 어려움이 있다. 화폐론자들은 인플레이션의 원인이 너무 과도한 통화량 증발에 있다고 주장한다. 공급중시경제학은 인플레이션을 퇴치하려면 수요를 축소시키는 것보다 조세를 감면하는 방법을 통해 노동공급을 늘려야 한다고 주장한다. 여기에 어떠한 경제정책일지라도 아무런 효력을 낳지 못한다는 합리적 기대론(신생고전학파)과 함께 거시경제이론은 사분오열된 이론으로 난무하고 있는 실정이다.

예상인플레이션은 학파를 막론하고 거시경제의 향후 성과를 결정하는 데 중요한 역할을 담당한다. 카토나는 제2차 세계대전 이후 인플레이션이 가속화될 것이라는 두려움 때문에 사람들이 더 많이 지출하도록 만들었고, 베트남전쟁기간에는 가격상승의 예상 때문에, 한국전쟁 중에는 미래의 불안 때문에 저축을 늘렸다고 주장하였다. 소비자의 감성이 경제활동을 예측하는 데 유용한 지표라는 메시지이다. 소비자의 감성을 파악할 수 있으면 좋으련만, 사람들이 경제를 생각하는 것과 행동이 미묘하게 연관되어 있기 때문에 제대로 이해될 수 없다는 데 또한 문제가 있다.

이러한 연관관계를 규명하기 위한 하나의 접근방법으로 인플레이션을 '피의자 딜레마'로 해석한다. 개인의 합리성이 집단의 후생을 붕괴시키는 현상을 설명하는 이론이 '피의자의 딜레마' 모형인데(제12장 참조) 이 모형은 경제학과 정치학은 물론 심리학에서 소규모집단의 상호작용을 연구하는 데 널리 이용되었다. 근로자들은 인플레이션으로 인해 상품가격이 상승할 것이라고 예상하여 미리 임금인상을 요구하고, 생산자들은 임금인상을 예상하여 자신들이 팔 물건의 가격을 미리 인상한다. 그러나 모든 사람들이 이처럼 행동하면 그 결과 집단의 파멸을 재촉한다. 미국의 카터 대통령은 "인플레이션은 축구경기장의 관중과 같다. 어느 누구도 먼저 앉으려고 하지 않는다."라고 꼬집었다.

피의자의 딜레마에서 벗어나기 위한 반인플레이션 정책으로 일종의 사회계약형태의 소득정책(가이드포스트 정책)이 도입되었다. 즉 축구경기장의 관중이 동시에 자리에 앉는 것처럼, 모든 집단(정부를 포함하여)이 희생하는 데 합의하는 방법을 선택한다. 대부분의 경제학자는 이러한 방법에 반대하지만 대다수의 일반대중은 이를 지지한다.

심리학은 인플레이션의 원인은 물론 그 영향도 밝혀 준다. 경제학은 인플레이션이 나쁜 것이고 사람들이 왜 이를 싫어하는지에 대해 만족할 만한 답을 제시하지 못한다. 기껏해야 인플레이션으로 어떤 집단(부동산 등의 실물자산 소유자)은 이득을 보고, 어떤 집단(현금 및 저축성예금자산 보유자)은 손실을 보는 결과, 기대하지 않은 부의 재분배가 일어나기 때문에 나쁜 것이라고 지적한다. 그러나 가격이 상승하더라도 가격보다 화폐소득이 전반적으로 상승하면 사람들의 실질적 후생은 보다 더 나아진다. 그런데도 사람들은 인플레이션을 혐오하는데 왜 그러한 현상이 일어날까?

이에 가버(J. Garber)와 셀리그만(M. Seligman)은 학습의 속수무책이론(theory of learned helplessness)을 가지고 설명한다. 즉 사람들은 어떤 결과가 자신의 자발적인 반응과 무관하게 일어나면 그 결과를 속수무책의 상태로 치부해 버린다. 동시에 사람들은 자신의 복지를 스스로 결정하지 못하는 속수무책의 상태를 혐오한다. 비록 인플레이션이 일어나더라도 그들은 화폐소득을 어느 정도는 통제할 수는 있지만 화폐소득으로 살 수 있는 것들을 제대로 다스릴 수가 없다. 그래서 소비자가 속수무책의 인플레이션을 강하게 싫어하는 까닭은 경제를 우려해서가 아니고 자신이 통제할 수 없다는 이유 때문이다.

소비자로서 근로자들은 속수무책의 상태에 빠지면, 남의 일인 양, 가격상승을 무관심하게 받아들인다. 노동력 공급자로서 근로자들은 집단행동으로 나가면 높은 임금을 요구할 수 있고, 파업으로 위협을 가할 수 있고, 전투적이 되면 무엇인가를 얻을 수 있다고 학습하여 왔다. 또한 고용주는 임금인상요구를 거부하지 않고 생산물의 가격을 인상하는 방법으로 자신의 속수무책의 상태를 해결한다. 소비자들이 당면하는 속수무책과 노동력 공급자들의 전투적 성향 그리고 고용주들의 속수무책에 안주하는 성향 등이 급속한 인플레이션의 원인인 동시에 결과이다.

여론조사에 따르면 미국인의 대다수는 인플레이션의 책임이 정부에게 있다고 지적한다. 속수무책에 빠져 있는 자신들에게 부분적으로 책임이 있다고 느끼는 사람은 거의 없는데 이는 인지부조화이론으로 설명할 수 있는 현상이다(제8장 참조). 인플레이션 퇴치행동에 나설 필요성을 구축하는 과잉정당화효과가 속수무책과 인지부조화해소심리와 병행하여 인플레이션을 지속시킨다(제6장 참조).

2. 군중심리에 지배되는 실업

1983년 갤럽이 설문조사를 실시한 결과, 미국에서 현재 고용되어 있는 사람의 15%가 향후 12개월 내에 직장을 잃을 것이라고 생각한다는 사실이 밝혀졌다. 8~10%의 실업률은 5명 중 거의 1명이 직업을 잃거나 잃을 것으로 생각하고 있다는 것을 의미한다. 경제학자들은 실업비용을 상실한 생산고로 파악한다. 그러나 직장을 상실한 자는 물론 곧 상실할 것이라고 두려워하는 자의 심리적 비용도 실업이 낳는 비용이다.

실업의 원인과 영향은 심리학의 영역에도 속한다. 지출이 생산에 미치는 승수효과가 일어나는 심리적 과정을 살펴보자. 어떤 부자가 1억 원을 지불하고 차량을 구입하였다고 하자. 그러면 경제 전체적으로 지출액의 5배에 상당하는 승수효과를 일으켜 모든 사람의 소득이 5억 원가량 상승하면서 실업도 줄어든다. 그처럼 필요하다면 왜 부자가 빚을 내면서까지 차량을 구입하지 않는가?

앞을 내다보지 못하는 사람들에게 불황기에 더 많이 그리고 호황기에 더 적게 지출하도록 만들어 경제를 안정화시킬 수는 없을까? 이것에 대답하려면 경기순환에 심리적 요소를 도입할 필요가 있다. 경제학자 보몰(W. Baumol)은 *Welfare Economics and the Theory of the State*(1952)에서 어떠한 사람도 모든 사람들이 그러한 행동을 취하면 모두에게 이득이 돌아간다는 이유만으로 그러한 행동을 취하려고 들지는 않는다고 지적하였다. 이는 마치 인플레이션에서 본 피의자의 딜레마모형과 유사하다. 사람들이 경제를 불확실하게 느끼고 상대방을 의심하고 불신하는 까닭에 지출을 꺼린 결과, 부족한 수요로 인해 실업이 발생한다. 또한 인플레이션 상황에서 사람들은 동일한 이유로 과도하게 지출한다.

역사적으로 경제는 호황과 불황을 반복하였고 인플레이션과 디플레이션을 경험하였다. 거시경제학은 이러한 변동을 설명하려고 애쓰는데 그러기 위해서는 개별소비자들과 생산자들의 경제행동을 지배하는 배경을 연구할 필요가 있다. 이미 경제학자들 사이에서도 국민경제의 흐름에 미시적 요소를 도입하지 않고서는 거시적 현상을 설명할 수 없다는 인식이 자리잡기 시작하였다. 이처럼 미시경제주체의 심리적 요소를 강조하면 결국 거시경제학도 심리학과 교류하면서 연구하게 될 것이다.

원래 경제학과 심리학은 만족 내지 쾌락이라는 공통적인 주제를 가지고 인간의 행동과 마음을 연구하였으나 이후 서로 채택하고 있는 공리와 가설검증방식 및 연구방법이 현저히 다르게 이루어져 왔다. 그러나 서로가 실용적인 학문이 되려면 이제는 상대방의 지식을 필요로 하는 단계에 접어들었다. 그런 의미에서 경제학의 골격에 심리학의 근육을 붙임으로써 소비자의 경제행동을 이해하는 데 더욱 가까워질 것이라고 믿는다. 학제 간의 연구가 일반화되어 있는 현시점에 경제심리의 연구는 신경과학, 인지경제학, 실험경제학, 진화심리학, 소비자행동론, 마케팅, 행태주의금융 등과 교류하면서 서로 영향을 미치고 있다.

3. 책의 구성

이 책은 전체 4부로 구성되어 있다. 제 I 부 경제학과 심리학의 만남에서는 합리적인 경제주체 대신에 본능이 지배하는 소비자의 경제행동을 살펴본다. 그러기 위해 제1장에서는 경제심리와 인지경제가 소비자의 경제행동을 새롭게 해석하는 계기가 된 사실을 소개하였다. 제2장에서는 경제현상을 심리적으로 해석한 연구를 소개하였다. 소비자, 투자자, 생산자, 경영자 등의 미시적 행동과 한 나라의 거시경제의 성과가 이들의 심리에 좌우된다는 사실을 지적하였다. 제3장에서는 소비생활에서 일어나는 현상을 진화심리학에서 발견한 본능의 산물로 설명한다. 제II부에서는 사람들이 에너지를 절약하려는 경제본능에 따라 정보를 어떻게 처리하는가를 살펴본다. 그에 따라 제4장에서는 사람들이 대안을 합리적으로 판단하여 선택하는 대신에 경험을 통한 체득(휴리스틱)을 바탕으로 선택하는 과정을 연구한다. 제5장에서는 사람들이 선택대안을 두고 전통적인 효용함수 대신에 가치함수로 전망하는 사례를 소개한다. 제6장에서는 사람들이 불확실한 세상에서 확실한 전망을 선호한다는 실험결과를 소개한다.

제III부 본인 위주의 경제심리에서는 유기체로서의 인간 경제행위를 심리학의 개념을 도입하여 설명한 연구를 소개한다. 그러기 위해 제7장에서는 본인의 지각을 기준으로 외부로부터 정보를 받아들이는 현상을 살펴본다. 제8장에서는 사람들이 외부로부터 인지한 정보를 두고 심리적 갈등이 일어나는 경우, 자신을 합리화하는 방향으로 갈등을 해소하는 과정과 사례들을 살펴보고, 제9장에서는 사람들이 본인자신을 위주로 하여 경제활동을 영위하는 모습을 검토한다.

제IV부 시장을 지배하는 소비자심리로서 제10장을 통해 군중심리와 귀족근성 및 과시효과를 알아보고 소비에 영향을 미치는 전망 내지 기대를 살펴본다. 이어서 소득이 늘어나더라도 사람들이 항상 만족을 느끼지 못하는 심리적 성향을 갈망수준이 적응한 까닭으로 설명하고, 어린이들이 경제생활에 익숙해져 가는 과정에서 부모로부터의 학습이 중요하다는 경제사회화과정을 알아본다. 제11장에서는 주식시장의 주가가 경제이론에서 말하는 효율적 시장가설에 지배되는 것이 아니라 군중심리로 결정된다는 사실을 살펴본다. 끝으로 제12장에서는 게임을 벌이는 과정과 흥정이 이루어지는 과정을 살펴본다.

제6절 요 약

소비자와 투자자 그리고 근로자와 경영자는 경제이론이 지배하는 대로 행동하는 경제주체가 아니다. 소비자들은 효용을 극대화하지도 않고 단지 만족화하는 수준에서 살아가는 사람들이다. 사람들은 선택대상과 관련 있는 모든 정보를 토대로 선호에 우선순위를 부여하지도 못하는 불완전한 지식의 존재이다. 소비자들은 경제적 계산에 이끌리기보다 불확실한 미래에 대비하여 저축하고 향후의 경제적 기대에 따라 소비하고 집단에서 무임승차하려는 기회주의적인 사회적 태만의 근로자이다.

경제전망과 상대방을 불신하는 까닭에 지출을 꺼린 결과 실업이 발생하고 다른 사람들이 지출한다고 하여 자신도 과도하게 지출하는 군중심리에 지배받는 까닭에 인플레이션이 일어난다. 그런 의미에서 인플레이션과 실업을 지배하는 법칙도 다분히 심리적 요인이 개입하고 있다는 사실을 외면할 수 없다. 즉 자신의 지배하에 있지 않는 상황들이 작용한 결과라고 하여 인플레이션을 속수무책의 상태로 방치한다.

근래에 경제심리 연구는 신경과학, 인지경제학, 실험경제학, 진화심리학, 소비자행동론, 인사관리, 마케팅, 행동주의 금융이론 등과 교류하면서 서로 영향을 미치고 있다.

제3장
원시본능의 소비자

앞으로 나는 또한 매우 중요한, 그리고 광범위한
연구분야를 기대해 마지 않는다. 심리학은 이미
허버트 스펜스가 이룩한 토대, 즉 정신의 힘이나
능력은 각각 필연적인 단계를 거쳐 획득되었다는
기초 위에 확고히 세워질 것이다.

‒Charles Darwin, *The Origin of Species*, 1859

제1절 진화심리학

1. 유전자 혁명

다윈(Charles Darwin)은 자신의 자연선택이론이 생물체의 신체구조와
마찬가지로 사회적 행동에도 그대로 적용된다고 내다보았다. 심리학에
대한 지식이 미미하였던 당시 그는 이미 『종의 기원』(1859)에서 인간의
행동패턴을 연구하는 심리학이 새로운 토대 위에서 만들어질 것이라고

전망하였다. 인간도 본성을 가지고 있는데, 심리학의 모든 이론은 그 존재를 바탕으로 하여 이룩된 것들이다. 심리학, 특히 진화심리학은 진화한 본능에 의해 생성되는 인간의 행위를 연구한다.

과거 인간의 마음과 뇌(정신)는 다른 것으로 알려져 왔으나 신경과학의 발달로 마음과 뇌는 동일한 것이라는 사실이 밝혀졌다. 신경과학에 따르면 인간은 하나가 아닌 세 개의 뇌를 가지고 있어 세 가지 본성이 나타나는데 상호간에 반드시 보조를 맞추지 않을 수도 있다고 한다. 그 세 가지 종류의 뇌란 파충류의 뇌(腦幹), 오래 된 포유류의 뇌(邊緣系), 그리고 비교적 최근에 진화한 포유류의 뇌(新皮質)이다.

파충류의 뇌간(brain stem)은 생존본능과 영토본능을 지배하고, 오래된 포유류의 변연계(limbic system)는 집단생활에 필수적인 희로애락의 감정을 느끼고 환경을 감지하며 위계질서와 같이 복잡한 환경에 대처하기 위해 관찰력을 정밀화시키는 따위의 행동에 중요한 역할을 담당한다. 끝으로 새로 진화한 포유류의 신피질(neocortex)은 인간의 상징적인 행동능력과 밀접한 관계가 있다. 그런 의미에서 인간은 파충류의 동물적 본능과 오래 된 포유류의 사회적·정치적 본능과 최근에 진화한 포유류의 문화적·경제적 본능을 생물학적으로 유전받았다.

최초로 인간 유전체의 염기서열이 밝혀지면서 알려진 놀라운 사실은 인간들 사이에, 나아가 모든 생명체들 사이에 놀라운 공통점이 있다는 발견이었다. 인간 유전체에 들어 있는 32억 개의 염기쌍들 가운데 개인에 따라 다른 것은 200만 개에 불과하며 또 그 가운데서 실질적으로 생물학적 변이에 관여하는 것은 불과 수천 개에 지나지 않는다고 한다. 그런 측면에서 비록 개인별 차이는 있으나 유전학의 관점에서 모든 인간은 동일하다.

사례_14 TV 홈쇼핑을 시청하면 화면에 L자 모양의 띠가 둘러진 것이 보인다. 화면 왼쪽의 상하로 된 띠에는 가격과 상품정보가 나오며, 아래에 좌우로 그어진 띠에는 주문 전화번호가 있다. 소비자가 가격과 상품정보를 왼쪽에서 읽고 난 뒤 시선을 자연스럽게 오른쪽 상품으로 옮기도록 의도되어 있다. 사람의 시선은 눈에 보이는 왼쪽 띠에 먼저 간다. 그러면 왼쪽 시신경과 연결된 오른쪽 뇌의 감성기능을 자극한다. 오른쪽 뇌는 감정과 자극에 민감하게 반응하지만 왼쪽 뇌는 합리적인 사고 판단능력을 관장한다.

GS홈쇼핑은 화면의 왼쪽에 있던 가격과 상품정보를 오른쪽으로 옮겼다. 기존 좌→우로 이동하던 카메라 움직임도 우→좌로 바꿨다. 이성적인 왼쪽 뇌에 시각정보를 먼저 주면서 소비자의 충동구매를 줄이려는 의도이다. 언뜻 보면 고객의 구매욕구를 줄이려는 것처럼 보인다. 그러나 TV 홈쇼핑의 고질적인 문제였던 반품률이 훨씬 줄었다는 것이 GS홈쇼핑측의 설명이다. 실제로 평균 25%였던 반품률이 이후 10%대로 떨어졌다고 한다. - 〈중앙일보〉에서

피조물인 인간은 자신의 생명을 유지하고 영역(사유재산)을 확보하려는 동물적 본능을 지니고 있다. 인간은 자신에게 부닥칠 위험에서 벗어나려고 다른 사람과 집단을 이루는 사회적 본능을 지니고 있다. 인간은 다른 사람을 지배하여 생존을 지속하고, 동시에 위험에서 벗어나려고 지배당하려는 정치적 본능도 지니고 있다. 인간은 에너지를 절약하면서 의사를 결정하는 경제적 본능을 가지고 있다. 아담 스미스(Adam Smith)는 『국부론』에서 인간의 교환하려는 성향이 노동분업을 가져왔다고 지적하리만큼 교환은 경제본능에서 비롯한다. 호모 에코노미쿠스(Home Economicus)는 동물적·사회적·정치적 본능에 어울리지 않게, 창조적 문화를 다음 세대로 전달하는 문화적 본능도 함께 가진 특이한

존재이다.

2. 마음의 모듈이론

심리학자들은 외부환경이나 조건만을 가지고서는 유기체의 행동을 완전히 설명할 수 없는 까닭에, 인간의 행동이 일어나기까지의 원인을 이해하기 위해 인간의 뇌(마음)에 있는 정보처리기계를 이해할 필요성을 느끼게 되었다. 미국의 철학자이자 언어학자인 제리 포더(Jerry Fodor)는 *The Modularity of Mind*(1983)를 통해 인간의 마음이 단 하나의 일반목적 프로그램으로 구성된 것이 아니라, 각자 자신만의 규칙을 가지는 수많은 특수목적 프로그램으로 구성되어 있다고 주장하였다. 포더는 이러한 특수목적 프로그램을 컴퓨터 용어를 빌려 모듈이라고 불렀는데 인간의 마음에는 그러한 특수목적의 모듈이 수천 개나 존재한다.

진화심리학자들은 다양한 모듈이 자연선택으로 적응된 기제라고 본다. 즉 인간에게 부닥친 어떤 특정문제를 해결하기 위해 적응하여 살아남은 유전자라는 의미이다. 이러한 모듈들은 인간만이 독특하게 가지는 것은 아니다. 모듈은 인간이 침팬지와 갈라선 이후, 비교적 최근에 진화한 것이 있는가 하면, 아주 오래 전 인간과 파충류가 공통조상을 두고 있을 때에 진화한 것도 있다. 마음의 모듈(module of mind)은 다른 모든 적응과 마찬가지로 출현하면서 계속 진화해 왔다. 그런 까닭에 인간만이 가진 특유의 모듈을 알려면 인간 계통이 침팬지 계통에서 갈라져 나온 이후에 인간조상이 살아간 환경을 살펴보는 것이 도움이 된다.

진화심리학자들이 수백만 년 전 아프리카 사바나에서 인간의 본성이 형성되었다고 주장하지만 반면에 문화생물학자들은 인간의 내부 안내 시스템이 인간이 처한 문화와 상호작용하는 기초적 욕구를 인간 내부에서 만들어냈다고 주장한다. 그런 의미에서 인간의 행동은 역사(문화)와 생물(본성) 사이의 역동적인 상호작용을 통한 끊임없이 진화한 결과물로 바라본다. 기어츠(Clifford Geertz)는 『문화의 해석』(*The Interpretation of Culture*, 문옥표 옮김, 까치, 1973)에서 인간을 덮고 있는 잡다한 문화의 양식을 벗겨내면 사회조직체의 구조적이고 기능적인 규칙성을 찾아낼 수 있게 되는데 그것을 지탱하고 있는 기층의 심리적 요인들까지도 모두 벗겨내면 결국에는 인간 삶의 전체적인 구성물인 생물학적, 해부학적, 생리학적, 신경학적 기초들만이 남게 될 것이라고 지적하였다.

인류의 조상은 약 10만 년 전에 아프리카에서 시작하여 전 세계로 퍼져나간 것으로 알려져 있다. 그런데 10만 년이라면 기껏해야 5,000세대에 지나지 않기 때문에 진화생물학자들은 이처럼 짧은 기간에 두드러지게 진화할 만한 적응기제는 없었을 것으로 본다. 그런 까닭에 진화심리학자들은 아프리카를 떠나기 이전에 적응된 마음의 모듈로부터 적응의 실마리를 찾으려고 한다.

1993년도 노벨경제학 수상자인 노스(Douglas North)는 1994년 "Economic Performance Through Time"에서 인류가 아프리카에서 4~5백만 년 전에 출현하였는데 사람들이 농업을 일으키고 영구적인 거주를 시작하게 된 것은 지중해 부근의 비옥한 초승달 지역에서 살던 BC 8천년 경이었다고 한다. 하루 24시간짜리 시계에 비유하여 본다면 마지막 3~4분을 남겨두고서이다. 나머지 23시간 57분 내지 56분 동안 인류는 수렵이나 채취를 하며 살아왔다고 한다. 심리학자이면서 *The New York Times*지에 인간행태에 관한 주제를 기고하였던 골만(Daniel

Goleman)은 *Emotional Intelligence: Why It Can Matter More Than IQ*(1995)에서 인간의 감성적 진화가 지난 1백만 년의 세월 동안 서서히 이루어진 까닭에 농경이 시작된 지난 1만 년 동안에는 인간의 정서적 삶에 눈에 띄는 큰 변화가 없었다고 주장한다.

행태금융학의 권위자인 콜롬비아 대학 비즈니스 스쿨의 모보신 (Michael Maauboussin) 교수는 1997년 *What Have You Learned the Past 2 Seconds*에서 골만의 인간정신의 진화정도가 투자자들의 행동과 도 관련이 있다고 주장하였다. 즉 경제와 금융분야의 새로운 사실들은 인류가 존재해 왔다고 알려진 기간(약 2백만 년)의 5만분의 1정도에 지나지 않는 지난 40년 동안 세상에 공개되어 실험을 거치고 적용이 이루어 졌다고 한다. 그러므로 인간에게 단지 2초 동안에 허용 가능하였던 진화가 합리적인 행동을 적응기제로 선택하지 못하였을 것이라고 주장한다. 따라서 인간이 합리적으로 행동하려고 할 때마다 200만 년 동안 별로 진화하지 못한 우리의 지적 능력이 방해하고 있다고 지적한다. 그는 "인간에게는 위험과 보상을 합리적으로 비교·검토할 수 있는 능력이 결여되어 있다. 우리들은 무형자산이 어떤 잠재적인 수익을 가져다 줄 것인가를 고려하는 것보다 위협적인 표범을 보았을 때 필사적으로 도망 가는데 더 익숙해져 있다."고 꼬집었다.

그는 인간이 흔히 저지르는 실수로 첫째, 인간은 군중 속의 일원이 되고자 하는 선천적인 욕망을 지니고 있고, 혼자서 실수를 하는 것보다 여럿이 함께 실수하는 것이 더 안전하다고 느끼는 성향이 있다는 점을 들고, 둘째, 인간이 절박하게 무언가 답을 갈구할 때 그 질문의 답을 제공해 줄 것 같은 이야기가 나오면 앞뒤를 재지도 않고 그기에 쉽게 빠져 드는 성향이 있음을 들고, 셋째, 통계적으로 자명한 이치를 받아들이지 않고 무시하는 인간의 편견을 들고, 넷째, 인간은 가령 주식투자에 성공한 투자자의 직관력을 쉽게 자기의 것으로 만들 수 있다고 믿는 성향이 있다는 사실을 들고, 다섯째, 자신의 능력을 과신하는 성향을 들고, 여섯째, 가능성을 합리적으로 판단하기 어려운 인간의 능력상의 한계를 들고, 일곱째, 정확한 증거가 없을 때조차도 쉽게 어림짐작하는 인간의 성향을 든다.

상기 첫 번째의 성향은 제3장에서 다룰 인간의 원시적 본능의 소산이다. 두 번째와 세 번째의 성향은 인지부조화를 해소하려는 인간의 심리적 경향에서 비롯하는데 제8장에서 다루고자 한다. 네 번째와 다섯 번째는 인간이 본인 위주로 행동하려는 성향을 말하는데 제9장에서 다룬다. 여섯 번째와 일곱 번째의 경향은 인간이 이성적으로 판단하기 위해 요모조모 따지는 대신 경험을 통해 대응한다는 휴리스틱의 법칙에서 비롯하는데 이를 제4장에서 다룬다.

생물학, 고고학, 인류학, 심리학 등의 분야에서 인류의 조상이 직면했던 적응문제를 해결하기 위해 자연에 의해 선택되었을 것으로 추측하는 마음의 모듈 중에서 가장 중요한 것으로, ① 포식자 피하기, ② 적합한 음식 먹기, ③ 배우자 선택하기, ④ 자식과 친족 돕기, ⑤ 동맹 및 제휴 맺기, ⑥ 다른 사람의 마음 읽기, ⑦ 다른 사람과 의사소통하기 등을 꼽는다. 자연선택이 인류의 조상에게 생존과 번식을 위해 이러한 기초적인 마음의 모듈을 설계했을 것이라고 추측된다.

제2절 진화한 본능

일반적으로 적응(adaptation)이란 생존이나 재생산이 직접 또는 간접적으로 성공할 수 있도록 특수한 문제를 해결하기 위해 진화한 해결책이라고 정의하는데, 가령 땀샘은 체온을 조절하여 생존을 돕기 위한 적응이다. 또 거친 땅에 맨발로 다니면 발바닥이 타이어처럼 마모되는 것이 아니고 굳은살이 돋아난다. 이러한 사실에 비춰 보면 선택을 통한 진화는 창조적 과정이다. 굳은살을 생성시키는 모듈은 그러한 창조적 과정에 적응한 산물이다.

이러한 메커니즘이 현재 인체에 존재하는 까닭은 과거 마찰이 일어나면 피부가 단단해지도록 반응하는 유전자를 가진 인류가 그렇지 않은 인류에 비해 생존에 유리하게 작용하여 살아남았기 때문이다. 이러한 성공을 거둔 선조의 후손으로서 현대인들은 모두 발바닥의 마찰에 굳은살로 반응하는 적응 메커니즘을 보유하게 되었다. 수십만 년의 구석기 역사 속에서 인간의 특정한 후성규칙(後成規則, epigenetic rule)들을 규정하는 유전자들은 자연선택과정을 통해 점점 증가해 종 내에 널리 퍼지게 되었다. 이런 수고 덕분으로 인간본성이 탄생한 것이다(E. Wilson, *Consilience*, 최재천·장대익 옮김, 『통섭』, 사이언스북스, 2005).

재채기, 기침, 눈물, 가려움, 구토, 설사 등은 외부의 독이 인간의 기관 속에 들어와 순환하는 것을 막거나 돕기 위해 진화한 적응이다. 겁먹은 원숭이는 머리카락을 바짝 곤두세우는 심리적 반응을 보인다. 이렇게 행동하는 이유는 자신이 더 크게 보여 상대방이 두려움을 느끼도록 하기 위해서이다. 이러한 과시적인 행동은 복어, 뱀 및 두꺼비에게서 흔히 목격할 수 있는 현상이다. 인간은 원숭이처럼 털이 없어 공포의 적응이 작게 나타난다. 즉 단지 소름이 끼치고 목덜미가 확 달아오르거나 등골이 오싹할 정도의 외부적 변화가 고작이다. 진화심리학자 마걸리스(L. Margulis)와 사간(D. Sagan)은 『생명이란 무엇인가』(*What is Life*, 1995, 황현숙 역, 지호출판)에서 인간에게 소름이 돋는 것은 아직도 그나마 크게 보이려고 시늉하는 털구멍의 진화한 흔적이라고 지적하였다.

마셜 셸린즈(Marshall Salins)는 *Stone Age Economics*(1966)에서 석기시대의 인간은 채집생활을 위해 걷는 문화를 발달시켰는데, 고릴라는 하루에 2㎞, 침팬지는 5~6㎞밖에 걷지 못하지만, 수렵채집민들은 하루에 30㎞ 이상 걸어 다녔다고 한다. 이어령 박사는 휴대폰, 모바일 컴퓨터, 그리고 개인휴대단말기(PDA)를 들고 돌아다니는 오늘의 한국 젊은이들이야말로 21세기의 새로운 채집민들의 삶을 재현한 것이라고 주장한다.

 사례_15　영국의 화장품 체인점 러시(Lush)는 소비자의 감각을 이용하여 성공을 거둔 체인점이다. 화장품 체인점 보디숍에서 근무한 경험이 있는 콘스탄틴 사장은 재래시장에서 아이디어를 얻어 화장품점 프레시 핸드메이드 코스메틱스(Fresh Handmade Cosmetics)를 차렸다. 그는 싱싱한 먹거리를 팔듯이 싱싱한 화장품도 팔 수 있을 것이라고 생각하였다. 기초재료인 자연산 꽃과 과일, 허브식물에서 추출한 향유를 사용하고 포장은 생략하였다. 위험부담이 큰 아이디어였지만 소비자들에게 특별한 기분이 들도록 어필하여 자연산 화장품을 성공리에 판매하여 6년 사이에 95개의 점포를 열 정도로 급성장하였다. 그는 인간의 동물적 감각을 자극하는 것이 효과적인 판매전략임을 알았다.

마찬가지로 속임수가 동물사회에서 매우 중요한 적응의 산물이라는 사실도 알 수 있다. 일부 사회학자들은 권모술수가 집단 내의 다른 구성원들을 보다 더 나은 꾀로 요리함으로써 먹이획득과 배우자 선택, 그리고 자식 돌보는 데 유리하게 작용하도록 진화한 산물이라고 추측한다. 그러므로 더 잘 속이고 더 잘 달리거나 더 잘 싸우는 것이 생래적인 성질이므로 의식적으로 부끄러워할 필요가 없다.

생존과 재생산을 위해 구체적으로 적응하게 되는 형태는 다양할 수밖에 없다. 왜냐하면 일반화된 적응모듈은 유기체가 부닥치는 구체적인 문제를 해결하는 데 도움을 주지 못해, 적응 모듈로 진화하였을 리가 없기 때문이다. 예컨대 "싱싱한 과일만 먹는다"라는 일반화된 적응이 마음의 모듈 한 가운데에 자리를 잡고 있으면, 오래 된 포도는 전혀 먹지 못하기 때문에, 인간이 생존했을 가능성은 희박하였을 것이다. 그 대신 성공을 거둔 모듈은 문제마다, 가령 음식을 선택하거나 배우자를 선택하는 문제마다, 다른 기준을 진화시켰을 것이다.

다른 유기체와 마찬가지로 인간도 수많은 적응문제에 부닥치면서 수많은 진화 메커니즘을 만들어 냈다. 마치 심장이 피를 순환시키는 문제를, 허파가 산소를 받아들이는 문제를, 콩팥이 독성물질을 걸러내는 문제를 각각 해결하기 위해 각 기관이 인간의 몸속에 생겨났듯이, 마음(뇌)에도 수 만 가지 이상의 구체적인 모듈이 자리잡고 있다. 서로 다른 내용의 수많은 적응문제가 한두 가지의 모듈만으로는 해결될 수 없기 때문에 인간의 뇌 속에는 진화한 수많은 모듈로 구성되어 있다.

자연선택에 의해 진화한 모듈은 구체적이고 복잡하고 다양하기 때문에 행동까지도 다양하게 만든다. 비록 인간에게 부닥치는 적응문제가 다양할 뿐만 아니라 그 수도 무수히 많지만 이들을 다음 네 가지로 크게 구분할 수 있다.

1. 생존 및 생식 본능

① 에너지 섭취문제

생존을 위해서는 자연에서 끊임없이 에너지를 공급받아야만 하는 문제를 말한다.

② 포식동물 피하는 문제

재생산을 이루어내는 순간까지 살아남는 문제를 말한다.

③ 배우자 선택문제

짝짓기 상대를 구하고, 유혹하고, 획득하여 재생산에 필요한 교미를 하는 문제를 말한다.

④ 자식 양육문제

자식들이 재생산능력을 가질 때까지 이들이 생존하고 성장하도록 돕는 문제를 말한다.

2. 사회적 본능

① 친족 돕는 문제

자신의 유전자를 부분적으로 보유한 친족의 재생산을 도우는 문제를 말한다.

② 동맹과 제휴문제

인간의 역사 중 99%가 수렵채취시대였다. 인간은 수렵활동을 수행하기 위해 일을 분담하고 조정하는 문제에 적응하였다. 즉 수렵시대에는 여러 사람이 집단을 이루어 사냥하였는데, 사냥을 성공적으로 이끌기 위해서는 다른 사람과 제휴해야 했고, 성공적으로 제휴하려면 여러 가지의 적응문제를 해결하여야만 하였다. 그 중에 일을 분담하고 조정할 필요가 있었는데, 이를 위해 의사소통이 필요했을 것이라고 추측한다.

3. 정치적 본능 (우두머리가 되는 문제)

자원을 풍부하게 확보하기 위해 서열상의 상위단계로 올라가는 문제를 말한다. 모든 인간은 집단을 꾸려 살아간다. 어떻게 하면 추방당하지 않고 집단에 계속 머무를 수 있을 것인가 하는 사회적 적응문제를 해결하였다. 동시에 집단화가 이루어지면서 생존과 재생산에 필요한 자원을 두고 다른 사람과 경쟁하게 될 수밖에 없는데, 이러한 문제 또한 해결하도록 적응이 일어났다.

홉스(Thomas Hobbes)는 『리바이어던』(*Leviathan*, 1651)에서 인간은 신체나 정신기능에서 평등하게 탄생하였지만 자기보호를 위해 다른 사람을 지배하려는 욕구로 인해 서로 다툴 수밖에 없기 때문에 공통의 힘으로 군주제가 필요하다고 인식하였다. 그는 인간본성 가운데에 분쟁을 일으키는 세가지 주된 원인, 즉 첫째 경쟁심이 사람들을 무엇인가 얻기 위해 공격하게 만들고, 둘째 자기 확신의 결핍이 안전을 확보하기 위해 공격하게 만들며, 셋째 영광욕구가 명성을 얻기 위해 사람을 공격적으로 만든다고 주장하였다. 그러므로 모든 사람을 떨게 만드는 공통의 힘

(군주)이 없으면 사람들은 '만인에 대한 만인의 투쟁'상태에 놓이게 된다고 주장하였다.

4. 경제적 본능

① 절약성향

생물은 생존을 위해 에너지가 필요한데 무엇인가를 선택해서 얻는 에너지의 양과 그렇게 해서 잃는 에너지의 양을 비교할 수 있도록 적응하였다. 인간의 감각기관도 가급적이면 에너지를 절약하면서 외부대상을 인지한다.

더 나아가 자신이 부담하는 비용과 자신에게 돌아오는 이득을 비교하여 이득이 있으면 기꺼이 상대방에게 도움을 주는 행동을 마다하지 않는 경제적 계산본능을 지닌 존재이다. 다시 말해 인간에게서 생존에 도움이 되는 행동양식만을 남기고 나머지 것들을 모조리 제거한다면, 협력행위가 모종의 이점을 지닌 또 하나의 행동양식으로 자리잡고 있다는 사실을 알 수 있다.

가령 물에 빠진 전혀 알지 못하는 사람을 구조하는 인간행위를 경제적 계산본성으로 설명해 보자. 즉 물에 빠진 사람을 구조함으로써 향후 자신이 물에 빠질 경우에 다른 사람에게 구조받을 수 있는 확률을 높일 수 있다.

② 교환성향

인간이 다른 사람과 나누어 갖는 행위는 동물에서 볼 수 없는 매우 강한 사회적 특성의 하나인데 그 결과 인간만이 경제를 갖게 되었다. 진화생물학자 에드워드 윌슨(Edward Wilson)은 『사회생물학』(*Sociobiology: The New Synthesis*, 이병훈 · 박시룡 옮김, 민음사, 1975)에서 무엇을 서로 나눠 갖는 행위는 인간이 아닌 영장류 사이에서는 드문데 다만 침팬지에서만 미미하게 볼 수 있다고 한다. 침팬지가 자발적으로 음식을 나누는 일은 드물기는 하지만 관계와 사회적 압력, 차후의 보답, 상호간의 의무와 같은 다각적인 연계망의 토대 위에서 이루어지고 있다. 트리버스(R. Trivers)는 논문 "The Evolution of Reciprocal Altruism"(1971)에서 고도로 발달한 인간지능과 무엇인가를 상징화시킬 수 있는 능력이 상호간의 교환을 가능하게 해 주었고 또한 그의 기억능력은 교환을 시간적으로 확대시켜 상호 이타적으로 행동할 수 있도록 허용하였다고 주장한다.

5. 마음을 읽는 모듈

도구를 처음으로 만들 줄 아는 호모하빌리스(Homo Habilis) 계통의 조상들은 100만 년 전에 약 80명의 집단을 이루어 살았고 약 15만 년 전에 출현한 최초의 진정한 인간, 호모 사피엔스는 약 150명의 집단을 이루어 산 것으로 진화생물학자들은 추정하고 있다. 집단이 커짐에 따라 상호작용하는 문제도 복잡해졌다. 갈등이 일어나는 환경에서 생존하기 위해 상대방의 마음을 읽는 본능은 물론 입장바꾸어보기 능력을 진화시켰다. 이러한 마음을 읽는 모듈을 진화심리학자들은 흔히 마음의 이론(theory of mind)모듈이라고 한다. 이 마음의 이론모듈은 아주 일찍부터 발달하며, 인간의 경우 대개 네 살 반 무렵에 완성된다고 한다. 대신 침팬지는 나이가 아무리 들어도 상대의 마음을 읽지 못한다.

신체구조와 마찬가지로 성장과정에 마음의 이론모듈이 발달하지 못하면 상대방의 마음을 읽지 못해 거짓말하기가 불가능할 것이다. 그래서 자폐증은 마음을 읽는 모듈이 부분적으로 손상되었기 때문에 일어나는 현상이라고 한다. 자폐증 환자들은 마음읽기에 많은 어려움을 겪는 까닭에 제스처나 표정처럼 말로 표현되지 않는 단서들을 해석하거나 다른 사람의 머릿속에 있는 생각을 유추하는 따위의 일 등 글자 그대로 감춰진 어떤 의미를 잘 파악하지 못하는 것으로 알려져 있다.

대부분의 사람(물론 네 살 반 이상의 어린이부터서이지만)은 다른 사람들이 자신의 신념과는 다른 신념을 가질 수 있다는 사실을 이해하고 행동할 수 있다. 이러한 마음의 이론모듈이 적응기제로 발달하지 않았다면 다른 사람이 잘못된 신념을 가지도록(쉽게 말해 사기당하도록) 유도하지도 못했을 것이다. 네 살 반 미만의 아이가 수긍이 가겠끔 거짓말을 하지 못하는 까닭도 바로 상대방이 가진 정보가 자신이 가진 정보와 다를 수 있다는 마음의 이론모듈이 아직 작동하지 않기 때문이다. 사람들이 거짓말을 잘 꾸며대거나 기회주의적으로 행동하는 배경에는 적응한 마음의 이론모듈이 자리잡고 있다는 사실을 이해할 필요가 있다.

그러므로 인간이 동물과 다른 점은 흔히 알고 있는 도구를 다룰 줄 아는 능력에 있는 것이 아니고 다른 사람과 다른 정보를 공유할 수 있는 이른바 정보비대칭의 세상을 살아갈 수 있는 능력이 있다는 데 있다. 전통적으로 경제학은(비록 정보경제학이 정보비대칭의 세상을 전제하여 그 동안 설명이 부족했던 영역을 메우기는 하지만) 대칭정보의 세상, 즉 4살 반 미만의 어린이(또는 천사)들이 살아가는 세상에서 일어나는 행동을 그려냈었다.

러시아 태생의 미국 MIT대학 심리학자 페스팅거(Leon Festinger)가 *Theory of Cognitive Dissonance*(1957)를 통해 발표한 인지부조화이론

은 자신의 진정한 마음과 행동을 달리할 수 있다는 데까지 확장하여 인간의 경제행동을 설명하는 데 크게 기여하였다. 게다가 나 자신이 알고 있는 정보도 상대방이 알고 있다는 전제에서 출발한 경제이론이 현실에 먹혀들어가지 않자, 경제학에서는 정보경제학이라는 분야가 새로 개척되었는데 여기서는 주로 사기와 배임으로 인해 역선택과 모럴 해저드가 일어나는 경제행동과 이에 대처하는 경제적 수단을 대해 연구한다.

제3절 소비행위에 재현된 석기인 본능

1. 동물적 본능

모습이 근사하면 젊어 보인다. 소비자들은, 마치 수컷 공작새가 구애를 위해 화려한 깃털을 자랑하듯이, 근사하게 보이려고 애쓴다. 이는 동물적 본성의 소산이다. 패션은 사람 특히 여자들이 자신을 표현하는 방식이다. 그에 따라 남자들은 같은 값이면 패션감각이 있는 여성을 선호하는 것으로 알려져 있다. 나일론은 개발되자마자 부작용 때문에 의류용 상품으로서는 한계에 다다랐다. 그 결과 나일론 산업은 과잉설비로 애를 먹고 있었는데 여성의 다리를 투명한 나일론으로 감싸 매끄럽게 보이도록 하자는 아이디어가 나왔다. 그 결과 태어난 상품이 스타킹인데 스타킹은 날씬한 다리를 노출하고 싶어하는 여성의 심리에 부합하는 상품이었다.

슈퍼마켓에 들어선 고객은 들판에서 사냥감을 쫓거나 식물의 열매를 찾는 원시인들과 동일한 신체적 반응을 보인다. 그들은 먼저 물건의 형태를 인식하고 색깔을 살피며 주변의 위험을 인식한다. 여성은 식물을 채집하는 채집가로서 남성은 동물을 사냥하는 수렵가로서 매장을 들린다. 여자들은 이 나무 저 나무로 옮겨다니며 잘 익고 단 열매를 선택하도록 적응된 반면 남성들은 가만히 숨어서 목표물이 나타나기를 기다렸다가 끝까지 쫓아가 잡도록 적응하였다. 그래서 부부가 매장을 들리더라도 아내는 이 진열대 저 진열대를 열심히 돌아다니며 쇼핑하지만 뒤따르는 남편은 짜증만 낸다.

심리학자 루이스(David Lewis)는 남성과 여성의 구매행동을 조사하였는데, 여성이 일반적으로 신중한 구매자라는 사실을 알게 되었다. 즉 여러 가게에 들러 상품을 살핀 후, 처음 간 가게로 돌아가 처음에 본 것을 구매하기도 한다. 여성은 가격과 품질 그리고 브랜드 등을 비교하여 구매한다. 이는 매우 현명한 쇼핑방식이다. 이와는 반대로 남성은 납치피해자를 잽싸게 데려오는 특수기동대처럼 구매한다. 즉 상점 안에 들어가 피해자(상품)를 데리고 최대한 빨리 나가는데 마치 사냥하는 것처럼 구매한다. 실험을 위해 혈압계를 달고 쇼핑하는 남성을 조사한 결과 쇼핑하면서 혈압도 상승하고 혈류 내에 수치도 올라가고 스트레스도 받는 것으로 나타났다. 이런 상태에서는 도주공격반응이라는 원시적 메커니즘이 발동하여 남성은 호랑이와 마주친 것과 똑같은 상태로 쇼핑한다.

스트레스를 받으면 결정능력이 영향을 받아 극단적인 경우 비합리적인 방식으로 행동한다. 쇼핑상황에서 최대한 빨리 탈출하기를 바라기 때문에 처음 손에 잡히는 것을 산다, 마치 사냥꾼이 몽둥이라고 생각되는 것을 무심코 집어드는 것이나 마찬가지이다. 점원에게 질문도 하지 않고 적당한 물건인지 알아보려고 하지도 않고 쇼핑하는 것으로 조사되었다. 쇼핑 중에 혈압과 심장박동이 실전에 투입되는 비행기조종사나 폭도들을 상대하는 진압경찰과 비슷한 수준의 수치를 보여주었다고 한다.

구매자들은 한정판매란 표지를 보면 신경이 곤두선다. 우리의 조상들은 원시시대에 수렵 채취생활을 영위하면서 계절과 기후변화에 따라 식량이 풍부하기도 하고 부족한 시기를 경험하였다. 굶주린 상태에서 생존에 지장을 받았던 경험 때문에 사람들은 우연히 발견한 식량이 미래에 있을지 모르는 굶주림을 벗어날 수 있게 하는 수단이라는 것을 알게 되어 가급적이면 많이 확보하려는 본능이 흔적으로 남아 후손들에게 물려주었다. 그런 까닭에 우연히 마주치는 한정판매는 계속 효력을 낳을 것이다.

 사례_16　미국 일리노이대학의 브라이언 원싱크(Brian Wansink) 교수는 한정판매의 효과를 실험하기 위해 슈퍼마켓에서 캠벨(Campbell's) 상표의 수프용 캔을 1인당 12개까지로 한정판매한다는 표지를 붙이자, 그 동안 팔리지 않던 캔을 4~8개 사는 소비자들을 발견했다. 이 소비자들에게 그렇게 많은 양을 구매한 이유를 물은 즉, 자기도 모르게 그렇게 샀다는 대답이었다. 인간의 유전자 속에 남아 있는 동물적 본능이 작동한 결과라고 해석된다. 1922년 돈이 궁색했던 아일랜드의 작가 제임스 조이스는 파리에서 「율리시즈」를 출판하려고 하였으나 응해주는 출판사가 없자 작품을 고급양장으로 만들어 셰익스피어의 작품과 함께 묶어 한정판만 발행하여 발간하였다. 물론 대성공을 거두어 큰 돈을 벌었다.

2. 사회적 본능

사람은 다른 사람과 같은 공간을 공유여야만 비로소 생존한다는 확신을 가진다. 현대의 모든 생활용품이 구비되어 있는 장소에 머문다고 하더라도 혼자서 즐기는 한, 인간은 만족을 느끼지 못한다. 인간은 다른 사람과 경쟁하는 동물로, 원시시대부터 경쟁의 대상이 없는 공간을 겪어 보지 못한 까닭에, 소외를 선호하는 심리모듈을 진화시키지 못했다. 그런 측면에서 인간을 물리적으로 소외 내지 추방시키는 가상의 조직이 출현한다고 호들갑을 떨지 않아도 될 것 같다. 진화심리학자들은 현대의 직장 내에서의 인간관계가 혈연이나 우정 또는 조직과의 일체성을 중시하는 과거 부족 중심의 틀을 크게 벗어나지 못할 것이라고 내다본다.

우리가 살고 있는 공동체는 장소가 있는 공동체, 다시 말하면 얼굴을 맞대어 지속적으로 상호작용하면서 일상의 시간을 보내는 물리적 생활공간이다. 반면에 가상공동체는 장소보다 과정을 중심으로 구축된 공동체, 물리적 근접성보다 공통의 목적이나 경제적 상호의존에 의해 결합된 공동체다. 그동안 많은 전문가들이 더 이상 특정한 일터에서 일할 필요가 없어지는 전자공간을 찬양하였지만 이것은 사회적 고립과 우울증을 유발하는 환경을 창출할 따름이다. 야후의 동호인방의 수는 4백만 개인데 그 회원수가 1천3백만 명이나 된다고 한다. 전 세계의 회원들이 만나는 모임을 한달에 한번씩 가진다고 한다.

미래학자 토플러(Alvin Tofler)는 일터와 가정 사이에 놓인 낡은 경계선이 사라지면서 집과 사무실이 제공하던 기존의 역할이 바뀔 것이라고 전망한다. 즉 사무실은 인간관계 형성, 점심식사, 정보교환을 위한 담소 등 노동의 사회적 측면을 위한 장소로 변하고, 도심지는 사무실 중심지의 기능을 상실하는 대신 호텔에 머물거나, 박물관이나 전시관을 방문하거나, 외식을 하거나, 밴드음악을 감상하는 오락과 문화의 중심지로 변할 것이라고 예견한다. 비록 사람이 멀리 있는 사람과 전자통신수단으로 접촉을 늘리지만, 그렇다고 사람의 물리적 접촉과 이동까지 줄어드는 것은 아니다. 수렵과 채집 그리고 농경사회에서 진화하였던 이동과 집단 그리고 신체접촉 등의 성향은 인간에게서 박탈될 수 없도록 적응된 본성이다.

마크 트웨인(1835~1910)은 그의 사후에야 비로소 공개적으로 발간된 *The United States of Lyncherdom*(1901)라는 수필에서 미국 KKK단원들이 흑인에게 린치를 가하는 장소에 군중들이 모여드는 까닭을 이웃으로부터 비난을 받지 않으려는 사람들의 심리에서 나온다고 지적하였다. 인간은 주변으로부터의 눈총을 배우자의 사망이나 죽음보다 더 끔찍하게 느낀다. 사람들이 린치가 자행되는 현장으로 달려가는 이유는 그들이 다만 그 자리에 없었던 게 알려져 행여 못마땅한 말이라도 주변에 돌까봐 집에 머물기를 두려워하기 때문이라고 비꼬았다(*Markets, Mobs & Mayhem*, Robert Menschel, 강수정 옮김, 『시장의 유혹, 광기의 덫』, 에코리브르, 2005).

사람은 자라면서 사회화의 과정을 거친다. 즉 무엇이 사회적으로 용납되고 용납되지 않는지를 배우고 익힌다. 따라서 사회인으로서의 소비자는 '어떻게 말하고 행동하고 생각하여야 하는가'를 알게 된다. 인간은 사회적 본능을 가지고 있는 까닭에 사회로부터 인정받으려고 자신이 속한 문화가 지시하는 대로 따르거나 아니면 적어도 따르는 척 하여야 한다. 모두가 사회적 규범을 잘 따르고 있는 것처럼 보이기 때문에 자신도 거기서 벗어나지 않으려는 성향을 다원적 무지(pluralistic ignorance)라고 부른다. 이는 비록 자신의 의견이 다수의견이 아닌 소수의견이더라도 자신의 생각과 의견을 억누르고 사회적으로 옳다고 여기는 다수의 의견에 따르는 현상을 말한다.

군중 속의 사람들이 저마다 자신의 순서를 기다리는 동안에는 아무런 문제가 없으나 한 사람이 줄에서 빠져나와 독단으로 행동하기 시작하면 다른 사람들도 금세 따라하면서 줄서기는 질서를 잃어버린다. 야구장에서 불공정한 판정을 내린 심판에게 한 관중의 야유가 전체 관중의 야유로 변해 경기장은 소란스러워진다. 깨끗한 도로위에 누군가가 종이쓰레기를 버리면 이내 다른 보행자들도 따라하는 바람에 도로는 더러워진다.

기업은 텔레비전을 통해 유명인사를 이용하여 광고한다. 10대 아이들은 마이클 잭슨이 신는 테니스 슈즈를 신고, 그가 마시는 음료를 마시고, 신세대 골퍼들은 타이거 우즈를 떠올리면서 나이키 골프 매장으로 향한다. 이밖에도 미국인들은 텍사코 주유소를 볼 때마다 친절한 서비스를 떠올린다. 배우 겸 코미디언이었던 봅 호프가 그동안 회사의 광고 모델로 나왔기 때문이다.

유명인사들이 해당 상품의 전문가가 아니지만 광고주가 의도하는 진정한 목적은 소비자들이 상품과 유명 인사의 이미지를 함께 연상할 것으로 믿기 때문이다. 이렇게 완성된 광고 상품은 유명 인사의 특성을 떠올리면서 해당 상품을 인지하게 된다(『설득의 법칙』에서).

특정 브랜드의 옷은 10대들에게 특정그룹의 일원이란 것을 상징한다. 지금의 부모들은 과거 어린 시절에 브랜드가 없었기 때문에 특정형태의 옷으로 특정그룹의 일원이 되어 어울렸다. 최근 영국의 10대들은 힙합음악에 어울리는 모시노 청바지와 셔츠에 드럼앤드베이스 스타일 모자를 쓰고 리복이나 나이키 클래식을 신는다. 이것은 사람을 만나는 클럽 같은 장소에서 매우 유용하게 쓰인다. 즉 자신과 비슷한 사람을 찾아 이를 장점의 도구로 사용하려고 한다. 그러한 그룹의 일원이란 사실을 알리기 위해 모시노란 상표가 상대방의 눈에 보이도록 배치한다.

혼자 식당에서 식사하는 사람은 어색한 분위기에서 유쾌한 기분을 느끼지 못한다. 인간은 과거 원시시대에 이웃과 함께 육류를 나누어 먹었다. 가령 칵테일 파티에 참석한 사람들만 보더라도 목이 마르지 않는 데에도 계속 무언가를 마시고, 배가 고프지 않은 데에도 끊임없이 씹는다. 또 보통때는 들지도 않던 맛없는 과자까지도 먹는다. 이러한 곳에서 음식은 상징적인 것에 불과하고 서로 한자리에서 나누어 먹는다는 사회적 본능의 기본정신만이 연출된다. 그에 따라 먹는 행위는 형식적인 일에 머물고 사교하는 기회로서의 중요성만이 부각될 뿐이다.

소매점전문 인류학자인 파코 언더힐(Paco Underhill)은 미래의 소비자들은 패션에서 외식에 이르기까지 동참하는 쇼핑을 할 것이라고 예측한다. 미래의 상점들은 시골장터와 비슷하게 빵을 굽는 사람에게 말을 건넬 수 있고, 고기를 잡는 사람을 만나는 등 구매행위가 하나의 즐기는 행동으로 자리잡게 될 것이라고 주장한다. 종전의 독립점포 중심의 구매공간이 쇼핑몰이나 쇼핑센터와 같은 구매공간으로 발전하는 까닭은 인간의 사회적 본능에 부합하기 때문이다.

3. 정치적 본능

일반적으로 사람은 자신감을 가지지 못한다. 그렇지만 멋있는 양복을 입고 회의하러 가면 기분이 좋다고 느낀다. 상대방에게 좋은 인상을 주면 상대방은 평상시와 다르게 이야기를 경청한다. 이는 지배자에게 복종을 나타내는 정치적 본성의 모듈이 상대방에게 작용하고 있기 때문인데 본인은 지배하였다는 정치적 지배본능에 따라 멋있는 양복을 차려입으려고 한다.

 사례_17   두브(A. Doob)와 그루스(A. Groos) 가 1968년 샌프란시스코 지역에서 한 연구결과에 따르면 교차로의 신호가 파란불로 바뀌었는데에도 앞의 차가 움직이지 않고 있을 때, 그 차가 값싸고 낡은 소형차일 때보다 값비싼 신형 최고급 승용차인 경우, 뒤의 차가 훨씬 더 오랫동안 기다렸다가 경적을 울렸다고 한다. 사람들은 소형차에 전혀 인내심을 보여 주지 않았는데, 신호가 바뀌자 사람들은 앞의 소형차를 향하여 마구 경적을 울려댔고, 심지어 두 사람의 운전자들은 앞차의 뒤쪽 범퍼를 그들의 차로 받으면서 빨리 움직이라고 겁을 주는 현장이 관찰되었다. 그러나 값비싼 고급차의 뒤에서 기다리고 있던 차들의 운전자 중에서 절반은 앞차가 움직일 때까지 전혀 경적소리를 내지도 않았다고 한다. 이처럼 인간은 강한 자에게 순종하고 동시에 약한 자를 압도하려는 정치적 본능을 가지고 있다.

1951년 사회심리학자 애시(Solomon Asch)는 사람들이란 주변 사람들의 의견이 자신과 다르더라도 이에 동조한다는 사실을 실험을 통해 관찰하였다. 길이가 다른 3가지 종류의 막대를 5명의 피험자들(이들 중 4명은 실험자와 짜고 틀린 답을 제시하는 사람들이다.)에게 제시하여 가장 긴 막대를 선택하도록 요구한 결과, 피험자 50명 중에서 39명이 나머지 네 명의 의견을 좇아 길지 않은 막대를 긴 막대로 꼽았다고 한다.

예일 대학 심리학 교수 스탠리 밀그럼(Stanley Milgram)의 스승 솔로
몬 애쉬(Solomon Asch)는 집단의 압력이 미치는 효과를 연구한 결과, 가
령 길이가 다른 선을 집단이 옳다고 인식하는 의견에 피험자들이 동의
하는 경향이 있다는 사실을 발견하였다. 가령 X선과 Y선 중에서 실제
로 Y선이 더 길더라도 집단이 X선이 더 길다고 주장하면 피험자는 자
신이 옳다고 여기는 의견을 포기하고 집단의 의견에 순응하여 Y선이 더
길다고 대답하는 성향이 있음을 밝혔다.

밀그럼은 더 나아가 틀린 답을 말하는 자에게 피험자가 전기충격을
가하는 1961년의 실험에서 피험자들의 65%가 실험자가 지시하는 대
로 전기충격 버튼(15볼트, 30볼트, ……, 450볼트로 표시된 버튼)을 누른 사실
을 발견하였다. 물론 실험에서 전류는 극히 낮은 수준에 지나지 않았다.
사회심리학자들은 밀그럼의 연구결과로부터 사람들이 도덕적으로 또는
비도덕적으로 행동하는 배경이 개인적인 성향상의 특징에 있다기보다
언제, 어디서, 누구와 함께 있는가에 좌우하는 사회적 맥락에 있다고 해
석하였다. 비인도적인 실험이었다는 비판으로 물의를 일으킨 밀그럼은
예일 대학과 하버드 대학에서 교수직을 거부당한 이후 뉴욕 시티 컬리
지에서 근무하다가 51세의 나이에 심장마비로 사망하였다.

이와 유사한 실험이 뉴욕 대학의 존 달리(John Darley)와 콜롬비아 대
학의 빕 라타네(Bibb Latané)에 의해 실시되었다. 배우역할을 하는 두
명의 대학생과 한 명의 피실험자가 방안 한자리에 모여 대학생활에 관
한 설문지를 채우고 있는데 실험자가 몰래 방안으로 연기를 들여보내었
을 때에 피실험자들은 배우역할하는 대학생들이 연기에 아랑곳 하지 않
고 설문지를 태연히 채우는 대로 위험한 상황을 무시한다는 사실을 관
찰하였다. 피험자들의 반응을 통해 사람들은 집단의 압력에 쉽게 굴복

하는 성향이 있다는 사실을 확인한 실험이었다.

캘리포니아 대학의 사회학 교수인 데이빗 필립스(David Phillips)는 연기실험을 증명하는 토대로 하여 자살사건이 대대적으로 언론에 보도된 이후에 비행기와 자동차 추돌사고로 인한 사망자 수가 증가한다는 사법기관의 발표에 주목하였다. 그는 이러한 모방행동을 베르테르 효과(Werthers effect)라고 했는데, 짝사랑을 앓다가 자살한 소설속의 가공인물을 따라 18세기 독일사회에서 자살한 사람이 실제로 늘어난 상황을 비유하여 붙인 이름이다. 그는 1947년에서 1968년까지 미국에서 일어난 자살사건통계를 조사한 결과 신문 1면에 자살사건이 보도된 이후 두 달 동안 평균치 58명보다 더 많은 사람이 자살하였다는 사실을 발견하였다. 특히 자살사건이 대대적으로 보도된 이후에는 자동차와 비행기 사고가 유난히 잦았다는 사실도 발견되었다.

프리드와 챈들러, 무톤과 블레이크라는 4명의 연구원들은 횡단보도에서 사람들이 '건너가지 마시오'란 표지판을 무시하고 지나가도록 부추기는 일이 먹혀드는가를 실험하였다. 옷을 잘 입은 사람이 표지판을 무시하고 건너자 신호가 바뀌기를 기다리던 사람 중 14퍼센트의 사람들이 그를 뒤따라 길을 건넜다. 다음날 같은 사람이 이번에는 초라하게 옷을 입은 상태로 같은 실험을 반복했다. 그러자 오직 4퍼센트의 사람만이 그의 뒤를 따랐다고 한다.

제품을 판단하는 소비자는 "나는 이 차가 좋다"라는 표현의 배경에는 브랜드를 사용하는 자신을 투사한 모습을 상상한다. 예를 들어 승차감보다 자기 아파트 앞에 놓여 있는 자동차를 상상한다. 소비자들은 "나는 벤츠 승용차를 실용적이라든가, 아니면 편리성 때문에 사는 것이 아니라 자신의 성공을 상징하는 가치를 제공하기 때문에 산다"고 응답한 사람들이 점점 늘어가고 있다.

'스타벅스에는 커피가 없고 로렉스에는 시계가 없다'. 스타벅스의 커피 맛이 세계 최고라고 여기는 사람은 없다. 가격은 집에서 마시는 가격의 10배 이상이다. 그럼에도 사람들은 스타벅스에서 작은 사치를 즐긴다. 그곳엔 커피 한 잔과 더불어 즐기는 편안함, 안락함, 시원함, 휴식, 과시 등으로 대변되는 무형의 가치가 존재하기 때문이다.

로렉스 시계도 기능면에서 본다면 다른 시계와 마찬가지로 정확한 시각을 알려주는 도구일 뿐이다. 그러나 정확한 시계에 대한 대가치고는 가격이 다른 일반시계의 수십, 수백, 수천 배에 달한다. 로렉스 시계를 구입한 배경에는 정확한 시각 이외에 사회적인 성공, 선망, 존중, 자존심의 가치가 깔려있다고 한다(최영철, 『돈버는심리 돈새는심리』, 랜덤하우스중앙, 2005). 그래서 부유층의 결혼예물엔 로렉스 시계가 약방감초처럼 낀다.

브랜드를 사는 데에는 순위가 있다. 가장 처음에 사치품을 산다. 왜냐하면 사치품은 신분을 반영하며 성공했다는 사실을 확신시킬 수 있는 일종의 악세사리로 간주되기 때문이다. 플로리다대학의 제임스 트위첼 (James Twischel) 교수에 따르면 사람들이 사치품을 사는 배경에는 이제 자신이 성공했으니 정치적으로 달리 대우하라는 메시지가 깔려 있다고 한다.

안 사기고 못 배기는 소비자도 있는데 그렇게 하는 까닭은 성공한 기분을 느끼게 해 주기 때문이다. 즉 사치품은 신분의 상징이기 때문이다. 마치 수렵채취시대에 조개껍질로 목걸이를 만들어 자신의 신분을 나타내고자 했던 석기시대 원시인들의 정치적 본능이 현대인에게도 유전자처럼 재현되고 있는 셈이다.

사례_18　과소비추방범국민운동본부의 조사에 따르면 해외유명 브랜드 의류의 국내판매가격은 파리, 밀라노, 뉴욕 등 세계적 패션도시보다 평균 26% 이상 높다고 지적했다. 이탈리아 밀라노에서 72만원 하는 조지 알마니 남성복의 경우 국내에서는 5배가 넘는 365만원에 판매되는 것으로 조사되었으며, 지아니 베르사체 스웨터는 뉴욕에서 29만 원이면 살 수 있는 것이 서울에서는 80만 원으로 3배 가량 비싸다고 한다.

옷만 그런 것이 아니고 화장품도 더하면 더했지 덜하지 않다. 소비자보호원의 조사결과 샤넬, 랑콤, 크리스찬 디오르, 시세이도, 에스티 로더 등 5개 수입 립스틱은 외국보다 평균 11.6% 비싸게 판매되고, 뉴욕과 비교하면 32.5%나 비싼 것으로 조사되었다. 수입화장품은 국내 화장품시장을 30% 가까이 장악하고 있다.
　　　　　　　　　　　　　　-심리마케팅연구회, 『소비심리자극하기』(2004, 거송미디어)에서

　멘셸(Robert Menschel)은 『시장의 유혹, 광기의 덫』에서 인간이 정치적 본능에 따라 선도자가 되기도 하고 추종자가 되기도 하는 심리를 마케팅 담당자들이 활용한다고 지적한다. 이들이 궁극적인 목표로 삼는 대상은 시장의 한복판이 아니라 아주 협소한 대상을 출발점으로 삼아 신상품에 타깃을 맞춘다. 소위 얼리어댑터라고 불리는 조기수용자 집단이 새로운 유행을 정하면 나머지 사람들은 그 경향을 추종한다. 10대 의류제품의 경우에는 대도시 중심부의 저소득층을 공격적 마케팅의 우선 공략대상으로 삼기도 하는데, 이곳에서의 궁극적인 판매량은 상대적으로 많진 않지만 누추한 뒷골목에서 입는 옷은 래퍼의 어깨에 걸쳐질 가능성이 있고 래퍼들의 선택은 MTV의 전파를 타게 된다. 그리고 대중매체의 힘은 실로 대단해, 할렘 같은 뒷골목은 돈을 쥐어준다고 해도 가지 않을 교외의 중산층 아이들의 소비욕구를 빈민가지역 10대들의

취향이 좌우한다.

국내 딤채 김치냉장고의 시장점유율이 50%를 넘는데 처음 시판에 앞서, 한 아파트 주부 100명에게 공짜로 사용하도록 이를 나눠준 뒤, 기간만료 후 90%의 주부가 구매하였다고 한다. 물론 미리 써본 이들이 다른 사람들에게도 적극적으로 권유하였다고 한다. MS가 2004년 출시한 X박스용 게임 프로그램 HALO2는 출시하기 1년 전에 유명 게이머들에게 사용하도록 하여 블로그에 품평을 하도록 요구하였다. 게이머들은 물론 일반인들에게 소문이 퍼져 성황리에 팔렸다. 지명도가 높은 얼리어댑터들로 하여금 먼저 상품을 이용하게 하여 이들의 체험을 통해 겪은 경험이 일반 소비자들이 구매하도록 자극하는데 결정적인 영향을 미쳤다.

대부분의 사람들은 정치적 본능에 이끌려 고급문화를 향유하고 싶어하며 일반대중과 차별화된 삶을 살고 싶어 한다. 그에 따라 과거에는 경제적 여유가 있는 소비자들의 전유물로 인식되었던 명품이 이젠 생활수준과 상관없이 고급문화를 향유하여 자신의 욕구를 표현하는 수단이 되었다. 과거 패션 상품을 예쁘게 디자인하면 잘 팔렸던 시절이 있었으나 이젠 자신만의 컨셉트를 내세우지 못하는 회사는 브랜드 가치를 지키지 못하고 패션업계에서 사라져버리는 처지를 맞이하였다.

샤넬이든 루비통이든 인기 있는 명품은 의류, 가방은물론 화장품, 향수, 시계, 가구 등 모든 소비재 상품으로 품목을 확대하고 있다. 최근엔 호텔이나 스파, 그리고 스포츠 용품에까지 진출하고 있다. 가령 삼성은 세계 정상급 디자이너인 아나나 수이와 다이앤 본 포스텐버그가 디자인한 휴대폰을 출시하였다. 노키아는 베르사체가 디자인한 휴대폰 727대를 한정판매하는 행사를 벌였다. 루비통은 덴마크의 명품 오디오 뱅앤

오루프슨(Bang & Olufsen)과 협업으로 MP3 플레이어 전용케이스를 제작 판매하고 있다. 삼성전자도 뱅앤오루프슨과 공동 개발한 최고급 휴대폰 세린(Serene)을 유럽시장에 출시하였다. 명품을 구매하는 소비자들은 이미 명품의 눈높이에 익숙해져 있어 이들은 고급스런 기능과 디자인을 선호한다(『히트 트랜드 전략』에서).

소비자는 현대사회의 일부이다. 번화가와 백화점은 다른 사람을 만나게 하고, 사람들을 보고 자신도 보이면서, 자신의 동물적·사회적·정치적 본능을 충족시켜주는 공간이기도 하다. 사는 물건보다 자신을 잘 말해 주는 것은 없다. 동시에 인간은 만족을 모르는 동물이어서 비가 오든 화창하든 매일 쇼핑하는 존재이다.

4. 경제적 본능

포유류는 에너지를 절약하면서 생존·생식·집단화·정치화를 꾀하지만 동종끼리 교환하려는 성향은 인간에게만 나타나는 두드러진 특성이다. 인간은 경제학에서 주장하는 것처럼 합리적으로 행동하지 않는다. 그 까닭은 합리적으로 행동하려면 엄청난 양의 에너지가 필요한데 합리적인 행동모듈은 자연선택되지 않았을 것으로 추측된다. 인간은 상품과 관련된 복잡하고 방대한 양의 정보를 합리적으로 계산하는 대신에 타성에 의해 수요하거나 불확실한 사태를 예측하는 복잡한 작업을 휴리스틱(heuristic)의 간단한 판단작용으로 축소한다(제4장 참조).

 사례_19　인간의 뇌가 정보를 처리하는 데 한계가 있다. 2만 여개의 상품이 진열되어 있는 슈퍼판매대에서 나사(NASA)에서 개발한 아이마크 카메라

(eye-mark camera)를 가지고 소비자의 눈동자가 어디를 주목하는가를 조사하였다. 그 결과 인간의 눈은 물건을 발견하면 다음과 같은 순서로 세 가지의 일을 하는 것으로 조사되었다. 물건을 인식하고 색깔을 평가하고 마지막으로 주변을 관찰한다. 형태와 색깔을 찾은 후 위험을 살핀다.

인간의 뇌는 모든 것을 받아들이지 못하고 한 번에 최대 7개의 시각정보만을 처리한다. 인간은 쇼핑할 때 베타모드로 들어간다. 이것은 에너지를 절약하는 잠재의식상태가 되는 것을 의미하는데, 그 결과 아무 생각 없이 쇼핑한다. 마치 익숙한 길을 운전하며 갈 때 신호등을 만나기 이전까지는 길을 전혀 생각하지 않지만, 신호등이 나타날 것으로 기대하는 지점에서는 뇌가 알파모드로 전환하여 정신이 또렷해지는 것과 같다. 이것을 쇼핑과 관련시키면, 소비자들은 관심 있는 물건을 발견하면 동공이 팽창하고 깜박이는 횟수가 늘어난다. 깜박인다는 것은 의식적인 증거로 뇌가 알파모드에 들어간다는 신호이며 이 때 마음에 드는 상품을 구입한다. 이는 사람들이 베타모드에서 쇼핑한다는 것을 뜻한다.

쇼핑 전문심리학자 존 콕스(John Coks)는 슈퍼매장의 초콜릿진열대 사이에 고양이 사료를 배치하고 시리얼 진열대에 맥주캔을 진열하였는데 소비자들이 전혀 다른 종류의 상품이 있다는 사실을 조금도 알아차리지 못하고 심지어 점포직원들까지도 눈치를 채지 못한다는 사실을 발견하였다. 즉 사람들은 베타모드에서 쇼핑하기 때문에 자신에게 어울리지 않은 물건은 거들떠보지 않는다는 사실을 발견하였다. 즉 소비자들은 에너지를 절약하려고 자신에게 필요없다고 생각되는 것은 알고 싶지 않은 것이다.

이처럼 상당부분의 일상적 상품은 무의식상태에서 쇼핑이 이루어지고 있다. 영국의 소매점 컨설턴트인 시몬 스캐멀캐츠(Siemon Skammel-Katz)에 의하면 가게에서 이루어지는 구매의 80%가 무의식적으로 일어나기 때문에 출구조사나 앙케트 조사를 통해 소비자행동을 연구하는 전통적인 조사방법은 효과적이지 않다고 주장한다.

무의식상태에 의한 쇼핑은 제품과 포장을 차별하지 않는 무의식으로까지 이어진다. 루이스 체스킨(Louis Cheskin)은 사람들이 슈퍼마켓이나 백화점에서 물건을 고를 때 자신도 의식하지 못하는 사이에 제품의 포장에서 받은 느낌이나 인상을 제품 자체로 전이시킨다는 감각전이(sensation transference)현상이 일어난다는 사실을 지적하였다. 즉 무의식의 세계에서 소비자들은 포장과 제품을 차별하지 않는다.

1940년대 팔리지 않는 흰 색 마가린의 판촉을 의뢰받은 그는 제품을 '임페리얼 마가린'으로 명명하고, 색깔을 노란색으로 하고, 또한 제품을 알루미늄 포일로 포장하여 고급스럽게 하자 매상이 늘어났다는 사례를 든다. 소비자들은 브랜드 이미지 캔, 심지어 로고의 고유한 빨간색까지 코카콜라에 대해 가진 무의식적인 연상 일체를 코카콜라에 대한 감각에 전이시킨다. 펩시가 젊은 층에 초점을 맞추어 마이클 잭슨 같은 유명인사를 대변인으로 삼는 등의 브랜드 이미지에 신경을 썼기 때문에 코카콜라의 시장을 잠식하게 되었다. 그런 까닭에 제조업자들은 제품의 포장과 디자인에 각별히 신경을 쓴다(『블링크』에서). 일본의 역마다 열려있는 가게마다 각양각색의 전통과자류를 팔고 있는데 제품의 포장을 보고 사서 귀국하지만 집에 와서 먹어보면 포장에서 기대한 것과는 달라 후회한 적이 한두 번이 아니다. 제품과 포장 사이를 연결하는 무의식적인 연상에 대한 대가를 치른 셈이다.

내가 상대방을 위해 선심을 쓰면, 언젠가는 상대방도 나에게 선심을 쓸 것이라는 믿음이 자발적으로 상대방을 돕는 행위를 유도한다. 그리하여 교환하려는 경제적 본능은 상호 호혜성을 통해 오늘날의 성숙한 사회를 건설하는 데 커다랗게 기여하였다. 인류학자 마르셀 모스(Marcel Mauss)는 『증여론』(*The Gifts*, 이상률 옮김, 한길사, 1954)에서 인류 사회에서 선물을 주고받는 과정에 간여하는 사회적 관행의 영향력을 묘사하였는데, 받는 선물에는 언젠가 보답해야 할 의무가 따르고, 주는 선물에는 언젠가 보답받아야 할 의무 또한 있다고 말한다.

 사례_20 마케팅 심리학자인 패커드(V. Packard)는 저서 『숨은 설득자』(*The Hidden Persuaders*, 1957)에서 인디애나 주의 한 슈퍼마켓 주인은 그의 가게 앞마당에 다양한 치즈를 진열해 놓고 손님에게 원하는 만큼 공짜로 시식하게 하였더니 하루 동안 무려 1000파운드의 치즈를 팔았다고 한다. 이러한 공짜샘플전략으로 다단계 판매업체인 암웨이(Amway)사는 버그(bug)라는 미끼용 샘플상자(가구 윤택제, 세제, 샴푸, 방향제, 등)를 잠재고객에게 2~3일간 무료로 사용하도록 권유하여 급성장하였다(*Influence*, Robert B. Cialdini, 이현우 역, 『설득의 심리학』, 21세기북스 2001). 인간은 공짜로 시식한 치즈의 대가를 지불하는 경제적 본능의 소유자이다.

제4절 문화적 본능

1. 동물적 근성

경제학자 마셜(Alfred Marshall)은 욕망과 활동의 관계를 설명하였다. 욕망(wants)은 재화와 서비스를 소비함에 따라 만족이 포화상태에 도달할 수 있는 갈망(desire)을 말하고, 활동은 소비를 향한 갈망을 충족시킬 재화와 서비스를 생산하는 데 기여하거나 그 자체를 획득하기 위해 추구된다. 왜냐하면 추구하거나 추구하는 것 자체를 배워 우수한 성과를 낳으면 기쁨을 얻기 때문이다. 그는 행동 자체를 위해 추구하는 행동은 경제활동이 아니라는 점을 깨닫고 그러한 활동을 위한 갈망이 과학과 문학 및 예술 그 자체를 위한 과학과 문학 및 예술로 이끌어 줄 뿐만 아니라 이것을 직업으로 삼는 사람이 동시에 작품 수요를 급격하게 늘리도록 이끈다는 사실에 주목하였다.

경제학자 케인즈도 행동자체를 위해 하는 행동이 갖는 의미를 다루었다. 그는 "Economic Possibilities for our Grandchildren"란 수필에서 주요 전쟁이 없고, 게다가 커다란 인구증가가 없으면 기술진보와 자본축적이 결합한 효과로 연 평균 2% 이상의 1인당 소득을 쉽게 끌어올려 한 세기만에 생활수준이 8배로 상승할 수 있을 것이라고 예측하였다. 이처럼 물질적 후생이 증대되면 경제문제, 즉 생존을 위한 투쟁은 종말을 고하거나 거의 해결되어 인간은 창조된 이래 처음으로 거의 실질적·항구적인 문제, 즉 자신의 자유를 어떻게 사용하고, 과학과 성장이 성취됨에 따라 제공할 여가를 어떻게 지배하며 현명하고 화목하게 잘 살아갈 것인가라는 문제에 당면하게 될 것이고 전망하였다.

케인즈는 경제문제를 생존경쟁으로 보고 또한 모든 욕망은 충족되면 싫증을 느낄 것으로 보았다. 그는 두 번째 욕망으로 '우리의 동료보다 우수하도록 느낄 필요성'을 들었는데 이 욕망은 끝이 없는 욕망으로 만족할 줄을 모른다고 주장하였다. 그는 『일반이론』에서 행동 자체를 위한 행동으로 사업가의 투자동기를 들었다.

> 솔직하게 말해, 지금부터 10년 이후 동안 철도, 구리광산, 섬유공장, 특허받은 의약품의 명성, 대서양 항로 및 런던시내 건축 등의 투자수익률을 추정할 수 있는 지식의 바탕이 거의 없고 또한 때론 없는 것과 마찬가지라는 사실을 인정하여야만 한다. 만약 인간본성이 기회를 잡으려는 유혹을 느끼지도 않았고, 또한 공장, 철도, 광산이나 농장을 건설하는 데서부터 만족(이윤은 별도로 치고)을 느끼지 못하였다면, 단지 냉철한 계산의 결과에 따라 그처럼 많은 투자가 이루어졌을 리가 만무하다. 무엇인가를 하겠다는 우리들 의사결정의 대부분은, 그 결과가 나타나기까지 오랜 시간이 걸리지만, 오직 동물적 근성(animal spirit)-행동하지 않기보다는 행동하려는 자생적인 충동에 의해, 그리고 양적 편익에 양적 확률을 곱해 가중평균한 결과로서가 아닌 자생적 충동의 결과로 이루어질 수 있다(케인즈, 『일반이론』).

케인즈는 문화적 본능에 해당하는 인간의 심리적 욕구를 이해하고 있었고 그러한 욕구를 과학, 예술 및 여가분야에서뿐만 아니라 사업투자 및 경제와 기술진보에서 이루어지는 모든 창조적인 활동에 동기를 부여하는 주요 원동력이라고 보았다. 그는 투자의 동기로서 사업가의 이윤기대는 부차적인 역할에 지나지 않는다고 여기고, 대신 기회와 기술을 차지하려는 게임을 과감하게 시도하는 데서 오는 흥분과 그 과정에서 새롭고 건설적인 무엇인가를 창조하는 데서 오는 흥분을 위해 뛰어드는 사업가의 동물적 근성, 즉 투자 자체를 위한 투자의 위험을 떠맡으려는 기업가정신을 강조하였다.

"호랑이는 가죽을 남기고 사람은 이름을 남긴다"는 속담이 있듯이 인간은 무언가 창조적인 작품을 남기려고 갈망한다. 역사상 유명한 건축물, 예컨대 그리스 펠리크레스의 아테네 신전, 중국 진시황의 용마총, 이집트 임호테트의 피라미드, 로마 베스파시아누스 황제의 콜로세움, 신라 김대성의 불국사 등에서부터 개인적 가업, 예를 들어 화학제품의 듀퐁, 철강의 카네기, 금융의 모건, 자동차의 포드, 석유의 록펠러, 반도체의 이병철 등은 모두 무엇인가 새로운 것을 창조하려는 동물적인 근성으로 문화와 기업을 남긴 것이다.

2. 비경제활동의 경제활동화

동일한 동기로 추구되는 활동이 어떤 때에는 경제활동으로 그리고 어떤 때에는 비경제활동으로 남는가? 가령 왜 아마축구와 프로축구가 있으며 왜 인터넷 서비스가 무료가 있는가 하면 또 유료도 있는가? 한마디로 말해 사회적 경제적 및 기술적 요소들이 수요와 공급 사이의 역학관계를 변화시키면서 종전에 경제활동이 아니던 활동을 경제활동으로 변화시키기 때문이다.

가령 뉴스는 18세기가 되기까지 경제상품은 아니었다. 왜냐하면 뉴스에 대한 수요가 극히 일부의 사람들, 즉 글을 읽을 수 있는 사람들에게만 국한되었기 때문이다. 그러나 문맹자가 점점 사라지고(사회적 요소의 변화) 의사소통기술이 발전하고 인쇄기술이 진전하자(기술적 요소의 변화) 뉴스를 모으고 전파하는 비경제활동이 신문과 전문저널리스트의 경제활동으로 변했다.

다른 예로 자문을 들 수 있다. 자문을 행하는 것은 이야기하는 것보다 즐거움을 더 제공한다. 그래서 자문은 오랜 기간 동안 자유재였고 오늘날에도 많은 나라에서 자유재로 취급한다. 그러나 수많은 인구의 지리적 이동으로 가족연대와 초기의 우정이 거리상으로 단절되자 개인적 및 가족문제에 대한 자문을 자생적 자유재로 이용할 수 있는 가능성이 줄어들었다. 그에 따라 변호사나 심리치료사 또는 사회복지사들의 전문자문에 대한 경제적 수요를 창출하기에 이르렀다.

기술진보로 말미암아 동일한 변화가 장식이나 응용예술 부문에서도 일어났다. 초기 원시적이고 자립하는 시기에 일반인들은 자신의 일상생활에 필요한 유용한 사물을 자신이 즐기려고 스스로 장식하였다. 그러나 대량생산방식이 출현하면서 장식과 제품디자인은 이젠 별도의 전문가의 경제활동이 되었다.

마찬가지로 전자기술을 이용한 광경과 음악을 재생산하고 전송하는 기술이 진보하여 그 이용가능성이 넓어지고 스포츠와 음악 등의 행위예술을 수동적으로 즐길 수 있는 비용이 떨어짐에 따라 여러 가지 부수적인 결과가 나타나기에 이르렀다. 우선 그러한 활동이 대중화되도록 친숙해져 이를 수동적으로 즐기는 수요가 크게 증가하였고 동시에 능동적으로 즐기는 활동도 늘어났다. 그러나 그러한 활동에 대해 대중들이 친숙해지자 사람들이 보다 전문가가 되고 따라서 선택하는 경향이 일어나면서 가장 기량 있는 연주자에 대한 수요가 집중하는 현상으로 발전하기에 이르렀다.

앞에서 말한 예들은 사업수완을 발휘하려는 사업가들이 어떤 즐기는 활동의 수요와 그 자생적 공급 사이의 불균형을 증대시키도록 만들어, 이를 시장성의 제품으로 변화시켜 이윤을 벌어들이게 한다. 속도가 빠른 인쇄기가 발명되자 아마추어 이야기꾼의 손에서 뉴스를 끄집어내어 시장성 있는 제품으로 변경시켰다. 가령 전통적인 페스티벌이나 무용은 비록 기량을 보여주는 활동은 아니지만, 영리한 프로모터들은 이것들을 관람객의 관심을 끄는 이윤을 낳는 활동으로까지 변모시켰다.

3. 창조적 갈망

대부분의 경우 경제적 인센티브는 주어진 활동이나 주어진 제품이 추가로 생산되도록 장려한다. 그러나 활동에 종사하거나 제품을 만드는 데서 오는 본질적 즐거움은 보다 더 힘든 일을 수행하거나 새로운 것을 창조하거나 독창적인 즐거움을 만드는 따위의 질적인 기량을 향상시키기 위한 동기에서 나온다.

가령 경제발전의 원동력인 즐기는 활동으로서의 사업투자를 생각해 보자. 많은 사람들은 자신이 수행하는 것에서 즐거움을 느낄 뿐만 아니라 그것을 잘 수행하는 것으로부터서도 즐거움을 느낀다. 왜냐하면 보다 더 우수해지려고 하는 정치적 본능이 외부로부터 가해지는 어떤 다른 압력보다 더 효과적이기 때문이다. 케인즈는 기술진보와 경제발전의 원동력으로 기업가의 이윤동기가 아닌 동물적 근성을 거론하였다. 슘페트(Joseph Schumpeter)도 똑같이 이윤 하나만의 동기 하에서는 혁신도 기술진보도 일어나지 않으며 대신 기업가의 창조적 충동만이 혁신과 기술진보를 가져오게 한다고 주장하였다.

그러나 이윤동기의 경제적 인센티브도 기업가의 혁신정신만큼 중요하다. 왜냐하면 경제적 인센티브는 폭넓은 대중들이 어느 혁신을 높이 평가하여 받아들일 것인가를 가르쳐주고, 이용 가능한 많은 혁신적 아이디어 중에서 어떤 것들이 상업화되어야만 하는 것인지를 지적해주기 때문이다. 미국의 특허청에 등록된 특허 중의 10%도 생산의 단계를 밟지 않는다. 그러므로 투자활동에 관한 한, 이윤을 낳고 창조적이 되려고 하는 갈망(그리고 능력), 이 두 가지가 사회적 최적을 위한 필요조건이 된다.

보다 더 어려운 점은 사회적 최적 투자활동을 위한 두 가지 조건의 상대적 중요성에 관한 의문이다. 예를 들어 레이건 정부는 초기에 사업소득세를 개혁하여 기업의 이윤을 상당히 높였다. 그러나 기업의 이윤, 현금보유, 영업양수만이 늘어났을 뿐, 정부가 당초 기대하였던 투자는 늘어나지 않았다. 왜냐하면 당시 기업가들이 기존 제품과 생산방법을 개선시키려는 창조적 갈망과 능력이 결여되어 있었고 추가로 생산능력을 증대시킬 필요가 없기 때문이었다.

마찬가지로 국내의 경제사정을 보더라도 문민정부에서부터 참여정부에 이르기까지 기업가의 창조적 갈망과 능력이 자생적으로 분출되지 않은 결과 경제성장률이 둔화되는 오랜 여정을 밟았다. 그런 의미에서 기업가의 심리적(창조적) 갈망이 분출되는가 아닌가는 경제발전에서 중요한 역할을 차지한다.

제5절 감각부응의 원칙

1. 시각

로버트 세틀(Robert B. Settle)과 파멜라 알렉(Pamela L. Alreck)은 『소비의 심리학』(*Why They Buy*, 대흥기획 마케팅컨설팅그룹, 세종서적, 2003)에서 고객이 상품을 선택할 때 촉각과 후각, 미각에 의한 것이 13%를 차지하는 반면, 시각에 의한 구매가 87%에 이른다는 연구결과를 발표하였다. 그에 따라 유통업계가 시각마케팅(visual merchadising)을 중요하게 다루게 되었다고 주장한다.

여러 해 동안 '병맥주의 샴페인'이라는 밀러 하이 라이프(miler high life)는 다른 맥주에 비해 맛이 부드럽다고 인식되었다. 다른 맥주는 짙은 갈색병에 담겨 있는 데 반해, 하이 라이프는 투명한 병에 담겨 색깔이 연하게 보이기 때문에 소비자들은 저칼로리 라이트 맥주가 맛이 부드럽다고 여긴다. 그래서 이러한 이미지를 없애기 위해서 대부분의 맥주회사들이 라이트 맥주에 색소를 첨가하여 짙은 색을 내고 있다. 이처럼 소비자들은 눈과 귀로 맛을 지각한다.

미각은 눈에 의해 영향을 받는다. 커피를 끓여 세 컵에 나누어 붓는다. 각각 빨간색, 노란색, 초록색 등으로 채색된 커피컵을 놓고 똑같은 비율의 끓인 커피를 각각 담는다. 그리고 사람들에게 마셔 보게 하여 맛을 비교하도록 하였더니 똑같은 커피인데도 맛이 서로 다르다고 인지한다. 노란색 컵의 커피는 연한 맛이 나고 초록색 컵의 커피는 신맛이 나고 빨간색 컵의 커피는 맛이 좋고 향기도 좋다고 평가한다.

이를 진화심리학적으로 해석해 보자. 인간에게 자연선택되어 남아 있는 지각유전자가 세 종류의 색깔을 각각 다르게 지각하게 만든다. 과거 인류는 과일을 채취하면서 생활하는 과정에서 초록색은 전혀 익지 않은 과일로, 노란색은 덜 익은 과일로 인지하였다. 그리고 빨간색은 음식먹기 모듈이 먹을 수 있는 적합한 과일로 인지한 결과, 컵의 색깔도 과일 색깔처럼 지각한다.

 사례_21　영국의 소매점 컨설턴트인 시몬 스캐멀캐츠는 고객이 매장에 들어오면 일단 환경에 적응하려고 눈으로 주위를 둘러본다는 사실을 관찰하였다. 그러므로 소비자들은 매장 안으로 3~4m 들어와서야 비로소 새로운 주변환경을 인지하고 행동한다. 게다가 눈동자 감지기를 통한 시각실험에서 매장에서 사람은 자신의 눈높이에서 15~30도 아래를 쳐다보기 때문에 눈높이에 진열된 상품이 소비자가 시각을 가장 잘 인지하게 할 것이라는 전통적인 주장은 들어맞지 않는다는 사실이 밝혀졌다. 또한 복도에 놓인 진열대의 중간에 상품이 위치하는 것이 효과적이라는 사실도 밝혀졌다. 왜냐하면 매장 내의 구매자들은 진열대 모서리를 돌 때 빠르게 움직이므로 모서리를 지나 복도의 중간 진열대에 이르기까지 주의를 기울이지 않기 때문이다.

매장의 바닥색깔도 구매에 영향을 미친다. 매끄러운 보도길을 걷다가 카펫이 깔린 쇼핑센터에 들어오면 바닥 색깔이 변하였다는 사실을 무의식적으로 감지하고 장벽을 느낀다. 그래서 어떤 가게는 매장 내의 바닥을 매장밖의 복도까지 동일한 무늬와 색깔로 장식하는 경우도 있다.

 사례_22　우리나라 사람들은 우측통행에 익숙해져 있어 백화점이나 대형 마트의 에스컬레이터에서 오른쪽으로 도는 경향이 강하다. 실제 고객 가운데

70% 이상이 오른쪽으로 이동하면서 쇼핑한다고 한다. 또 고객들은 에스컬레이터에서 내리자마자 물건을 사기보다 2~3개 매장을 지나 쇼핑하는 경우가 많다. 에스컬레이터에서 내리면서 빠르게 움직이므로 복도의 중간에 이를 때까지 주의를 기울이지 않기 때문이다. 그래서 상행선 오른쪽 매장을 로열박스로 치는 이유도 바로 여기에 있다. 『소비심리 자극하기』에서)

백화점에 가면 큰 창문이 없다. 몇 가지 이유가 있다. 첫째, 옷감을 보호하기 위해서이다. 창문을 통해 들어오는 자연채광은 의류 색깔을 변질시킬 수 있기 때문이다. 둘째, 고객의 눈길을 매장에 최대한 잡아두기 위함이다. 큰 창문으로 인해 진열대 상품에 가야 할 시선이 흐트러질 수 있다. 하지만 이 두 가지보다 훨씬 중요한 세 번째 이유가 있다. 바로 쇼핑하러 온 손님들을 외부 세계와 차단하기 위해서이다.

바깥으로 통하는 창문을 없애면 손님들을 매장에 좀더 오래 머무르게 할 가능성이 높아진다. 거리의 풍경이며, 집안의 근심거리이며, 심지어 자신의 지갑사정도 잊고 쇼핑에 빠질 수 있다. 카지노는 손님을 오래 머물게 해야 수지가 맞는 장사이다. 세상을 잊어버리고 도박에 푹 빠지게 하려면 가능한 한 밀폐된 환경을 만들어야 한다. 그래서 일찌감치 창문, 거울, 벽시계를 없앴다. 도박으로 초췌해진 자신의 얼굴이나, 벽시계를 통한 밤의 깊이를 알지 못하도록 하였다. 또 카지노 실내는 일정한 온도와 습도가 유지된다. 이것이 요동치면 불안감이 손님들의 뇌에 전달되어 귀소(歸巢)본능이 생겨나기 때문이다. 카펫이나 커튼이 붉은빛인 것도 시각을 통해 충동심리를 부추기려는 상술이다.

시계상술은 카지노에서만 통하는 것이 아니다. 붐비는 음식점에 가면 시계바늘을 실제시간보다 빠르게 돌려놓는다. 빨리 먹고 일찍 나가게

하려는 의도이다. 바늘을 늦게 돌려놓는 술집도 있다. 모두 지각상의 착각을 이용하여 손님들을 오래 잡아두기 위해서다(중앙일보에서).

이러한 심리를 이용하여 미국 라스베이거스에 있는 시저스 팰리스 카지노의 쇼핑몰 포럼(Forum)은 상점거리를 폐쇄공간의 한 건물 내에 배치하여 완전히 밀폐된 상점거리를 창조하였다. 천장에 투영된 하늘의 모습은 외부의 24시간 주기를 1시간으로 줄였다. 소비자들에게 정상적인 시간감각을 느끼지 못하도록 하여 의도적으로 이들의 쇼핑회전율을 높이도록 디자인하였다.

2. 청각

인간의 감각기관은 생존에 필수적인 요소이기는 하지만 경제적 측면에서 보면 감각기관이 필요한 이유는 인간주변의 환경을 인지하기 위해서이다. 하버드 비즈니스 스쿨의 제럴드 잘트만(Gerald Zaltman) 교수는 *How Customers Think*(2003)에서 마케터들이 이러한 감각을 상업적으로 이용하는 방법을 터득하기 시작하였다고 한다.

시각 못지않게 청각은 인간의 무의식세계를 두드리는 주요한 수단이다. 실제 실험에서도 눈으로 보는 것과 이야기로 전해 듣는 것 사이엔 기억력에서 약 2배의 차이가 난다고 한다(『시장을 지배하는 101가지 법칙』(이영직 지음, 청년정신, 2000)에서). 백 마디 듣는 것보다 한번 보는 것이 낫다(百聞이 不如一見)란 고사성어와는 달리, 감동적인 장면은 시간이 지나면 기억에서 퇴색되는 반면에 감동적인 이야기는 기억 속에 그대로 남아 있는 일이 흔하다.

소비자는 합리적일수도 이성적일수도 없다. 사회심리학에 의하면 군중은 모이면 여성화된다고 한다. 군중은 감정이 앞선 수동적인 무리이 듯이 소비자도 감성적이고 수동적인 집단이다. 소비자들은 여러 가지 상품들을 비교하여 그 중에서 한 가지를 수동적으로 선택한다. 즉 적극 적으로 주문하는 것이 아니고 상대적으로 마음에 드는 것을 고른다. 이 처럼 피동적인 소비자의 무의식속에 호소하려면 소비자들의 적극적인 활동을 요구하는 시각보다 그들의 피동적인 활동을 요구하는 청각이 더 효과적일 수 있다.

감각을 이용한 최초의 판매전략은 매장 내에서 음악을 틀어 주는 기 법이다. 의류매장에서 큰 소리로 팝송을 틀어놓는 것은 브랜드 이미지 를 심어주는 데 도움을 준다. 이와는 반대로 슈퍼마켓에서는 오랫동안 머물 수 있도록 차분한 음악을 틀어놓는다. 특히 슈퍼마켓이나 백화점 이용자 대부분은 사전에 특별한 계획이 없이 구매행위에 나서기 때문에 특히 여성의 경우 충동구매의 소지가 다분히 있다. 따라서 고객들이 매 장에 머무는 체류시간을 길게 할수록 매상은 올라간다.

 사례_23 소비자행동에 가장 큰 영향을 비치는 변수는 음악의 템포이다. 1980년 뉴올리언즈 라올라대학의 로널드 밀리만(Ronald E. Milliman)과 그의 부인 파머(R. Palma)가 중산층이 들르는 슈퍼마켓을 대상으로 조사한 결과 느 린 템포의 음악일수록 소비자들이 매장에 체류하는 시간이 늘어난다는 연구논 문을 1986년 *Journal of Marketing*지에 발표하였다. 즉 72bmp(1분당 비트) 이하인 느린 템포(평균 60bpm)의 음악과 93bpm 이상인 빠른 음악(평균 108bpm) 을 들려주었을 때를 비교해 본 결과, 매장의 한 지점에서 다른 지점으로 이동 하는 데에 소요되는 시간이 각각 127.53초와 108.93초로 나타났다. 또 매출 액도 각각 1만6740.23달러와 1만2112.85달러의 차이로 38.2%가 차이나는 것으로 집계되었다. 물론 모든 점포에 적용되는 결과는 아니지만 소비자들은 빠른 템포의 음악을 들려주면 시간이 빨리 흘러간다고 느낀다는 사실이 밝혀졌다.

한편 식당에서는 느린 템포의 음악을 틀어 주면 식사시간이 길어지고 음료수 주문도 늘어난다. 빠른 템포의 음악을 틀어 주면 음식을 빨리 씹게 되어 짧은 시간 내에 식사를 마칠 수 있게 된다. 식사속도가 빨라지면 좌석회전율이 높아지는 대신 손님 1명당 매상은 적어진다. 따라서 패스트푸드 식당에서는 빠른 템포의 음악이 흘러나오고, 풀코스의 정식을 갖추고 느긋하게 먹을 수 있는 고급 레스토랑에서는 느린 템포의 음악이 흘러나온다.

포도주 매장에서 클래식과 팝음악을 틀어 주었더니 팔린 병수에서는 별 차이가 없으나 클래식을 틀어 주었을 때는 값비싼 고급와인이 더 많이 팔리는 것으로 나타났다. 또 밝고 행복한 분위기의 음악보다는 슬픈 음악이 카드판매에 도움을 준다고 한다.　　　　　-김만중, 『돈버는 심리마케팅』(2000, 거송미디어)에서

할리데이비슨 모터사이클은 1903년 설립된 이후 '자유와 적극적인 남성다움'을 내세우는 일관된 디자인으로 명품 오토바이 브랜드를 키웠다. 할리데이비슨 오토바이가 인기 있는 까닭은 장중한 엔진소리와 트윈엔진의 연소주기가 마치 모터사이클리스트로 하여금 사람의 심장박동주기와 일치하여 심장과 하나가 되어 울리는 감동을 느끼도록 하였기 때문이다. 차임벨이나 휴대폰 심지어 TV전원 꺼지는 소리에서까지 인간의 감성을 자극하는 음악이나 소리로 의인화한다(『히트 트랜드 전략』에서).

 사례_24　영국의 한 슈퍼마켓 술 판매대에서 한 가지 실험을 했다. 판매대에 독일산 4종, 프랑스산 4종의 포도주를 각각 진열한 다음 음향장치를 통해

매장에 하루씩 번갈아 가며 독일음악과 프랑스음악을 틀었다. 그 결과 공교롭게도 음악에 따라 포도주 판매량이 급격하게 변화했다. 프랑스 아코디언 음악을 틀어놓은 날은 프랑스산 포도주가, 독일의 행진곡을 틀어놓은 날은 독일산 포도주가 평소보다 각각 3배씩 더 팔린 것으로 집계되었다. 그러나 소비자들은 이를 전혀 눈치채지 못한 것으로 나타났다. 소비자의 56%는 매장에서 어떤 음악이 흘러나왔는지를 전혀 기억하지 못했다. 실험한 노스(North) 교수는 이를 "음악이 소비자들의 무의식에 파고들면서 결국 구매력을 조종한 결과"라고 해석하였다.

- 『소비심리자극하기』에서

3. 후각

워싱턴 주립대학의 에릭 스팡겐버그(Eric Spangenberg) 교수의 연구가 나오기 이전까지는 후각이 소비자의 심리에 차지하는 역할에 관한 연구가 부진하였다. 그러나 근래에 후각이 청각보다 소비심리에 더 큰 영향을 미친다는 연구결과가 발표되고 있다. 그 까닭은 진화론적인 관점에서 후각은 매우 중요한 감각기관으로, 뇌가 후각을 최초로 감지하기 때문이다.

후각이 상업적으로 중요한 이유는 후각은 냄새의 종류를 가리는 전두엽에서 감지될 뿐만 아니라 뇌의 감성적인 부분에서 가장 예민하게 감지되기 때문이다. 거기서 내리는 감성적 판단은 이성적 판단보다 훨씬 빠르게 무의식적으로 일어난다. 뇌의 무의식적인 부위에서의 반응속도가 빠르기 때문에 인간행동에 커다란 영향을 미친다. 상점 내에서의 활동이건 그렇지 않은 곳에서의 활동이건 후각은 무의식적으로 소비자에게 커다란 영향을 미친다.

사례_25   스팽겐버그 교수는 두 가지 종류의 향수, 즉 향긋한 로즈마록과 달콤한 바닐라향으로 실험하였다. 실험결과 남성은 로즈마록을 선호하는 데 비해 여성은 바닐라향을 선호하는 것으로 나타났다. 그는 실험결과를 확인하려고 남성복 매장에서 15일간 손님의 반응을 관찰하였다. 남성이 선호하는 향을 사용한 실험에서 손님들은 상품을 더 좋게 평가하고, 매장에 오래 머물며, 다시 방문할 확률이 더 높았다는 사실을 발견하였다.

사례_26   향기학(aromacology)은 이제 마케팅 전문가에게 빼놓을 수 없는 설득도구로 자주 사용되고 있다. 과학자들에 의하면 식품추출물, 곤충독액, 동물성 호르몬 등에서 추출한 새로운 화학물질을 카지노 고객에게 이용해서 슬롯머신 이용률을 45%나 증가시켰다. 일본의 '가지마'라는 회사는 자신의 인텔리전트 빌딩에 설치하는 에어컨 시스템에 통합환경향기시스템을 이용하여 생산성을 높였다는 이야기도 있다. 이 시스템은 컴퓨터를 사용해 정해진 시간대마다 서로 다른 향기를 사무실로 내보낸다. 즉 오전과 점심식사 후에는 각성효과가 입증되어 있는 감귤류 냄새를, 또 집중력을 높이는 꽃향기는 오전과 오후 중간중간에 내보낸다. 그리고 점심 직전과 퇴근 무렵에는 삼림향기를 발산하여 종업원들이 긴장을 푸는 데 도움을 주어 큰 성공을 거두었다고 한다.

- 심리마케팅연구회, 『비하인드 마케팅』(2002, 거송미디어)에서

여기서 유의하여야 할 점이 있다. 향기는 소비자의 특정기억을 회상시켜 기억과 관련된 정서를 불러 낼 수 있다. 기억이 고통스런 정서를 촉발하게 되면 비록 향기, 가격, 포장, 상표 및 기타 다른 질에서 기준을 충족시킨다고 하더라도 그 향기상품을 구입하지 않을 것이다. 마케터들은 기준에 벗어난 이러한 소비자의 행동을 비합리적이라고 판단한

다. 왜냐하면 그 향기상품을 거부한 까닭을 당사자 이외엔 알지 못하기 때문이다. 마케터들은 소비자보다 자신들의 사고잣대로 그를 비합리적이라고 판단하는데, 비합리적인 사람은 소비자가 아니고 소비자들의 후각경험에 무지한 마케터들이다.

제6절 요약 및 과제

인간의 행동을 지배하는 마음의 생물학적 기원을 연구하는 진화심리학을 바탕으로 인간의 동물적·사회적·정치적·경제적·문화적 본능(동물적 근성)의 예를 살펴보았다. 인류의 오랜 진화과정을 통해 자연선택된 이러한 본능은 동서양을 막론하고 모든 문화에 공통으로 작용하는 적응기제이다.

특히 경제적 본능은 인간이 에너지를 절약하면서 의사를 결정하는 까닭에 합리적으로 행동하지 않고 경험에서 체득한 간편한 휴리스틱에 의존하므로 완전정보의 경제주체를 기대하기 힘들다. 인간은 생물학적으로 고도로 발달한 포유동물인 까닭에 감각에 부응하여 행동한다. 인간의 가장 원초적인 시각, 청각, 후각은 소비행동을 좌우하는 기관으로 마케팅 담당자들이 관심을 갖고 연구하고 있다.

또한 인간의 상호교환하려는 성향으로 말미암아 비경제활동이 경제활동으로 전환된다는 사실을 알 수 있다.

1965년도 「노벨 생리·의학상」을 수상한 프랑수아 자콥(François Jacob)은 인간이 핵산과 기억, 욕망과 단백질의 가공할 혼합물인데 지난 세기에 핵산과 단백질이 연구자들의 마음을 온통 사로잡았다고 말하면서 다음 세기의 관심사는 기억과 욕망이 될 터인데 이러한 물음들에 대해 누가 대답해줄 것인가 하고 심리적 토대에 바탕을 둔 인간 연구에 대한 관심을 제기하였다. 1992년 시카고 대학의 베커(Gary S. Becker) 교수는 인간행동의 배경이 되는 개인의 선호에 기본적인 욕구(음식, 주거, 오락)은 물론 사회적 영향을 도입하여 노벨경제학상을 수상하였다. 베커는 노벨상 수상연설에서 자신의 업적을 "경제학자들로 하여금 자신들의 관심에 대한 좁은 전제들을 넘어 볼 수 있도록 하였다는 데 있다."고 고백하였다. 윌슨(E. Wilson)은 *Consilience*(통섭)에서 경제이론가 중에서 천재들이 많지만 경제의 미래를 예측하는 데 성공한 사람은 거의 없었다고 꼬집으면서 생물학과 심리학에서 좀 더 예측적인 모형을 발견하여야 할 것이라고 권고한다.

신경과학, 진화생물학, 진화심리학, 인지경제학의 발달과 더불어 「인공지능연구소(Artificial Intelligence Laboratory)」의 공동설립자인 MIT 대학의 마빈 민스키(Marvin Minsky) 교수는 *The Society of Mind*(1986)에서 지금부터 50년 내에 인간의 두뇌를 전자칩으로 갈아 끼우는 시대를 맞이할 것이라고 전망하고 있다. 그런 측면에서 경제심리학은 새로운 세기에 경제거래를 지배하는 심리적 배경에 대한 수수께끼를 풀어내야 할 중요한 과제를 맡고 있다고 하겠다.

제 II 부
호모 에코노미쿠스의 정보처리

　중국 송나라 때 소동파(蘇東坡)가 과거시험 고시관으로 임명되어 한 달 가량 고사장에 갇혀 있는 신세가 되었는데 당시 여론이 고시관들은 고사장 내에서 시를 짓지 못하도록 금하고 있었다. 소동파는 시도 짓지 못하는 답답한 마음을 풀기 위해 채점용으로 사용하는 붉은 먹물로 대나무를 하나 그렸다. 그러자 옆에서 보고 있던 다른 고시관이 말했다.

　"세상에 붉은 대나무가 어디 있습니까?"

　지금까지 검은 먹으로 그린 대나무만 보아온 그 사람에게는 소동파가 그린 붉은 색의 대나무가 이상하게 보였던 것이다. 소동파가 즉시 대답했다.

　"그럼 새까만 대나무는 보았소?"

　세상에 먹물처럼 새까만 대나무가 어디 있으련만 사람들은 검은 먹으로 그린 대나무를 보고선 당연한 것으로 받아들인다. 이 일이 있은 후 중국화단에는 붉은 대나무를 그리는 회화의 한 장르가 생겨났다.

류종목, 「팔방미인 소동파」

화분에 심어놓으면 풀도 화초라고 한다

제4장
휴리스틱 정보처리의 법칙

사람들이 휴리스틱 과정을 밟는 것은 매우 경제적 효과적인 성향 때문이지만, 체계적으로 예측상의 오류를 범한다는 데 문제가 있다. 이러한 휴리스틱 과정과 그로 인해 발생하는 편견을 이해하는 일이 야말로 불확실한 상황에서 사태를 판단하고 의사를 결정하는 일을 개선시키는 데 기여할 것이다.

– Amos Tversky and Daniel Kahneman, Judgment under Uncertainty: Heuristics and Biases, 1974

제1절 인간의 정보처리능력

경제학은 전통적으로 사람들이 합리적으로 의사를 결정하고 또한 편견에 좌우되지 않고 판단을 내린다고 가정한다. 그러나 현실을 관찰하면 사람들이 처음엔 편견에서 벗어나 이성적으로 행동하려고 노력하려고 하지만 시간이 지나고 나면 편견과 감정에 좌우되어 행동하였다는 거듭된 후회에서 벗어나지 모습을 발견할 수 있다. 이 장에서는 사람들이 편견과 감정에 좌우될 수밖에 없는 이유를 알아보고자 한다.

소비자들은 자신에게 부닥친 수많은 정보를 완벽하게 처리할 수는 없다. 대신 경제적 본능에 맞추어 에너지를 절약하는 방향으로 정보를 처리한다. 정보단위는 바이너리 디지트(줄여서 비트)로 기억되어 두 가지 일어날 가능성이 있는 대안을 비교하여 의사를 결정하는 수단으로 역할한다. 가령 한 가족이 새 자동차를 구입할 것인지 아닌지 하는 의사를 결정하려면 사거나 말거나의 1비트(2의 1제곱)의 정보를 필요로 한다. 똑같이 일어날 가능성이 있는 네가지의 선택 가능한 대안에서는 2비트(2의 2제곱)를 필요로 한다. 여덟가지의 선택대안에 대해서는 3비트(2의 3승)를 필요로 한다.

인간이 정보를 전달하는 능력을 조사하기 위해 많은 실험이 이루어졌다. 이러한 실험은 정보가 한 차원의 자극(예를 들어 음의 고저)이냐 다차원의 자극(예들 들어 부호화)이냐에 따라 구별된다.

 사례_27 밀러(G. Miller)는 사람들이 서로 다른 주파수의 음조를 구분할 수 있는가를 실험하였다. 피험자들은 2~3개의 음은 결코 혼동을 일으키지 않고 구분하였다. 네가지의 다른 음을 혼동하는 일도 드물었지만 다섯가지 이상의 서로 다른 음을 구분하는 데에는 혼동을 일으켰다. 〔그림 4-1〕에 투입정보양에 따라 전달정보양을 비트로 표시하였다. 그 결과 투입정보양이 제아무리 늘어나더라도 전달정보양은 2.5비트로 수렴하는 것처럼 보였다. 그에 따라 음의 고저를 교신하는 인간의 청각능력은 여섯(=2의 2.5제곱) 가지의 음조라는 결론을 얻었다. 이러한 형태의 실험을 다른 자극을 통해 다른 감각기관에서도 실시하였다. 서로 다른 자극의 감각기관능력을 실험한 결과, 바이너리 디지트 2.6으로 일곱가지의 자극을 구분할 수 있다는 결론을 얻었다.

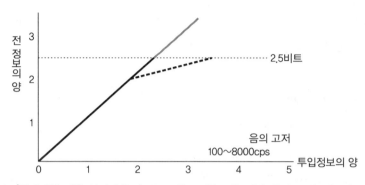

자료: G. Miller, 'The Magical Number Seven, Plus or Minus Two: Some Limits on Our Capacity for Processing Information', *Psychological Review*, 1956.

〔그림 4-1〕 전달된 문자밀도상의 정보

　그렇다면 한 차원의 자극에 인간이 정보를 처리하는 데 여섯 가지로 능력이 제한되어 있다는 사실을 고려한다면 사람들이 어떻게 다차원의 자극정보를 성공적으로 처리하는지에 의문이 생긴다. 가령 사람들은 일곱가지나 일곱명이 아닌 수천 가지의 단어나 대상 그리고 얼굴을 구분할 수 있다. 이처럼 구분할 수 있는 까닭은 사람이 광범위한 정보를 아주 작은 수의 정보덩어리로 부호화하여 각각의 부호가 정보를 요약하는 능력을 가지고 있기 때문이다. 가령 연결된 글자는 단어로, 단어는 문장으로 부호화된다.

　부호화는 일상생활에서 정보를 처리하는 데 중요한 역할을 담당한다. 예를 들어 개인의 이름은 흔히 개성의 특성을 요약하고 그와의 과거경험으로 제공된다. 경제거래의 브랜드나 이름은 정보처리과정에서 지름길로 사용된다. 그러나 인간의 정보처리능력은 부호화의 경험부족으로 여전히 제한되어 있는 것처럼 보인다. 소비자가 경제적 의사를 결정하는 데에는 종종 과다한 정보를 처리할 수 있는 능력을 필요로 한다. 그렇지 못한 까닭에 소비대안의 수, 광고와 소비자정보의 수가 많아짐에 따라 소비자들은 종종 정보과부하로 몸살을 앓고 있다.

사례_28　말홀트라(N. Malholtra)는 1982년 정보과부하를 실험하였는데 피험자들에게 여러 주택정보, 즉 다른 주택마다 다른 여러 가지 속성을 5~25가지(5단계)로 제시하였다. 각 실험자는 각 속성의 이상적인 가치를 지적하여 그로부터 아주 선호되는 주택을 추론할 수 있도록 하였다. 선호에 따라 주택순위를 부여하게 하였는데 이상에 가장 근접하는 주택을 선택하면 옳은 결정으로, 그리고 그렇지 않으면 틀린 것으로 점수를 매겼다.

실험결과, 올바른 결정이 이루어질 확률은 제시된 속성과 대안의 수에 좌우되었다. 대안이 10개 이상이었거나 속성이 15가지 이상이었을 경우에는 올바른 결정을 내리지 못하는 것으로 밝혀졌다. 게다가 자신이 스스로 보고한 정보의 과부하 측정치는 속성과 대안의 수와 관련이 있다는 사실도 알게 되었다. 이는 정보과부하가 특정수치를 넘어서면 반드시 일어난다는 점을 의미한다.

요컨대 인간 감각경로의 능력은 정보를 처리하는 데 한계가 있다. 다차원이나 일련의 한 차원의 자극에 사람들은 부호화를 통해(덩어리로 묶어) 정보처리능력을 향상시킨다. 부호화는 비록 경제의사결정에서는 흔하게 일어나지 않지만 훈련과 경험을 통해 촉진될 수 있다. 대형상점에서 쇼핑하는 소비자도 정보과부화에서 벗어나려고 무의식의 베타모드 상태에서 물건을 고른다.

미국의 한 심리학자의 연구에 의하면 선택의 폭이 많아질수록 소비자들은 의사결정하기가 어려워진다는 사실을 실험을 통해 발견하였다. 식료품점의 시식코너에 어느 날은 6종류의 햄을 늘어놓고, 또 어느 날은 24종류의 햄을 늘어놓았다. 그 결과 24종류의 햄이 사람들로부터 관심을 끌긴하였으나 구입하는 사람의 비율은 6종류의 햄이 더 높았다. 선택의 폭이 넓어지면 일종의 심리적 중압감 때문에 상품을 고르기가 힘들어지는 결정마비에 빠진다(『經濟心理學』, 日本經濟新聞 지음, 송수영 옮김, 『경제의 심리학』, 밀리언하우스, 2005에서).

오스켐프(Stuart Oskamp)가 심리학자들을 대상으로 실시한 실험에서 이들에게 29살짜리 전쟁 베트랑에 대한 정보를 많이 주면 줄수록 자신의 판단에 대한 이들의 확신은 증가하지만 반대로 전쟁 베트랑에 대한 기술의 정확도는 떨어진다는 사실을 발견하였다. 그 결과 그는 "더 많은 정보를 제공받을수록 판단에 대한 확신이 판단의 실제 정확성과 점점 멀어졌다."고 지적하였다.

대중식당에 들리면 정식, 육개장, 된장찌개, ……, 자장면에 이르기까지 10~15가지 종류의 식단이 벽에 붙어있다. 손님에게 중압감을 주어 제대로 선택하기 어렵도록 하는 메뉴가 아닐까? 일본에선 최근에 전통복식을 단순화시킨 목욕복(유카다), 전통적인 음식, 옛날식을 본뜬 팬션, 분재 등 전통으로 회귀하는 경향이 두드러지게 나타난다고 한다. 쇼윈도마다 연이어 등장하는 새로운 제품에 지친 소비자들이 익숙한 제품에 대해 안도감을 표시하는 자기방어본능의 결과일 것이라고 해석된다.

 사례_29　민츠버그(Henry Mintzberg)는 1992년 경영자들이 공식적인 보고서를 피하고, 잡지를 보지 않고, 우편물도 그냥 지나쳐 버린다는 조사결과를 발표하였다. 대신 경영자들은 회의, 전화, 잡담, 소문 등을 통해 지적인 정보를 얻는다고 한다. 그 결과 복도에서 부닥친 사람과의 순간적인 접촉을 통해 협의가 이루어지고 또한 접촉하는 부하나 상사 그리고 외부인에 대해서도 이들의 몇 가지의 특징, 가령 옷입는 스타일, 목소리, 성별, 나이 등에 의해 인상을 형성하여 의사를 결정하는 것으로 알려졌다. 미국 서던 캘리포니아 대학의 한 연구 결과에 따르면, 사람들이 행하는 전체 의사소통의 8퍼센트만이 글을 사용한 것이고, 37퍼센트는 말을 사용하고 있으며, 55퍼센트는 비언어적인 형태인 것으로 드러났다.

전문가들은 인간 의사소통의 80%가 말로써 이루어지지 않고 대신 신체적 접촉, 억양, 제스처, 거리, 분위기, 눈맞춤, 응시, 팽창, 의상이나 치장 등과 같은 시각적 단서에 해당하는 비언어적 수단을 통해 이루어진다고 주장한다. 사람들은 이처럼 비언어적인 수단을 통해 메시지와 의미를 교환한다. 가령 우리들은 "오 그래!"라고 응답하더라도 이것이 억양에 따라 긍정적인 대답으로 또는 부정적인 대답으로 인지한다. 마케터들이 인쇄된 소비자조사 분석에만 너무 의존하면 이러한 비언어적인 메시지가 담고 있는 진정한 의미를 놓칠 가능성이 높다.

제2절 휴리스틱의 법칙

휴리스틱의 법칙이란 생물학의 후성규칙을 바탕으로 한다. 후성규칙
(epigenetic rule) 내지 후성설(epigenesis)은 개체가 유전과 환경의 공동
영향 아래서 어떻게 발달하는지에 관한 개념으로 원래 생물학에서 처음
나왔다. 생물학, 심리학 그리고 인류학은 유전자와 문화가 긴밀히 연결
되어 있다는 소위 유전자-문화공진화(gene-culture coevolution)의 과정
으로부터 후성규칙(後成規則, epigenetic rule)을 도출하였다(『통섭』에서).
즉 유전자는 인지발달의 신경회로와 규칙적인 후성규칙을 만들어내고
개별 마음은 그 규칙을 통해 자기 자신을 조직화한다. 인간이 주변문화
를 흡수하면서 성장하지만 그 성장도 궁극적으로 개체의 두뇌를 통해
유전된 후성규칙의 안내를 받아 이루어진다. 이 후성규칙을 결정하는
것은 유전자이기 때문에 따라서 하나의 법칙으로 불릴 정도로 일정한
패턴을 가진다. 그리하여 사람들은 주변문화와 환경에 더 잘 생존하고
번식하도록 해주는 후성규칙들을 대물림한다. 성공적인 후성규칙들은
많은 세대를 거치면서 그 규칙들을 규정하는 유전자들과 함께 개체군내
에서 널리 퍼지게 되어 결과적으로 인간두뇌의 해부·생리적 구조가 진
화해왔듯이 행동도 자연선택에 의해 유전적으로 진화해왔다.

감각체계와 뇌의 선천적 작용들의 집합체인 후성규칙은 개체가 환경
에 부닥친 문제들에 대해 빠른 해결책을 찾도록 만드는 일종의 어림법
(rule of thumbs)이다. 그것은 인간으로 하여금 세상을 특정방식으로 보
게끔 선천적으로 규정하고 자동적으로 그리고 규칙적으로 특정한 선택
을 하도록 이끈다. 이 후성규칙 덕분으로 인간은 근친상간을 피하고 문

법적으로 정합적인 문장을 구사하고 친구에게 미소 짓고 혼자일 때 낯선 이에게 공포를 느낀다. 후성규칙은 대개 감정을 통해서 작동하는데 모든 행동범주에서 개인으로 하여금 상대적으로 바르고 정확하게 반응하도록 유도하여 결국 생존과 번식에 더 성공적이 되도록 만든다.

그런 의미에서 휴리스틱은 오랜 경험과 노하우를 통해 축적된 자신의 순간적인 판단력이 무의식의 영역에서 문제를 해결하는 절차로, 흔히 직관 또는 통찰이라고 부르기도 한다. 쉐프린(H. Shefrin)은 *Beyond Greed and Fear*(2002)에서 체계적인 오류를 범하는 어림법의 과정을 거쳐 체득한 경험을 휴리스틱이라고 해석하였다.

1. 후회를 극소화하려고 사건을 매칭시킨다

인간은 감각기관의 물리적 한계로 인해 경제이론이 기대하는 바와 같이 정보를 완전하게 처리할 수 없다. 예컨대 연간 매상고, 피고의 유죄가능성, 주식가격 등과 같은 불확실한 사태가 발생할 가능성과 관련하여 소비자들은 자신의 믿음을 토대로 하여 의사를 결정한다. 이러한 믿음(신념)들은 대개 "……할 것으로 생각한다", 또는 "……할 것 같지는 않다" 등과 같이 언급한다. 때로는 불확실한 사태의 신념을 주관적 확률, 가령 90% 정도 확실하게 일어난다는 따위와 같은 수치로 표시하기도 한다.

정보를 최적으로 처리할 수 없는 상황에서 소비자들은 정보처리에 들어가는 에너지를 절약하기 위해 인지적 휴리스틱(heuristic), 이른바 경험을 통한 체득(흔히 간편법)에 의지한다. 그에 따라 합리적인 의사결정이 일어나지 않는 일이 현실적으로 생긴다. 사이먼은 합리적인 선택이 일어나지 않는 휴리스틱에 의한 판단의 사례를 들었다.

여기서 피험자들은 두 가지 가능한 반응 중에서 다른 확률로 보상받는다. 가령 피험자가 임의로 전체 1/3은 'A형'의 행동에 보상받고 나머지 2/3는 'B형'의 행동에 보상받는다고 하자. 이런 경우 피험자는 'B형'의 행동만을 보여 주어 합리적인 전략을 선택하여야만 한다. 왜냐하면 B형의 행동마다 기대되는 보상의 확률이 2/3이기 때문이다. 그러나 피험자는 자신의 행동이 보상되는 비율(1/3과 2/3)에 맞추어, 즉 전체 행동 중의 1/3은 'A형'을, 2/3는 'B형'을 선택하는 바람에 기대되는 보상은 $1/3 \times 1/3 + 2/3 \times 2/3 = 5/9$가 된다. 이는 B형의 행동을 선택하여 얻는 보상 6/9보다도 작다. 이러한 방식으로 선택하는 휴리스틱을 사건매칭(event matching)이라고 한다.

현실생활에서 이러한 휴리스틱의 적용사례가 배차간격이 긴 버스를 타기 위해 정류장에 나가는 시간이다. 가령 버스가 전체 중에서 1/3은 늦게 도착하고 나머지 2/3는 제시간에 도착한다고 하자. 합리적인 전략은 높은 확률에 의지하는 제시간에 가는 길이다. 그러나 실제 생활에서 이러한 전략은 제대로 실천되지 않는다. 사람들은 일어날 사건에 매칭시켜 1/3은 늦게 나가고 나머지 2/3는 제시간에 나간다. 이러한 휴리스틱이 일어나는 까닭은 손실(후회)을 과대평가하는 인간의 심리적 성향으로 후회할 행동에 미련을 가지기 때문이다. 그에 따라 특정행동을 선택하는 바람에 상실하게 될 다른 행동에서 오는 후회를 가급적이면 줄이려고 후회의 미니맥스(minimax regret)전략을 무의식 중에 선택한다.

[그림 4-2]의 (a)에 나타난 바와 같이 가로축의 우측방향으로 제시간에 정류소로 나갈 확률이 증가함에 따라 뒤늦게 나타나는 데서 오는 매력(그림에서 진한 선)은 증가한다. 즉 대안의 행동, 다시 말해 뒤늦게 나타남으로 인해 입는 후회는 제시간에 나가는 확률이 늘어날수록 증가한다.

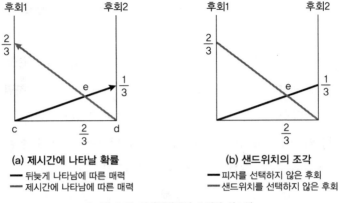

(a) 제시간에 나타날 확률
— 뒤늦게 나타남에 따른 매력
— 제시간에 나타남에 따른 매력

(b) 샌드위치의 조각
— 피자를 선택하지 않은 후회
— 샌드위치를 선택하지 않은 후회

〔그림 4-2〕 사건매칭에서 후회의 최소화

제시간에 나가면 점 d에서 ⅓의 후회(뒤 늦게 나타남에 따른 매력)가 일어난
다. 한편 뒤늦게 나타남으로 인해 제시간에 나타나는 매력(그림에서 흐린
선)은 증가한다. 항상 늦게 나타나면 점 c에서 ⅔의 후회(제시간에 나타남에
따른 매력)를 낳는다. 후회를 가장 줄이는 전략은 두 개의 후회가 교차하는
점 e에서 이루어진다. 그에 따라 사람들은 ⅔는 제시간에, 그리고 ⅓은
뒤늦게 나타나도록 자신의 행동을 일어날 사건의 확률에 맞춘다.

금융상품 판매자들은 고객의 심리를 충분 활용하여 이들이 심리적으
로 받아들일 만한 상품을 제시한다. 대부분의 경우 고객들은 투자에 따
라 발생할 위험을 증권가격이 오르는 데서보다 내려갈 가능성에서부터
먼저 떠올린다. 그런 까닭에 고객들은 가격이 내려가는 상황에 더 예민
해지기 마련이다. 그래서 투자자들은 주가나 채권가격이 내려가는 상황
이라도 투자에 대한 손실을 보전해주는 클릭 펀드(click fund)를 선호하
는 것으로 나타났다.

금융상품을 제시하는 방법에 따라 위험을 싫어하는 네델란드 투자자

들의 선택이 달라진다는 연구결과 'Illusory Diversification and Re-tirement Savings'(1998)가 베나치(Shlomo Benartzi)와 텔러(Richard H. Thaler)에 이루어졌다. 즉 투자자들은 노후생활을 위한 연금펀드를 선택함에 있어 자신들에게 제시된 금융상품에 균등하게 할당하여 투자한다는 사실이 발견되었다. 따라서 주식과 채권이 제시되면 여기에 각각 절반씩 할당하여 투자하고, 두 가지 종류의 채권과 한 가지 종류의 주식이 제시되면 각각 ⅓씩 할당하는 것으로 밝혀졌다.

1990년 노벨경제학상을 수상한 마코위츠(Harry Markowitz)의 포트폴리오 이론에 따르면 수익률이 다르고 위험수준(수익률의 표준편차로 측정한다)이 다른 자산을 하나의 포트폴리오를 구성하려면 자신이 정한 위험수준에서 최고의 기대수익률을 제공하는 하나의 포트폴리오를 형성해야 한다고 주장한다. 그렇게 하려면 투자대상 자산에서 오는 수익률 사이의 상관관계도 고려하여야 한다. 그러나 일반투자자들은 개별투자대상을 하나의 독립된 사건으로 취급하는 까닭에 투자자산 사이에 상호작용하는 힘을 과소평가한다. 그 결과 포트폴리오이론이 제시하는 대로 포트폴리오를 형성하지 않고 사건매칭으로 포토폴리오를 구성하는 심리적 성향에서 벗어날 수가 없다.

 사례_30 베나치와 텔러는 'Naive Diversification Strategy in Defined Contribution Savings Plans'(2001)에서 연금가입자들이 연금종류를 선택하는데 있어 ⅟n의 규칙을 따른다고 지적하였다. 이들은 170개의 퇴직연금을 조사한 결과 103개의 연금이 자기회사주식을 투자대상으로 삼는 것으로 밝혀졌고 그렇지 않는 67개의 연금은 자산의 49.2%를 주식에 투자하는 것으로 알려졌다. 따라서 투자자들은 수익률이나 위험수준 그리고 수익률

사이의 상관관계와는 무관하게 투자자산을 주식과 채권에 50대 50으로 배분한다. 물론 자사주를 투자대안으로 삼을 수 있는 종업원은 평균적으로 42%를 자사주로 투자하는 까닭에 투자대상자산의 나머지를 거의 채권에 투자하여야 한다. 그러나 그렇게 투자하지 않는 것으로 밝혀졌다. 즉 자사주 42%와 나머지 58%의 절반에 해당하는 29%를 주식에 투자하여 결국 주식에 투자하는 비율은 71%한 셈이 된다. 자사주에 투자할 수 있는 연금투자자들은 다른 투자주식과의 상호관계를 무시하면서 자사주, 다른 주식 그리고 채권의 3가지 사건으로 매칭시켜 투자한다.

1997년 힐턴(D. J. Hilton)은 마케터들이 고객들에게 상품을 제시하는 바에 따라 이들이 선택하는 상품의 조합이 달라진다는 사실을 발견하였다. 선택하지 않은데서 오는 후회를 줄이기 위해 사람들은 모든 상품에 매칭시켜 선택한다.

심리학자 헤른스타인(R. Herrnstein)과 프릴렉(D. Prelec)은 시간적 선택과 관련되어 일어나는 휴리스틱을 개선(melioration)이라고 했다. 개선은 앞의 사건매칭과 유사한데 가령 어떤 개인이 피자와 샌드위치에 가치를 부여한다고 하자. 〔그림 4-2〕의 (b)에 나타난 바와 같이 샌드위치를 많이 들수록 피자가치(그림에서 진한 선)는 높아진다, 반대로 피자를 많이 들수록 샌드위치의 가치(그림에서 흐린 선)는 올라간다. 개선이란 두 선호곡선이 교차하는 부분(e)에서 샌드위치를 선택하게 된다는 것을 의미한다. 물론 이 지점은 높은 가치를 가진 대안(샌드위치)만을 선택하는 것보다 열위에 있다. 개선이란 하나의 대안을 소비함에 따라 기존에 존재하는 다른 대안의 가치가 더 높아지는 상황을 맞이하는 현상을 두고 일컫는다.

개선은 기업경영에서 의미를 갖는다. 이레브(I. Erev)와 마이탈(S. Maital)은 1996년 "A Lot of Knowledge is Dangerous Thing"이란 논문을 통해 경영자들이 단기적인 성공을 보장하는 기교에만 관심을 두는데 그렇게 하면 그 기교는 성공적인 것이 되지 못한다고 지적한다. 이미 경영학자 헤이즈와 애버나시의는 1980년 "Managing Our Way to Economic Decline"이란 논문에서 단기이윤에 집착하는 미국의 기업은 기업자원을 소진시킬 것이라고 꼬집었다. 단기이윤에 집착하는 일을 반복하여 계속하게 되면 자원이 줄어들어 어떤 투자도 수행할 수 없는 지경에 빠져, 그 결과 장기에 가서 더 이상 단기이윤까지도 얻을 수 없는 사태를 맞이한다. 즉 단기 이윤극대화의 대안을 선택하는 바람에 기존의 다른 대안인 장기이윤극대화의 가치를 개선시키는 상황을 맞이한다. 이러한 장기이윤이 주는 보상을 상실하지 않기 위해서는 단기이윤과 장기이윤을 적절하게 배합한 것을 목표로 삼을 필요가 있다.

2. 입수가능한 정보에 의지한다

사람들은 어떤 사건이 일어날 확률이나 어느 분류에 속하는가를 평가하는 경우, 그러한 사건이나 분류가 자신의 마음에 얼마나 쉽게 들어오는가에 따라 평가를 달리한다. 예를 들어 발암의 가능성을 평가할 때도 자신이 알고 있는 사람들에게 일어난 사건을 환기하여 평가한다. 마찬가지로 어떤 벤처사업이 실패할 확률은 과거에 당면하였던 어려운 경험을 상상하면서 평가한다. 이러한 판단을 입수가능성에 의한 휴리스틱(availability heuristic)이라고 일컫는다.

가령 투자협상에 나서는 사람들은 정보를 쉽게 검색하거나 입수하는 능력에 의해 편견이 뒤따른다. 가령 생생하고 다채로우며 주의를 끄는 방법으로 제시된 정보에 이끌리기 쉽다. 특히 차트와 그림 등 깨끗한 구도로 정리된 정보가, 비록 지나치게 간소화되어 있지만 정확성과는 상관없이, 복잡하고 지나치게 세부적으로 정리된 정보보다 훨씬 용이하게 사용될 수 있다고 믿는 경향이 있다.

입수가능성은 빈도나 확률을 평가하는 데 유용한 단서가 될 수 있다. 왜냐하면 부닥친 사례가 많을수록, 따라서 입수가능성이 높을수록, 보다 더 낫게 그리고 보다 더 빠르게 환기해 낼 수 있기 때문이다. 그러나 입수가능성은 빈도와 확률 이외의 다른 요소에 의해서도 영향을 받는다. 그에 따라 입수가능성에 의존하면 예측할 때 잘못을 저지르게 되는데 이러한 사례를 알아보자.

① 환기능력으로 인한 편견

사건의 입수가능성에 의해 분류의 크기를 판단하게 되면, 보다 쉽게 환기해 낼 수 있는 분류의 사건이 쉽게 환기해낼 수 없는 분류의 사건보다 더 자주 일어나는 것처럼 느낀다. 이러한 영향을 초보적인 수준에서 살펴보려면 피험자에게 남녀에 잘 알려진 성격목록을 들려 주고 나서 남자들의 것이 많은지, 아니면 여자들의 것이 많은지를 물어 본다.

서로 다른 집단에게 서로 다른 성격목록을 들려 준다. 성격목록 중에서 일부는 남자가 여자보다 더 유명하고, 다른 일부 목록에서는 여자가 남자보다 더 유명하도록 고안하였다. 피험자들은 보다 더 유명한 성격, 예컨대 운동신경이 뛰어나다고 제시할수록 남성으로 대답하는 빈도가 높았는데 이처럼 잘못된 판단을 내리는 선입견을 환기능력으로 인한 편견(retrievability heuristic)이라고 한다.

상기의 친숙한 정도에 덧붙여 사건을 환기해 내는 데 영향을 미치는 것으로 두각을 나타내는 따위의 다른 요소도 있다. 예를 들어 불타는 집을 직접 목격한 사람은 단지 신문지상에서 화재소식을 접한 사람보다 자신의 주관적 확률에 미치는 영향이 더 높다. 그리고 최근에 발생한 사건은 이전에 일어난 사건보다 입수가능성이 비교적 높다. 우리는 교통사고를 직접 목격한 사람의 주관적 확률이 일시적으로 높아지는 현상을 종종 경험한다.

② 탐색집합으로 인한 편견

살인 사건은 매년 뉴스미디어로부터 상당한 주목을 받는다. 따라서 살인사건은 바로 입수가능한 지식이 된다. 사람들에게 살인사건이 자살사건보다 더 많이 일어나느냐고 물어 보면 '그렇다'고 대답한다. 실제로 자살건수가 많은 데에도 살인사건보다 적은 빈도를 느끼는 까닭은 자살사건은 미디어에서 주목을 받지 못해 다루어지지 않기 때문이다.

 사례_31 콤스(B. Combs)와 슬로빅(P. Slovic)은 1979년 미국에서 사망원인의 빈도를 추정하는 질문을 사람들에게 던졌다. 하나의 사건으로 많은 사람을 죽인 생생한 원인(홍수나 토네이도)은 과장되었고 대신 생생하지 않은 사건(심장병이나 당뇨병)으로 인한 사망은 과소평가되는 것으로 나타났다. 게다가 추정의 편견은 미디어에서 얼마나 주목을 받았는가와 상관관계가 있는 것으로 알려졌다.

글로벌리제이션, 아웃소싱, 구조조정, WTO 등을 비난하기는 쉽다. 고용되는 사람숫자보다 해고되는 사람의 수가 훨씬 많이 눈에 띄도록 매스컴이 기사화하기 때문이다. 선한 역을 맡은 배우가 범죄를 저지르면 사람들은 동정을 보내지만 악역을 맡는 배우가 범죄를 저지르면 당연한 일이 일어났다는 듯한 태도를 보인다. 사람들은 '세차만 하면 비가 온다', '야외행사날만 정하면 그날 비가 온다' '설탕이 떨어지면 커피 찾는다', '개똥도 약에 쓰려면 없다'라고 불운을 탓한다. 사람들은 가령 비가 오지 않았던 날들은 기억하지 않고 유독 비가 온 행사날만 기억한다. 혈액형과 성격 사이에 하등의 상관관계도 없는 데에도 마치 관계가 있는 것처럼 생각하는데 이러한 착각을 상관관계의 착각(illusory correlation)이라고 한다.

유사한 판단이 영어단어에서 r가 첫 번째로 나오는 건수와 세 번째로 나오는 건수 중에서 어느 것이 많을 것인가 하고 물어 보면, 사람들은 첫 번째로 나올 확률이 높다고 대답한다. 단어는 사전식으로 인간의 머리속에 기억되어 있기 때문에 사람들은 r로 시작하는 단어를 더 많이 저장하고 있는 것처럼 느낀다. 그러나 울렌(T. Ulen)은 한 국제경제심리학회에서 실제로는 그렇지 않다고 주장하였다.

사람들은 어떤 것이 쉽게 마음에 떠오르는가를 기준으로 하여 빈도가 높은가 낮은가를 결정한다. 그런데 사람들은 첫째 음절로 단어를 기억해 내는 것이 둘째 음절로 기억해 내는 것보다 쉽기 때문에 첫째 음절의 단어가 더 많다고 판단한다. 터브스키와 카니먼은 다른 자음에서도 마찬가지로 이런 일이 나타난다고 주장하는데, 이를 '탐색대상 집합의 효력으로 인한 편견'이라고 한다.

영어 단어에서 'k'와 'l'도 마찬가지다. 또 're'로 시작하는 단어와 're'로 끝나는 단어의 경우 red, rear, record, rehearsal 등을 환기해 내기 쉽지만 're'로 끝나는 are, were, there, tire 등을 환기해 내기가 어렵다. 그래서 're'로 시작하는 단어가 더 많다고 착각하지만 실제로는 're'로 끝나는 단어가 더 많다고 한다.

우리나라 사람이 병원을 찾아가는 질병 중에서 가장 높은 것은 무엇일까라고 물으면 대부분의 경우 신문이나 방송매체를 통해 알려진 암, 당뇨, 신장염 등이라고 대답한다. 그러나 보건복지부의 통계에 의하면 치질이 가장 높은 것으로 알려졌다. 치질은 터놓고 화제에 올리지 않기 때문에 흔하지 않은 질병으로 인식하고 있다. 언론에서 자주 거론된다고 하여 빈번하게 일어나는 것은 아니다. 이처럼 사람들은 가용성의 휴리스틱(availability heuristic)으로 사건을 판단한다.

국가 간이나 정당 간 그리고 노사 간의 협상이나, 또는 부부 간이나 고부 간의 갈등은 자신이 동원할 수 있는 정보만을 토대로 하여 상대방을 바라보기 때문에 협상이 진전되지 않고 갈등은 계속된다. 상대방도 최선을 다했는 데에도 이에 관한 정보를 가용할 수 없는 까닭에 '나는 최선을 다했는데'라는 생각에서 상대방의 성의부족을 나무란다. 사람들이란 눈에 보이는 것이나 머릿속으로 쉽게 환기해낼 수 있는 정보에만 의지하기 때문에 상대방을 오해하고 착각하면서 살아간다.

 사례_32 1993년 존슨(E. Johnson), 허시(J. Hershey), 메스자로스(J. Meszaros), 쿤로이더(H. Kunreuther) 등은 지진의 위험정보 입수가능성이 보험상품의 판매에 영향을 미친다는 연구결과를 발표하였다. 즉 1990년 12월 3일에 뉴마드리드에서 지진이 일어날 가능성이 있다는 전문가의 보고로 인해 보험가입자가 예전에 비해 3배 이상으로 늘어났다고 한다.

③ 상상력으로 인한 편견

어떤 때에는 기억 속에 존재하지 않지만 어떤 주어진 법칙에 따라 생성시켜 낼 수 있는 빈도를 기준으로 평가하는 일이 발생한다. 그러한 때에 사람들은 여러 가지 전형적인 경우를 생성시키고 나서 그와 관련된 경우를 얼마나 쉽게 구성할 수 있는가에 의해 그 빈도 내지 확률을 평가한다. 그러나 경우를 쉽게 구성하였다고 하여 실제 빈도를 반영하는 것은 아니기 때문에 사람들은 선입견을 가지고 판단하게 되는데 이를 상상력의 편견(imagination heuristic)이라고 한다.

가령 다음의 예를 살펴보자. 10명의 사람들로부터 k($2 \leq k \leq 8$)명으로 이루어지는 위원회를 만들어 내는 경우를 생각해 보자. k의 값에 따라 얼마나 많은 수의 조합이 가능할 것인가? 이는 이항분포, $_{10}C_2$의 개념인데 k=5일 때에 가장 많은 252가지 경우의 조합이 만들어진다. 위원의 수가 10명으로 주어져 있기 때문에 이들로부터 k명으로 구성되는 위원회의 조합은 나머지 10−k명으로 구성되는 위원회의 조합수와 동일하다.

이러한 문제가 주어졌을 때 사람들은 계산해 보지 않고 마음으로 k명의 위원회를 구성하여, 생각해 내기 쉬운 정도에 의해 경우의 수를 평가한다. 위원의 수가 적으면, 예를 들어 2명이면 위원의 수가 많은 8명보다 더 많은 수의 위원회를 만들 수 있을 것이라고 판단한다. 빈도를 상상력 또는 구성의 입수가능성에 의해 판단하면, 위원의 수가 많은 경우의 빈도보다 위원의 수가 적은 경우의 빈도가 더 많은 가짓수가 있을 것이라고 생각한다. 그러나 실제의 가짓수는 위원의 수에 따라 종모양의 분포를 이룬다. 통계학에 전문적인 지식이 없는 사람에게 이러한 문제를 물어 보면 위원의 수가 많아질수록 경우의 수가 (종모양이 아니고) 일반적으로 감소하는 모습을 보일 것이라고 대답한다.

 사례_33　터브스키와 카너먼은 평상인들이 상상력에 편견이 있는지를 실험하였다. 그 결과 2명으로 구성되는 위원회의 수를 만들 수 있는 조합수는 피험자 평균 70이었고 8명으로 구성되는 위원회의 조합수는 피험자 평균 20으로(실제로는 모두 45가지이다) **나타났다.**

　이상에서 설명한 입수가능성의 원칙을 통한 휴리스틱은 브랜드 평가에서도 작용한다. 가령 가장 최근에 획득한 지식의 입수가능성이 가장 생생하게 기억되기 때문에 가장 최근에 잘 알려진 유명 브랜드에 유리하게 작용할 것으로 기대된다. 그러나 과거에 입수한 지식(브랜드)이 최근에 입수되는 지식을 방해하기도 한다.

　"잘 되면 자기 탓 못되면 조상 탓", "목수 연장나무란다"는 따위의 속담을 어떻게 해석할 것인가? 사람들은 잘못이 일어나면 당사자 자신보다 타인이나 외부환경의 탓으로 돌리는 성향이 있다. 셔먼(S. Sherman)과 코티(E. Corty)는 행위자와 관찰자 사이에 정보의 입수가능성으로 인해 편견이 일어난다고 주장한다. 즉 관찰자는 관찰대상자의 행동에서 정보를 입수할 가능성이 높지만 행위자는 환경의 영향에서 정보를 입수할 가능성이 높을 것으로 기대된다. 따라서 행위자는 실패를 환경 영향의 탓으로 돌리지만 관찰자는 실패를 행위하는 당사자의 탓으로 돌린다.

3. 대표성에 의해 판단한다

사람들이 관심을 갖는 확률문제는 대개 다음 두 가지의 형태에 속한다. 즉 사건 B가 사건 A에 속할 확률은 얼마인가? 사태 B가 사태 A를 뒤이어 발생할 확률은 얼마인가? 사태 A가 사태 B를 일으킬 확률은 얼마인가? 이러한 질문에 대답하기 위해 사람들은 전형적으로 대표성(또는 대리성)에 의한 휴리스틱(representativeness heuristic)에 의존하는데 가령 A가 B를 대표하는 정도, 즉 B가 A를 닮은 정도에 의해 확률을 평가한다. 예를 들어 A가 B를 아주 높게 대표한다면 B가 A로부터 발생하였을 확률을 높게 평가한다. 한편 B가 A를 닮지 않았다면 B가 A로부터 발생하였을 확률을 낮게 평가한다.

대표성을 통한 판단의 예로서 어느 사람이 수줍음이 많고 내성적이고 세상사에 관심이 거의 없는 사람이라고 소문이 났다고 하자. 이러한 소문을 들은 사람은 당사자의 직업이 예컨대 농부, 세일즈맨, 비행사, 도서관사서, 의사의 직업 중에서 어떤 직업을 가지고 있겠는가하고 질문하면 그가 도서관사서일 가능성이 높다고 판단한다. 그 이유는 그가 도서관사서직의 전형적인 모습을 대표 내지 닮았다고 판단하기 때문이다.

터브스키와 카니먼의 연구에서도 사람들은 직업을 동일한 방법으로 유사성에 의해 평가한다는 사실이 밝혀졌다. 그러나 확률을 판단하는 데 이러한 방법을 적용하게 되면 심각한 오류를 범하게 된다. 왜냐하면 유사성이나 대표성은 확률을 판단하는 데에 영향을 미쳐야만 하는 여러 가지 요소에 영향을 미쳐서는 안 되기 때문이다. 가령 한국 영화〈살인의 추억〉에서 범인이 잡히지 않자 안달하는 형사가 여러 사진을 보고 범인을 추정하자 그의 동료형사가 그를 나무라는 장면이 나온다. 이는 대표성에 의한 오류의 가능성을 지적한 장면이다. "자라보고 놀란 사슴 솥뚜껑 보고 놀란다"는 속담도 자라가 대표로 역할하는 사슴의 심리현상을 인간에게 비유하여 지적한 이야기다.

 사례_34   1990년대 시카고 대학 법학교수 이안 에이어스(Ian Ayers)는 30대 중반에 평균 정도의 매력을 가진 18명의 백인남자, 7명의 백인여자, 8명의 흑인남자, 5명의 흑인여자에게 시카고 근처의 242개 자동차 대리점에 들러, 가장 싼 자동차를 구매하겠다는 의견을 제시하여 40분 동안 흥정하도록 하는 실험을 실시하였다. 조사결과, 세일즈맨이 제시한 가격은 대리점의 구입가격에 비해 백인남자에겐 평균 725달러, 백인여자에겐 935달러, 흑인여자에겐 1,195달러, 흑인남자에겐 1,687달러 더 높은 것으로 나타났다. 이렇게 차이가 나타난 까닭은 자동차 세일즈맨들 사이에 여성과 흑인고객을 '호구'라고 생각하여 돈을 왕창 뜯어내겠다는 선입견을 가지고 있기 때문이다.

- 『블링크』에서

① 사전확률의 무시

대표성에 영향을 미치지는 않지만 확률에 주요한 영향을 미쳐야만 하는 요소의 하나가 사전확률이다. 가령 앞의 예에서 도서관사서라고 판단을 내리려면 그가 살고 있는 마을의 인구 중에서 도서관사서가 농부보다 높은 비율을 차지한다는 사전확률이 알려져 있어야만 한다. 물론 이러한 사전확률을 고려한다고 하여도 그가 도서관사서나 농부의 전형을 닮는 데에 영향을 주지 않는다. 대표성을 바탕으로 하여 사람을 평가하면 사전확률을 무시하게 된다.

이러한 대표성에 의한 판단가설은 사전확률이 이미 조작되어 있는 실험을 통해서도 검증되었다. 가령 직업이 엔지니어와 변호사인 100명의 사람들로부터 무작위로 몇 사람을 선발하였다. 선발된 사람의 성격을 피험자들에게 알려 주고 나서 그들이 법률가라기보다 엔지니어에 속할 확률이 얼마인지를 물어 보았다. 첫 번째 집단에겐 전체 100명 중에서 엔지니어가 70명이고 변호사가 30명인 집단으로부터 무작위로 선발된 사람이라고 사전확률을 제시해 주었다. 두 번째 집단에게는 변호사가 70명이고 엔지니어가 30명인 집단으로부터 무작위로 선발되었다고 사전확률을 제시해 주었다. 물론 첫 번째 집단은 선발된 사람이 엔지니어일 확률이 높다고 판단하고, 두 번째 집단은 선발된 사람이 변호사일 것이라고 대답할 확률이 높을 것으로 기대된다. 왜냐하면 첫 번째 표본에서는 엔지니어일 사전확률이 0.7이고 변호사일 사전확률이 0.3이지만 두 번째 표본은 그 반대이기 때문이다.

그러나 두 피험자 집단 모두 사전확률을 무시하면서 선발된 사람의 직업에 거의 똑같은 확률을 제시하는 것으로 밝혀졌다. 즉 직업의 전형을 대표하는 성격에 따라 개인을 엔지니어 아니면 변호사로 판정하였을 뿐, 집단에 소속된 엔지니어와 변호사의 비율과 같은 사전확률을 전혀 고려하지 않는 것으로 나타났다. 이러한 심리적 현상을 '사전확률의 무감각'이라고 한다.

그러나 피험자들이 다른 정보, 즉 무작위로 선택된 자의 성격정보를 모르는 경우에는 사전확률에 따라 직업을 판정하였다. 즉 첫 번째 집단의 피험자는 엔지니어로 0.7, 법률가로 0.3의 확률을 부여하였다. 그러나 성격정보가 주어지자 피험자들은 사전확률을 전혀 무시하는 것으로 조사되었는데, 이 때 성격정보도 정보로서의 가치는 없는 것들이었다.

가령 다음의 사례를 보자. 30세의 남자로 결혼은 하였으나 자녀는 없고 능력이 있고 동기도 높아 자신의 분야에서 성공한 사람이라고 알려져 있고 또한 동료들로부터 호감을 받고 있는 사람이라고 하자. 이 정보는 이 사람이 엔지니어인지 법률가인지하는 정보가 주어지지 않도록 의도적으로 만들어진 것이다. 따라서 그가 엔지니어일 확률은 직업과 관련된 성격정보가 주어지지 않았기 때문에 집단 내의 당사자에 해당하는 사람이 차지하는 비율과 거의 동일하여야만 할 것이다. 그러나 피험자는 집단내의 엔지니어 비율이 0.7이건 0.3이건에 관계없이 그가 엔지니어일 확률을 0.5로 판단하였다.

사람들은 구체적인 증거가 주어지지 않으면 사전확률에 의존하려고 하고, 쓸모없는 증거가 주어지면 사전확률을 무시하는 편향된 오류를 범한다.

② 표본수의 무시

사람들은 특정모집단으로부터 추출한 표본결과를 얻을 확률을 측정하기 위해 대표성에 의한 휴리스틱을 적용한다. 예를 들어 10사람의 표본남자로부터 얻은 평균키가 175cm일 확률을 구하는 데에, 사람들은 주어진 모집단의 평균키에 대응하는 유사성을 기준으로 판정한다. 원래 표본통계의 신뢰성은 추출하는 표본의 양에 좌우하는 데에도 불구하고 사람들이 여기에 의지하지 않고 판단하는 편견을 보이는데 이를 '표본수에 대한 무감각'이라고 한다.

따라서 확률을 대표성에 의해 평가하게 되면, 판단을 내린 표본통계량의 확률은 표본의 크기와는 전혀 관련이 없는 값이 되어 버린다. 피험자를 대상으로 여러 가지 크기의 표본 평균키의 분포를 실험한 결과 피험자들은 모두 동일한 결과, 즉 대표성에 의해 판단하였다. 예를 들어

1000명, 100명, 10명의 세 가지 표본에 이들의 평균키가 175cm 이상일 확률을 물어 본 결과 표본크기와 관계없이 동일한 값을 제시하였다. 게다가 문제를 제시하기 이전에 이미 표본크기가 중요하다는 점을 강조하였는데도 불구하고 피험자들은 이를 무시한다는 사실이 밝혀졌다.

 사례_35 어느 마을에 두 곳의 산부인과 병원이 있는데 큰 병원에서는 하루에 대략 45명의 아기가, 작은 병원에서는 하루에 대략 15명의 아기가 태어난다고 한다. 태어난 아기가 남아와 여아일 확률이 각각 50%라고 이미 알려져 있지만, 남아가 태어나는 정확한 비율은 매일매일 변한다. 이제 병원마다 1년 동안 남아가 60% 이상 태어난 날을 기록하였다고 하였을 경우에 어느 병원이 보다 많은 날짜를 기록하였을까 하고 95명의 피험자들(학부생들)에게 물어 보았다. 그 결과 큰 병원일 것이라고 대답한 사람이 21명, 작은 병원일 것이라고 대답한 사람이 21명이고, 5% 내의 범위 내에서 두 병원이 같을 것이라고 대답한 사람이 53명이었다고 한다.

대부분의 피험자(100명 중 53명)는 60% 이상의 남아를 기록하였을 확률을 두 병원 모두 동일할 것으로 판단하였다. 왜냐하면 피험자들은 이러한 사건이 동일한 통계량에 의해 표시되고 따라서 일반 인구를 대표할 것으로 생각하기 때문이다. 그러나 표본이론에 의하면 60% 이상이 남아일 확률은 큰 병원이 작은 병원보다 아주 낮다. 왜냐하면 표본수가 많을수록 50%에서 벗어날 가능성이 낮아지기 때문이다. 그러나 대부분의 사람들은 큰 병원이든 작은 병원이든 가능성이 같을 것이라고 생각한다. 사람들은 이러한 표본통계가 갖는 기본적인 특성을 자신의 직관적 저장고(머릿속)의 일부로 가지고 있지 않는 비합리적인 소비자들이다.

③ 기회의 인지오류

가령 동전을 던지는 경우에 앞면과 뒷면이 나올 확률을 구하는 경우에 앞-뒤-앞-뒤-뒤-앞의 순서로 나올 가능성이 앞-앞-앞-뒤-뒤-뒤(무작위로 얻은 표본이 아니라고 생각한다)의 순서로 나올 가능성보다 높다고 생각하고, 앞-앞-앞-앞-뒤-앞(공평한 동전이 아니라고 생각한다)의 순서보다 높다고 생각한다. 따라서 사람들은 전체 순서에서는 물론 부분적인 순서에서도 어떤 과정이 근본적인 성격을 대표할 것이라고 기대한다. 즉 순서가 자주 뒤바뀌어야 하고, 같은 면이 계속 나와서는 안 된다는 대표성의 지배를 받는데, 이러한 현상을 두고 '일어날 기회의 인지 오류'라고 한다.

부분적 대표성의 믿음의 다른 사례로 잘 알려진 편견이 도박사의 모순이다. 가령 룰렛게임에서 오랫동안 빨강으로 나오는 것을 계속 관찰한 사람들은 이제는 검정이 나올 것이라고 잘못 믿는다. 왜냐하면 다음 순서에서 빨강이 다시 추가로 나오는 것보다 검정의 결과가 나오는 것이 보다 대표적인 순서라고 믿고 있기 때문이다. 사람들은 일반적으로 가능성을 자가교정하는 과정, 즉 한 방향에서 이탈하면 균형을 회복하기 위해 반대방향으로 회귀할 것으로 믿는다.

가령 동전을 던져서 나올 가능한 결과에 도박사들은 흔히 모순을 범한다. 즉 뒷면이 나올 확률추정은 앞에서 앞면이 연속하여 많이 나왔을수록 올라간다. 그러나 동전은 스스로가 자가교정하는 능력이 없다. 동전의 앞면이 자주 나왔다는 사실을 기억하고 있는 사람은 이젠 뒷면이 나와야 할 터인데 하고 생각을 자가교정할 수는 있지만 동전은 기억하는 능력이 없기 때문에 자가교정되지 않는다. 다만 동전을 던지는 사람이 자신의 기억을 투사할 따름이다. 처음부터 내리 딸만 여럿 낳은 부모는 이번엔 100% 아들이겠지 하고 자가교정하지만 여전히 아들이 태어날 확률은 50%이다.

국내 로또복권에 1등으로 당첨될 확률은 거의 '0'에 가까운 814만분의 1이다. 407억원의 최고당첨금을 거머쥐게 한 번호는 6, 30, 38, 39, 40, 43이었다. 한 경찰관에게 행운을 안겨다 준 이 번호들은 연속된 숫자(38, 39, 40)가 나올 가능성이 희박할 것이라고 자가교정하는 사람들의 심리 때문에 거의 선택되지 않는다. 자가교정이 가능하려면 기억능력이 전제되어야 한다. 그러나 주사위나 동전이 던져질 때 던지는 사람은 과거 일어난 일들을 기억하고 있으나 주사위나 동전은 기억해내지 못한 채 던져진다. 다만 사람들이 자신의 기억을 동전에 투사하여 가능성이 높은 숫자가 나타나 주기를 기대할 따름이다.

주식투자자들은 좋은 기업과 좋은 투자대상의 기업을 혼동하는 오류를 저지른다. 좋은 기업이란 이익을 안정적으로 창출하고 매출성장률이 높으며 우수한 경영진을 보유한 기업을 말한다. 그러나 좋은 투자대상 기업이란 다른 기업보다 주가상승이 높은 기업을 말한다. 좋은 기업이라고 하여 반드시 투자대상도 좋은 기업은 아니다.

 사례_36 죠셉 라코니쇼크(Josef Lakonishok), 안드레이 슈라이퍼(Andrei Shleifer), 로버트 비쉬니(Robert Vishny) 등은 투자자들이 통상 성장주라고 부르는 그래머 주(glamour stock)의 성과를 조사한 연구결과 'Contrarian Investment, Extrapolation, and Risk'(1994)를 발표하였다. 투자자들은 사업이 지속적으로 신장하는 기업의 주식을 그래머(성장)주라고 간주한다. 이들 연구자들은 기업의 지난 5년간 매출액 평균성장률을 계산하여 이들 중에서 가장 높은 상위 10%의 기업의 주식을 성장주, 그리고 매출액 성장률이 가장 낮은 10% 기업군의 주식을 가치주(value stock)로 구분하였다. 뉴욕증권거래소

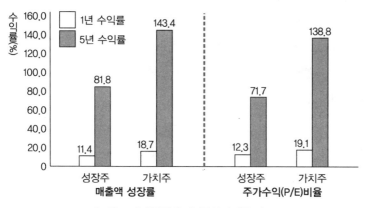

〔그림 4-3〕 성장주와 가치주의 수익률 비교

와 아메리칸증권거래소의 모든 상장주식을 대상으로 1963년부터 1990년까지의 자료를 분석하여 〔그림 4-3〕의 결과를 얻었다. 즉 성장주를 매수한 투자자들은 다음해에 11.4%의 수익률을 거두었는데 이는 가치주의 수익률 18.7%보다 7.3%가 뒤떨어지는 실적이다. 또 5년간의 평균 총수익률을 비교한 결과 성장주는 81.8%였지만 가치주는 143.4%나 차지하였다. 따라서 가치주가 성장주에 비해 연간 평균 12.3%나 뒤떨어진 것으로 밝혀졌다. 성장주와 가치주를 구분하는 기준으로 주가수익비율(P/E ratio)도 흔히 이용된다. 주가가 수익에 비해 상대적으로 높은 주식은 성장주에 가깝고 주가수익비율이 낮은 주식은 가치주에 가깝다. 〔그림 4-3〕에서 보는 바와 같이 주가수익비율에 따라 성장주와 가치주의 1년 이후 및 5년 이후의 수익률을 비교한 결과 가치주의 실적이 성장주의 실적보다 나았다는 사실을 발견할 수 있다.

투자자들은 과거의 사업실적이 미래의 실적을 대표할 것이라는 편견에 갇힌다. 즉 투자자들은 과거의 수익률이 미래의 기대수익을 대표한다고 생각한다. 드봉(Werner De Bondt)은 "Betting on Trends: Intuitive Forecasts of Financial Risk and Return"(1993)에서 주식투자자들은 상승주만을 쫓아 주가가 상승추세를 보이는 종목을 매수한다는 사실을 발견하였다.

불행하게도 군중심리에 이끌린 주식시장의 투자자들은 주가가 오르면 내리고 내리면 오른다는 자가교정의 법칙이 존재한다는 사실을 망각하곤 한다. 40년을 넘게 연평균 20%에 가까운 투자수익률을 올렸던 뉴욕현대미술관의 이사장이면서 골드만 삭스의 상무이사인 멘셸(Robert Menschel)은 주식시장이 가르쳐주는 단순하고도 일관된 교훈이 하나 있는데, 그것은 바로 시장에게는 극단에 도달하면 스스로 자가교정하는 능력이 있다고 지적한다. 따라서 투자자들은 주식시장이 폭락한다고 공포에 질릴 것이 아니라 거품이 빠진 실질적인 가치에 주식을 구입할 기회가 왔음을 반겨야 한다고 충고한다. 구체적인 사례로 가령 케네디 대통령이 암살되고 난 이후 3년만에 스탠다드앤푸어(S&P)지수는 약 21%올랐고, 1993년 세계무역센터에 폭탄이 터진 이후에도 3년이 지나 57% 가까이 상승했고, 1941년 일본의 진주만 폭격이후에도 81% 이상 반등하였다는 사실을 든다.

④ 예측력의 무감각

사람들은 미래의 주식가격, 어떤 상품수요, 그리고 축구경기 승부의 결과를 수치로 예측하여야 할 경우가 있다. 그러한 예측도 종종 대표성에 의해 결정된다. 예를 들어 피험자에게 어떤 회사를 설명하고 나서 그 회사의 이윤을 물어볼 경우, 그 설명이 우호적이었다면 그러한 설명을 바탕으로 하여, 즉 대표하여 매우 높은 이윤을 낼 것이라고 대답한다.

만약 설명이 진부하였다면 그냥 그런저런 이윤을 대표로 제시한다. 그러나 설명이 우호적인 정도는 그 설명의 신뢰에 의해 영향을 받지 않으며 신뢰가 정확한 예측이 되도록 하는 정도에 의해서도 영향을 받지 않는다. 따라서 만약 사람들이 우호적인 설명이었는가의 여부에 의해 이윤을 예측한다면 증거의 신뢰성과는 전혀 상관없는 대답이 나올 것이다. 이러한 현상을 '예측력의 무감각'이라고 한다.

 사례_37 피험자들에게 교수들에 대한 학생들의 강의평가 요약서를 보여주었다. 그런 후 일부 피험자들에게 교수의 강의 질을 평가하도록 묻고, 다른 피험자들에게 5년 후 교수의 성공가능성을 물어 보았다. 그 결과 두 부류의 피험자들의 판단은 모두 동일하였다. 즉 먼 장래의 예측(5년 후의 성공가능성)은 정보평가(현재의 강의평가결과)와 동일하다는 결과를 얻었다. 즉 현재의 평가결과가 미래의 성과를 대표하는 것으로 나타났다. 물론 피험자는 현재의 강의평가결과가 5년 이후 교수의 성공가능성을 예측하는 데 한계가 있는 정보라는 점을 알고 있는 데에도 불구하고 편견에 사로잡힌 잘못된 판단을 내렸다.

⑤ 회귀의 인식오류

학생들을 대상으로 하여 두 가지 종류의 적성검사를 실시한다고 하자. 첫 번째 종류의 적성검사에서 우수한 점수를 얻은 10명의 학생들을 대상으로 두 번째 종류의 적성검사를 실시하는 경우 실험자들 대부분은 실망하게 될 것이다. 반대로 첫 번째 종류의 적성검사에서 나쁜 점수를 얻은 10명의 학생을 대상으로 두 번째 종류의 적성검사를 실시하는 경우 실험자는 희망을 얻게 될 것이다.

일반적으로 동일한 분포를 가진 X, Y의 변수가 있는데 피험자의 X

평균이 평균 X로부터 k단위만큼 벗어난다면 Y 평균은 평균 Y로부터 k단위보다 덜 벗어나는 결과를 얻는다. 이러한 현상을 평균으로 지향하는 회귀의 법칙이라고 부르는데 이는 갈턴(Francis Galton)이 오래 전에 제시한 통계학의 기본법칙이다.

가령 케인즈의 유동성선호이론은 이자율과 화폐수요 사이에 역의 상관관계가 있다는 이론이다. 이자율이 오르면 증권(주식과 채권)의 가격이 현재 당장 내려가지만 이것이 회귀의 법칙에 따라 언젠가는 오를 것으로 기대하여 증권수요를 늘리고, 대신 화폐수요를 줄이려고 한다. 그에 따라 이자율이 오르면 화폐수요는 줄어든다. 케인즈는 유동성선호이론을 만드는 과정에서 이미 증권가격의 회귀법칙, 즉 현재 오른 증권의 가격은 향후 내려간다는 법칙을 이용하였다.

주식 초보자인 어떤 투자가가 올 한 해 동안의 투자유망종목을 선정하는 데에 회귀의 법칙에 따라 대상종목을 고른다. 즉 지난 해의 연중 최고가와, 최저가 그리고 연말 종가를 비교하여 종가가 연중 최고가로부터 가장 멀리 떨어져 있는 종목을 투자대상종목으로 선정한다. 연말 종가가 연중 최저가에 가까운 주식이라면 일단 싼 값이라고 평가하고 연중 최고가에 가까운 주식이라면 비싼 값이라는 회귀의 법칙을 이용한다.

우리는 정상적인 삶을 살아가는 가운데에서 가령 부자지간의 키를 비교하거나, 부부의 지능을 비교하거나 학생들의 학기마다의 성적을 비교하는 경우, 이들이 평균으로 지향하는 회귀의 법칙을 따르고 있다는 사실을 경험한다. 그러나 사람들은 이러한 현상에 정확한 직관을 발전시키지는 않는다. 첫째 회귀의 법칙이 작용하기로 되어 있는 현상에서도 회귀할 것이라고 기대하지 않는다. 둘째 비록 회귀현상을 목격하더라도 이에 회귀법칙이 아닌 이상한 비정상적인 인관관계로 설명해 버린다.

그래서 사람들은 회귀하는 현상에 잘못된 생각을 가지게 되는데 이를 '회귀에 대한 인식오류'라고 한다.

회귀의 법칙을 인정하지 못하면 다음과 같은 결과를 얻을 수 있다. 가령 비행기 조종훈련과정에서 예외적으로 연착륙한 훈련자에게 칭찬을 보내면 다음번에는 경착륙하고, 반대로 경착륙한 훈련자에게 벌을 주면 다음번에는 연착륙하는 현상을 경험 있는 교관이 체득하였다. 그에 따라 교관은 말로써 보상하는 것은 나쁜 결과를 유도하고 말보다 육체적으로 벌을 주면 유익한 결과를 얻는다고 결론을 내린다. 이는 일반화된 심리법칙에 벗어난다. 훈련자의 훈련능력이 평균으로 지향하려는 회귀법칙에 따라 일어난 것이기 때문에 교관의 결론은 사실로 확증될 수 없다.

훈련과 마찬가지로 사회관계에서도 성과가 좋으면 보상이 따르고 성과가 나쁘면 처벌이 따른다. 따라서 처벌이 따르면 행동은 개선되고 보상이 따르면 행동은 퇴보할 것처럼 보인다. 그래서 인간관계라는 측면에서 다른 사람들을 처벌함으로써 우연하게 자신은 보상을 받는 것이 되고, 다른 사람들을 보상함으로써 우연하게 자신은 처벌받는 것이 된다. 사람들은 이러한 가능성을 인식하지 못하고 있다.

댄지거(P. Danziger)는 소비자들이 업무나 사회적 교류, 엔터테인먼트, 쇼핑 등을 위해 컴퓨터와 인터넷으로 눈길을 돌리는 등 현대 미국사회가 점점 가상화됨에 따라 '진짜'세계로 회귀하려고 하는 반등 역시 있을 것으로 전망한다. 또 소비자들은 리얼리티를 갈망하는 경향이 크다. 사람들은 시간과 공간의 제약에 묶여 우주의 물리적 법칙에 의해 지배되는 진짜 세계에 살고 있고 앞으로도 그럴 것이다. 세계가 사이버화됨에 따라 소비자들은 자신을 진짜 세계로 데려다 놓을 수 있는 것들로

둘러싸이고 싶은 욕구를 느낄 것이다. 이러한 현상은 우리가 옷입는 방식, 집 안을 장식하는 방식, 놀고 즐기는 방식 등 우리 삶의 모든 영역에서 그 모습을 드러낼 것으로 전망된다.

대표성에 의한 휴리스틱은 사람들이 사물의 정신모형에 바탕을 두고 판단한다는 것을 지적한다. 휴리스틱은 단지 하나의 호의적인 특징이나 호의적이 아닌 특징을 바탕으로 하여 사람을 판단하여 그것이 당사자의 다른 품성을 대표하는 것으로 간주하는 후광효과(halo effect)를 설명한다. 그런 까닭에 대인관계에서 첫인상은 향후 사회적 교류관계에서 대표성을 발휘하면서 영향력을 지속적으로 미친다.

휴리스틱의 사례를 보자. 복사기의 시장규모가 커지자 Xerox가 독식하는 것에 샘이 난 IBM이 복사기 시장에 뛰어들었다. 그러자 이번에는 Xerox가 이에 질세라 하고 컴퓨터 시장에 뛰어들었다. 그 결과 IBM 복사기나 Xerox 컴퓨터는 모두 개발비와 광고비만 날리고 손을 뗐다. 결국 두 회사는 서로 업종을 빅딜하는 것으로 싸움을 일단락 지었다. 음식점을 가보더라도 원조로 소문이 난 집은 발 디딜 틈이 없을 정도로 손님들이 북적대지만 바로 옆의 모방한 음식점은 손님이 없어 파리채만 날리고 있다. 모방한 사람을 처벌하려는 성향에서 나온 것인지는 알 수 없으나 손님이 없는 약한 자를 도우려고 하는 인간의 성향에 비추어 보아 이해가 가지 않는 현상이다.

사람들이란 정신 에너지를 절약하려고 상품이나 상점을 복잡하게 비교하여 입력시키지 않는다. 대신 휴리스틱의 법칙에 따라 단순하게 가령 햄버거는 맥도날드, 애기 이유식은 거버, 필름은 코닥, 음료는 코카콜라, 스낵은 새우깡, 파이는 오리온의 초코 파이, 화학조미료는 미원, 천연조미료는 다시다, 된장은 옹가네, 고추장은 순창, 김은 양반김, 유기농 계란은 풀무원, 청량 원기제는 박카스, 섬유유연제는 피죤, 표백제는 유한 락스, 습기제거제는 물먹는 하마, 핸드폰은 에니콜 등으로 기억한다. 그런데 이러한 제품들이 모두 오래된 원조라는 측면과 사람들은 최근의 브랜드를 보다 더 뚜렷하게 기억한다는 측면이 서로 조화를 이루지 않는다. 그럼에도 불구하고 인간은 백지상태에 입력된 상품을 기억하여 필요할 때마다 간편하게 끄집어내는 휴리스틱의 법칙을 따른다.

이런 측면에서 신뢰성의 이미지를 가진 브랜드는 대표성의 원칙으로 인해 오히려 이득을 볼 수 있다. 즉 소비자들은 당해 브랜드의 제품실패를 나쁜 운의 탓으로 돌리지, 제조업자의 탓으로 비난하지 않을 것이다. 그들의 정신모형은 제품의 품질이 근본적으로 충분하다고 믿기 때문이다. 최근 기업들이 이미지를 향상시키기 위해 노력하는 모습을 볼 수 있다. 대표적 이미지에 의해 부족한 나머지 부분들이 상쇄되어 갈 것으로 기대하기 때문이다. 동시에 한번 일어난 잘못된 이미지 상실은 대표성에 의해 소비자들의 머리속에 오랫동안 남아 있게 된다는 사실에 유의할 필요가 있다.

1992~1993년 워싱턴주에 있는 잭인더박스(Jack in the Box)란 레스토랑에서 일어난 사건이다. 레스토랑에서 제공한 육류를 먹은 손님들이 전염성의 출혈증상을 보였다. 그 결과 이 체인점은 전국적으로 문을 닫기에 이르렀고 다른 상호를 가진 체인점의 영업에도 지장을 주기에 이르렀다. 다른 이유도 있지만 맥도날드, 버거킹, 피자헛 등의 레스토랑 특약권자들은 브랜드가 갖는 이미지를 유지하기 위해 원재료를 본사가 직접 공급하는 프랜차이저 계약을 가맹점과 체결한다.

4. 낯에 익은 것을 선호한다

사람들은 자신에게 친숙한 것을 선호한다. 팬들은 자신이 거주지역 스포츠 팀을 응원하고, 종업원들은 자사주를 보유하기를 선호한다. 사람들은 두 가지의 위험한 대안을 선택하는 데에 가급적이면 친숙한 대안을 선택하는 것으로 알려져 있다. 가령 수만 가지의 주식 및 채권이 투자대상으로 존재하는 세상에서 투자자들은 어떻게 투자대상을 선택하는가? 모든 투자대상에 대한 기대수익률과 위험을 분석하는 투자자는 없다. 투자자는 대신 친숙한 투자대상을 선택한다.

 사례_38 후버만(Gur Huberman)은 'Familiarity Breeds Investment'(2001)에서 1984년 독점기업 AT&T가 7개의 지역회사(Baby Bell)로 분리되고 나서 12년이 지난 후 이들 회사의 소유구조를 조사하였다. 그 결과 투자자들이 다른 지역의 전화회사보다 자신이 거주하는 지역의 전화회사 주식을 소유한다는 사실을 발견하였다. 사람들은 자신에게 친숙한 기업에 투자할 때 보다 편안한 기분을 느낀다.

프렌치(K. French)와 포터바(J. Poterba)는 투자자들이 친숙한 것을 선호하는 까닭에 국내와 해외에 투자하는 데에 전통적인 분산투자이론과는 달리 친숙한 국내투자를 선호한다는 연구결과 "Investor Diversification and International Equity Markets"(1991)를 발표하였다. 〔그림 4-4〕에 나타난 바와 같이 미국의 주식시장가치는 세계증권시장가치의 47.8%를 차지하고, 일본은 26.5%, 그리고 영국은 13.8%를 차지한다. 그러므로 전통적인 경제이론에 따라 완전히 분산된 주식으로 투

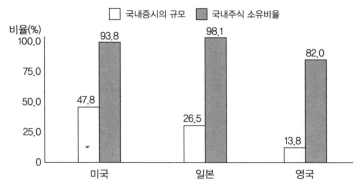

〔그림 4-4〕 국내증시의 상대적 규모와 국내주식 소유비율

자 포트폴리오를 구성하려면 상기의 비율에 맞추어 미국의 투자자들은 47.8%를, 일본의 투자자들은 26.5%를, 영국의 투자자들은 13.8%를 각각 국내주식에 투자하여야만 한다. 그러나 국내투자자들은 그렇게 포트폴리오를 형성하지 않는 것으로 밝혀졌다. 미국 투자자들은 포트폴리오이론에 따라 자산의 47.8%를 미국 주식에 투자하는 것이 아니라 93.8%를 투자하는 것으로 조사되었다. 일본의 투자자들은 26.5%를 국내주식에 투자하는 것이 아니라 98.1%를, 그리고 영국의 투자자들은 13.8% 대신 82%를 국내주식에 투자하는 것으로 나타났다. 국내투자를 선호하는 심리적 성향을 홈팀 편향(home bias)이라고 한다.

투자자들이 해외에 투자하는 경우에도 이들은 친숙한 해외기업이나 대기업을 선호하는 것으로 알려졌다. 예를 들어 강준구와 르네 스툴즈(Rene Stulz)는 "Why Is Their a Home Bias? An Analysis of Foreign Portfolio Equity Ownership in Japan"(1997)을 통해 일본의 주식시장에 진출하는 해외투자자들이 일본의 대기업 주식을 소유하는 경향이 있다는 사실을 발견하였다. 일본계 투자자들이 대기업이 아닌 기업에 관심을 두는 대상은 해외로의 수출로 외국에서 널리 알려져 있는 기업이라는 사실도 발견하였다. 대기업에 대한 집중적인 투자는 우리나라의 경우 특히 외국인들이 삼성, LG, SK, 현대 등 가급적이면 대기업에 투자하는 성향과도 부합한다.

사람들은 어떤 것에 친숙하면 편견을 갖게 된다. 스포츠팀의 팬들이 다른 팀보다 자신이 지지하는 홈팀의 승률을 높게 평가한다. 마찬가지로 투자자도 친숙한 투자대상을 보다 더 우호적으로 바라본다. 즉 친숙한 기업이 그렇지 않는 기업에 비해 더 높은 수익률을 올리고 위험률은 낮을 것이라고 믿는다. 예를 들어 2000년 킬커(M. Kilka)와 웨버(M. Weber)의 연구에 의하면 미국인은 미국 증시가 독일 증시보다 실적이 좋다고 믿고, 독일인은 독일 증시가 미국 증시보다 실적이 좋다고 믿는다는 사실을 발견하였다. 종업원들도 분산된 포트폴리오보다 자사주가 안전한 투자대상이라고 믿는다. 요컨대 투자자들은 주식을 분산하여 여러 곳에 나누어 투자하기보다 홈팀 편향에 이끌려 자기회사 주식, 자기 지역회사 주식, 국내주식에 과다하게 투자하는 경향이 있다.

끝으로 홈팀 편향과 대표성에 의한 편견이 결합하여 비합리적인 행동을 강화하는 방향으로 나아간다. 연금에 투자하는 종업원들의 투자행동을 조사한 베나치(Shlomo Benartzi)는 "Excessive Extrapolation and the Allocation of 401(k) Accounts to Company Stock"(2001)에서 연금을 자사주에 투자하는 종업원들이 주가가 오른 후에 자사주를 구입한다는 사실을 발견하였다. 즉 과거 5년간 주가상승률이 가장 높았던 상위 20%의 기업에 종사하는 종업원들은 연금자산의 31%를 자사주 구입에 투자하고, 반면에 주가상승률이 가장 낮았던 20%의 기업에 종사하는 종업원들은 단지 13%만이 자사주식을 구입하는 데 연금자산을 투자하는 것으로 나타났다. 이로부터 종업원들은 과거의 추가추이를 살펴 대표성에 의한 편견의 지배를 받으면서 자사주식을 홈팀 편향에 따라 매입할 것인지를 결정한다. 이처럼 대표성과 홈팀 편향으로 종업원들이 자사주에 상당한 기대를 걸지만 전체적으로 퇴직연금에서 자사주를 취득하는 비중이 높은 기업이 낮은 기업보다 좋은 실적을 내지도 못하였다고 한다(『투자의 심리학』에서).

동물들(조류, 연어와 송어, 거북이, 벌, 개미 등)이 산란과 육아를 위해 자신이 거처하거나 태어난 장소로 되돌아오는 현상을 귀소본능이라고 한다. 이러한 귀소본능은 소비자에게도 나타난다. 근래 어른들을 중심으로 일본에서 일어나고 있는 키달터(Chidult) 쇼핑은 어린 시절 경험했던 갖가지 향수를 잊지 못하는 어른들이 그 경험을 다시 소비로 연계시키도록 하는 구매활동을 말한다. 영화, 패션, 에니메이션, 광고에 이르기까지 키달터 쇼핑현상은 소비문화 전 영역에 걸쳐 일어나고 있다. 그에 따라 장남감, CD, 레코드판, 미니카 등의 각종 장남감과 캐릭터를 판매하는 완구전문 박물관까지 생겨났다고 한다(『경제의 심리학』에서).

조사에 의하면 30~40대 일본 남성들이 캐릭터를 좋아하는데 그 이유를 '유년회귀'로 지적하는데 젊은층은 '건강이나 활력을 얻을 수 있을 것으로 기대하거나', '불황과 고용불안 등으로 하루하루가 고달픈 중년 남성들이 유년시절로 회귀하고 싶은 욕구에 사로잡혀 있기 때문'이라고 분석한다. 그 동안 복고상품 수집을 중심으로 하는 키달터 쇼핑은 남성을 중심으로 일어났지만 최근에는 식기나 마요네즈 등 일상품 미니어처를 선물로 하는 상품이 등장하면서 일본 주부들에게까지 서서히 번지고 있다고 한다. 이러한 현상도 낯에 익은 상품을 선호하는 휴리스틱 심리법칙과 무관하지 않다.

5. 다양성 선호의 편향

소비자이론에 따르면 무차별곡선의 모양이 원점을 향해 볼록하게 생긴 까닭은 두 가지 선택대상을 선형으로 결합한 조합이 한 가지 선택대상을 전문화하는 것보다 더 선호되기 때문이다. 가령 사과 2개나 배 2개보다 사과 1개와 배 1개가 당연히 선호될 것으로 기대한다. 이처럼 소비자는 현실적으로 다양한 조합을 선택하지만 선택하고 난 이후엔 한 가지만을 소비하는 경향이 있다. 이를 다양성 선호의 편향(diversification bias)이라고 한다.

일주일 먹을 것을 장보러 가는 주부들은 '같은 것을 먹을 수 없다'고 생각하여 이것저것 잔뜩 먹을 것인 양 쇼핑하지만 막상 식사시간이 되면 평소에 즐기던 음식만을 조리하여 먹는다. 그에 따라 먹지 않은 식품들이 비좁은 냉장고에 자리를 차지하는 일이 일어난다. 일주일 치를 한꺼번에 든다면 한계효용체감의 법칙에 따라 다양한 조합의 음식을 들 수 있도록 구매하겠지만 실제로 매 끼니마다 먹는 순간에는 자신이 평소에 좋아하는 음식만을 먹기에 이른다. 소비자들은 식사하는 시간간격이 마치 연이어서 일어나는 사건인 양 짧게 느껴져 식품매장에서 다양한 메뉴를 선택하여 구입하게 된다(『돈버는심리 돈새는심리』에서).

게다가 사람들은 자신이 쓸 물건보다 다른 사람에게 선물할 때 훨씬 다양한 물품을 구입하는 것으로 알려졌다. 자신보다 다른 사람이 똑같은 물건에 싫증이 더 빨리 일어날 것이라는 다양성 선호의 편향에 지배되기 때문이다. 제조업자들이 선물용으로 세트 상품을 내놓는 까닭도 소비자들의 다양성 선호의 편향에 지배되는 심리적 약점을 노린 판매전략에서 비롯한다. 여러 가지 음식이 준비된 뷔페음식에서 마음껏 들 수 있을 것이라고 식당을 찾아가지만 막상 고르는 음식은 자신이 선호하는 몇 가지 메뉴에 지나지 않는다. 손님을 초대하여 접대하려고 이것저것 준비하지만 실제로 비어지는 접시는 몇 가지에 불과하다. 그래서 현명한 주부는 주메뉴를 많이 준비하고 부메뉴를 약간 준비하는 지혜를 짜낸다.

제3절 고정관념 효과

사람들은 어떤 값을 추정하기 위해 흔히 초기값을 조정하여 최종값을 구하는 절차를 밟는다. 여기서 초기값은 문제를 설정하는 단계에 주어지거나 간단히 부분적으로 계산한 결과일 수 있다.

1971년 슬로빅과 리히텐스타인은 출발점을 달리하면 최초값의 쪽으로 기울어지는 추정결과를 얻을 가능성이 있다는 사실을 제기하였다. 이를 터브스키와 카니먼은 고정관념 효과(anchoring effect)에 의한 편견이라고 불렀다.

고정관념 효과를 보여 주기 위해 피험자는 여러 가지 비율(가령 유엔회원국 중 아프리카 국가가 차지하는 비율)을 %로 추정하도록 질문을 받았다. 출발점은 0~100의 수치가 기록되어 있는 회전판을 돌려 무작위로 선택되도록 하였다. 먼저 피험자에게 운에 의해 선택된 출발점이 추정치보다 높은 값인지 낮은 값인지를 묻고, 수치를 내리거나 올릴 수 있도록 하여 추정치를 구하도록 하였다. 서로 다른 피험자를 대상으로 실험하였는데 피험자마다 출발점이 달랐고, 이러한 다른 출발점이 최종 추정치에 영향을 미치는 것으로 조사되었다. 예를 들어 유엔회원국 중에서 아프리카 국가가 차지하는 비율의 평균 추정치는 25%와 45%였는데 이들 피험자들의 출발점이 각각 10과 65였다.

사례_39　심리학자 바그(John Bagh)는 대학생을 상대로 5분 동안 한 그룹에겐 '공격적', '대담한', '무례한', '괴롭히다', '산만한', '강요하다', '침해하다' 등의 긍정적인 단어가 섞인 문장을 보여주고, 다른 그룹에겐 '존경하다', '사려 깊다', '참을성 있는', '양보하다', '공손한', '예의바른' 등의 부정적인 단어가 섞인 문장을 보여주었다. 이후 실험을 위해 피험자들을 다른 실험실로 가도록 하였는데 해당 실험실 문앞에서 실험자와 언쟁하는 정경을 의도적으로 설계하였다. 실험결과 부정적인 단어를 테스트 받은 학생들은 거의 모두 평균 5분 정도 지나 언쟁에 끼어들었지만, 긍정적인 단어를 테스트 받은 학생들의 82%가 실험실 문앞에서 일어나는 언쟁을 참고 보며 기다렸다고 한다.

- 『블링크』에서

　미국 오하이오 주의 한 슈퍼마켓에서 인스턴트 식품인 캠벨스 스프를 한정판매하는데 하루는 '1인당 12개', 며칠 뒤엔 4개, 또 며칠 뒤엔 아무런 안내판도 붙이지 않았다. 조사결과 '1인당 12개' 한정판매의 안내판이 붙어 있을 때 가장 많이 팔렸다고 한다.
　부동산 중개업자들은 집값을 감정하는 과정에서 집주인이 요구한 가격에 상당한 영향을 받는다. 매도자가 원하는 요구가격은 그 집의 가치를 평가할 때 사용되는 기준으로 역할한다.

사례_40　미국 스탠포드 대학 교수팀이 경험 많은 부동산 중개업자들을 상대로 기준점 효과가 일어나는지를 실험하였다. 이들을 A와 B의 두 그룹으로 나누어 매물에 대한 정보를 담은 팸플릿을 나누어주고 집을 보여준 후 A그룹에 겐 당해 집이 65,900달러에, 그리고 B그룹에겐 83,900달러에 매물이 나왔 다는 정보를 알려주었다. 매물의 감정가를 요청한 연구 결과, 동일한 집을 두고 단지 매물의 초기값을 달리 하였을 뿐인데 기준점이 높은 B그룹의 잠정가 가 기준점이 낮은 A그룹보다 7천달러가 더 높았다고 한다.

액면을 분할한 주식들은 대개 금액으로 환산하여 종전의 가치에 비해 상승하는 경향이 있는데 이것도 액면이 분할되면서 분할되기 이전의 초기값에 비해 상대적으로 싸졌다는 초기치 편견으로 주가가 상향으로 조정된 결과에서 비롯 한다.

— 최인철, 『돈버는심리 돈새는심리』, (랜덤하우스중앙, 2005)에서

구직자가 사용주와 연봉을 협상하는 경우에도 구직자나 또는 사용주 가 제시하는 연봉은 최종 협상연봉의 기준점으로서 역할한다. 구직자가 신규취업회사의 사용주와 연봉을 협의하는 과정에 자신이 기준점을 어 디에 두는가에 따라 최종결과에 미치는 영향은 지대하다. 가령 기준점 을 1) 전 직장에서 받고 있는 현재 연봉(3천만 원), 2) 사용주가 제시하 는 첫 제안가격(3천5백만 원), 3) 자신이 받아들일 수 있는 최저연봉(3천8 백만 원), 4) 사용주의 회사가 제공할 수 있는 최대 연봉(4천만 원), 5) 자신이 요구할 최초 연봉(4천5백만 원)으로 설정하였다고 하자. 최종적으 로 연봉이 3천5백만 원에 타결된다면 현재 연봉보다는 많지만 1)에서 5)로 내려갈수록 많이 손해를 본 것처럼 느껴진다.

 사례_41   1994년 다멘(D. Daamen)과 윌케(H. Wilke)의 실험에서 새로운 직 장을 지원하는 데 향후의 봉급 정보가 부족하다면 지원자가 현재 받는 봉급이 새로운 봉급을 결정하는 협상에 영향을 미치는 것으로 밝혀졌다. 일반적으로

현재의 봉급이 낮으면(높으면) 새로운 회사의 지원자들은 봉급을 덜(더) 요구하였다고 한다.

따라서 기준점을 높게 잡을수록 그렇지 않은 경우에 비해 양보를 덜 하게 되고 합의가 이루어질 가능성도 낮으며 결과를 덜 공정하다고 느끼게 된다. 기준점을 달리함으로 인해 발생하는 손해에서 오는 느낌(편견)에서 벗어나려면 충분한 정보와 현실적인 대안을 합리적으로 수집하고 인식하는 태도의 마음을 가질 필요가 있다. 흔히 말을 낳으면 제주도로 보내고 아들을 낳거든 한양으로 보내라는 속담도 기준점을 제대로 설정하라는 우리 조상들의 편견일 수 있는 지혜의 산물이다.

고정관념 효과는 출발점이 피험자에게 주어지는 때만이 아니라 피험자가 추정치를 불완전하게 계산한 결과에 토대를 두는 경우에도 일어난다. 이러한 효과를 살펴보기 위해 간단한 수학계산을 실험하였다. 두 집단의 고등학생을 상대로 하여 다음의 두 가지의 식을 5초 내에 계산하도록 요구하였다.

첫 번째 집단: (A) $8 \times 7 \times 6 \times 5 \times 4 \times 3 \times 2 \times 1$
두 번째 집단: (B) $1 \times 2 \times 3 \times 4 \times 5 \times 6 \times 7 \times 8$

사람들은 신속하게 대답하기 위해 몇 단계의 계산과정을 거치고 나서 이를 확장하거나 조정하여 추정치를 구한다. 그러나 조정이 충분하지 못하기 때문에 오름차순의 숫자로 되어 있는 B의 계산결과보다 내림차순의 숫자로 되어 있는 A의 계산결과가 더 높을 것으로 판단한다. 실험결과 오름차순의 숫자가 주어진 두 번째 집단의 추정치는 평균 512였고, 내림차순의 숫자가 주어진 첫 번째 집단의 추정치는 평균 2250으로 조사되었다. 실제로 정확한 평균값은 40320이다.

 사례_42 잘트만(G. Zaltman)은 *How Consumers Think*에서 마케터가 시장조사를 하는 과정에서 소비자에게 질문을 던지는 순서에 따라 응답결과도 크게 달라진다는 사실을 발표하였다. 예를 들어 유럽의 자동차 제조업체가 일본인을 상대로 수행한 한 조사에서 소비자 만족도가 아주 높게 나타났다. 그리고 이후 자동차를 수리한 회수에 관한 서베이가 이루어졌다. 그러자 자동차 제조회사가 소비자에게 수리한 횟수를 먼저 질문하면 만족도가 현저하게 떨어지고 수리한 횟수도 올라가는 것으로 조사되었다. 이처럼 질문순서를 달리함에 따라 응답하는 결과는 현격한 차이를 보여 준다. 이후 질문순서에 따라 고정관념 효과가 일어난다는 사실을 확인한 자동차제조업자는 소비자 만족조사의 결론을 재검토할 수밖에 없었다.

고정관념 효과는 소비자가 제품을 선택하는 데서도 일어난다. 2004년 한국은 전반적인 경기침체 속에서도 김치냉장고만큼은 대형화의 추세 속에서 가전제품판매의 황금기를 누렸다. 김치냉장고의 소비자는 신혼부부나 주부들이다. 대형기업들은 이들의 우아하고 멋진 여성, 제대로 시집간 주부, 똑똑한 엄마라고 하는 고정관념에 호소하여 매상을 올렸다. 우아한 미모의 여배우가 김치냉장고를 감싸는 CF광고를 통해 여성소비자들은 일체감을 느낀다. 냉장고 선전에 드레스까지 차려입은 여배우가 광고하는 모습을 외국인들은 우습다고 비꼬지만 엄연한 현실이다(『경제의 심리학』에서).

사건이 연결되어 있느냐 아니면 분리되어 있느냐에 따라 사람들은 편견에 의해 달리 평가하는 잘못을 저지른다. 바힐렐(M. Bar-Hillel)은 1973년 다음 세가지 가운데에서 내기걸기가 가장 좋은 것을 하나 고르도록 하는 실험을 실시하였다.

❶ 단순사건(simple event)으로, 50%의 빨간 공과 50%의 흰 공이 있는 보자기에서 하나의 빨강 공을 끄집어내는 내기이다.

❷ 접속사건(conjunctive event)으로 90%의 빨간 공과 10%의 흰 공이 들어 있는 보자기에서 빨간 공을 연속하여 7차례 계속 끄집어내는 내기이다.

❸ 분리사건(disjunctive event)으로 10%의 빨간 공과 90%의 흰 공이 들어 있는 보자기에서 7차례 연속하여 끄집어내는 과정에 적어도 한 번의 빨간 공을 끄집어내는 내기이다.

물론 끄집어낸 공은 도로 집어넣는 것으로 하였다. 이 문제에서 실험자들 대부분이 단순사건(확률 0.50)보다 접속사건(확률 0.48)에 내기걸기를 원한다는 사실이 밝혀졌다. 또 실험자 대부분이 분리사건(확률 0.52)보다 단순사건(확률 0.50)에 내기를 원했다고 한다. 즉 사람들은 분리사건에 내기보다 단순사건에 내기를, 단순사건에 내기보다 접속사건에 내기를 선호한다. 따라서 대부분의 실험자들은 나오기가 보다 힘든 내기를 선택한다는 사실을 알 수 있다.

1972년 코언(J. Cohen), 체스닉(E. Cesnick), 하란(D. Haran) 등은 도박을 선택하거나 확률을 판단하는 사람들이 접속사건의 확률을 과대평가하고 분리사건의 확률을 과소평가하는 경향이 있다는 사실을 발견하였는데 이러한 편견이 일어나는 까닭도 고정관념 효과 때문이다. 즉 사람들은 접속사건과 분리사건의 전체 확률을 추정하기 위한 출발로 최초에 성공을 거둘 수 있는 사건의 확률만을 염두에 둔다. 출발점으로부터의 조정이 불충분하기 때문에 최종추정치는 최초에 성공을 거둘 수 있는 확률에 근접할 수밖에 없다. 따라서 ②의 접속사건에서는 최초에 성공을 거둘 수 있는 확률이 0.90으로 높아 보여 최종추정치(0.9의 7승에 해당하는 0.48)를 과대평가한다. 마찬가지로 ③의 분리사건에서는 최초에 성공을 거둘 수 있는 확률이 0.10으로 낮아 보여 최종추정치 (1.00-0.48)를 과소평가한다. 이러한 고정관념 효과로 인해 접속된 사건에서는 과대평가하고 분리된 사건에서는 과소평가하는 고정관념 효과가 일어난다.

계획이라는 맥락에서 접속사건을 평가하는데 나타나는 편견은 특히 중요하다. 신제품개발과 같은 프로젝트를 성공적으로 완성시키는 과정은 전형적으로 접속의 성격을 가지고 있다. 이러한 프로젝트가 성공을 거두기 위해서는 일련의 연속된 사건이 달성되어야만 한다. 비록 각 사건이 일어날 것 같아 보이는 때일지라도, 만약 일련의 사건의 수가 많으면, 전체적으로 성공할 확률은 낮을 수밖에 없다. 그럼에도 불구하고 접속사건의 확률을 과대평가하는 일반적인 경향으로 말미암아 어떤 계획이 성공할 것이라거나 프로젝트가 제 때에 완성될 것이라고 평가하는 소위 보장되지도 않은 낙관주의에 빠져들기 쉽다.

반대로 분리사건은 특히 위험을 평가하는 데 부닥친다. 핵반응이나 인체와 같은 복잡한 체계는 이 중에서 한 구성부분에서 고장이 일어나면, 전체가 기능을 상실한다. 비록 한 구성부분에서 고장이 일어날 확률은 매우 낮지만 많은 구성부분이 관련되어 있으면 전체가 기능을 상실할 확률은 높을 수밖에 없다. 그럼에도 불구하고 고정관념 효과로 인해 사람들은 복잡한 체계의 기능이 상실할 확률을 과소평가하는 경향이 있다.

고정관념 효과는 여러 경제상황에 적용된다. 예를 들어 기업에 호위적인 분위기(예를 들어 동업자에게 점심을 대접)를 유도하고 나면 접속효과로 인해 제안하는 사업을 호의적으로 평가할 것을 기대할 수 있다.

앞에서 말한 휴리스틱은 사람들이 판단을 내리는 데 잘못을 저지를 가능성이 있다는 사실을 지적한다. 그에 따라 사람들은 종종 최적이 아닌 의사결정을 내린다. 전형적으로 이러한 휴리스틱은 정보과부하의 상황에 적용되지 않고 대신 관련된 정보가 결여되어 있는 경우에 적용된다.

그렇다고 휴리스틱 모두가 정보처리에 치명적인 것은 아니다. 여러 가지 문제에서 몇 가지 휴리스틱은 고려한 만한 가치가 있고, 합리적인 문제해결방식으로부터 얻을 수 있는 결과와 마찬가지로 훌륭한 해결책을 제시할 수 있다. 매우 어려운 문제의 경우, 예를 들어 장기게임에서 말을 놓는 모든 위치마다 이후 일어날 모든 가능한 정보를 수집한다는 것은 거의 불가능하다. "왕을 보호하라", "졸을 희생하라", "가격보고 사라", "브랜드를 사라" 따위의 휴리스틱은 문제를 해결하는 데 오히려 더 유용하다. 세련되도록 학습된 합리적 사고는 안정된 상항에는 도움을 줄지 모르지만 가변적이고 복합적인 상황에서는 치명적인 약점이 된다. 병서(兵書)가 이모저모 따지다가 시기를 놓쳐 전투에 패하기보다 우둔한 전술로 신속하게 대응하는 졸속(拙速)을 권고하는 이유도 이러한 직관력과 통찰력이 과학적 정보나 이론적 기대를 통합하는 일보다 더 유용하기 때문이다. 바둑이나 장기를 뚜면서 요모조모 따지면서 심사숙고하여 대응한 결과를 두고 흔히 '장고의 악수'라고 부르기도 한다. 이처럼 휴리스틱이 비록 편향된 의사결정을 일으키지만 대신 정보를 처리하는 노력을 상당수준 줄인다. 마찬가지로 소비자들의 갈망수준은 최적의 선택대안을 선택하려고 너무 광범위하게 탐색하지 않도록 소비자를 보호한다는 측면에서 유익하다.

　인간이 오랫동안 종족을 보존할 수 있었던 것은 극소량의 정보를 토대로 매우 민첩하게 판단할 수 있는 별도의 의사결정모듈을 진화시킨 덕분이다. 이 모듈은 무의식의 영역에서 일어나며 적은 양의 정보를 순간적으로 포착하여 매우 민첩한 판단을 내리도록 돕는다. 심리학자 윌슨(Timothy Wilson)은 *Strangers to Ourselves: Discovering the Adaptive Unconscious*(2004)에서 "인간의 정신은 고도의 정교한 사고를 많은 부분 무의식의 영역으로 끌어내림으로써 효율성을 높였다."라고 지적한다.

　사람들이 휴리스틱을 밟는 것은 경제적 본능에 의해 촉발되는 심리적 성향이지만, 동시에 체계적인 그리고 예측상의 오류를 범한다는 데 문제가 있기는 하다. 그러므로 휴리스틱한 행동과 그로 인해 편견이 일어난다는 사실을 이해하는 일이야말로 불확실한 상황에서 판단하고 의사를 결정하는 소비자의 행동을 이해하는 길잡이가 될 것이다.

제4절 요 약

　사람은 경제적 본능에 따라 정보를 단순하게 수집·처리한다. 정보의 과부하에 시달리는 소비자들은 한번에 대략 6~7가지의 정보를 전달받을 수 있다. 다차원의 정보와 한 차원으로 연결된 자극은 정보를 부호화하여 덩어리로 요약된다. 그에 따라 부호화에 의해 광범위한 정보처리가 가능해지고 정보과부화도 줄어들 수 있다.

　사람들은 정보과부하로 말미암아 의사를 결정하는 데 인지적 휴리스틱을 활용한다. 휴리스틱한 정보처리, 즉 사건매칭의 휴리스틱, 개량, 대표성의 이용, 고정관념 효과 등은 경제적 본능에 의해 이루어지는 심리적 성향이지만 동시에 그로 인해 편견 내지 편향을 드러내게 된다.

소비자들이 경제적 합리성에 따라 정보를 완전무결하게 처리하여 선택한다고 전제하는 기존의 경제이론은 현실에서 휴리스틱하게 행동하는 소비자들의 행동을 고려하지 않은 모형이다. "꿈보다 해몽이 좋은" 합리적 모형에 의지할 수 없는 일들이 일상생활에서 비일비재하게 일어난다. 따라서 소비자들이 합리적 · 이성적으로 선택하기보다 휴리스틱하게 의사를 결정한다는 사실을 이해할 필요가 있다.

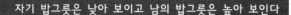

제5장
가치함수 의존의 법칙

> 감각을 통한 경험은 일단의 누적된 지식이 존재한
> 다는 사실을 전제로 하고, 또한 지난 과거 함께
> 발생한 감각적 자극을 토대로 하여 획득된 질서의
> 존재를 전제로 한다. 그에 따라 이 지식은, 비록
> (감각 이전의) 경험에 바탕을 두지만, 감각을 통한
> 경험과는 모순을 일으키지 않으면서 경험의 형태
> 가 가능해지도록 의사를 결정할 것이다.
>
> –Friedrich Hayek, *The Sensory Order*, 1952

제1절 가치함수

자동차를 매매하는 경우 사람들은 자신의 중고차를 높은 값으로 파는
데에는 예민하지만 신차를 비싼 값을 주고 사는 데에는 둔감하다. 똑같
은 금전인데 들어오는 것과 나가는 것 사이에 심리적으로 차이를 느끼
는 이유는 어디 있을까? 경제학은 이득에서 오는 만족과 상실에서 오는

고통이 체감하면서 증가하는 하나의 효용함수에 담는다. 그러나 사람들이 현실에서 선택하는 행동을 살펴보면 상기의 효용함수 모양대로 행동하지 않는 현상들을 발견할 수 있다.

1979년 경제학자 카니먼과 터브스키는 사람들이 경제이론과 다르게 선택하는 심리를 *Econometrica*지에 "Prospect theory: An Analysis of Decision under Risk"란 논문으로 발표하였다. 가령 20만 원을 주고 코트를 맞춘 여성이 있다고 하자. 다른 사람이 그녀에게 25만 원을 준다고 해도 그녀는 코트를 되팔려고 하지 않는다. 이러한 현상을 어떻게 설명하여야 할까? 되팔아서 5만 원의 이득을 본다면 당연히 팔아야만 하는데 그렇게 하지 않는 이유를 전통적 경제이론으로서는 설명이 되지 않는다. 그 이유를 알아보자.

〔그림 5-1〕의 (a)에서 코트를 구입함에 따라 처음 총자산 '0'에서의 효용 점 b가 점 c로 내려간다. 그에 따라 코트는 구입하였다는 이유로 그 가치가 bc보다 틀림없이 높다. 이후 코트를 되팔면 효용을 ca만큼

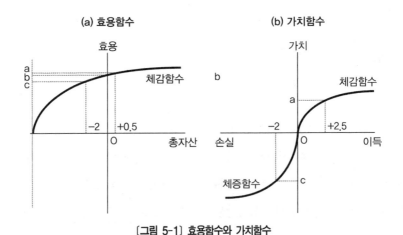

〔그림 5-1〕 효용함수와 가치함수

늘릴 수 있는 데에도 코트를 되팔려고 하지 않는다. 되팔아 얻는 효용 ca는 당초 코트의 가치 bc보다 높은데도 되팔지 않는다는 것은 모순이다. 왜냐하면 코트를 되팖으로서 ab만큼의 순효용을 얻을 수 있기 때문이다.

코트를 되팔지 않는 이러한 현상을 설명할 수 있는 하나의 해결책은 이득과 상실에 각각 다른 모양의 효용함수가 있는 것을 가정하는 방법이다. 전망이론에서 제시하는 가정은 다음과 같은 성질을 갖는 가치함수(value function)의 존재를 전제로 한다.

❶ 이득과 손실가치(전망)는 어떤 자연적 기준점(현상유지)을 기준으로 정의된다. 기준점의 변화로 선택을 바꿀 수 있다.

❷ 한계가치가 이득에서는 체감하지만 손실에서는 체증한다.

❸ 가치함수는 이득보다 손실에서 더 가파른 모양을 갖는다.

이러한 성질의 가치함수를 〔그림 5-1〕의 (b)에 표시하였다. 코트의 구입은 주머니에서 나가는 돈이므로 손실로 나타나고 따라서 구입가격의 가치는 손실의 가치함수로부터 추론할 수 있다. 그리고 판매는 돈이 들어오므로 이득으로 간주되어 판매가격의 가치는 이득에 대한 가치함수로부터 추론할 수 있다. 그러면 코트의 구입과 판매로 인한 가치의 크기를 〔그림 5-1〕의 (b)의 가치함수의 모양으로부터 찾아보자.

코트를 구입하는 경우 돈이 나가므로 코트의 가치는 Oc이다. 그런데 코트를 되팔면 돈이 들어오므로 Oa만큼의 효용이 늘어난다. 코트를 팔아 얻는 돈의 가치 Oa는 코트를 사서 잃는 돈의 가치 Oc에 미치지 못한다. 환언하여 즉 코트를 팔지 않으려고 하는 까닭은 Oc가 Oa보다 크기 때문이다(그림에서 Oa가 Oc보다 항상 작다). 그러므로 코트를 계속 입고 있는 것이 되파는 것보다 이득이다.

사례_43 갤란터(A. Galanter)는 1990년 가치함수가 〔그림 5-1〕 (b)와 같은 모양을 가진다는 증거로 이득에 체감하고 손실에 체증하는 지수법칙을 주장하였다. 즉 지수함수의 계수가 이득에 평균 0.45, 손실에 평균 0.55로 추정되어, 손실로 인한 함수의 기울기가 이득으로 인한 함수의 기울기보다 가파르다는 사실을 지적하였다.

1990년 카너먼, 네치(J. Knetsch), 텔러(R. Thaler) 등의 연구에 의하면 잃는 돈의 가치가 얻는 돈의 가치보다 1.4~1.6배인 것으로 밝혀졌다. 행동경제학에서 조사한 연구도 이 가치함수를 바탕으로 하고 있다.

수요의 가격탄력성이란 가격의 1% 변화에 수요량이 몇 % 변하는가를 나타내는 지표이다. 그런데 손실을 회피하는 사람들의 심리적 성향으로 말미암아 가격이 상승하는 경우에 소비자들이 느끼는 고통은 가격이 하락하는 경우에 느끼는 만족보다 더 심하다. 따라서 가격이 상승하는 경우(손실발생)에 측정되는 수요의 가격탄력성은 가격이 하락하는 경우(이득발생)에 측정되는 수요의 가격탄력성에 비해 크다.

 사례_44 1992년 푸틀러(D. Putler)는 소비자들이 계란을 구입하는 데 이처럼 가격상승과 하락에 따라 서로 다른 크기의 가격탄력성이 존재한다는 사실을 발견하였다. 이어서 1993년 하디(B. Hardie), 존슨(E. Johnson), 페이더(P. Fader) 등은 1993년 오렌지주스를 대상으로 가격상승시와 하락시의 가격탄력성을 조사하였는데, 그 차이가 무려 2.4배나 되는 것으로 조사되었다.

부동산시장에서는 가격이 오르면 거래량도 덩달아 늘어나는 이른바 양(+)의 상관관계가 가격과 거래량 사이에 나타난다. 부동산경기가 활성화되면 원매자가 부르는 값에 가깝게, 심지어 그보다 더 높은 가격에 부동산이 거래된다. 이러한 상황이 벌어지면 매도자들은 자신의 매물을 시장에서 철회하는 일이 일어난다. 그에 따라 판매자의 매도가격은 원매자의 매입가격보다 쉽게 내려가지 않는다.

 사례_45 미국 보스턴 콘도시장에서 부동산가격은 1982년과 1989년 사이에 170% 상승하고 나서 4년간 40% 하락하고 이후 1998년에 이전의 최고가격을 갱신하는 현상이 일어났다(그림 5-2) 참조). 이처럼 가격변동이 심하게 일어나는 까닭을 제니소브(D. Genesove)와 마이어(C. Mayer)는 부동산 매도자들이 손실을 회피하는 데서 오는 원매가격의 경직성으로 인한 결과라고 해석한다. 즉 1992년 부동산가격이 침체하였을 때에 구입자의 매입호가가격이 매도자의 기대매도가격보다 35%나 높았다고 한다. 그런데도 매도물의 30%도 거래되지 않는 것으로 나타났다. 이후 부동산시장이 살아났을 때에

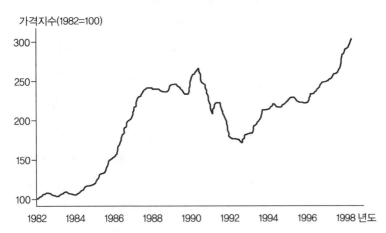

자료: D. Genesove & C. Mayer(2004), Loss~aversion and Seller Behavior: Evidence from the Housing Market, *Advances in Behavioral Economics*.

〔그림 5-2〕 미국 보스턴 콘도 부동산시장

이러한 경향이 역전되었다고 한다. 1997년에 구입자의 매입호가가격이 매도자의 기대매도가격보다 단지 12% 정도 높은데도 매물의 60%나 거래되었다고 한다. 따라서 부동산가격이 내려가는 시기에 매도자들은 시장가격을 받아들이지 않으려는 성향을 보여 준다. 부동산가격이 내려가는 시기에는 자신이 구입한 가격보다 시세가 더 내려간 콘도의 매각으로부터 손실을 회피하려고 콘도소유자들은 높은 가격을 부르는 것으로 알려졌다.

다시 한번 〔그림 5-1〕(b)의 가치함수를 통해 부동산 가격이 높을 때 더 많이 거래되는 현상을 설명해 보자. 매도자가 부동산처분자금에서 얻는 효용은 Oa에 불과하지만 과거 부동산을 구입할 당시 부담하였던 자금에서 상실한 효용은 Oc로 높은 까닭에, 비록 부동산경기가 침체한 시기에도 매도자들은 웬만한 가격이 아니고서는 부동산을 시장에 내놓지 않는다.

정부는 그 동안 서민층을 위해 25평 이하의 소형 아파트를 대량으로 공급하도록 건축을 지원하였다. 이러한 정책이 과연 효과를 거두었을까? 대형 아파트의 공급을 제한한 정책으로 인해 대형 아파트의 값은 오르고 소형 아파트의 값은 하락하였다. 서민층이 경제적 지위를 상류층으로 이동하고자 하더라도 보유하고 있는 소형 아파트의 재산가치가 낮아 팔아도 얼마 되지 않아 대형 아파트를 보유하기가 점점 힘들어진다. 대형 아파트를 가진 상류층은 가만히 앉아 있어도 자신이 보유하는 대형 아파트의 값이 올라감에 따라 점점 부유해진다. 부유해진 자들은 사회적 본능에 따라 강남지역이니 하는 따위의 공간을 다른 지역과 차별화하여 끼리끼리 모여 상류층인양 행세한다. 그 결과 가진 자와 가지지 않은 자의 재산격차는 점점 벌어지고 사회적 양극화가 심화된다.

인간이 정치적 본능으로 상류층으로 나아가려는 성향을 막을 길은 없다. 그러나 정부의 잘못된 부동산정책은 사회계층간의 양극화를 점점 확대시켰다. 이러한 양극화는 정부정책의 실패에서 비롯된 것이지 부동산시장의 실패에서 비롯된 것은 아니다. 부동산에 관한 한, 소비자들은 가치함수의 지배를 받는다. 효용함수를 바탕으로 하는 기존의 경제이론은 이러한 양극화의 원인을 설명할 길이 없고 부유층의 부동산투기에서 원인을 찾으려고 애쓴다. 정책이란 부메랑효과가 있어 서민을 배려하는 정책은 궁극적으로 서민 자신을 해치는 정책으로 돌아온다.

제2절 유산효과

앞에서 설명한 코트를 구입한 여성의 행동은 이른바 유산효과(endowment effect)로도 설명될 수 있는데 유산효과의 다른 예를 들어보자. 100만 원을 가진 사람에게 동전을 던져 앞면이 나오면 10만 원을 벌고 뒷면이 나오면 10만 원을 잃는 게임을 제안하였을 경우, 그는 이러한 공정한 게임(기대치 0원)에 응한다. 그런데 아무 것도 가진 것이 없는 사람에게 앞면이 나오면 15만원을 벌고 뒷면이 나오면 5만 원을 잃는 유리한 게임(기대치 +10만 원)을 제안하였을 경우, 그는 응하지 않는다. 행동심리학에서는 게임을 시작하였을 때의 재산상태에 따라 공정한 게임을 받아들이기도 하고 유리한 게임을 거부하기도 하는 심리적 현상을 밑천효과(house money effect)라고 한다. 그리고 어떤 재화가 자신의 재산이 되었을 때에 그 재화의 늘어난 가치로 인해 선택하는 데 영향을 미치는 효과를 유산효과라고 한다.

사람이란 무엇이건 본인이 쓰지는 않으면서 남에게 주기는 싫어하는 성향이 있다. 그래서 이사할 때가 되면 되면 몇 년간 거들떠보지도 않았던 물건을 버리지 못해 열심히 힘들여 옮겨 싣는다. 유산효과란 자신이 소유하는 물건의 가치가 소유하지 않을 때보다 더 높게 평가하는 현상을 말한다. 원자력 발전소 방사능폐기물 처리장 건설을 둘러싼 토지보상이나 행정도시이전을 둘러싼 토지보상이나 매립과 간척으로 인한 어장피해에 따른 어업피해보상 따위의 문제를 둘러싸고 이해당사자들은 서로 갈등을 벌인다. 이러한 갈등은 주민들은 자신이 보유하는 재산에 미치는 피해를 유산효과에 따라 과대평가하고 정부당국자는 이를 과소평가하기 때문에 발생하는 현상이다.

 사례_46　1990년 텔러(Richard Thaler)와 존슨(Eric Johnson)은 95명의 학생들을 상대로 하여 처음에는 돈을 따거나 잃도록 하는 실험을 설계하여 실시하고 나서 이어서 학생들이 도박에 참여하는 심리적 배경을 알고자 하였다. 실험 결과 그들은 밑천효과(house-money effect)와 위험회피효과(risk aversion effect) 및 본전찾기효과(trying-to-break-even effect)와 같은 편견에 좌우된다는 사실을 발견하였다. 15달러를 횡재한 경제학부 학생들이 4.50달러의 공정한 동전던지기 게임에 참여하는 비율은 77%였으나 15달러의 밑천을 얻지 못한 학생들이 참여하는 비율은 41%였다. 평소에 위험을 부담하지 않는 학생들이라도 밑천(15달러)이 생기면 선뜻 위험을 감수한다는 사실이 밝혀졌다.

당초 7.50달러의 손해를 경험한 학생들에게 2.25달러의 공정한 동전던지기 게임이 주어졌을 때 대부분의 학생들(60%)이 내기를 걸지 않았다. 당초 손실을 경험한 학생들은 마치 뱀에 물린 사람처럼 위험을 회피하였다. 이와는 달리

당초 돈을 잃었던 학생들 대부분이 손실을 만회하려고 배판내기(double-or-nothing)의 동전던지기 내기에는 참여하는 것으로 조사되었다. 특히 공정한 동전이 아니어서 내기를 걸더라도 승리할 확률이 낮은 데에도 내기를 거는 바람에 이들이 위험을 감수하는 것으로 알려졌다. 즉 본전을 찾으려는 욕구가 위험을 회피하려는 욕구보다 더 강하다는 사실이 밝혀졌다.

이러한 현상은 경마장에서 도박사들이 우승할 확률이 낮은 경주말에 내기를 거는 데서도 알 수 있다. 밑천효과와 본전찾기효과로 인해 돈을 크게 딴 사람은 공동으로 도박한다는 기분으로 그리고 돈을 크게 잃은 사람은 본전을 만회하려는 객기로 위험에 뛰어든다. 대신 돈을 크게 따지도 잃지도 않은 사람들은 위험회피 효과로 인해 모험을 벌이는 행동을 삼간다. 사람들은 동일한 물건에 대해 매수희망가격보다 매도희망가격을 훨씬 높게 부르는 경향을 발견할 수 있는데 이것도 유산효과가 지배하기 때문에 일어나는 현상이다.

 사례_47 1992년 오토나(G. Ortona)와 스카시아티(F. Scacciati)는 정부공무원들을 상대로 절반에게 한 달 동안의 근무시간을 160시간에서 162시간으로 2시간 늘리는 데 추가로 받아야 봉급(WTA)을 설문하였다. 나머지 절반의 공무원들에게는 한 달 동안의 근무시간을 162시간에서 160시간으로 2시간 줄이는 데 감축할 수 있는 봉급(WTP)을 설문하였다. 그 결과 감축당하는 봉급의 가치가 추가로 받아야 할 봉급가치의 10.8배나 되는 것으로 조사되었다. 즉 들어오는 이득은 과소평가하지만 나가는 손실은 과대평가한다. 이 밖에도 학생, 교사, 은행원을 대상으로 실시한 실험에서도 이들이 전망이론에 따라 행동하는 것으로 밝혀졌다.

가치함수는 사람들에게 현재(0)의 상태에서 이득이 되는 사건이 늘어날수록 그의 만족은 점점 낮은 비율로 증가하고, 마찬가지로 손실이 되는 사건도 늘어날수록 고통은 점점 낮은 비율로 증가하는 심리적 성향을 가지고 있다는 사실을 알려 준다. 가령 첫 아이를 얻었을 때 느끼는 기쁨만큼 둘째 아이를 얻을 때에는 느끼지 못한다. 또한 가령 멀쩡한 상태에서 손가락을 다쳐 느끼는 고통은 이어서 손이나 팔을 다쳐 느끼는 고통에 비할 바가 아닐 정도로 크다.

흔히 주가가 거의 천장에까지 오른 데에도 팔지 않고 있다가 바닥에 이를 때까지 그대로 보유하는 투자자들이 목격된다. 주가가 상승하고 있을 때에는 계속 오를 것 같아 이 순간에 팔면 이익을 놓칠 것 같은 마음에서 계속 보유한다. 반대로 비록 주가가 천장을 치고 하락 추세로 전환해도 과감하게 매각할 생각을 가지지 않고 바닥에 다다를 때까지 주식을 보유한다. 가치함수가 일러 주듯이, 천장을 향해 진행하는 주가 상승이 본인에게 추가로 가져다 주는 만족은 얼마 되지 않고 동시에 주가가 바닥을 향해 진행하는 동안 추가로 빼앗기는 고통은 얼마 되지 않기 때문에 겪는 현상이다.

전망이론은 이득과 손실가치를 다르게 평가하는 심리현상, 즉 상품을 포기하는 고통이 상품을 획득하는 만족보다 더 높은 현상을 설명한다. 이는 소비자를 대상으로 하는 마케팅에서 흔히 도입되고 있다.

 사례_48　사진현상회사의 정책은 필름의 노출이 아무리 나쁘더라도 현상하여 인화하려고 한다. 물론 고객이 마음에 들지않는 사진에 대해서는 환불을 요청할 수도 있다. 그러나 전망이론은 고객들이 환불을 요청하는데 얽매이지 않는 이유를 설명한다. 즉 환불하여 돈을 되돌려 받아봤자 잘못 나온 사진의 가치에 비할 바가 못 되기 때문이다.

   홈쇼핑이나 소매상들은 고객이 상품을 2주간 사용하고 나서 마음에 들지 않으면 환불해 주는 정책을 취하고 있다. 구매할 당시에 상품의 대가로 지불한 금전가치는 환불받는 금전가치와 동일하지가 않다. 즉 2주가 지나 환불하여 되돌려 받는 돈의 가치는 구매할 당시처럼 높은 가치를 가지지 않는다. 그 결과 대부분의 고객은 환불요청을 거의 하지 않는다. 이런 정책은 심리적으로 거래를 보다 많이 이루어지도록 유도한다.

   소비자들은 일반적으로 심리적으로 반품할 필요성을 느끼지 않지만 미국 소매업계는 반품제도를 악용하는 소비자들로 인해 고민하게 되었다. '반품천국'이던 미국 소매업계는 이러한 불량소비자들을 몰아내기 위해 반품조건을 엄격하게 규정하기 시작하였다. 소비자의 권익보호를 위해 도입한 환불규정을 악용하는 '불량 소비자'들을 몰아내기 위해서다. 2005년 11월 CNN 머니에 따르면 백화점 체인인 시어스는 가전제품에만 물렸던 환불 수수료를 연말부터 다른 품목에까지 확대하였다고 한다. JC 페니는 정장에 붙은 가격표가 판매할 당시에 있던 자리에 그대로 붙어 있는 경우에만 환불해 주기로 했다. 오피스맥스는 포장지를 한번이라도 뜯은 상품에 대해선 환불해 주지 않기로 했다. 실제 첨단 제품을 며칠~몇달씩 쓰다 바꾸는 것을 '취미'로 삼는 사람들까지 생겨났다. 미국소매업협회(NRF)는 반품에 따른 소매업체의 연간 손실을 300억 달러로 추산했다. 협회 관계자는 "일부 소비자는 옷가게를 개인의 옷장으로 여기고 교환을 밥 먹듯이 한다"고 불만을 토로했다(중앙일보에서).

사례_49 비영리 박물관의 기금모금 기법은 작품이 외국인의 손에 팔려 나가는 일을 막고, 대신 자국에 머물도록 유도하는 심리적 성향에 의존하고 있다. 1994년 프레이(B. Frey)와 아이헨버거(R. Eichenberger)는 동일한 금액이 라도 현재 전시하고 있는 작품을 구입하기 위해 모금한 기금의 가치는 높은 데 비해 작품을 팔아서 거두어들이는 금전가치는 낮기 때문에 가급적이면 전시품을 구입하였으면 구입하였지 팔지 않는 심리현상이 박물관 운영사를 지배하고 있다고 지적하였다.

일반적으로 한번 오른 부동산 값이 내려가지 않는데 그 이유는 어디에 있을까? 부동산이 자신의 재산이 되고 난 이후에는 유산효과로 인해 구입한 가치보다 재산가치가 더 상승한다. 이처럼 유산효과가 일어나는 까닭은 가치함수의 모양으로부터 나온다. 가령 이제 부동산을 처분한다고 생각해 보자. 같은 금액이라도 부동산을 팔아 손에 쥘 돈의 가치는 낮고, 사려고 손에서 내놓을 돈의 가치는 높다. 그런 까닭에 한번 소유된 부동산은 웬만한 가격이 아니고서는 팔려고 내놓지 않는다. 그 결과 경제학자들의 예상과는 달리 불황기에도 부동산가격은 내려갈 줄 모른다.

통장에서 돈이 조금이라도 빠져나가면 민감하게 반응하지만 이미 빠져나간 돈을 되돌려 받는 일에는 둔감한 것이 소비자의 심리이다. 과다하게 납부된 재산세를 환불받아 가는 사람의 수는 얼마 되지 않고 국내 금융기관의 휴면계좌금액을 찾아가는 예금주도 10%에 지나지 않는다고 한다. 일단 납부된 세금이나 불입된 예금은 유산이 되어 환급이나 인출하는 데서 오는 이득을 과소평가하는 심리적 성향에서 비롯된다.

제3절 정신계정 및 정신계산

물건이나 사건이 결합되는 가치에 정신적 계산을 하는 데도 가치함수는 유용하게 이용된다. 예를 들어 경제이론에 따르면 한 번에 2만 원을 획득하는 것이나 1만 원을 두 번에 걸쳐 획득하는 것이나 동일한 만족을 제공한다고 예측한다. 그러나 실제생활에서는 그러하지 않는 경우가 흔히 일어난다.

심리적으로 개인, 가계 및 기업은 서로가 다른 회계체계를 명시적·묵시적으로 가지고 있다. 리처드 텔러(Richard H. Thaler)가 1985년 *Marketing Science*지에 발표한 "Mental Accounting and Consumer Choice"의 예를 살펴보자.

 사례_50   두 쌍의 부부가 멀리 바다낚시를 가서 참치를 낚았다. 비행기에 참치를 실어 집으로 택배하여 보냈는데 도중에 분실되었다. 항공사가 30만 원을 배상하였다. 배상받은 돈으로 두 쌍의 부부는 멋진 레스토랑에서 25만 원어치의 음식을 먹었다. 이 두 쌍의 부부가 이전에 그렇게 많은 돈을 레스토랑에서 써 본 적이 없다.

이 사례는 이 돈이건 저 돈이건 일대일로 교환될 수 있다는 대체가능성의 원칙을 위배한다. 만약 이들 두 쌍의 부부가 일 년에 15만 원의 봉급이 인상된다고 하였더라도 과연 이처럼 사치스런 식사를 하였을까? 항공사로부터 받은 추가소득은 정기적인 일반소득계정과는 다른 별도의 우연계정(windfall account)에 예치된다. 우연계정에서 빠져나가는 금전가치는 과소평가된다. 그래서 'easy come easy go'는 대체가능성이 작용하지 않는 심리현상을 지적한 격언이다.

 사례_51 갑은 주식 100주를 소유하고 있는데 이 날따라 주식값이 50만 원 올랐다. 포커 도박판에서 투페어가 들어와 10만 원을 '섰다'로 내걸었다. 을은 이날 봉급이 50만 원이나 올랐다. 그는 트리플을 잡았지만 '죽었다'로 패를 접었다. 갑이 이긴 것을 보고 을은 "나도 값이 오를 만한 주식이 있었으면 '섰다'로 밀고 나갔었을 터인데"라고 스스로 자책한다.

갑, 을 모두 50만 원의 재산이 올랐으므로 이 중에서 10만 원을 내기에 걸 수 있다. 그러나 을은 50만 원을 봉급계정에 예입하고, 내기 10만 원도 봉급계정에서 인출한다. 이에 비해 갑은 주가상승의 50만 원을 주식계정에 보관하고 내기의 10만 원도 주식계정에서 인출한다.

주식에서 돈을 벌면 헤프게 써 버리는 현상은 주식계정과 봉급계정이 다르기 때문에 일어난다. 즉 주식투자에서 얻은 이익은 피땀 흘려 번 봉급과는 달리 생활에 아무런 지장을 주지 않는 여윳돈이라고 생각한다. 그래서 주식투자로 돈을 벌면 으레 비싼 자동차를 사거나 호화여행을 하거나 친구들에게 자신의 성공을 보여 주기 위해 한턱내기도 한다.

마찬가지로 주식투자는 여유자금으로 하라는 이야기가 있다. 만약 주식을 장래 필요로 하는 주택이나 교육자금에서 빼내어 투자하여 손실을 보았다면 그 심리적 고통은 여유자금으로 투자하여 잃은 손실에서 오는 고통에는 비할 바가 아니다. 여유자금계정과 가계생활자금은 전혀 별도의 정신계정을 가진 자금이다.

사례_52 부부가 여행용 별장을 구입하려고 연간 1500만 원을 저축한다. 이들은 5년 내에 별장을 구입하기를 희망한다. 저축한 돈은 연리 5%의 이자로 불어난다. 이들은 1500만 원의 새 자동차를 연리 8%의 3년 분할상환의 할부로 구입한다.

높은 이자율로 예입하고 비싼 이자율로 차입하는 행동은 경제이론의 측면에서 비합리적인 행동이다. 그러나 이 예에서는 이들 부부가 두 가지 별도의 계정을 사용한다. 그 결과 차량구입계정은 별장구입계정에 의해 영향을 받지 않는다.

 사례_53 어느 남편이 백화점에서 12만 5,000원 하는 캐시미어 상의를 구입하기를 갈망한다. 그는 그것이 너무 사치스럽다고 느껴 구입하기를 거절하였다. 이후 그는 아내로부터 똑같은 캐시미어 상의를 생일선물로 받았다. 그는 행복하였다. 실제 이들 부부는 은행구좌가 하나뿐이다. 여기서 캐시미어 상의구입을 위해 지출한 돈은 옷계정으로부터 인출된 것이 아니고 선물계정으로부터 인출된 것이다. 경제이론과는 달리 선물은 일반적으로 선호하는 상품의 집합에서 벗어난 곳에 자리잡고 있다.

사례_54 샤퍼(E. Shafir)와 텔러(R. Thaler)는 1998년 와인수집가들에게 정신계산이 어떻게 일어나는지를 실험하였다. 이들은 와인수집가들에게 "만약 당신이 1982년산 보르도 와인을 선물시장에서 20달러 주고 샀는데 이제 현물시장에서 75달러나 나간다고 하자. 이제 이 와인을 마시는데, 얼마의 비용이 들어갔을 것으로 느끼면서 마시겠는가? 0달러, 20달러, 20달러 더하기 이자, 75달러, −55달러(20달러만 주고 75달러를 마신다) 중에서 선택하시오"라는 설문이었다. 설문결과 응답한 비율이 각각의 설문에 30%, 18%, 7%, 20%, 25%였다고 한다. 경제이론상 정확한 답은 75달러인데 그렇게 응답한 비율은 20%에 지나지 않았고 대부분이 경제학자들이었다고 한다. 비용이 들지 않았다거나 오히려 이득을 보았다는 대답이 55%(30%+25%)나 차지하였다.

이상의 사례는 흔히 돈의 가치가 동일한 정신계정 내에서 들어가고 나가고 하는 것이 아니라는 점을 보여 준다. 이는 서로 다른 계정의 수지를 평가하는 데에 경제메커니즘보다 심리메커니즘이 존재한다는 것을 의미한다. 이러한 심리메커니즘을 텔러는 정신계산(mental arithmetic)이라고 불렀다. 정신계산에서는 앞서 말한 가치함수가 사용된다. 그에 따라 서로 다른 정신계정에서도 대차가 각각 존재하고, 들어오고 나가고 하는 금전은 이득과 손실로 평가된다.

백만 원이나 하는 고급 양장드레스를 바겐세일에서 30만 원 주고 구입하고선 마치 70만 원을 절약한 듯이 흐뭇해한다. 이미 백만 원에 구입한 드레스를 백만 원에 되물리고 나서 30만 원에 다시 구입하였다면 분명히 70만 원을 절약한 것이 되지만, 그렇지 않은 이상, 단지 30만 원을 지출한 것에 지나지 않는다. 이처럼 지출하고서도 절약한 것처럼 만족감을 얻는 것이 정신계정을 달리하는 데서 오는 소비자의 심리적 편견이다.

카너먼과 트브스키는 "Choices, Values, and Frames"(1984)에서 연극 티켓을 분실한 사람과 동일한 금액의 금전을 분실한 사람의 고통을 비교하였다. 이들은 티켓을 분실한 사람이 티켓을 추가로 한 장 더 구입하는 데서 오는 심리적 고통은 금전을 잃어버린 사람이 티켓을 한 장 구입하는 데서 오는 고통보다 더 크다고 지적하였다. 잃어버린 티켓과 추가 티켓을 구입하는데 지출되는 금전은 모두 문화비계정에서 인출되어 상당한 문화비지출이 일어났다고 느껴 거부감을 갖는다. 그러나 잃어버린 금전은 생활비계정에서 인출되고 티켓구입은 문화비이기 때문에 금전을 잃어버린 사람은 티켓구입에 그다지 거부감을 느끼지 않는다.

두 가지의 결과 x, y가 결합한 가치가 한 계정에서는 U(x+y)로 되어, 결과가 통합된다. 그러나 두 가지의 결과 x, y가 다른 계정에서는 그 가치가 U(x)＋U(y)로 되어, 결과가 분리된다. 소비자들이 선택하는 배경을 이해하려면 이 두 가지의 결과 중에서 어느 것이 보다 더 높은 가치(효용)을 가져다 주는가를 살펴보아야 한다. 사실상 선택대안 x와 y가 이득(+)과 손실(-)이 가능하기 때문에 결합한 가치에 네가지의 가능성이 존재한다. 즉 결과가 모두 양(+), 결과가 모두 음(-), 아니면 혼합된 결과가 양(+)이나 음(-)의 가능성이다.

1. 두 가지 모두 양인 경우

x와 y가 모두 양(+)인 때에 x와 y를 분리한 가치를 합친 가치

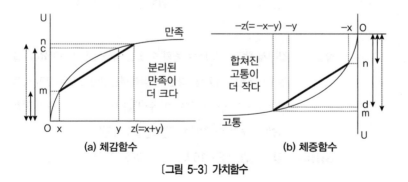

〔그림 5-3〕 가치함수

U(x)+U(y)가 큰지, 아니면 x와 y를 합친 값의 가치 U(x+y)가 큰지
는 결국 가치함수의 모양에 의해 결정된다. 〔그림 5-3〕 (a)에서
U(x)+U(y)=Om+Oc이고 U(x+y)=On이다. x와 y가 양의 구간
에서는 가치함수가 〔그림 5-3〕의 (a)처럼 체감하기 때문에 U(x)+
U(y)>U(x+y)이다. 왜냐하면 Ox구간에서의 가치함수의 기울기가
yz구간에서의 기울기보다 가파르기 때문이다. 그런 까닭에 Om+Oc>
On이다. 그에 따라 x와 y를 각각 따로 분리하여 얻는 가치가 더 높기
때문에 이를 선호한다. 부언하여 설명한다면 분리하면 Om−nc만큼의
효용을 더 얻을 수 있다. 이런 까닭으로 가령 크리스마스 선물을 한 뭉
치로 묶어 포장하지 않고 따로따로 포장하여 Om+Oc의 효용을 얻으려
고 준비한다. 흔히 "기쁨은 나누라"는 이야기는 이를 두고 하는 말이다.

1985년 텔러는 87명의 학생을 상대로 다음과 같이 실험하였다. "아
래 네가지의 시나리오가 있다. 두 사건이 갑의 생애에 일어나고 한 사건
이 을의 생애에 일어난다. 당신은 누가 더 행복할 것으로 판단하느냐?
대부분의 사람이 갑일 것 같으냐 을일 것 같으냐? 만약 당신이 정서적
으로 두 시나리오가 동일하다고 느끼면 '차이 없음'에 표시하기 바란다.
모든 시나리오가 금전상으로 동일한 금액이다."

첫 번째 시나리오는 두 가지 양(+)의 실험결과를 다룬다.

실험 1 갑에게 월드컵경기를 관람할 수 있는 복권 2장이 주어졌다. 그
는 한 장에서 5만 원, 다른 한 장에서는 2만 5,000원이 당첨
되었다. 을은 한 장의 복권이 주어졌는데 7만 5,000원에 당첨
되었다. 누가 더 행복할 것으로 보이는가?

실험결과 (갑) 56명, (을) 16명, (차이 없음) 15명

광고에서 제품을 제시하는 데 두 가지로 분리된 이득을 사용한다. 각각의 제품을 따로 사용하여 얻는 가치가 한꺼번에 묶어 광고하여 얻는 가치보다 높게 평가되기 때문이다. 박물관 등의 전시관에서 한 유리창 속에 모든 제품을 진열하지 않고 따로따로 유물을 진열하는 것도 관람객에게 보다 높은 효용을 얻도록 하는 데 도움을 준다.

2. 두 가지 모두 음인 경우

손실에 대한 가치함수는 [그림 5-3] (b)에서처럼 체증함수(우측으로 나아갈수록 기울기가 가파르다)이므로 $-x$와 $-y$를 분리하면 $On+Od$의 고통을 겪지만 이들을 합치면 Om의 고통밖에 겪지 않는다. 따라서 손실은 통합되면 될수록 전체고통이 작아지기 때문에 선호된다. 흔히 "슬픈 소식은 한꺼번에 전달하라"는 이야기는 가치함수가 손실의 구간에서 체증하기 때문에 성립되는 말이다.

이 가정을 실험으로 검증하기 위해 두 번째의 시나리오를 실험하였다.

실험 2   갑은 세무서로부터 10만 원의 납세고지서를 받았다. 또한 같은 날 구청으로부터 5만 원의 세금납부고지서를 받았다. 을은 세무서로부터 15만 원의 납세고지서를 받았다. 누가 더 <u>기분이 상했을 것 같은가</u>?

답   (갑) 66명, (을) 14명, (차이 없음) 7명

 사례_55   판매자들은 손실을 통합시키는 것이 효과가 있다는 점을 잘 활용한다. 1991년 오스벨(L. Ausubel)은 자동차, 주택, 호텔서비스의 판매방식과

신용카드의 이용방식이 일반상품판매와는 다른 절차를 보여 주는 현상을 정신
계산의 한계를 이용한 판매자의 상술이라고 지적한다. 즉 판매자들은 자동차
나 아파트를 판매하는 데 있어 옵션을 이용하면 보다 쉽게 팔린다는 사실을
잘 알고 있다. 그러한 비용이 합쳐져 하나의 큰 가격을 구성하기 때문이다.
신용카드도 작은 손실이 하나하나씩 합쳐져 하나의 큰 손실을 만들어 전체
금액에서 오는 가치(손실)를 줄일 수 있다. 여행사와 호텔은 개별 여행비와
개별 숙식비를 고객에게 따로따로 제시하지 않고 통합효과를 이용하여 각각의
여행비용을 합쳐서 제시한다.

신용카드는 첫째 구입하고 나서 지불이 이루어지고, 둘째 구입과 지
불이 분리되어 이루어지는 이점이 있다. 흔히 지불을 뒤로 미루는 데서
오는 심리적 만족으로 신용카드를 선호한다고 알려져 있으나 프릴렉(D.
Prelec)과 로언스타인(G. Lowenstein)은 신용카드가 인내심이 없거나 재
정능력이 없는 사람에게는 매력적일지 몰라도, 조건이 똑같다면 대부분
의 소비자들은 먼저 지불하는 것을 선호한다고 지적하였다. 따라서 사
후지불이 신용카드사용을 선호하도록 유도하는 주요 이유가 아니고 구
입과 지출을 분리시켜 지출하는 금액이 뚜렷하게 나타나지 않도록 한다
는 사실이 신용카드를 선호하게 하는 이유라고 지적하였다.

1997년 소맨(D. Soman)은 학생들이 책을 구입하여 이용하고 나서
책방에 되팔기 위해 서점으로 가져오는 경우 현찰을 내고 구입한 책의
가격은 정확하게 기억하지만 카드로 구입한 책의 가격은 기억해내지 못
한다는 사실을 발견하였다. 즉 신용카드로 대금을 지불하면 현찰을 지
불하면서 뇌리에 생생하게 박히는 가치(고통)를 줄일 수 있다. 또 카드사
용대금내역이 도착하면 그 곳엔 구입한 여러 가지 항목이 한꺼번에 포

함되어 있다. 이미 청구된 30만 원의 대금에 새로 추가되는 5만 원은 생생하게 느껴지지 않지만 그러나 5만 원을 현찰로 지불하는 것은 생생하게 느껴진다. 더구나 대금을 한꺼번에 현재 지불하는 것이 아니고 몇 주후에 지불하는 것은 덜 생생하게 느껴지는 고통이다.

 사례_56　텔러의 1980년도 논문에 의하면 리조트를 운영하는 메드클럽 (Club Med)은 고객들에게 식사, 숙박, 레크리에이션을 포함한 고정요금정책을 채택한다. 이렇게 함으로써 두 가지의 이점이 있는데, 첫째 일단 고정요금을 지불한 고객들은 식사과정에 추가되는 비용을 얼마 되지 않는 것으로 평가한다. 둘째 그렇게 하지 않고 식사, 숙박, 레크리에이션비용을 매번 지불하도록 청구서를 수령하는 데서 오는 고객들의 심리적 고통을 줄일 수 있다.

사람들은 승용차를 가진다. 자동차 구입비와 유지비 심지어 범칙금 등을 고려하면 차라리 택시나 렌트한 차를 이용하는 것이 더 경제적이다. 그런데도 불구하고 자동차를 구입하는 까닭은 출근하거나 시장보거나 교외로 나가거나 하는 때마다 부과되는 요금이 아주 비싸게 느껴지

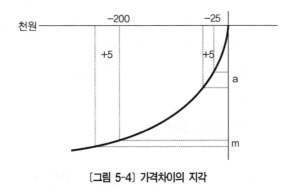

〔그림 5-4〕 가격차이의 지각

기 때문이다. 그래서 "가급적이면 고통은 모두 합쳐라"라는 원칙이 적용된다.

메가마트, 이마트, 까르프 등의 대형할인점을 들른 고객들 대부분이 쇼핑카트에 물건을 잔뜩 싣고 매장을 나선다. 개별물건 하나하나의 값이 다른 곳에 비해 싸다고 생각하여 구입하지만 계산대에 찍히는 전체 청구금액을 보고나선 후회하곤 한다. 전체를 기록하는 지출계정을 생각하지 않고 하나하나씩 구입하는 상품을 기록하는 지출계정만을 염두에 두는 심리적 편향에 좌우하기 때문에 일어나는 현상이다.

손실의 가치함수는 또한 서로 다른 가격수준의 가격을 다르게 지각한다는 사실을 설명한다. 사람들은 2만 5,000원의 가격에서 5천원의 가격 차이를 20만 원의 가격에서 5천 원의 가격차이와 다르게 지각한다. 손실의 가치함수는 체증함수이므로 전자의 가격차이에서 오는 고통이 후자의 가격차이에서 오는 고통보다 크다. 〔그림 5-4〕에 나타난 바와 같이 적은 금액에서의 고통 a가 큰 금액에서의 고통 m보다 크다.

이는 가정주부가 1,000원 하는 콩나물 한 봉지에서 100원을 깎는 데에는 예민하지만 20만 원하는 안경 값에서 2천 원을 깎는 데에는 예민하지 못한 현상을 설명한다. 부언하면 안경 값 2천 원을 깎아 얻는 효용은 m에 불과하지만 콩나물 값 100원을 더 깎는 데서 느끼는 즐거움은 a나 된다. 그에 따라 정신계산은 소비자들이 구매하는 상품의 가격차이에 민감한 반응을 보이는 이유를 설명한다.

3. 양의 수지를 갖는 혼합된 결과

이제 이득(x)과 손실(-y)이 동시에 일어나는 상황을 생각해 보자. 가령 이득이 손실보다 큰, 즉 x>y인 상황 (x, −y)을 생각해 보자. 물론 x의 값이 y의 값보다 크기 때문에 U(x−y)는 '+'의 값을 갖는다. 〔그림 5-5〕에서 U(x)+U(−y)는 손실(−y)로 인한 커다란 고통으로 말미암아 오히려 음의 가치를 낳는 것처럼 보인다. 그러나 U(x−y)는 양의 가치를 보여준다. 그 결과 이러한 모양의 가치함수로부터 U(x)+U(−y)<U(x−y)이므로 x와 −y를 통합하는 것을 선호한다.

세 번째의 시나리오를 통해 이 가정을 검증하였다.

실험 3 갑은 복권을 구입하여 10만 원에 당첨되었다. 또한 아파트의 양탄자가 사고로 인해 손상되는 바람에 주인에게 8만원을 변상해 주었다. 을은 복권을 구입하여 2만 원에 당첨되었다. 누가 더 행복할까?

답 (갑) 22명, (을) 61명, (차이 없음) 4명

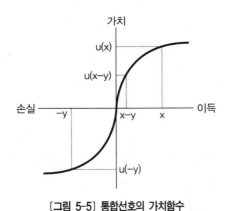

〔그림 5-5〕 통합선호의 가치함수

통합의 가치가 '+'의 값을 가지기 때문에 '−'의 가치는 '+'의 가치에

의해 상쇄된다. 이러한 효과는 일반적인 대부분의 거래에서 나타나는 현상으로, 상품의 편익(+)이 비용(-)보다 높은 자발적 거래가 일어나는 사례를 들 수 있다. 그래서 "작은 손실은 큰 이득에 묻히도록 하라"는 원칙이 지배한다.

소비자들은 판매자가 상품을 지연하여 배달하는 것을 반대하고, 또 판매자들은 구입자가 연체하여 지불하는 것을 반대하는 경향이 있다. 비록 시간적으로 분리되어 배달되거나 지불되더라도 별차이가 없으나 배달이 현금지불과 동시에, 그리고 현물이 현금수령과 동시에 이루어져 야만 하는 이유는 이득과 손실이 통합되기를 선호하기 때문에 일어나는 현상이다.

4. 음의 수지를 갖는 혼합된 결과

위와 반대되는 상황을 생각해 보자. 가령 x < y인 상황에서 결과 (x, -y)를 어떻게 평가할 것인지를 살펴보자. 이 경우 얻는 가치와 잃는 가치 어느 쪽의 부등식이 높은지를 추가정보가 없이는 단정적으로 알 수 없다. 만약 x의 값이 상대적으로 y보다 작다면 득실이 분리되는 것을 선호한다([그림 5-6] (a) 참조). [그림 5-6] (a)에 나타나 바와 같이 분리하여 얻는 고통 U(x) + U(-y)는 통합하여 얻는 고통 U(x-y)보다 작다. 이는 나쁜 소식으로 인한 고통은 좋은 소식으로 인한 기쁨에 의해 조금밖에 경감되지 않는 경우로, 이를 밝은 희망의 원칙(silver lining principle)이라고 한다.

그러나 x가 다소 y와 비슷하면(여전히 그래도 x는 작다), 앞의 양(+)의 수지를 갖는 혼합된 결과에서처럼, 통합되는 것을 선호한다([그림 5-6]

(b) 참조).

네 번째의 시나리오를 통해 〔그림 5-6〕 (a)의 분리를 선호하는 밝은 희망의 원칙을 실험을 통해 검증하였다.

실험 4 갑의 자동차가 주차장에서 주차 중에 피해를 입었다. 수리를 위해 2십만원을 지불하였다. 공교롭게 피해가 일어난 같은 날 2만 5,000원짜리 복권에 당첨되었다. 을의 자동차도 주차장에서 피해를 입었다. 그는 수리비로 17만 5,000원을 지불하였다. 누가 더 기분이 <u>나쁠 것인가?</u>

답 (갑) 19명, (을) 63명, (차이 없음) 5명

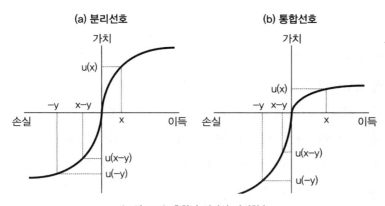

〔그림 5-6〕 혼합된 결과의 가치함수

 사례_57 밝은 희망의 원칙은 제조업체가 가격촉진정책의 하나로 리베이트제도(구입하고 나서 구입영수증을 제조회사에 보내면 일정금액을 되돌려 주는 제도)를 사용하는 데에 응용된다. 이 리베이트는 구입가격에 비해 아주 작은 부분이지만 지출에 따른 고통을 경감시켜 준다. 아주 작은 품목에도 리베이트가 제공되고 있지만

실제 소비자들은 구입한 이후 제조회사를 상대로 리베이트를 회수하려고 별도의 시간을 내어 요구하지도 않는다. 그래서 "기왕지사 커다란 손실은 어쩔 수 없지만 그래도 조그마한 이득(밝은 희망)이라도 있으면 이를 분리시키라"는 원칙이 지배한다.

시간의 경과와 더불어 주식을 매수하였던 대금은 매몰비용이 된다. 구빌(John Gourville)과 소맨(Dilip Soman)은 "Payment Depreciation: The Behavioral Effects of Temporally Separating Payments from Consumption"(1998)에서 손실종목의 매몰비용 일부를 상실함에 따른 심리적 고통은 시간의 경과와 더불어 줄어든다고 지적한다. 따라서 손실종목을 보다 늦게 처분할수록 심리적 고통도 줄어든다. 주식투자자들이 손실종목을 처분하는 때에는 한 종목 이상을 한날에 동시에 매도해버리는 경향이 있다. 그들이 손실종목을 묶어서 매도하는 까닭은 손실을 통합하여 후회의 고통을 한꺼번에 맞으려고 하기 때문이다. 환언하여 손해를 보는 종목들을 하나의 정신계산으로 통합하여 이들을 한꺼번에 폐쇄하여 후회를 극소화시키려고 한다. 대신 이익을 실현한 승자주식은 한꺼번에 매도하지 않고 며칠에 걸쳐 매도하여 즐거운 감정을 며칠동안 누리고자 한다.

 사례_58 임(Sonya Seongyeon Lim)은 오하이오 대학 내부연구자료 'Do Investors Integrate Losses and Segregate Gains? Mental Accounting and Investor Trading Decision(2003)'에서 1991년부터 1996년까지 15만8천개의 주식위탁계좌(brokerage accounts)에서 투자자들이 하나 이상의 손실종목을 같은 날 매도하는 경향이 있다는 사실을 발견하였다.

반면에 승자주식을 매각하는 투자자들은 다른 승자주식도 같은 날 매도하는 경향이 그다지 일어나지 않는다는 사실을 발견하였다. 이는 앞에서 살펴본 '슬픈 소식은 한꺼번에 전달하라', '기쁨은 나누어라'라고 하는 정신계산의 심리적 법칙이 지배한다는 사실을 확인시켜 준다.

가치함수는 인간의 정신계산에 작용하여 이득과 손실에 부닥친 소비자들이 가장 선호하는 방향으로 무엇을 선택하는가를 알려 준다. 기업의 판매담당자들은 마케팅활동을 벌이는데 그 배경에는 소비자들의 정신계산과 가치함수를 활용하려는 의도가 깔려있다. 이처럼 가치함수는 소비자들이 시장에서 일상적으로 벌이는 경제행동을 설명하는 데 도움을 준다.

제4절 부채회피 성향

사람들은 편익과 비용을 가급적이면 시간적으로 대응시키려고 한다.

 사례_59　　프리렉(Drazen Prelec)과 로엔스타인(George Lowenstein)은 피츠버그 식물원을 방문한 91명의 사람들에게 다음과 같은 질문으로부터 사람들이 편익과 비용을 대응시킨다는 연구결과 'The Red and Black: Mental Accounting of Savings and Debt'(1998)를 발표하였다.

이들은 첫 번째로 새집에 세탁기와 건조기를 들여놓으려면 1,200불이 소요되는데 이를 구입하기 전에 6달 동안 매달 200불씩 지불하는 선불방식을 선호하는가 아니면 이를 구입한 후에 6달 동안 매달 200불을 지불하는 후불방식을 선호하는가를 질문하였다. 그 결과 응답자 91명의 84%가 후불제를 선호하는 것으로 밝혀졌다. 또 이들은 두 번째로 6개월 후에 카리브 제도로 1주일 동안 여행을 가려면 비용이 1,200불이 드는데 휴가를 가기 전에 6달 동안 매달 200불을 지불하는 선불방식을 선호하는지 아니면 휴가를 다녀와서 6달 동안 매달 200불을 지불하는 후불방식을 선호하는지를 질문하였다. 그 결과 응답자의 60%가 선불방식을 선택하는 것으로 조사되었다.

전통적인 경제이론에 따르면 대금을 지연하여 지불하는 후불방식을 선택하여야 하는데 휴가여행에서 오는 편익을 즐기기 위해서는 선불하고 가정기구를 사용하는데서 오는 편익을 즐기기 위해서는 후불하는 방식을 선호하는 것으로 나타났다. 사용 중인 상품의 대가를 일정 기간에 걸쳐 지불해야 한다는 생각은 상품사용의 즐거움을 감소시킨다. 휴가를 다녀온 이후 대금을 지불하는 후불방식은 비용을 지불하는데서 오는 고통 때문에 휴가의 즐거움이 감소된다. 휴가비용을 선불로 지급하였으므로 지불의 고통에서 벗어나 휴가하는 동안 즐겁게 편익을 누릴 수 있다. 그러나 가정기구를 사용하는데서 오는 즐거움이란 거의 없다. 따라서 전통적인 경제학이 가르치는 바와 같이 차입자금으로 조달하여 가급적이면 지불하는 비용에서 오는 고통을 연기시키려고 한다. 현실적으로 후불방식으로 관광을 판매하는 상품이 없는 까닭은 사람들이 이성적이기보다 정신계산에 따라 심리적 고통을 최소화하려고 행동하기 때문이다.

 사례_60 이들은 세 번째로 방문객들을 대상으로 하여 6달 동안 주말에 몇 시간씩 일하는 대가로 시간외 수당을 받는데 이를 일하기 전에 받을 것인지 아니면 일하고 나서 받을 것인지를 질문하였다. 조사결과 응답자의 66%가 선수금을 받는 것을 조건으로 하여 작업하는 것을 바람직하지 않게 생각하는 것으로 나타났다.

　이러한 현상도 전통적인 경제이론에서 벗어난다. 선수금을 받고 은행에 예금하더라도 그만큼 이득을 볼 수 있는 데도 말이다. 기업의 봉급은 월 중에서 첫날이 아닌 대개 25일경에 지불되는데 이는 기업을 위해서가 아니라 봉급을 일찍 받는 데서 오는 채무부담을 회피하려는 봉급자의 심리적 고통을 줄이는 데 기여한다.

　마찬가지로 사람들은 휴가여행처럼 서비스가 빠르게 소비되는 상품에 대한 부채를 기피한다. 사람들은 상품이나 서비스의 사용기간이 구매대금을 지급하는 기간과 맞추어지기를 선호한다. 주택이나 가정기구 등과 같은 내구재는 여러 해에 걸쳐 사용하므로 부채를 떠안고 구입한다. 그러한 까닭에 자동차를 구입하는 소비자들은 차량을 교체하는 연수에 거의 비슷하도록 할부기간을 설정하여 부채를 갚아나간다. 할부로 구입하여 일정기간 동안 변제하는 행동은 내구재의 소비형태와 잘 어울린다. 반면에 이미 소비한 상품이나 서비스를 부채로 구입하는 것은 이미 사라져버린 단기간 동안의 편익의 대가를 갚느라고 장기간에 걸쳐 지불하는 비용은 심리적 고통만을 안겨주기 때문에 선호되지 않는다.

제5절 범주별 계정

사람들은 금전을 대개 세가지 범주로 구분하여 이용하는데 첫째, 지출은 항목별, 가령 식비와 주거비 등으로 분류하고, 둘째, 재산은 계정별, 가령 적금이나 보험 등으로 분류하고, 셋째, 소득은 범주별, 가령 정상적 소득과 우연한 소득 등으로 구분한다. 그러나 경제이론은 모든 금전이 서로 대체될 수 있다고 가정하여 정상적 소득이건 우연한 소득이건, 식비로 나가건 주거비로 나가건 적금의 형태이건 보험의 형태이건, 같은 금액이라면, 모두 동일한 심리적 비중을 갖는 것으로 취급한다.

히스(C. Heath)와 솔(J. Soll)의 1966년 연구에 따르면 가계부지출과 마찬가지로 사람의 두뇌도 인지하고 기억한다. 소비자들은 가계부에 소액의 지출액을 별도의 항목으로 기록하지 않고 한꺼번에 기타지출액으로 취급하듯이, 자신의 뇌에도 기타지출액으로 기억한다. 소액의 지출일지라도 가치함수에 의하면 커다란 고통으로 느껴져 소중하게 취급되어야만 하는데 그렇지 못한 까닭은 어디에 있을까?

 사례_61　　존 구빌(John Gouville)은 1998년의 논문에서 소비자들이 몇 푼밖에 되지 않는 지출을 지출항목에 고려하지 않고 가벼운 비중만을 부여한다고 주장하였다. 그래서 지방라디오 방송국은 하루에 단지 27센트에 지나지 않는 기금의 자선을 부탁한다. 한꺼번에 자선하는 100달러의 거금은 독특성으로 인해 특정지출항목에 기억되지만 하루 27센트의 자선은 특정지출항목에 기억되지 않고 단지 기록(기억)되지 않은 과거의 지출과 비교될 뿐이다. 소비자들은 과거의 지출과 희미한 기억으로 비교한 결과 27센트를 아주 가벼운 지출이라고 간주한다.

이러한 작업이 반대방향으로 이루어지게 할 수도 있다. 가령 금연을 돕는 약품을 소개하는 마케터는 연간 끽연에 지출하는 돈을 모으는 데서 오는 혜택, 가령 여행을 즐길 가능성을 약품으로부터 얻으라고 호소한다. 즉 하루 2달러는 무시할 수 있으나 730달러이면 멋진 여행을 즐길 수 있는 따위의 선전으로 오히려 소액지출을 합쳐 커다란 지출항목의 하나로 인식하도록 유도한다.

재산계정은 지출을 목적으로 하는 현금과 예금형태의 경상소득계정, 저축을 목적으로 하는 저축과 증권(주식과 사채)형태의 경상재산계정, 그리고 은퇴 후의 생활을 목적으로 하는 연금형태의 미래소득계정의 세가지로 구분된다. 지출의 유혹을 받기 쉬운 순서는 경상소득, 경상재산, 미래소득의 순서인데 자금이 유혹받기 쉬운 계정에서 유혹받기 어려운 계정으로 이전될수록 저축은 늘어난다. 따라서 정부가 장기저축에 조세혜택을 제공하는 까닭도 소비자들이 별도의 정신계정을 가지고 있다는 심리적 성향을 이용한 데서 비롯한다.

또한 소득계정은 정상적 소득(정상소득)과 우연한 소득(임시소득)으로 구분된다.

 사례_62　수잔 오커리(Susan O'Curry)의 1997년 실험에 의하면 소비자들은 축구경기당첨권을 임시소득으로, 그리고 세금환급을 정상소득으로 다루는 것으로 알려졌다. 그리고 옷장의 윗저고리 주머니에서 우연히 발견한 30달러를 어떻게 사용할 것인가를 묻는 질문에서 응답자들이 우연히 생긴 30달러의 자금을 정상적 용도가 아니 우연한 용도에 지출한다는 사실도 밝혀졌다.

제6절 현상유지를 선호하는 선입관의 법칙

현상유지의 선입관(status quo bias)이란 자신의 현재 또는 이전의 지위를 유지하려는 인간의 성향을 말한다.

 사례_63 새뮤얼슨(W. Samuelson)과 잭하우저(R. Zeckhauser)는 1988년 "Status Quo Bias in Decision Making"이란 논문을 통해 자신들이 설문한 대상자들(학생)에게 현상유지 선입관이 존재한다는 사실을 발견하였다. 예를 들어 학생들에게 그의 큰 아버지로부터 상당한 돈을 유산으로 물려받아 이를 특정한 곳에 투자(현상유지)하였다고 들려 준다. 이들에게 네가지의 가능한 투자(현상유지도 포함) 대안 중에서 하나를 고르도록 요구하였다.

설문조사결과 보편적으로 현재 투자하는 곳으로부터 벗어나지 않으려고 하는 강한 현상유지 선호의 선입관이 발견되었다. 상속재산이 이미 고위험의 주식에 투자되어 있는 경우, 대부분의 학생들은 고위험 주식을 그대로 선택하였고, 국채에 투자된 자산이 상속된 경우, 학생들은 대부분이 국채를 선택하였다. 국채로 구성된 포트폴리오의 기대수익률과 위험이 고위험 주식을 중심으로 구성된 포트폴리오의 기대수익률과 위험과는 전혀 다른데도 불구하고 학생들은 위험-수익을 선호하는 데서 오는 효용극대화보다 현상유지를 선호하는 선입관에 따라 투자대상을 선택한다는 사실을 알게 되었다. 또 하버드대학에서 교직원들을 대상으로 새로운 건강관리제도가 추가로 채택되었는데 노교수들은 비록 새로운 제도를 선택할 수 있는데도 젊은 교수들에 비해 과거의 제도를 고수하는 것으로 나타났다.

사례_64　1991년 하트만(R. Hartman), 도언(M. Doane), 우(C. Woo) 등은 현상유지성향이 있는가를 알기 위해 일년에 전기가 정전되는 횟수별로 집단으로 묶어 각 집단에게 다른 대안을 제시하였다. 즉 현재 겪고 있는 정전횟수보다 더 낮은 빈도의 정전횟수에서는 현재보다 더 높은 전기료를, 그리고 현재보다 더 잦은 정전회수에서는 현재보다 더 낮은 전기료를 부담하는 선택안을 제시하였다.

실험결과 연간 3회의 정전을 경험하고 있는 집단은 60.2%가 현상태를 선호하였다. 연간 15회의 정전을 경험하고 있는 집단은 58.2%가 현상유지를 선호하였다. 이처럼 두 집단 사이에 정전의 빈도수가 현격히 차이가 있는 데에도 불구하고 모두 현상태를 선호하는 것으로 밝혀졌다. 따라서 현상유지를 선호하는 선입관은 타성에 의해 습관화된 것으로 해석될 수 있다.

사례_65　1993년 존슨, 허시, 메스자로스, 쿠로이터 등은 자동차보험에서 운전자의 선호가 어떠한지를 조사하였다. 뉴저지주에서는 보험약정서에 지정되지 않은 사항에 대해서도 부보가 되지만, 보험가입자가 보험료를 추가로 부담하여야 하며 대신 당해사안에 대해 소송을 제기하지 못하도록 되어 있다. 그러나 펜실베이니아에서는 약관에 지정되지 않은 사항에 부보가 될 뿐만 아니라 보험가입자가 소송을 제기할 수 있도록 되어 있다.

조사결과 뉴저지주에서는 소송을 제기하지 못한다는 현상유지성향으로 인해 겨우 20%만이 소송을 제기할 수 있는 대안을 선택하는 것으로 나타났다. 대신 펜실베이니아주에서는 소송을 제기하는 현상유지성향으로 75%가 소송을 제기할 권리를 유지하려고 하고 나머지 25%만이 소송제기를 폐지하는 데 찬성하는 것으로 조사되었다. 따라서 사람들은 현상유지를 선호하는 강한 심리적 성향을 갖고 있다는 사실이 확인되었다.

현상유지 선입관은 현재의 상태를 상실하는 것은 손실을 발생시키고 대신 대안을 채택하는 것은 이득이기 때문에 작은 이득을 위해 커다란 손실을 피하려고 하는 데서 나타나는 현상인데 이것은 전망이론, 즉 손실은 체증하고 이득은 체감하는 가치함수의 모양과 관련이 있다. 즉 사람들은 기존의 상태를 벗어나는데서 오는 고통을 크게 느낀다. 대신 기존의 상태에서 벗어나 얻어질 수 있는 이득은 그다지 커다란 만족을 주지 못한다. 사람들은 이득과 손실에 가치함수를 기준으로 다르게 평가하여 의사를 결정한다. 그 결과 대부분의 경우 눈에 두드러질 정도의 이득이 없는 한 현재상태를 유지하는 현상유지선호의 선입관이 현실을 지배한다.

제7절 매몰비용

경제이론에 따르면 과거에 발생한 비용은 현재 의사를 결정하는 데 의미가 없고 단지 추가로 증가되는 비용과 편익, 즉 한계비용과 한계편익만을 고려한다고 예측한다. 그러나 일상생활에서는 경제이론이 의미하는 바를 망각하고 흔히 비합리적인 대안을 선택한다. 1985년 셰프린(H. Shefrin)과 스태트먼(M. Statman)은 가격이 내려갈 때 주식투자자들은 과거의 매몰비용에 집착하여 경제이론과는 상반되게 주식을 계속 보유하려는 경향이 있다고 지적하면서 이를 소인(素因)효과 또는 기분효과(disposition effect)라고 했다(제6장 6절 참조).

여기서 텔러가 1980년 "Toward a Positive Theory of Consumer

Choice"에서 매몰비용이 의미를 가진다고 지적한 두 가지의 사례를 살펴보자.

 사례_66 집에서 90km나 떨어져 있는 곳에 벌어지는 야구경기를 보러 가기 위해 4만 원을 지불하고 표를 구입하였다. 경기 당일 공교롭게 주위에 폭설이 내려 경기관람을 두고 갈등이 일어났다. 표값이 공짜였으면 집에 머물고 말았을 터인데 표값이 아까워 경기를 관람하려고 폭설이 내린 곳을 위험을 무릅쓰고 지나갔다.

한 남자가 연간 30만 원을 지불하고 테니스 회원에 가입하였다. 2주가 지나자 테니스 엘보가 와서 갈등하게 되었다. 그러나 그는 "나는 30만 원을 버리고 싶지 않다"고 중얼거리며 테니스를 고통스럽게 계속한다.

매몰비용의 효과는 정신계산에 의해 설명될 수 있다. 가령 경기를 보면 만족을 얻는데 경기의 가치를 $U(g)$라고 하자(단 $g > 0$이다). 표값의 가치는 $U(-4)$로 이는 비용으로 평가된다. 폭설을 무릅쓰고 가는 것은 고통인데 이를 비용 c의 손실함수로 $U(-c)$라고 표시하자. 표 값이 공짜이면 집에 머무나(가치는 0) 또는 경기를 보러가나(가치는 $U(g)+U(-c)$) 무차별하다. 따라서 $U(g) = -U(-c)$이다. 경기를 보러가는 것은 $U(g)+U(-c-4) > U(-4)$이기 때문이다. 추가되는 비용(c)에서 오는 고통은 작게 느껴지는데 그 까닭은 손실함수가 오목한 모양을 가지고 있기 때문이고 그에 따라 폭설을 무릅쓰고 경기를 보러간다.

 사례_67 셰프린과 스태트만은 피자가게에서 공짜로 음식을 들 수 있는 고객을 무작위로 선정하는 실험을 통해 매몰비용의 효과가 나타나는지를 검증하였다. 무작위로 선발된 피실험 고객들은 개당 2.5달러의 정상가격을 지불하고 식사하는 일반고객들보다 작은 양의 피자를 먹었다. 또 가격이 내려갈 때 주식투자자들은 매몰비용효과의 경제이론(과거 일어난 사건은 현재 의사를 결정하는 데 영향을 미치지 않는다)과는 상반되게 주식을 계속 보유하려는 경향이 있다는 사실도 발견되었다.

 사례_68 아키스(H. Arkes)와 블루머(C. Blumer)는 1985년 *Organizational Behavior and Human Decision Processes*지에 발표한 "The Psychology of Sunk Cost"에 의하면 대학극장관람용 시즌티켓을 정상가격, 13% 할인가격, 47% 할인가격으로 구입한 세 집단이 영화를 얼마나 자주 관람하는가를 조사하였다. 그 결과 첫 시즌에서는 정상가격을 지불한 집단이 할인가격을 지불한 집단보다 더 자주 들렀지만 두 번째 시즌에서는 집단 사이에 차이가 없었다고 한다. 즉 관람객들은 처음에는 매몰비용을 고려하지만 이후 이를 무시하는 것으로 나타났다.

 사례_69 구빌과 소맨은 매몰비용효과를 이미 지불한 돈에 대한 가치가 사라진다는 뜻으로 지출상각(payment depreciation)이라고 했다. 이들은 1998년 헬스클럽의 회원들에게 매몰비용효과가 일어나는지를 조사하기 위해 자료를 수집하였다. 회원들은 1년에 두 번에 걸쳐 회비를 지불하는데 이들의 헬스클럽 참석률이 회비를 지불한 달에는 높고 이후 5달 동안 내려가다가 회비청구서가 날아오면 다시 참석률이 올라간다는 사실을 발견하였다.

아키스와 블루머는 심리테스트를 통해 개인적인 결정에서 매몰비용의 영향을 받는 경우가 50%나 된다고 지적했다. 그 후 개인보다 집단이 매몰비용에 더 집착하는 경향이 있다는 사실도 밝혀졌다. 위원회를 통해 이루어지는 대규모 사업은 자신이 부담할 비용이 아니어서 매몰비용에 집착하여 불필요한 공사를 감행한다는 의미다.

또 이들은 매몰된 기간이 의사결정에 차이를 낳는가를 조사하였다. 가령 1년 전에 구입한 입장권과 어제 구입한 입장권을 가진 관람객이 있는데 게임당일 눈보라가 몰아쳐 경기를 보러갈까 하고 망설이는데 어느 입장권을 가진 관람객이 경기를 보려고 집을 나설 가능성이 높을까? 어느 경우이든 입장권을 구입하는 데 들어간 돈은 매몰비용이다. 그러나 입장권을 1년 전에 구입한 관람객보다 어제 구입한 관람객이 경기를 보러갈 확률이 높다. 왜냐하면 입장권을 구입한 정신계정을 폐쇄하는 데서 오는 고통은 시간의 경과와 더불어 감소하기 때문이다.

매몰비용효과는 현실적으로 발생하고 있는데도 전통적인 경제이론에서는 소비자들의 의사결정과정에 개입하지 않는 것으로 전제한다. 그러나 매몰비용효과는 가치함수와 함께 소비자들이 의사를 결정하는 데 영향을 미치고 있다.

제8절 자제력

텔러는 사람들이 비합리적으로 행동하는 현상을 인간의 마음속에 계획하는 자와 행동하는 자가 함께 존재하는 공존모형을 통해 설명한다. 행동하는 자는 근시안적이고 완전히 이기적이고 일시적 효용만을 극대화하려고 노력한다. 계획하는 자는 행위자의 소비로부터 효용을 얻고 단견이 아닌 생애를 통한 효용을 극대화하려고 애쓴다. 유사하게 윈스턴(G. Winston)은 탐닉상품의 소비를 소비자의 마음속에 존재하는 서로 반대방향으로 작동하는 갈망과 의지력으로 설명한다. 의지력을 가진 계획자는 행위자의 갈망을 두 가지의 기술로 통제한다.

사람들은 미래의 부정적 결과로부터 자신을 보호하기 위하여 자신의 행동을 제한하는데, 가령 장래 가난으로부터 자신을 보호하려고 자신의 돈의 일부를 미리 저축한다. 또는 사람들은 다이어트를 실시하여 향후 만족스런 생활을 즐기려고 한다. 가장 고전적인 사례는 율리시즈가 사이렌의 유혹에서 벗어나려고 승무원들의 귀를 왁스로 막고 자신의 몸을 돛에 묶으라고 지시한 예이다. 스토로츠(R. Strotz)는 1956년에 발표한 논문을 통해 율리시즈의 문제는 선호를 바꾸는 문제로 이를 사전약정(pre-commitment)이라고 했다.

사전약정은 자신의 변덕스런 선호로부터 일어나는 문제를 해결하는 수단이다. 신용카드사용을 스스로 자제하지 못하는 사람의 행동에 대해서는 오우스벨이 이미 지적한 바가 있다. 신용카드를 사용하는 미국인의 4분의 3이 만기일을 지키지 않아 높은 금융이자를 부담하고 있다고 한다. 카드를 사용하는 많은 사람들이 카드로 차입하려는 의도는 없으나 자제력의 결여로 어쩔 수 없이 연체를 하게 된다. 사전약정에서 벗어나지 않기 위한 우화적인 방법은 충동구매하지 못하도록 카드를 냉동고에 넣어 얼려버리는 일이다.

기업이 주주에게 배당금을 지급하는 대신에 주주가 가진 주식을 배당금포함가격으로 구입하면, 상법상의 자기주식취득금지나 세금문제를 고려하지 않는다면, 동일한 효과를 거둘 수 있지 않을까? 그러면 기업은 매년 주식을 소각하고 배당금을 지불할 필요가 없지 않을까?

사례_70　셰프린과 스태트먼은 주주들이 주식매각 대신 배당금을 선호하는 까닭을 자제력의 문제로 다루었다. 즉 배당금과 같은 현금은 주주에게 '원전 (주식)은 헐지 않고 배당금만 소비한다'는 간단한 자제력의 원칙을 제공할 수 있다. 만약 기업이 주식을 재구입하면 주주들은 원금을 까먹는 것처럼 느껴 특히 은퇴자의 경우 원금을 너무 일찍 고갈시키지는 않을까 하는 두려움 때문에 주주들은 정액의 배당금을 선호한다.

부부가 자동차를 할부로 구입하였지만 노후별장을 위해 저축한 돈을 헐어 자동차 구입대금으로 충당하지 않는 자발적 제한을 자기부과제약 (self-imposed constraints)이라고 한다. 이는 정신계정을 달리하는 할부와 저축구좌를 따로 가지고 있기 때문에 가능해진다. 자기부과제약은 가령 흡연자가 박스째로 담배를 구입하지 않고 한 갑씩 구입하여 하루한 갑 이내로 제한하여 흡연하는 등과 같은 구체적인 의사결정에도 적용된다.

물론 이처럼 자제하려면 자기기만의 기법도 필요로 한다. 여기서 자기기만이란, 뻔히 알지만, 가령 약속시간에 늦지 않으려고 시계를 미리 앞당겨 놓는 경우를 들 수 있다. 계획자가 설정하는 사전약정이나 자기부과제약으로 행위자는 쉽게 기만당한다.

자제력이 결여된 사람이 매월 300만 원씩 12개월로 하여 연간 3,600만 원의 봉급을 받아 저축하는 금액은 매월 200만 원을 받고 특정 월에 보너스로 1,200만 원을 추가로 받는 사람이 저축하는 금액보다 적다. 보너스가 저축계정으로 돌려지기 쉬운 까닭은 몫돈은 심리적으로 경상지출의 생활비로 통합될 가능성이 낮기 때문이다. 1988년 셰프린과 텔러는 사람들이 서로 다른 정신계정의 한계소비성향을 연구하여 경상(지출)소득계정, 경상재산계정 그리고 미래소득계정의 세가지 종류의 계정으로 분리하였다. 지출하고 싶어하는 유혹의 순서로 보면, 경상소득계정이 가장 먼저이고, 이어서 경상재산계정, 그리고 미래소득계정의 순서인 것으로 밝혀졌다.

제9절 요 약

비정상적인 경제행동으로 관찰되는 현상을 일반적인 효용함수를 이용하여 설명하기가 곤란하다. 전망이론이 제안하는 가치함수는 손실에서는 볼록하고 이득에서는 오목한 모양의 효용함수를 갖는다. 게다가 가치함수의 기울기가 이득보다 손실에 더 가파르다. 더 나아가 이득이나 손실이라고 생각할 수 있는 것은 기준점을 어디에 두는가에 달려있다.

정신계산이란 분리되거나 통합되는 손실과 이득을 평가하는 심리적 과정을 말한다. 가치함수를 적용해 보면 두 개의 이득은 분리시키고 두 개의 손실은 통합하는 것이 선호되는 것처럼 보인다. 손실보다 이득이 큰 경우에는 통합하는 것이 선호된다, 그러나 손실이 이득보다 훨씬 크면 분리시키는 것이 선호된다. 그리고 손실이 이득보다 약간 크다면 통합하는 것이 선호된다.

소비자의 두뇌엔 한 가지가 아닌 여러 가지의 금전관련 계정, 예컨대 경상지출계정, 경상재산계정, 미래소득계정 등을 가지고 있는데 이들에 대한 심리적 비중을 달리한다. 전통적 경제이론과는 달리 사람들은 현상유지와 매몰비용에 집착하는 비합리적인 소비자이다. 소비자는 이성적이지 못해 사전약정을 통해 스스로의 행동에 제한을 가하기도 한다. 이는 한 사람의 마음속에 계획가와 행위자가 함께 존재하는 이중인격으로 설명될 수 있다. 계획가는 장기효용을 극대화하지만 행위자는 단기효용에만 관심을 둔다.

제6장
확실한 전망 의존의 법칙

> 경제학이 불확실성을 연구할수록, 그리고 복잡한
> 일상의 의사결정에 관심을 가질수록, 프로그램의
> 전환은 불가피하다. 경제학의 넓은 분야에 걸쳐
> 극도로 단순화시킨 전지전능한 의사결정자의 가
> 정 대신에, 인간의 합리성에 한계가 있고 그러한
> 한계가 그의 경제행동을 제한할 현실적인(그리고
> 심리적인) 성격의 의사결정자가 들어설 것이다.
>
> – Herbert Simon, From Substantive Rationality to Process
> Rationality, 1976

제1절 기대효용의 한계

앞장에서는 확실한 전망을 논의하였다. 그러나 부닥칠 향후의 세상이
어떠할지, 그리고 행동의 결과가 어떻게 될지가 불확실한 현실이 오히
려 보편적이다. 이러한 경우 사람들은 상태나 결과가 일어날 가능성(확

률)을 평가하여 선택한다. 여러 가지 방법으로 평가가 이루어질 수 있는데 경제이론은 기대효용을 바탕으로 선택한다고 추측한다. 기대효용은 일어날 결과가 주는 효용을 확률로 가중평균한 값을 말한다.

기대효용을 간단하게 변형한 것이 기대금전가치(expected money value)이다. 가령 동전을 던져 앞면이 나오면 1원의 이득이, 그리고 뒷면이 나오면 1원의 손실이 발생한다고 하자. 이 경우 결과는 +1과 −1이고 객관적 확률은 각각 0.5이다. 그 결과 기대금전가치는 −1(0.5)+1(0.50)=0원이다. 이러한 경우 기대금전가치는 게임에 참여하지 않는 경우의 결과 '0'과 동일한 크기이다. 이제 판돈을 1,000만 원으로 키워보자. 판돈이 커지는 바람에 이득은 1,000만 원이고 손실은 1,000만 원이더라도 객관적 확률은 0.5인 까닭에 여전히 게임의 기대금전가치는 '0'원이다. 그런데 사람들은 1,000만 원의 공정한 내기게임에 참여하기를 싫어한다.

이 예로부터 기대금전가치를 극대화하여 선택한다는 모형은 소비자의 선호를 정확하게 설명하지 못한다는 사실이 분명해진다. 기대금전가치모형에 의하면 결과의 가치는 객관적 크기가 증가함에 따라 비례하여 증가한다. 즉 2만 원의 가치는 1만 원 가치의 두 배이다. 그러나 똑같은 확률로 1원을 따거나 잃는 공정한 도박에는 내기를 걸지만, 1,000만 원을 따거나 잃는 공정한 도박에는 내기를 걸지 않는 것이 사람들의 심리적 성향이다. 이러한 성향을 설명하려면 똑같은 금액이라고 하더라도 따는 데서 오는 돈의 가치가 잃는 데서 오는 돈의 가치보다 낮게 평가되어야 한다. 그러기 위해 경제학은 2만 원의 가치는 1만 원 가치의 두 배가 아니고 그보다 낮은 가치로 평가하는 한계효용체감의 기대효용함수를 도입하였다.

사람들이 보험에 가입하는 성향을 좇아보면 위험을 기피하는 현상이 두드러지게 나타난다. 이는 한계효용이 체감하는 심리적 성향과 부합한다. 사람들은 사고에서 오는 위험을 피하기 위해 기대금전가치보다 더 많은 금액을 기꺼이 지급할 의사가 있는 까닭에 보험시장이 존재한다.

물론 도박하는 개인의 개성과 주어진 환경은 사람마다 다르다. 소외받는 사람일수록, 근로자계층일수록, 의사결정의 위치에 있을수록, 사회적으로 질서가 어지러울수록 도박을 더 많이 하는가를 연구한 다운즈(D. Downes), 데이비스(B. Davis), 데이비드(M. David), 스톤(P. Stone) 등은 *Gambling, Work and Leisure*(1976)를 통해 다음과 같은 사실을 발표하였다.

첫째, 사람들은 소외를 경험할수록 자기의 주장을 표현하는 수단으로 도박을 더 자주 한다.

둘째, 근로자 계층의 사람들은 중류 계층의 사람들보다 운이나 운명을 더 많이 믿기 때문에 도박을 더 자주 한다.

셋째, 사회적 무질서, 의사결정의 위치여부 등은 도박과 상관관계가 없는 것으로 나타났다.

이상의 결과 도박성향과 관련된 주요 요인은 개인의 성격특성이라기보다는 사회적·경제적 환경이라는 사실임이 밝혀졌다(*The Psychology of Money*, A. Furnham & M. Argyle, 김정희 등 공역, 『화폐심리학』, 1998, 학지사).

그런데 기대효용의 가정은 복권선호를 사용한 일련의 실험에서 성립하지 않는 것으로 밝혀졌다. 카니먼과 터브스키는 일련의 실험을 통해 사람들이 불확실한 전망보다 가급적이면 확실한 전망을, 또 호의적이지 않는 전망에서는 오히려 위험한 전망을, 또 기준점을 달리하면 다른 결과를 선택한다는 사실을 밝혀냈다.

제2절 확실성 의존효과

실험 5

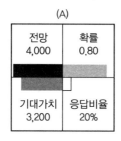

(A)

전망 4,000	확률 0.80
기대가치 3,200	응답비율 20%

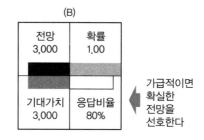

(B)

전망 3,000	확률 1.00
기대가치 3,000	응답비율 80%

← 가급적이면
확실한
전망을
선호한다

확실성 의존효과(certainty effect)란 사람들은 일어날 가능성이 있는 불확실한 전망보다 일어날 것이 확실한 전망에 높은 비중을 부여하는 현상을 말한다. 흔히 "돌다리도 두들겨 보고 걸어라", 또는 "아는 길도 물어서 가라"는 속담은 우리의 행동법칙이 확실한 전망을 바탕으로 하는 심리적 성향이 있다는 사실을 지적한 지혜이다.

스탠퍼드대학, 미시간대학, 스톡홀름대학 그리고 브리티시콜롬비아 대학 학생들에게 두 가지의 전망 A와 전망 B의 선호를 물어 선택된 결과가 어떻게 나타났는지를 살펴보자.

〈실험 5〉에서 전망 A의 상금은 4000원이고 일어날 확률은 0.80이다. 그에 따라 얻게 되는 기대가치는 3200원(=4,000×0.80)이다. 전망 B의 상금은 3000원이고 일어날 확률은 1.00로 확실한 전망이다. 그에 따라 상금 3000원을 확실하게 획득하는 전망이다.

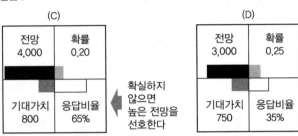

실험 6

비록 전망 A의 기대값(3200)이 전망 B(3000)보다 높지만 응답자 가운데에서 불확실한 전망 A를 선호하는 비율은 20%였고 확실한 전망 B를 선호하는 비율은 80%였다. 즉 대부분의 응답자들은 불확실한 전망보다 확실한 전망을 선호한다는 사실이 밝혀졌다. 그러나 대답이 어느 정도 다르므로 위험회피가 모든 응답자에게 강하게 나타난다고는 할 수 없다.

이제 〈실험 6〉을 살펴보자. 〈실험 6〉의 전망 C와 전망 D는 모두 불확실한 전망이다. 이 중에서 높은 전망의 C를 선호하였다. 먼저 〈실험 5〉의 결과를 이용하여 사람들이 어떤 모습의 선호하고 있는가를 살펴보자. 기대효용이론에 의하면 〈실험 5〉의 형태상 해답은 전망 (B)를 선호하였기 때문에 U(3000)×1.0 > U(4000) ×0.8, 즉 U(3000)/U(4000) > 0.8이다. 그런데 〈실험 6〉에서는 전망 (C)를 선호하였다. 승리의 확률이 1.00에서 0.25로(즉 B에서 D로) 줄어듦에 따라 나타나는 효과는 0.80에서 0.20으로(A에서 C로) 줄어드는 것보다 더 크게 나타나 종전의 전망 B 대신에 전망 C를 선택하였다. 그런데 〈실험 6〉의 확률은 〈실험 5〉의 확률을 모두 1/4의 동일한 축적으로 줄였는데도 불구하고 확실한 전망이 불확실한 전망으로 바뀌게 되자 이 중에서 보다 덜 불확실한 전망 D를 오히려 혐오하는 것으로 나타났다. 이를 뒤집어 해석하면, 선호되지 않던 불확실한 전망 D가 확실한 전망 A로 바뀌게 될수록 가급적이면 확실한 결과를 선호한다는 확실성 효과로 귀인되는데 이러한 현상은 다른 실험에서도 나타났다.

이러한 일관되지 않은 선호를 해결하기 위해 인지경제학자들은 확률에 가중치를 부여하는 비중함수 F(·)가 존재한다고 가정한다. 〔그림 6-1〕의 비중함수는 여러 가지 복권당첨문제로부터 도출한 것이다. 그림에서 가로축은 일어날 확률을, 세로축은 선호하는 비중을 나타낸다. 확실한 전망을 더 선호하도록 비중을 고려하는 비중함수는 〔그림 6-1〕의 곡선 AB처럼 표시된다. 그림에서 F(1.00)/F(0.25) > F(0.80)/F(0.20)임을 알 수 있다. 여기서 F(0.0)=0.0, F(1.0)=1.0이라고 가정하였다. 따라서 비중함수가 거의 끝부분 A, B에 다다름에 따라 직선에 근접하여 급격히 변하는 모양을 갖는다. 이러한 변화는 확실성 효

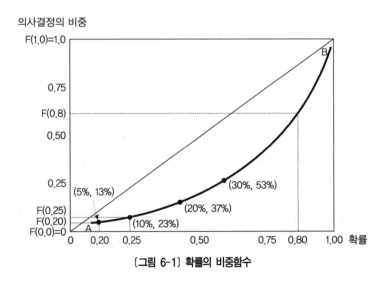

〔그림 6-1〕 확률의 비중함수

과가 존재한다는 사실을 알려 준다.

실험 7   밴드 슈타트(H. Van de Stadt), 안토니데스(G. Antonides), 벤 프라크(B. van Praag) 등이 1984년 확률의 비중함수를 조사하고자 네덜란드에 거주하는 400명의 돈벌이가구를 대상으로 소득과 관련된 서베이 자료를 다음과 같이 설문하였다. "당신에게 누군가가 게임을 제안한다. 이길 확률과 질 확률은 동일하다. 만약 당신이 지면 당신 가계의 소득은 현재보다 5% 줄어든다. 그러나 이기면 소득이 늘어나는데 얼마가 늘어나야만 당신이 게임에 참여하겠는가?"그 결과 다음과 같은 응답자의 소득증가비율을 얻었다.

소득감소비율		소득증가비율	비중계산	
	5%	13%	13/5	
유사하게	10%	23%	(13×2)/(5×2)	〉23/10
유사하게	20%	37%	(23×2)/(10×2)	〉37/20
유사하게	30%	53%	(37×1.5)/(20×1.5)	〉53/30

위 실험의 결과 소득이 5% 감소하는 게임의 경우 비록 소득이 늘어날 수 있는 확률은 동일한 데에도 사람들은 13%(응답자 400명의 평균)의 소득증가가 있어야만 게임에 참여하는 것으로 밝혀졌다. 그러나 소득이 10%로 두 배 이상 감소하면 소득은 13%의 두 배보다 낮은 23% 증가만으로도 게임에 참여하는 것으로 나타났다. 또 소득감소비율이 20%로 10%의 두 배로 늘어나면 소득은 23%의 두 배보다 작은 37%의 증가만으로도 게임에 참여하는 것으로 나타났다. 이와 같이 소득감소비율

에 따라 소득증가를 응답한 비율(비중)을 표시하였는데 비중을 계산한 값의 결과는 〔그림 6-1〕의 비중함수의 모양과 부합한다. 그리고 각각의 소득감소비율과 응답한 소득증가비율을 그림에서 점으로 표시하였다(비율은 다르지만 그림처럼 가로축을 따라 체증하는 모양을 갖는다).

 사례_71　경제이론에 의하면 수익률이 변하는 것을 위험이라고 간주하는데 투자자들이 위험을 기피한다는 것은 수익률이 변화는 것을 싫어한다는 의미다. 베나치(S. Bernartzi)와 텔러(R. Thaler)는 1995년 뉴욕 증권시장의 사채와 주식의 수익률자료를 통해 주식의 수익률이 사채의 수익률보다 높은 이유가 수익률의 **변화**(수익률의 분산)를 기피하는 투자자들을 보상하기 위해서가 아니라 손실(수익률이 음의 값이 될 확률)을 싫어하는 투자자들의 심리적 성향 때문이라고 지적하였다. 즉 사채의 수익률이 음으로 내려가는 빈도보다 주식의 수익률이 음으로 내려가는 빈도가 높기 때문에 사채보다 주식의 수익률(프리미엄)이 더 높다고 해석한다.

확실성 효과는 금전적 결과를 포함하지 않는 다른 여러 가지 대안을 선택하는 실험에서도 발견되었다.

실험 8

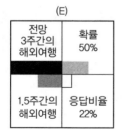

(E)

전망 3주간의 해외여행	확률 50%
1.5주간의 해외여행	응답비율 22%

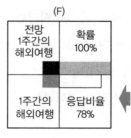

(F)

전망 1주간의 해외여행	확률 100%
1주간의 해외여행	응답비율 78%

◀ 기대가치가 낮아도 가급적이면 확실한 전망을 선호한다

실험 9

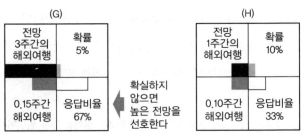

〈실험 8〉을 생각해 보자. 이 결과는 금전적 가치가 있는 결과에서도 사람들은 가급적이면 확실한 전망을 선호한다는, 즉 위험을 회피한다는 성향이 있다는 사실을 보여 준다.

다음으로 불확실한 결과의 두 가지 복권당첨 가능성을 전망하는 〈실험 9〉를 생각해 보자. 금전이 결부된 〈실험 6〉의 결과와 마찬가지로 비중함수를 통해 확실성 효과가 설명될 수 있다. 즉, 확실한 전망이 기대되지 않는 상태에서는 가급적이면 높은 가치의 전망을 선호하는 비중함수의 영향에 지배된다.

다음의 〈실험 10〉을 생각해 보자. 비록 전망 I와 J가 확실하지는 않지만 대부분의 피험자들은 확실한 전망 J를 선호한다.

다음으로 낮은 확률을 가진 전망에 대한 선호를 조사한 〈실험 11〉을 한번 살펴보자. 비록 확률의 비(0.001 대 0.002)는 두 전망의 금전가치의 비(3000 대 6000)와 동일하지만 사람들은 당첨확률이 아주 낮은 까닭에 낮은 상금의 전망 L보다 높은 상금의 전망 K를 선호하는 것으로 나타났다. 즉 당첨확률이 있기는 하나 가망성이 희박할 경우, 대부분의 사람들은 높은 상금을 선택하는 성향이 있다.

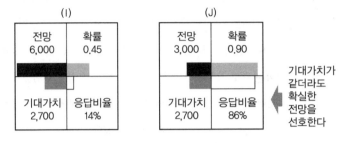

기대가치가
같더라도
확실한
전망을
선호한다

실험 11

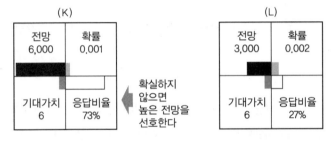

확실하지
않으면
높은 전망을
선호한다

사례_72　도박사의 선호를 조사한 페인(J.Payne)과 브라운슈타인(M. Braunstein)의 1991년 연구결과에 의하면 개인들은 먼저 확률을 비교하고 나서, 만약 차이가 현저하면 확률을 바탕으로 하여 선택하는 성향이 있는 것으로 알려졌고, 그렇지 않으면 금전적 측면을 고려한다는 사실이 밝혀졌다.

이처럼 복잡한 선택문제에 당면한 사람들은 구체적인 기대가치에 의존하지 않고, 처음에 가급적이면 확실한 전망(확률의 크기)을, 확실하지 않으면 다음으로 전망(이득의 크기)을 비교하는, 이른바 휴리스틱의 심리법칙을 사용한다.

사례_73　낮은 확률을 무시하는 사례가 보험과 관련된 행동에서 나타났다는 연구결과를 1977년 슬로빅(P. Slovic), 피쇼프(B. Fischoff), 리히텐슈타인(S. Lichtenstein) 등이 발표하였다. 이들은 피험자들에게 500달러의 일정 보험료를 부담하는 다섯 가지 종류의 보험상품의 경영게임을 실험하였다. 각 보험은 495달러의 기대손실을 부보하도록 되어 있다. 그러나 손실이 발생할 확률은 0.002, 0.01, 0.05, 0.10으로 보험금은 보험종류마다 달랐다(기대 손실이 495달러로 동일하도록 설계된 보험에서 사고 확률이 다르므로 부보액도 달라진다). 가령 확률이 0.002인 사고의 부보가액(피해금액)은 247,500달러로 높고, 확률이 0.10인 사고의 부보가액은 4,950달러로 얼마 되지 않는다. 실험결과 응답자들이 다섯 가지 종류의 보험에 선택한 비율은 33%, 45%, 52%, 49%, 73%였다. 부보가액이 4,950달러이면서 사고확률이 0.10인 빈번한 사고에 대해서는 500달러의 보험료를 기꺼이 내고 가입하려는 비율이 73%이지만 부보가액이 247,500달러이면서 사고확률이 0.002로 일어나기 희박한 사고에 대해서는 500달러의 보험료를 내고 가입하려는 비율이 33%에 지나지 않는다. 사람들은 사고가 발생하면 손실액이 심각한데도 불구하고 일어날 가능성이 아주 낮은 확률을 무시하는 것으로 나타났다.

이 결과는 이듬해 이들이 운전자가 안전벨트를 착용하지 않는 현상을 설명할 때도 응용하였다. 사고가 일어나면 커다란 피해를 입지만 발생할 확률이 아주 낮고 또한 자신의 지배하에 있는 상황이기 때문에 운전자들은 사고의 발생가능성을 무시하는 것으로 조사되었다. 이는 가치함수의 모양이 손실의 원점을 향해 체증하는 모습을 가지고 있는 까닭에 커다란 손실에서 벗어나서 얻어지는 고통의 경감은 얼마 되지 않는 것으로 평가하기 때문에 나타나는 현상이다([그림 5-4] 참조).

사례_74　　일어날 가능성이 지극히 낮은 확률이지만 높은 상금을 기꺼이 받아들이는 심리를 이용한 상술이 광우병파동과 구제역파동으로 쇠고기에 대한 소비자의 불신을 해소하려고 유통업계 최초로 롯데가 내놓은 '건강안심보험'이다. 롯데는 자신들의 매장에서 구입한 식품을 먹고 병에 걸렸을 경우 1인당 최초 1억원을 보상하고, 품질에 이상이 있을 경우 즉시 정상제품으로 교환해주는 것은물론 2만원~5만원 상당의 상품권으로 교환해주는 서비스를 통해 소비자들이 안심하고 매장을 찾을 수 있도록 배려하였다. 실제로 보험금을 탄 소비자는 없지만 고객들이 갖게 된 신뢰를 돈으로 환산하면 투자한 보험금의 100배 이상의 효과를 가두었다고 한다.　　　　　　　- 『돈버는심리 돈새는심리』에서

　로또복권에 당첨될 확률은 지극히 낮으나 여기에 많은 사람들이 참여하는 이유도 당첨금액의 크기에 예민한 소비자들의 심리 때문이다. 일어날 확률을 무시하는 성향은 국내외에서 시행되는 여러 가지 복권에서도 나타난다.

 사례_75　　미국에서 로또복권판매고는 지난 주의 당첨자가 없어 이월될수록 더 많이 올라가는 것으로 조사되었다. 콕(P. Cook)과 클롯펠터(C. Clotfelter)는 1993년의 연구에서 로또복권구입자들이 당첨될 확률을 무시하고 당첨금이 높을수록 예민하게 반응하는 것으로 조사되었다. 이들은 극히 낮은 당첨확률일수록 무감각해진다고 지적하였다.

　국내에서도 이월되는 복권에 사람들은 높은 관심을 가진다. 이들에게는 당첨되는 상금이 관심이지 아주 희박한 당첨가능성의 확률은 당초부터 고려의 대상을 삼지 않는 심리적인 요인이 지배하기 때문이다.

1848년 도랑을 파던 제임스 마샬이 발견한 사금을 시작으로 일어난 캘리포니아 골드러시는 몸이 성한 미국 성인 남자의 ⅔는 물론 중국, 남미, 인도, 호주 등지로부터 사람들이 금을 캐러 몰려들게 하였다. 농부는 쟁기를, 변호사는 사건을, 의사는 약을, 목사는 성경을 팽개치고 캘리포니아로 몰려들었다. 모두 금을 두 달만 캐면 20년어치의 임금을 모을 수 있다는 소문에 현혹되어 달려들었다. 1849년 캘리포니아에서 4만 명이 채굴한 금의 가치는 1천만 달러였는데 일인당 250달러에 지나지 않았다. 일부의 행운아를 제외하고서는 모든 사람들이 채굴하는데 고생만 하다가 4년만에 골드러시는 끝나고 말았다. 최초 금을 발견하였던 마샬은 말년에 술과 가난으로 고생하다 여생을 마감하였다.

 사례_76 사람들이 확률을 무시하는 성향은 경마장에서 내기를 거는 경우에도 일어난다. 사람들은 성적이 부진한 말(longshot)에 내기를 거는 경향이 있다. 텔러(R. Thaler)와 지엠바(Ziemba)의 1988년 연구에 의하면 성적이 부진한 말에 내기를 건 2%의 도박금이 단지 1%밖에 승리하지 않는 것으로 알려졌다. 대신 우승가능성이 높은 말에 내기를 거는 사람들의 수가 많기 때문에, 비록 예상이 들어맞더라도, 이들에게 돌아가는 당첨금은 균분되어 얼마 되지 않는다. 가령 2000원 투자하여 2400원이 회수된다.

그러나 성적이 부진한 말이 경마에서 우승할 확률은 낮지만 여기에 내기를 걸면 돌아오는 당첨금이 많기 때문에 도박사들은 성적이 부진한 말에 내기를 거는 것을 선호한다. 쥘리앙(B. Jullien)과 살라니에(B. Salanié)가 10년간 영국에서 개최된 3만4천443회의 경마경기를 조사한 결과 성적이 부진한 말에 내기를 거는 성향이 있다는 사실을 발견하였다.

제3절 반사효과

앞에서는 손실이 발생하지 않는 전망을 살펴보았다. 〈실험 5〉, 〈실험 6〉, 〈실험 10〉 및 〈실험 11〉의 결과를 부호를 바꾸어 손해가 되는 경우에 실험결과가 어떻게 나타나는가를 살펴보자. 결과가 음인 전망 x는 확률 p와 함께 (−x, p)로 표시한다. 당초의 결과와 부호를 바꾼 실험의 결과가 서로 비교될 수 있도록 하고자 [표 6-1]에 두 가지 실험결과를 모두 수록하였다. 표에서 알 수 있듯이 문제마다 부정적 전망 사이의 선호는 긍정적 전망 사이의 선호를 완전이 거울에 반사한 모습으로 나타난다. 따라서 '0'의 부근의 전망을 반사하면 선호의 순위는 반대로 된다. 이를 반사효과(reflection effect)라고 한다.

[표 6-1] 긍정적 및 부정적 전망 사이의 선호

	긍정적(+) 전망			부정적(−) 전망	
	실험	응답		실험	응답
5	(4000원, 0.80)	20%	(M)	(−4000원, 0.80)	92%
	(3000원, 1.00)	80%		(−3000원, 1.00)	8%
6	(4000원, 0.20)	65%	(N)	(−4000원, 0.20)	42%
	(3000원, 0.25)	35%		(−3000원, 0.25)	58%
10	(3000원, 0.90)	86%	(P)	(−3000원, 0.90)	8%
	(6000원, 0.45)	14%		(−6000원, 0.45)	92%
11	(3000원, 0.002)	27%	(Q)	(−3000원, 0.002)	70%
	(6000원, 0.001)	73%		(−6000원, 0.001)	30%

그에 따라 양의 영역에서는 위험을 회피하는 성향(risk averse)을 보

여 준 실험결과가 반사효과로 인해 음의 영역에서는 위험을 추구하는 성향(risk seeking)으로 바뀐다. 손실의 위험추구란, 비록 확실한 결과(가령 M의 -3,000)보다 기대가치(가령 M의 -3,200)가 적을지라도, 확실한 손실(M의 1.00의 확률로 -3,000)보다 불확실한 손실(M의 0.80의 확률로 -4,000)을 보다 더 선호한다는 의미이다.

앞에서 양의 영역에서 확실성 효과가 존재한다는 사실은 〈실험 5〉와 〈실험 6〉을 비교하여 알게 되었다. 이제 부호가 바뀐 음의 영역에서도 확실성 효과가 나타날까? [표 6-1]의 부정적 전망 (M) 대 (N)의 선택과 (P) 대 (Q)의 선택을 비교해 보자. 음의 영역에서는 (P)에서처럼 불확실한 높은 위험(-6,000원)을 추구한다. 그러나 일어날 확률이 (Q)에서처럼 극도로 낮으면, 확실하게 적은 손실(-3,000원)을 선호한다. 그러나 확실한 손실과 불확실한 손실 사이의 선택에서는 사람들은 가급적이면 확실한 손실((M)의 -3,000원과 (N)의 -4,000원)보다 불확실한 손실((M)의 -4,000원과 (N)의 -3,000원)에 모험을 확실하게 벌인다. 즉 확실성에 과도한 비중을 두는 심리적 성향으로 인해, 양(이득)의 영역에서 위험회피를 선호하고 음(손실)의 영역에서는 위험추구를 선호하는 심리적 원칙이 지배된다.

제4절 구성효과

지금까지 선택하는 결과에 따라 발생할 이득과 손실의 전망을 현재의 자산을 기준으로 하여 다루었다. 그러나 결과를 해석하는 것은 기준점을 어디에 두는가에도 의존한다. 예를 들어 봉급에서 기대하지 않은 세금이 추가로 공제되는 것은 이득이 감소하는 것이라기보다 손실이 발생한 것처럼 느껴진다. 따라서 결과를 기술하는 바에 따라 기준점이 변경될 수 있다. 이러한 경우 선호가 뒤바뀌는 것을 구성효과(framing effect)라고 한다. 구성효과는 흔히 동일한 객관적 대안이 기준점을 달리하여 평가되는 때에 일어난다.

실험 12 가장 잘 알려진 사례는 많은 의사들에게 제시된 유행성독감의 예이다.

"600명을 죽일 수 있는 독감의 돌발사고에 대처하고자 두 가지 대안의 프로그램이 제안되었다. 프로그램 A를 채택하면 200명을 확실히 살릴 수 있다. 그러나 프로그램 B를 채택하면 600명을 살릴 수 있는데 살아날 수 있을 확률은 ⅓이고 아무도 살아남지 못할 확률은 ⅔이다. 두 가지 프로그램 중에서 어떤 것을 선호하겠는가?"

이 문제에 피험자인 의사의 72%가 프로그램 B보다 프로그램 A를 선호하였다.

실험 13 두 번째 집단의 의사에게 동일한 문제를 제시하였는데 단지 다른 형식을 취하였다. "프로그램 C를 채택하면 400명이 사망할 것이고, 프로그램 D를 채택하면 아무도 사망하지 않을 확률이 ⅓이고 600명이 사망할 확률은 ⅔이다."

이렇게 문제를 제시하였을 때 피험의사의 78%가 프로그램 C보다 프

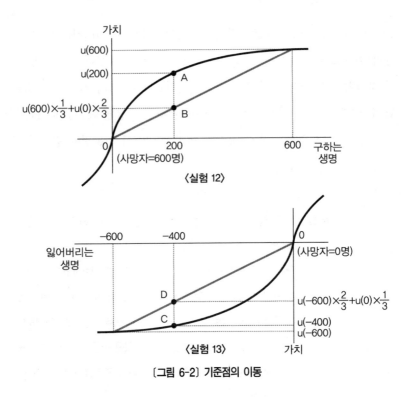

〈실험 12〉

〈실험 13〉

〔그림 6-2〕 기준점의 이동

로그램 D를 선호하였다.

이 두 가지의 문제는 동일한 결과임을 말해 준다. 〈실험 12〉에서는 600명의 사망자를 정상적인 기준점으로 보았다. 따라서 200명이나 600명을 살리는 것은 사망자 600명을 원점으로 하여 이득으로 평가된다. 이에 비해 〈실험 13〉에서는 사망자가 없는 것이 기준점이고 결과는 사망자수로 평가되었다.

〔그림 6-2〕에서는 기준점이 다른 두 문제의 가치함수를 보여 주고 있다. 양의 영역에서는 위험회피의 성향을 나타내는 오목한 모양의 가치함수를, 그리고 음의 영영에서는 위험추구의 성향을 나타내는 볼록한

모양의 가치함수를 표시하고 있다. 그림에서 가치함수가 S자 모양을 하고 있고 게다가 확실성에 과도한 비중을 두기 때문에 두 문제는 다른 선호인 것처럼 보여진다.

가령 〈실험 12〉에서 의사들이 프로그램 A를 선호한 까닭은 〔그림 6-2〕의 **〈실험 12〉**에서 A의 가치 u(200)가 B의 가치 u(600)×⅓ +u(0)×⅔보다 높기 때문이다. 〈실험 13〉에서 의사들이 프로그램 D를 선호한 까닭은 〔그림 6-2〕의 **〈실험 13〉**에서 D의 가치 u(−600)×⅔ +u(0)×⅓가 C의 가치 u(−400)보다 심리적 고통이 덜하기 때문이다.

 사례_77　베이저만(M. Bazerma)은 'The Relevance of Kahneman and Tversky's Concept of Framing to Organizational Behavior'(1984)를 통해 기업경영자들이 공장을 폐쇄하는 경우에 해고할 종업원과 구제할 종업원에 대해 독감문제와 동일한 방법으로 시나리오를 제시하여 해결한다는 흥미로운 결과를 발표하였다. 그 결과 조직의 행동에서도 종업원들의 심리적 구성효과를 유효하게 활용한다는 사실이 알려졌다.

프린스턴 대학의 사피어(Eldar Shafir)교수는 이혼하는 미국 부모에게 자녀의 양육권을 누구에게 주어야 할 것인지를 결정하는 배심원들이 구성효과에 좌우되고 있다는 사실을 발견하였다. 그는 배심원들이 부모의 신상명세를 파악한 후에 자녀양육권을 '누구에게 주어야 할 것인가?'라는 긍정적인 질문에서 64%의 배심원들이 선택한 부모를 '누구에게 주지 말아야 할 것인가?'라는 부정적인 질문에 대해서도 36%가 아닌 55%의 부모가 동일한 인물로 선택한다는 모순된 판결을 지적한 연구결과 "Choosing versus Rejecting: Why Somr Options Are Both Better and Worse than Others"(1993)를 발표하였다. 이러한 현상은 생각의 틀(frame)을 달리하는 바에 따라 의사결정이 달라질 수 있다는 사실을 지적한 흥미로운 연구이다.

여름휴가를 가야 할 곳으로 물이 맑고 해산물이 신선한 동해안을 선택한 부부가 가지 말아야 할 곳으로도 영동고속도로의 혼잡을 떠올리고선 동해안이라고 지적한다. 전화기를 선택하는 소비자는 어느 브랜드를 살 것인가를 두고서 디자인이 산뜻한 삼성을 선택하면서 사지 말아야 할 브랜드로 재벌이라는 이유로 또 삼성을 꼽는 모순을 저지른다. 결혼에 부정적인 사람은 군이 결혼하여야 할 이유를 찾지 못해 독신으로 남겨지고, 결혼한 친구가 결혼하지 않아야 할 이유를 독신자에게 물으면 대답이 궁색해진다. 부부의 이혼여부를 집안어른들은 '군이 헤어져야 할 이유가 어디 있느냐는 생각의 틀에서 이혼을 말리지만 친구는 '계속 살아야 할 이유가 어디 있느냐'는 생각의 틀에서 이혼을 종용하기도 한다.

백화점이나 마트에서 점원이 '집안에 이런 것쯤 하나 장만해두면 쓸모가 있습니다'라면서 구매를 권유하는 행위도 따지고 보면 소비자로 하여금 생각의 틀을 '사지 말아야 할' 이유를 찾지 못한 소비자의 심리를 건드리게 위해서이다. 결국 거부할 이유를 찾지 못한 고객은 구입하는 데 쉽게 동의해버린다(『돈버는심리 돈새는심리』에서).

[표 6-2] 세 가지의 다른 구성

긍정적	부정적	혼합
20달러의 투자로 200달러를 15%의 확률로	20달러의 투자로 150달러를 회수, 85%의 상실확률	20달러의 투자로 15%의 확률로 150달러를 회수, 85%의 상실확률

사례_78 구성효과는 두 집단에 대해 구성을 달리하는 각각의 질문을 통해 얻어진 결과이다. 레빈(I. Levin), 존슨(R. Johnson), 데이비스(M. Davis) 등은 1987년 동일한 집단을 대상으로 하여 질문을 서로 다르게 구성하여 조사한 실험에서 구성효과가 안정성을 가진다는 사실을 발견하였다. 60명의 학생을 상대로 15%의 확률로 150달러의 투자수익을 올릴 수 있는 기회에 20달러를 투자할 수 있는지에 관한 선호(예 또는 아니오)를 물었다. 투자금액을 10달러와 20달러로, 확률을 5%, 10%, 15%로 그리고 투자수익을 100달러, 150달러, 200달러로 달리하면서 전체 18가지의 내기선호를 조사하였다. 처음에 피험자의 ⅓에게는 긍정적으로 구성된 게임을 보여 주고, ⅓에게는 부정적인 게임을, 그리고 나머지 ⅓에게는 혼합된 게임을 보여 주었다(표 6-2) 참조). 처음 제시된 조건(긍정적 게임)에 대답한 피험자들은 다른 두 가지 조건(부정적 및 혼합게임)에 대해서도 대답하도록 요구하였다. 처음 제시된 조건이 부정적 게임이면 다음엔 긍정적 및 혼합게임에 대답하도록 요구하였다.

구성효과가 안정성이 있는지는 동일한 피험자를 대상으로 처음에 제시된 조건에서 선택한 결과와 다른 조건(부정적 게임)에서 선택한 결과를 비교하여 조사하였다. 어느 것이 먼저 제시되건, 긍정적 게임에 대한 평균적인 응답이 부정적 게임에 대한 평균적 응답과 거의 동일하였다.

그 결과 구성효과가 강하게 또한 지속적으로 존재한다는 사실을 발견하였다. 정보가 특별한 틀로 제시되면 동일한 정보를 다르게 제시하더라도 선호를 반대방향으로 움직이기는 어렵다는 사실을 알 수 있다. 비록 서로 다른 두 집단 사이에서는 구성효과가 나타나지만(독감유행병에 대한 실험 12와 13의 결과), 동일한 집단 내에서는 서로 다른 질문이 던져지더라도 처음에 제시된 조건의 기준점을 다음에 제시되는 질문에서도 그대로 사용한다는 사실을 알 수 있다. 동일한 집단에겐 다른 질문을 던진다고 하더라도 다른 결과가 나타나지 않아 그에 따라 구성효과가 안정성을 가진다는 사실도 알게 되었다.

제5절 격리효과

기준점을 변경시키는 것은 선호에 영향을 미치는 중요한 도구이지만 이러한 시도는 어떤 조건에서는 실패한다. 이러한 조건 중의 하나가 선택문제를 단순화시킬 가능성이 있는 때이다. 이러한 상황이 벌어지는 까닭은 사람들이 단순하게 선택하고자 만족화하는 행동을 택하기 때문이다.

특정게임을 인지상으로 단순화시키면 선호의 결과가 변경될 수 있다는 실험들을 살펴보자. 먼저 〈실험 14〉의 게임을 생각해 보자.

실험 14

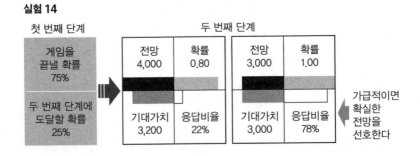

〈실험 14〉의 두 번째 단계의 결과에 대한 선호는 〈실험 5〉의 결과와 유사하다. 두 번째 단계에서 확실한 전망을 선택하는 사람들은 낮은 확률의 첫 번째 단계(두 번째 단계에 도달할 확률은 25%)를 무시하는 것처럼 보인다. 이는 앞장에서 살펴본 정신계정을 단계마다 달리한다는 것을 뜻한다.

실생활에서 격리효과는 위험한 벤처에 투자하는 경우에 흔히 나타난다. 즉 벤처에 투자하는 것은 성공의 가능성이 지극히 낮은 첫 번째 단계인데, 만약 벤처가 실패하면 투자금을 모두 날릴 수도 있다. 만약 벤처가 성공하면 두 번째 단계로 접어들어 고정된 수익을 올릴 것인가 또는 변동하는 불확실한 수익을 올릴 것인가를 두고 고민할 것이다. 이 격리효과는 벤처사업이더라도 고정된 수익을 선택할 가능성이 높다는 사실을 가리킨다. 그에 따라 벤처에 성공한 사람들은 두 번째 단계에 접어든 결과, 가급적이면 모험을 삼가고 가급적이면 비록 대가는 작더라도 고정된 수익을 선호하는 방향으로 나아간다.

실험 15

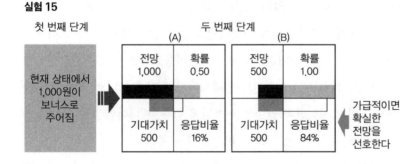

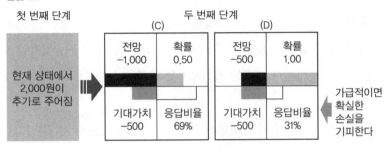

다음으로 〈실험 15〉 및 〈실험 16〉과 같은 두 번째 종류의 격리효과를 살펴보자. 사람들이 〈실험 15〉에서는 B를, 그리고 〈실험 16〉에서는 C를 선택하였다. 두 번째 단계에서의 선택 A, B와 C, D는 게임이 시작되기 이전의 첫 번째 단계에서 주어지는 보너스(1000원과 2000원)와 격리된 것처럼 보인다. 즉 첫 번째 단계에서 주어지는 보너스에 관계없이 사람들은 〈실험 15〉에서 가급적이면 확실한 전망을 선호하고 〈실험 16〉에서 가급적이면 확실한 손실을 기피하였다. 그러나 주어진 보너스와 함께 전망으로 기대되는 최종 결과는 동일하다. 즉 A=C=(1500, 0.50) 및 B=D=(1500, 1.0)이다.

전망이 제시되기 이전에 가상적인 손실이 일어나는 상황을 고려해 보는 것은 흥미로운 일이다. 이 경우 매몰비용효과가 일어날 가능성이 높다. 가령 〈실험 15〉에서 전망이 제시되기 이전에 보너스 대신 1000원의 손실이 제시되면 대안 A가 선호될 것이다. 왜냐하면 A는 손실(매몰비용)을 만회할 수 있는 기회를 제공하기 때문이다.

스태트먼(M. Statman)과 칼드웰(D. Caldwell)은 이러한 상황이 기업들이 손해를 보면서도 프로젝트를 수행하는 현상에서 나타난다고 지적한다. 프로젝트를 수행하면 첫 단계에서는 대개 손해를 보게 마련이지만 프로젝트가 종료되고 나면 회사의 주식가격은 대개 크게 상승할 전망이 있기 때문에 프로젝트를 수행한다.

또 주식투자자들은 가격이 내려간 주식을 오랫동안 보유하는데 셰프린과 스태트먼은 그 까닭을 상실한 주식가치를 매몰비용으로 간주하기 때문이라고 해석한다. 보너스가 주어지는 경우에는 격리효과가 일어났지만 손실로 인해 매몰비용이 발생한 경우에는 두 단계가 연결되어 격리효과가 나타나지 않는 것으로 보인다.

제6절 기분효과

사람들은 이득을 보아 좋아하는 것보다 손실을 입는 것을 더 싫어하고 또한 손실을 보는 한에서는 기꺼이 도박하려고 하기 때문에(손실은 체증함수이어서 손실이 계속 추가될수록 추가되는 고통은 덜하다) 주식투자자들은 시세가 구입당시의 가격에 비해 떨어지더라도 주식을 계속 오랫동안 보유하려고 한다. 그러나 가격이 오르면 더 오른다고 하여 추가되는 만족이 덜 하기 때문에(이득은 체감함수이어서 가격이 상승할수록 추가되는 만족은 덜하다) 바로 주식을 매각하려고 한다. 셰프린과 스태트먼은 이를 기분효과(disposition effect)라고 불렀다.

경제이론에 의하면 구입가격은 매몰비용으로 간주되기 때문에 주식을 팔 것인지 보유하고 있을 것인지를 결정하는 데에 하등의 영향을 미치지 않는다. 따라서 주식가격이 오를 것 같으면 이를 보유하고, 내릴 것 같으면 이를 처분하여야 한다. 더구나 자본이득에서는 과세하고 자본손실에서는 세금을 공제해 주는 제도에서는 더더욱 그러한 행동법칙이 지배되어야만 한다. 그러나 주식시장의 투자자들은 그와 반대로 가치함수에 따라 주가가 오르면 팔려고 하고 내리면 보유하려고 한다.

 사례_79　　1998년 웨버(M. Weber)와 카미어(C. Camerer)는 대규모로 이루어진 주식거래자료를 통해 주가가 하락하였을 때의 주식거래량보다 주가가 상승하였을 때의 주식거래량이 더 많았다는 사실을 확인하였다. 그리고 오딘(T. Odean)은 개인들의 표본자료로부터 주식투자자들이 잃은 종목은 평균 124일, 번 종목은 평균 104일 보관한다는 사실을 알아냈다. 즉 잃은 종목에 대한 미련이 보유하는 기간을 오래 가도록 이끈다. 흔히 잃은 종목은 회귀의 법칙 내지 승자~패자역전의 법칙에 따라 향후 오를 것이라는 전망에서 더 계속 보관한다는 응답이 있었다(제11장 참조). 그러나 조사결과 계속 보유하고 있는 잃었던 종목이 이듬해에 상승한 경우는 5%에 지나지 않았고, 처분해서 벌었던 종목이 이듬해 내려간 것은 11.6%였다.

불확실한 전망이 연속하는 상황에서 이루어지는 의사결정의 원칙도 가치함수의 지배를 받는다. 즉 가급적이면 확실한 이득을 선호하고 확실한 손실을 기피한다. 주식시장에서 투자자들은 주가가 오를수록 팔고 내릴수록 보유하는 기분효과도 가치함수에 지배되는 사람들의 심리적 성향에서 비롯된다. 이득을 본 주식은 팔지 않고 보유하고 있으면 이득을 볼 수도 있지만 반대로 손해를 볼 수도 있다. 때문에 현재 매각하여 확실한 이득을 챙기려는 소위 확실한 전망을 선호하는 심리적 성향에 지배된다. 그러나 손해를 본 주식은 손절매로 확실한 손해를 보기보다는 팔지 않고 기다려 손해가 만회될 가능성이 거의 없는 위험을 떠맡는 심리적 성향에 의해서도 지배된다.

제7절 요 약

불확실한 상황에서 선택을 설명하는 모형으로서는 기대금전가치, 기대효용 및 전망이론 등이 있다. 기대금전가치모형은 위험기피를 고려하지 않지만 기대효용모형은 위험기피만을 고려한다. 기대효용모형은 어떤 기준점을 중심으로 이득과 손실을 고려하지 않고 최종적인 결과에 바탕을 둔다.

대신 전망이론은 기대효용으로서는 설명되지 않는 여러 가지 효과, 즉 확실성의존 효과, 반사효과 및 구성효과를 설명한다. 이미 살펴본 가치함수의 가정에 의해 반사효과와 구성효과가 설명될 수 있고, 확률에 비중을 두는 함수에 의해 확실성의존 효과를 설명할 수 있다.

사람들은 일어날 가능성이 불확실한 이득보다 가능성이 확실한 이득을 선호한다. 그러나 일어날 가능성이 확실하지 않으면 가급적이면 높은 가치의 이득을 선호하는 휴리스틱의 심리법칙에 좌우된다. 대신 확실한 손해보다 불확실한 손해를 선호하는 소위 위험을 선호하는 심리적 성향이 반사효과에 의해 지배된다. 또한 주어지는 선택이 제시되는 구성방식에 따라 심리적 기준점이 이동한 결과, 선호를 달리하게 되는 구성효과에 의해서도 지배된다.

위험한 선택은 다른 방법으로 단순화시킬 수 있다. 격리효과는 다른 부분으로 구성된 문제가 분리된다는 것을 의미한다. 선호되는 선택은 격리된 문제부분을 바탕으로 이루어진다.

제Ⅲ부
본인위주의 경제심리

잔뜩 굶주린 여우 한 마리가 먹을 것을 찾아서 숲 속을 이리저리 돌아다녔습니다. 그러다가 여우는 향기로운 냄새를 맡게 되었습니다. 서둘러 냄새가 나는 곳으로 달려갔더니 아주 먹음직스런 포도가 덩굴에 주렁주렁 매달려 있었습니다. 보기만 해도 저절로 침이 고일 정도였습니다.

"포도가 아주 맛있게 생겼구나."

여우는 군침을 삼키면서 덩굴을 쳐다보았습니다. 그러나 약간 높은 곳에 매달려 있었습니다. 포도를 따기 위해 여러 번이나 시도해 보았지만 번번이 실패하고 말았습니다.

한참 동안이나 포도를 따기 위해 갖은 방법으로 힘을 쓰던 여우는 결국 포기할 수밖에 없었습니다. 더욱 배가 고파진 여우는 애써 아무렇지도 않은 표정을 지으며 포도 덩굴이 있는 곳을 떠났습니다. 그리고 이렇게 중얼거렸습니다.

"흥, 틀림없이 아직 덜 익었을 걸? 포도를 딴다고 해도 시큼해서 못 먹을 거야. 난 절대로 신 포도는 먹지 않거든." **이솝 우화 중에서**

이처럼 사람들은 능력부족으로 뜻을 이루지 못할 때 환경을 탓한다.

자기 늙는 것은 몰라도 남 자라는 것은 안다

제7장
본인 위주의 경제인지법칙

관찰자가 사물을 바라보는 방식, 즉 경영자나 연구자의 견해는 다른 사람의 생각이나 행동이 합리적인가를 판단하는 데 결코 신뢰할 만한 렌즈가 될 수 없다. 소비자가 비합리적이라고 경영자와 연구자가 주장하는 이유는 그들이 소비자의 사고체계가 아닌 자신들의 사고체계를 이야기하고 있기 때문이다. 그들도 소비자를 깊이 있게 이해하지 못했다는 점을 스스로 인정하고 있다.

–Gerald Zaltman, *How Customers Think*, 2003

제1절 자기기준에 의한 지각

1. 심리물리학

경제학자들은 상품지각에 거의 관심을 보이지 않았다. 왜냐하면 경제학의 법칙들은 객관적 부분(객관적인 경제상황과 상황의 제한)이 그대로 주관적 부분(정신과정과 주관적 제한)으로 복제될 수 있는 것으로 가정하였기 때문이다. 그러나 심리학의 지각과정은 정보를 모형의 객관적 부분으로부터 주관적 부분으로 이전하는 데에 한계가 있다고 전제한다. 지각의 심리물리학(psychophysics)은 특히 지각항등성(예를 들어 문이 열려 있는 데에도 지각된 형태의 문의 모습은 닫혀 있는 그대로 뇌 속에 유지되는 능력), 지각적응성(예를 들어 일정시간이 지나서야 어두운 극장 안의 대상을 지각할 수 있는 능력) 및 지각상의 착각(예를 들어 가장 잘 알려져 있는 한 가지 그림 속의 여성과 마녀의 그림)을 다루어 왔다.

[표 7-1] 인간 감각의 절대역

감각	절대역
시각	맑은 날 밤 20km 떨어진 촛불
청각	조용한 가운데 16m 거리에서 손목시계가 째깍거리는 소리
미각	4l의 물에 설탕 한 숟갈
후각	방이 셋 있는 아파트에 향수 한 방울
촉각	10cm 높이의 뺨 위에서의 벌의 날개짓

자료: 서청원, 『현대심리학』, 시그마프레스

인간이 사물을 지각하기 위해서는 물리적 자극의 강도가 일정한 값을 넘어야 하는데 이 값을 절대역(absolute threshold)이라고 한다. 절대역은 어느 자극의 강도에서 50%의 경우 지각하고 50%의 경우 지각하지 못하는 수준의 강도로 정의된다. 즉 절대역에서 자극을 감지하는 확률은 50%이다. 예를 들어 [표 7-1]에 나타난 바와 같이 인간 후각기관의 절대역은 한 방울의 향수를 3개의 방까지 확산되는 수준까지 감지할 수 있는 것으로 알려져 있다.

사례_80　리치(J. Ritchie)는 1972년에 12가지 활동(볼링, 쇼핑, 골프, 수공예작업, 정원가꾸기, 텔레비전 시청, 스노모빌링, 브리지 게임, 수영, 독서, 친구방문 및 영화감상)의 유사성에 225명의 피험자를 대상으로 실시한 실험을 통해 사람마다 지각하는 데에 편차가 있는가를 조사하였다. 그 결과 측정오차를 허용하더라도 지각하는 유사성에서 사람마다 편차가 심하게 나타난다는 사실을 발견하였다.

 사례_81　밴프라크, 더브노프(B. Dubnoff), 사(N. Sar) 등은 개인들의 판단에서 편차가 심하기 때문에 이를 설명하기 위해 개인은 자기자신만의 기준에 따라 자극에 대응한다고 주장하였다. 예를 들어 소득수준의 판단은 자신의 소득과 재정욕구에 의존할 것으로 기대하였다. 1988년 이들은 보스턴 지역에 거주하는 600명을 대상으로 세금공제 후의 소득이 "가난하다, 빈곤에 가깝다, 그저 살아갈 만하다, 그냥 편하게 살 만하다, 아주 편하게 살 만하다"라고 생각되는가 하고 물었다.

그 결과 소득이 높을수록, 학업이수기간이 길수록, 가족수가 많을수록, 자신을 "가난하다"고 판단하는 경향이 높은 것으로 나타났다. 소득이 충분한지 부족한지의 판단을 자신의 소득을 기준으로 하여 판단한다는 사실이 밝혀졌다. 소득을 판단하는 데 사용하는 다른 기준은 교육수준과 가족수였다.

이들은 다른 자극에서도 똑같이 조사하였다. 그 결과 사람들은 서로 나이가 다른 사람을 아주 젊은지, 다소 젊은지, 중년인지, 또는 늙은지를 지각하는 판단에서 자신의 나이를 기준으로 지각하는 것으로 밝혀졌다. 그리고 학업기간을 판단하는 데서도 자신이 이수한 학업기간을 기준으로 지각한다는 사실도 발견하였다. 가령 박사학위를 끝낸 사람은 12년의 교육기간을 짧다고 판단하는 데 비해, 중학교만을 이수한 사람은 이를 길다고 판단하였다.

하이에크는 *Individualism and Economic Order*(1949)에서 인간이 상대방의 의도나 신념 및 행동을 자신의 마음을 기준으로 판단한다고 주장하였다. 즉 상대방의 행동을 자신의 마음과 유사하게 해석한다. 그는 사람이란 다른 사람의 행동과 목적을 자신의 마음에 담겨 있는 지식으로부터서만 알고 있는 분류나 범주로 그룹화한다고 지적하였다. 따라서 단순한 물리적 환경을 설명하는 물리법칙과 달리, 인간과 관련된 복잡한 사회현상으로부터서는 어떤 법칙을 발견할 수 없고 단지 일관된 경향만을 발견할 수 있을 뿐이라고 주장하였다. 왜냐하면 법칙을 발견하더라도 그건 어디까지나 자신의 마음속에 이미 자리잡고 있던 법칙의 산출물일 것이기 때문이다. 이 책에서는 편의상 이러한 경향을 법칙이라고 이름을 붙였다.

2. 가격지각

가격에도 지각기준이 존재할 것으로 생각된다. 즉 가격이 높거나 낮다고 지각하는 것은 개인이 상품에 정당한 가격을 반영한 자신의 기준에 의존한다. 예를 들어 주택처럼 자주 구매되지 않는 상품의 가격은 과거 지불했던 가격을 준거가격으로 삼는다. 그런데 대부분의 경우 이러한 준거가격이 현재의 가격과 일치하지 않는다. 물론 높은 가격이기는 하지만 판매원들은 새로운 준거가격을 잘 제시하는 데 익숙하다. 이들은 준거가격이, 제품의 정보와 결합하여, 소비자의 판단과 선택에 상당한 영향력을 미칠 수 있다는 사실을 잘 활용한다.

마케팅에서는 흔히 가격차로 소비자의 민감도를 조사한다. 심리학의 지각이론을 경제학에 적용한 분야가 소비자 가격지각과 위험지각이다.

위험지각은 제9장에서 살펴본다.

1966년 가보(A. Garbor)와 그레인저(C. Granger)는 제품을 구매하는 확률을 서로 다른 가격에서마다 조사해 보았다. 소비자에게 특정제품을 xx의 가격이면 구입하겠는가라고 질문하였다. 만약 대답이 구입한다라고 나오면 다른 가격을 제시하여 묻는 과정을 계속하였다. 만약 소비자의 대답이 구입하지 않는다라고 나오면 그 제품이 너무 비싸서인지 아니면 너무 싸서인지를 물었다. 그리하여 수용할 수 있는 가격범위의 상한가격 및 하한가격의 한계를 발견하였다.

일반적으로 수용할 수 있는 하한가격의 한계를 넘어 가격을 상승시키면 표본대상자들의 경우 그들의 구매확률은 예상과 달리 상승하였다([그림 7-1]에서 →로 표시). 그러나 수용할 수 있는 가격의 상한가격의 한계 아래의 가격에서는 가격이 하락함에 따라 구매확률이 상승하였다(그림에서 →로 표시). 하한선보다 더 낮은 가격이면 소비자들은 물건의 품질을 의심하여 그 결과 구매의사를 줄인다.

사례_82　밀그럼(P. Milgrom)과 로버트(J. Robert)는 "Price and Advertising Signals of Product Quality"(1986)에서 광고가 제품의 품질을 확인할 길이 없는 사람에게 우수한 품질이라는 사실을 알려주는 신호로서 역할할 수 있지만 가격도 마찬가지로 높은 가격은 우수한 품질이라는 정보를 전달하는 신호가 된다고 주장하였다.

승자의 저주(winner's curse)는 경매에서 자주 볼 수 있는 현상인데 흥정한 물건이 예상했던 것보다 너무 쉽게 손에 쥐어지는 바람에 승자가 된 낙찰자가 오히려 불안감을 느끼는 상황을 두고 말한다. 상대방이 너무 쉽게 제의를 받아들이게 되면 물건에 무언가 하자가 있는 것은 아닐까?, 좀 더 싸게 불렀어야 하는 건데, 좀 더 나은 거래를 할 수 있었는데, 바보짓을 했구나 하는 따위로 구입하고 나서도 찜찜한 기분을 승자가 느낀다. 심한 경우 물건을 구입한 자는 승자의 저주에 시달리다 못해 급기야 물건을 사용하지 않고 처박아 놓는 일도 벌어진다.

상한선보다 더 높은 가격이면 소비자의 입장에서 경제적이지 않기 때문에 구매의사가 줄어든다. 이를 그림으로 보면 〔그림 7-1〕과 같다. 상한선보다 하한가격한계선보다 더 낮아서도 그리고 상한가격한계선보다 더 높아서도 안 되는 최적가격은 두 구매확률곡선이 서로 교차하는 지점이다. 왜냐하면 이 최적가격을 기준으로 하여 이 보다 더 높거나 낮은 가격에서는 판매자들이 시장소비자들을 잃어버리기 때문이다.

가보에 따르면 소비자들에게는 한 상품에 기대했던 가격 또는 정상적인 가격이라고 생각하는 수준이 있지만 동시에 이 수준의 어느 방향이든 일정한 범위내의 가격변화는 소비자들의 구매의사에 영향을 미치지

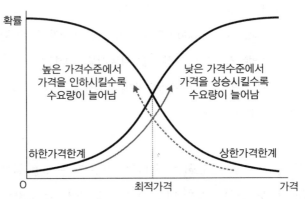

자료: Garbor & Granger(1966), "Price as an Indicator of Quality", *Economica*.

〔그림 7-1〕 **구입하기에 너무 비싸거나 싸거나 판단하는 확률**

않는다고 주장한다.

소비자 가격지각의 또 다른 측면은 이른바 심리적 가격문제이다. 미국에서는 식품의 80% 정도는 끝자리가 9나 5인 가격을 매기고 있다. 그러나 영국에서는 9펜스나 99펜스를 붙인다. 이런 가격결정의 배경에는 소비자들이 끝자리 가격이 홀수일 때는 싸다고 지각할 가능성이 있다고 보기 때문이다.

3. 대조의 법칙

마케팅에서는 인간의 지각한계를 이용하여 상품을 판매하는 기법을 동원한다. 흔히 이용하는 기법이 대조의 법칙이다. 보잘 것 없는 물건도 다른 고급스런 물건과 같이 있으면 똑같이 빛나는 것처럼 느껴진다. 반대로 모조품 가게에서 아주 고가의 다이아몬드 한두 개가 있다고 해도 그것을 가려내기는 쉽지 않다.

1965년 휘트니(R. Whitney), 허빈(T. Hubin), 머피(J. Murphy)는 양복을 사기 위해 양복 매장을 찾은 고객들이 양복과 어울리는 악세서리(예컨대 셔츠, 신발, 벨트 등)를 어떻게 구입하는가를 조사하였다. 양복을 산 이후에 악세서리를 구입한 고객들이 양복을 사기 전에 악세서리를 구입한 고객들보다 훨씬 더 비싼 것을 구입한다는 흥미로운 사실을 발견하였다.

따라서 점포의 점원들이 물건을 사러 온 고객에게 비싼 물건을 먼저 권유하지 않는다면 대조효과에 따른 최상의 매출을 올리지 못할 뿐만 아니라, 오히려 대조의 법칙에 의해 불리해 질 수도 있다. 만일 싼 물건을 먼저 내 놓은 후에 비싼 물건을 내놓는다면 비싼 물건은 더욱 비싸게

느껴질 것이 분명하다. 이는 물건의 판매를 위하여 결코 바람직한 일이 아니다.(『설득의 심리학』에서)

 사례_83 브런즈윅에서 당구대를 팔았던 켈리(G. Warren Kelly)는 고객에게 비싼 모델을 먼저 보여 주는 것과 싼 모델을 먼저 보여 주는 것 사이에 매상고에서 차이가 있다는 점을 발견하였다. 그는 처음 1주일 동안 손님들에게 가장 싼 모델로부터 시작하여 점차 비싼 모델을 소개시켜 주는 전통적인 기법의 판매전략을 사용하였다. 이 기간에 팔린 당구대의 평균 판매고는 550달러였다. 그러나 다음 1주일 동안 손님들이 어떤 모델을 원하든 상관없이 그들에게 3000달러짜리 최고급 모델을 먼저 보여 주고 점진적으로 보다 값이 싼 모델을 소개하는 판매전략을 사용하였다. 그 결과 이 기간에 팔린 당구대의 평균 판매고는 1000달러가 넘어섰다. — 『설득의 심리학』에서

　부동산 중개상들도 집을 장만하러 들르는 고객들에게 처음에 누추한 것에서 시작하여 차츰 화려한 집을 보여 준다고 한다. 마찬가지로 맞선을 보러 나가는 경우에도 들러리를 자신보다 못 생긴 친구나 친지와 함께 나갈수록 혼인으로 이어져 성공할 가능성이 높다.
　마찬가지로 사람들은 대략적인 수치보다는 정확한 숫자를 믿는 경향이 있다. 가정용품 제조업체 P&G는 아이보리 비누를 널리 알리기 위해 "아이보리 비누는 99.44퍼센트 순수합니다!"라는 광고를 슬로건으로 내걸었다. 비록 100퍼센트 순수하다고 주장한다고 하더라도 아무도 이의를 제기하지는 않을 것이지만 정확한 수치는 소비자들로부터 신뢰의 가치를 높인다. 네슬레사의 테이스터스 초이스 디카페인 커피의 '99.7퍼센트 무카페인' 캠페인 역시 그와 비슷한 이유에서 이지만, 로저

도슨(Roger Dawson)은 *Secrets of Power Persuasion*에서 새로 출시하는 워드프로세서가 생산성을 2배 증가시킨다고 선전하기보다 87퍼센트 증가시킨다고 주장하는 편이 더 낫지 않을까하고 제안한다.

제2절 인지스타일

환경을 제대로 차별화하고 정보를 통합하는 능력은 사람마다 다르다. 경제이론은 완전한 정보를 가진 소비자들에게 판매자가 무엇을 속이고 있는지를 바로 구별해 낼 수 있는 능력이 주어진 것으로 가정하기 때문에 소비자의 인지에 별로 관심을 두지 않았다. 그러나 개인들이 인지하는 데 차이가 있는 까닭에, 비록 개인적 환경이나 선호가 동일하더라도, 경제행동은 다르게 나타난다.

복잡하게 차별화하는 인지를 가진 사람은 복잡한 환경으로부터서도 정보를 잘 추출할 수 있고, 의미 있는 방향으로 정보를 잘 통합할 수 있고, 그리하여 합리적으로 의사를 결정할 수 있다. 대신 단순하게 차별화하는 인지를 가진 사람은 정보를 처리하는 데 단순한 전략을 선호한다.

개인마다 차별화하는 인지능력이 다르다는 사실은 제품을 판매하는 공급자들에게는 관심의 대상이다. 생산자들은 제품이나 광고전략을 구사하는 데 소비자가 인지상으로 차별화하는 능력을 고려한다. 즉 복잡하게 인지하는 소비자들은 정보를 탐색하는 데에 활동적이고 제품과 사람에게도 비교적 정확한 인상을 형성한다. 따라서 이들은 불만족스런 것으로 판명될 제품과 서비스를 아예 처음부터 구입하지 않는다. 대신에 단순하게 인지하는 소비자들은 일방적으로 설득하는 메세지, 가령 광고선전에 현혹되기 쉽다. 따라서 제품과 서비스에 대한 소비자태도를 변경시키려는 메시지는 듣는 대상이 누군가냐에 따라 다른 방법으로 고안되어야 한다.

인스턴트커피를 처음 시장에 소개할 때, 판매자들은 빠르고 편리하고 쉽게 준비할 수 있다는 장점을 부각시켰다. 전통적인 원두커피에 비해 장점이 있었음에도 불구하고, 소비자들은 신제품에 저항하였다. 소비자를 대상으로 직접 물어 봤을 때, 인스턴트커피를 거부하는 사람들 거의 모두가 자신들은 인스턴트커피의 맛이 싫다고 대답했다. 하지만 블라인드 테스트(눈을 가리고 시음하는 검사)를 실시했을 때, 대다수가 인스턴트커피와 원두커피의 맛을 구분하지 못했기 때문에 커피 제조업자들은 설문 결과를 이해할 수가 없었다.

1950년 메이슨 헤어(Mason Haire) 교수는 인스턴트커피를 거부하는 심리적 요인을 찾아냈다. 즉 헤어교수는 두 그룹의 주부에게 한 가지를 제외한 동일한 쇼핑 리스트를 다음과 같이 제시하였다.

1번 리스트	2번 리스트
1.5파운드짜리 햄버거	1.5파운드짜리 햄버거
식빵 2개	식빵 2개
럼퍼트 베이킹 파우더 한 깡통	럼퍼트 베이킹 파우더 한 깡통
델몬트 복숭아 통조림 두 깡통	델몬트 복숭아 통조림 두 깡통
감자 5파운드	감자 5파운드
맥스웰 원두커피	네스카페 인스턴트커피

그 다음 주부들에게 1, 2번의 리스트로 함께 쇼핑하고 싶은 사람의

타입을 물어 보았다. 주부들이 응답한 결과를 비교한 결과, 그 사이에는
다음과 같이 커다란 견해차이가 있는 것으로 밝혀졌다.

1번 리스트로 쇼핑하고 싶은 타입	2번 리스트로 쇼핑하고 싶은 타입
검소하고 현실적인 여자	늦잠 잘 것 같은 여자
	게으를 것 같은 여자
요리하기 좋아하는 여자	칠칠맞아 보이는 여자
	생각이 없을 것 같은 여자
절약하며 분별력 있는 주부	앞을 내다볼 줄 모르는 여자
	근본적으로 게으른 여자
	아무런 생각이 없이 살아가는 여자

이 연구에서 알 수 있듯이 원두커피를 사고자 하는 동기는 구매자들
이 가족을 돌보는 좋은 아내, 엄마, 주부가 되고 싶은 욕망의 심리로 해
석된다. 마찬가지로 인스턴트커피는 게으르고 아무런 생각이 없는 모습
으로 비춰지는 것이 두려워서 거부한 것으로 보인다.

그에 따라 인스턴트커피 제조업체들은 편리함(convenience)의 어필에
서 적합성(appropriateness)의 어필로 판매전략을 변경했다. 활동적이고
계획성 있는 세심한 여자가 손님에게 인스턴트커피를 대접하고 사회적
으로도 그런 행위가 보상을 받는 모습을 비춰 주었다. 그 후 다시 조사
를 실시한 결과, 원두커피 이용자들이 고루하게 비춰지는 반면 오히려
인스턴트커피 이용자들은 긍정적으로 인식되었다고 한다(『소비의 심리학』
에서).

제3절 정서의 인지이론

1. 요크스도슨법칙

정서인지이론에 의하면 환경으로부터의 자극으로 인해 각성상태가 생성되는데 그에 따라 개인이 각성을 설명하기 위해 외부세계를 해석한다. 외부세계를 해석하고 난 이후의 개인의 상태를 정서라고 부른다. 예를 들어 일을 잘못하여 기분이 나쁜 마음이 들면 죄의식이라고 하는 정서가 생긴다.

정서는 여러 가지로 표현되는데 그 형태와 강도가 다르다. 예를 들어 커다란 만족은 점잖은 기쁨으로 표시될 수 있다. 다른 많은 형태의 행동이 웃음, 울음, 손뼉치기, 거친 언어사용 등과 같은 정서상태를 노출시킨다. 흔히 얼굴표정이 종종 정서를 탐지하는 단서를 제공하기도 한다.

정서는 동기와 관계가 있다. 가령 증오와 같은 정서는 특별한 행동, 예를 들어 상대방을 복수하는 동기자로서 역할한다. 정서는 또한 동기화된 행동을 수반한다. 예를 들어 섹스는 강력한 동기가 아니고 생생한 정서를 경험하는 원천이다. 거래(동기)의 결과로부터 얻는 이득이 없다면 정서도 발생하지 않을 것이다. 이런 측면에서 정서상의 경험은 어느 행동을 취할지를 가리키는 목표가 될 수 있다.

정서는 아드레날린의 분비나 심장박동 및 발한과 같은 자율신경계의 변화를 수반한다. 그에 따라 정서를 생리적 변화에 의해 측정할 수 있다. 자율신경계의 일반적 활동증대는 각성(arousal)의 상태를 나타내는데 각성이란 흥분이나 자극된 느낌과 관련한 유기체의 일반적 상태를 말한다.

사례_84 하버드경영대학원의 잘트만(Gerald Zaltman) 교수 연구팀은 여성들에게 다양한 쇼핑환경을 접하게 하여 두뇌의 혈류 및 전장 움직임을 양전자촬영법으로 측정한 결과 상황에 따라 큰 변화가 일어난다는 사실을 발견하였다. 판매직원이 공격적이고 매장이 불결한 점포에서는 전두엽피질 등 투쟁심이나 거부반응과 관련된 두뇌부위에 혈류가 집중되는 반면 종업원이 친절하고 서비스가 좋은 점포에서는 즐거운 감정과 연관된 두뇌부위에 혈류가 집중되는 현상이 발견되었다.   — How Customers Think에서

개인은 자신이 환경을 해석한 바를 토대로 하여 자신의 정서를 구축한다. 그에 따라 합리적으로 의사를 결정하는 일이 방해받을 가능성도 있다. 예를 들어 경매에 참여하는 입찰자의 경우를 살펴보자. 경매금액이 올라갈수록 높은 각성상태가 일어난다. 이는 입찰자가 당해 품목을 소유하려는 강한 열망을 반영하기 때문에 일어난다. 그리하여 심지어 비합리적으로 터무니없는 가격까지 올라갈 수 있다.

높은 각성이 계속 반복되면 스트레스, 즉 신체의 요구로 인해 신체가

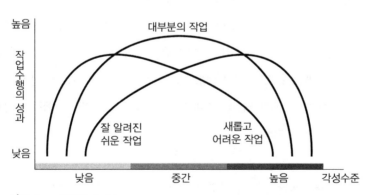

자료: Santrock(1991), *Psychology*.

〔그림 7-2〕 각성수준과 작업성과 사이의 요크스도슨 법칙

피로해지는 상태에 도달하는데 스트레스는 ① 시험준비하는 학생이 경험하는 과부하, ② 여러 가지 상품이나 사람(결혼상대자) 중에서 하나를 선택하는 데서 오는 갈등, ③ 갈망하는 목표(승진좌절, 선거낙방)에 도달하지 못한 데서 오는 좌절, ④ 무관심과 애정의 상실 등에서 오는 불안, ⑤ 임신이나 죽음의 불확실성 등으로부터 생성되는 것으로 알려져 있다.

그렇다고 각성이 전혀 없는 상태가 인간에게 항상 유익한 것만도 아니다. 예를 들어 직장지원자가 회사에 관심이 없으면 당연한 일이겠지만 회사에 매우 관심을 가지는 경우와 어느 정도 관심을 가지는 경우를 서로 비교하면 어느 편이 취업에 성공할 가능성이 높을까? 연구결과 어느 정도 관심을 갖는 것이 매우 관심을 갖는 것보다 성공을 거둘 가능성이 높다고 한다. 1908년 요크스(R. Yerkes)와 도슨(J. Dodson)은 이러한 현상을 쥐, 닭, 고양이 및 인간의 실험을 통해 증명하였는데 유기체에게는 적정 수준의 각성상태가 존재한다는 사실을 요크스도슨 법칙 (Yerkes-Dodson law)이라고 한다.

 사례_85 서로 다른 강도의 전기충격을 가하여 동기 또는 각성수준을 조작하였다. 피험자가 시각으로 밝기를 판별하는 과업이 세 가지의 복잡한 단계로 각각 주어졌다. 가장 쉬운 과업은 각성수준이 높을 때(높은 전기충격) 가장 잘 수행되었다. 가장 어려운 과업은 각성수준이 낮을 때(낮은 전기충격) 가장 잘 수행되었다. 그 결과 중간 정도의 과업은 각성수준이 중간수준일 때 가장 잘 수행되었다((그림 7-2) 참조).

요크스도슨 법칙을 작업환경에 적용하면, 가령 쉬운 과업(공장의 관리업무)에서는 무감각한 상태를 피하기 위해 높은 수준의 각성상태를 유지할 필요가 있다. 이와 반대로 신규 자동차를 설계하는 따위의 복잡한 과업은 낮은 수준의 각성상태를 유지할 필요가 있다. 이는 어떤 의미에서 어려운 의사결정에 부닥치는 경영자들이 왜 스트레스 방지프로그램을 수행하고 있는가를 설명한다. 갈릴레오 갈릴레이(Galileo Galilei: 1564~1642)가 진자를 이용하여 시계를 발견한 순간은 교회에서 조용히 예배를 드리고 있을 때였고, 아이작 뉴턴(Isaac Newton: 1642-1727)이 만유인력을 발견한 장소는 누워서 한가롭게 사과를 바라보던 과수원에서였고, 닐스 보어(Niels Bohr, 1885-1962)가 원자를 발견한 곳은 달리는 경주말을 구경하던 경마장에서였다고 한다.

요크스도슨 법칙의 효과가 최적의 각성수준을 찾으려는 경향과 결합하여 개인의 활동 패턴에도 영향을 미칠 수 있다. 즉 각성수준이 높은 상태에서는 수행하기 쉬운 활동(가령 꽃을 가꾼다거나)을 찾으려고 할 것이다. 각성수준이 낮을 때에는 보다 어려운 활동(가계예산의 항목별 계획수립)을 수행하려고 할 것이다.

2. 정서와 소비자 선택

피터(R. Pieters)와 밴라이(W. Van Raaij)는 기분상태가 좋은 소비자와 투자자가 그렇지 않은 사람들보다 제품이나 서비스 및 주식에서 더 긍정적인 기대를 형성한다는 사실을 발견하였다. 게다가 그러한 소비자와 투자자가 더 많은 위험을 감수할 의사가 있고 그에 따라 기분이 나쁜 상태의 사람들보다 특정상품을 더 빈번하게 구입하려는 경향이 있을 것으로 기대된다. 그래서 경제심리학자들은 소비자감성지수가 소비자의 전체적인 수준의 기분을 나타내는 구체적인 측정치로 개념화될 수 있다고 생각한다. 긍정적(낙관적) 기대가 재량적 지출을 늘리고 소비자저축을 줄인다는 카토나(G. Katona)의 결론도 이와 부합하는 내용이다.

 사례_86　1987년 돌라키아(R. Dholakia)와 레비(S. Levy)는 경제경험이 소비자행동에 영향을 미칠 수 있다는 사실을 발표하였다. 즉 서베이 응답자들에게 최근의 경제상황이 자신들에게 긍정적으로 또는 부정적으로 영향을 미칠 것인가를 물었다. 부정적인 경험을 가진 응답자들은 비교하는 쇼핑을 벌이고, 구매사냥을 벌이고, 에너지사용에 민감하고, 경제적 어려움을 느낀다고 대답하였다. 이러한 결과가 이들의 소득이 낮기 때문이 아닌데 왜냐하면 높은 소득 수준의 응답자들이 최근의 경제상황에서 소득이 낮은 수준의 응답자들보다 더 부정적인 견해를 보고하였기 때문이다.

감정이 의사결정에 미치는 영향을 조사한 심리학자들은 의사결정과 전혀 무관한 감정(emotion)이 의사결정에 영향을 미친다는 사실을 발견하였다. 가령 기분이 좋은 사람은 그렇지 않은 사람보다 미래를 보다 더 낙관적으로 바라본다. 달리 말해 기분이 좋은 사람은 좋은 일이 일어날 확률을 높게 잡고 대신 나쁜 일이 일어날 확률을 낮게 잡는다.

 사례_87　1992년 라이트(W. Wright)와 바우어(G. Bauer)가 조사한 바에 의하면 기분이 좋은 조사대상자들은 '자신이 내년까지 멋진 친구가 될 새로운 사람을 만날 확률을 84%로 바라보는데 비해 기분이 나빴던 조사대상자들은 그런 일이 일어난 가능성을 51%로 믿는 것으로 조사되었다. 또 '자신이 앞으로 5년 이내에 커다란 자동차 사고를 당할 확률을 문의한 결과, 기분이 나빴던 조사대상자는 52%라고 생각하는 반면, 기분이 좋았던 조사대상자는 23%라고 생각하는 것으로 나타났다. 사람들은 이처럼 단지 기분이라는 감정에 따라 미래를 달리 바라본다.

 사례_88　1996년 부루스 린드(Bruce Rind)는 날씨가 팁을 주는데 영향을 미치는지를 조사하였다. 창문이 없는 대형 호텔에서 내실의 손님이 룸서비스를 요청하면 종업원이 바깥의 날씨를 이야기로 전달했는데 비오는 날에는 서비스 가격의 18.8%를 팁으로 받았고, 흐린 날에는 24.4%를, 햇빛이 나는 맑은 날에는 29.4%의 팁을 받은 것으로 조사되어 결국 비오는 날에 비해 화창한 날에 팁을 50% 정도 더 주는 것으로 알려졌다.

날씨는 주식거래에도 영향을 미친다. 즉 화창한 날에는 미래를 낙관적으로 바라보는 투자자들이 주식을 매도하기보다 매수할 가능성이 높다. 그 결과 일일 수익률에도 영향을 미칠 것으로 기대된다.

 사례_89　2003년 허쉬라이프(D. Hirshleifer)와 샴웨이(T. Shumway)는 세계에 분포되어 있는 26개의 증권거래소의 일일수익률과 날씨를 비교한 연구를 통해 햇빛이 있는 날의 일일수익률이 햇빛이 없는 날의 일일수익률보다 24.6% 높다는 사실을 발견하였다. 화창한 날과 침울한 날의 연간수익률의 차이가 뉴욕증권거래소에서는 15%, 런던에서는 22.1%, 코펜하겐에서는 4.1%, 파리에서는 19.7%로 조사되었다.

계절별로 햇빛이 투자자의 행동에 미치는 영향을 조사한 캄스트라 (M. Kamstra), 크레머(L. Ktamer), 리바이(M. Levi) 등의 2003년 연구에 따르면 7개국의 증권시장에 대한 조사를 통해 해가 짧아지는 가을부터 연중 밤이 가장 긴 연말까지의 증시수익률이 다른 시기의 수익률보다 낮다는 사실이 발견되었다. 이러한 효과는 적도에서 가장 멀리 떨어진 스웨덴과 영국에서 가장 강하게 나타난 것으로 알려졌다.

3. 광고를 통한 정서호소

마케팅의 아버지라고 불리는 코틀러(Philip Kotler)는 광고가 세 가지 기능을 갖는다고 하는데 즉 제품에 관한 정보를 알리거나(informative), 다른 제품과의 차별성을 강조하여 소비자를 설득하거나(persuasive), 소비자의 기억 속에 사라지지 않도록 상기시키는(reminding) 기능을 갖는다고 한다. 경제학자 넬슨(Philip Nelson)은 "Advertising as information"(1974)에서 상품을 탐색재와 경험재로 구분하여, 대부분의 광고가 탐색재보다 경험재를 대상으로 하여 이루어지고 있는 현실로부터 광고가 소비자에게 상품의 품질을 알리는 신호수단이 된다고 주장한다.

탐색재(search good)는 제품이 갖고 있는 속성을 소비자가 바로 눈으로 확인할 수 있는 재화이다. 따라서 과장된 광고로 소비자를 오도시켜 생산자가 얻을 수 있는 이득이란 게 없는 까닭에 이에 대한 광고는 직접적인 정보가 된다. 대신 경험재는 소비자가 제품을 사용하지 않고서는 품질의 이모저모를 확인할 수 없다. 따라서 기업은 우수한 제품을 시장에 내놓았다고 주장하더라도 소비자가 제품을 구입하여 경험해보지 않은 이상 그 사실을 확인할 길이 없다. 비록 기업이 과장된 광고를 내보내었다고 하더라도 확인될 길이 없는 까닭에 그러한 광고는 무의미하며 따라서 소비자들도 이를 무시하게 된다. 그 결과 경험재에 대한 광고는 제품과 관련 있는 직접적인 정보를 소비자들에게 제대로 전달할 수 없다. 이러한 경우 소비자들은 우수한 품질을 확인하는 일이 지대한 관심사이고 기업은 제대로 된 제품을 구입하였다는 확신을 소비자들에게 심어주는 일이 지대한 관심사이다.

넬슨은 특정 경험재를 광고한다는 것 자체가, 정보에 관한 속성을 전달하는데 기여하지 못하고, 단지 당해 제품이 우수한 브랜드라는 사실을 소비자에게 알려주는 신호로서 역할한다고 주장하였다. 우수한 품질의 브랜드가 광고를 자주할수록 그리고 광고에 상당한 금액을 지출한다는 사실이 관찰될수록 이를 전달받은 소비자들은, 비록 광고가 직접적으로 알맹이가 없는 정보를 제공하더라도, 광고에 긍정적으로 대응할 것이다. 그런 까닭에 경험재를 광고하는 브랜드, 예컨대 코카콜라와 나이키, 레인저자동차, 포드자동차 등은 품질에 관한 정보를 제공하기보다 오히려 제품 자체만을 살짝 알리면서 럭셔리한 배경으로 광고치장한다. 그래서 다른 제품의 공급자들이 흉내를 낼 수 없을 정도의 상당한 금액의 광고비를 쏟아 부어 자신의 제품에 호의적이 되도록 광고를 활용한다. 여기에 경험재는 소비자들이 반복하여 구매하는 제품이어서 최초의 판매가 중요한 역할을 차지하는 까닭에 기업들은 많은 예산을 들여 광고한다.

가령 기업에 취업하려고 자격이 있는 구직자인 것처럼 보이도록 하기 위해 구직자가 상당한 교육비를 들인다든지, 의회에 진출하기 위해서나 승진을 위해서 대학원의 학위를 얻고자 교육비를 들인다든지, 훌륭한 배우자를 얻기 위해 외관상 매력이 있게 보이도록 하고자 성형수술하는 따위의 행위는 신호(signaling)로서 역할하는 광고와 그 맥을 같이한다. 실제로 전문적인 직종을 제외한다면 소비자들은 불필요할 정도의 높은 교육수준과 화려한 치장에 관심을 갖는다. 구인하는 측(기업이나 미혼자)

은 상대방에 관한 정보를 알 수 없는 까닭에 외형적인 학력이나 매력의 잣대로 상대방을 스크리닝(screening)하여 고품질의 인물을 구할 가능성이 높았을 것이라고 스스로 위로한다.

기업의 상품광고가 먹혀들어가는 까닭은 광고가 사람들의 눈을 자극할수록 뇌에서는 도파민이 분비되기 때문이다. 사탕 한 알에서부터 도박 및 술에 이르기까지 수많은 상품들이 인간의 뇌에 도파민을 샘솟게 만드는 효과를 준다. 인간은 어떤 대상을 실제로 경험하는 것보다 그것을 기대하는 데서 얻는 쾌락이 더 클 수도 있다. 오랫동안 담배를 끊었던 사람도 식사를 할 때나 커피를 마실 때 담배를 피우고 싶은 욕망을 느낀다. 이는 이전에 식사를 하고 커피를 마실 때 늘 담배를 피워왔기 때문에 뇌가 담배의 이미지를 식사와 결부시킨 결과에서 비롯한다.

자신의 상품을 광고하는 기업들도 이러한 뇌의 연상·학습능력을 놓치지 않는다. 이들은 소비자의 뇌에 이런 종류의 연상 이미지를 각인시키기 위해 매년 수십억 달러를 쏟아 붇는다. 인간에게 자극을 가하여 반응하는 행동을 학습을 통해 이끌어낼 수 있다는 행동주의의 창시자 존 왓슨(John Watson)은 맥스웰 하우스의 광고를 맡으면서 커피브레이크를 미국의 모든 사무실과 공장에 하나의 습관으로 정착시키고자 노력했다. 즉 커피브레이크를 알리는 종소리는 마치 고전적 조건형성의 창시자인 러시아 태생의 생리학자 파블로프(Pavlov)가 개에게 먹이를 주기 전에 울렸던 종소리와 유사한 역할을 수행한다. 이처럼 광고가 큰 힘을 발휘할 수 있는 것은 인간의 평생학습능력 때문이다. 이러한 인간의 평생학습능력은 완벽한 예측이 불가능한 세계에서 살아남기 위해 진화한 능력이다. 인간은 진화과정에서 보상 시스템이라는 것을 부여받아 평생 동안 학습을 계속한다. 보상을 느끼는 대상, 즉 쾌감을 느끼는 대상이 생존에 도움이 되는 것들이라면 유전에 의해 다음 세대로 전달된다 (*Liars, Lovers, and Heroes*, Steven R. Quartz & Terrence J. Sejnowski, 2002, 최장욱 옮김, 『거짓말쟁이, 연인, 그리고 영웅』(소소출판)에서).

광고가 우수한 품질이라는 정보를 알리는 수단이기도 하지만 광고를 구성하는 가장 중요한 요소는 이를 통해 소비자의 정서에 호소하는 데 있다. 광고를 통해 제공되는 제품정보는 소비자에게 인지상의 태도를 형성시켜 구매행동을 촉발시킨다. 광고에서 창조적인 부분은 제품과 호의적으로 관련되는 정서를 끌어내기 위한 적절한 자극을 선정하는 것으로 구성한다. 그래서 여러 가지 형태(소리, 시각, 색깔, 움직임 등)의 자극으로 소비자들이 제품의 편익을 지지하도록 유도한다.

제품이 정보를 제공하는 것이냐 아니면 변형을 제공하는 것이냐에 따라 소비자들의 서로 다른 정서를 건드린다. 제품을 연상시키는 여러 가지 종류의 정보나 변형동기가 소비를 유도한다. 이러한 경우에 동기마다 끌어낼 수 있는 전형적인 정서상태를 〔표 7-2〕에 표시하였다.

〔표 7-2〕 각 동기에 대응하는 전형적인 정서

정보적 동기	전형적인 정서의 변화	
문제제거	노여움	⟶ 위안
문제회피	두려움	⟶ 이완
불완전한 만족	실망	⟶ 낙관
접근과 회피의 혼합	죄책감	⟶ 마음의 평화
정상적 감모	가벼운 성가심	⟶ 편리함
변형적 동기		
감각적 만족	무미건조	⟶ 의기양양
지적 자극	지루함	⟶ 흥분함
사회적 인정	염려함	⟶ 우쭐해짐

자료: Rossiter & Percy(1987), *Advertising and Promotion Management*.

문제제거는 문제로 인해 화가 나거나 성가신 경우에 브랜드(세척제 등)를 통해 위안을 받을 수 있도록 소비자의 정서에 호소한다. 문제회피는 문제로 인해 소비자가 두려움이나 공포를 자극받는 경우에, 브랜드(탈취제)를 사용함으로써 문제를 걱정할 필요가 없도록 하여 마음을 평정하게 이완시키도록 이끈다.

 사례_90　프록터 앤드 갬블(P&G)의 헤드 앤드 숄더(Head & Shoulder) 샴푸는 난처함에 두려움을 바탕으로 하는 어필을 잡지와 TV 광고에서 사용했다. "머리를 긁는 것은 비듬이 있다고 주위 사람들에게 광고하는 것과 다름없습니다"와 같은 카피와 함께 사람들이 많이 모여 있는 곳에서 어깨에 비듬이 떨어져 있지는 않지만 자기도 모르게 머리를 긁고 있는 사람의 모습을 보여 주었다. 머리 긁는 모습을 보고 놀란 표정을 짓는 모습들을 묘사함으로써 자아상실의 두려움을 일깨우고자 했다. 건강이나 머릿결 보호보다 자아를 보호하기 위한 제품으로 광고한 것이다.

－『소비의 심리학』에서

　불완전한 만족은 이용하는 제품에 실망하고 있는 소비자에게 새로운 브랜드(가령 여행안내)를 제공하여 고객의 만족목표에 가까이 도달할 수 있는 낙관적인 정서에 호소한다. 접근과 회피의 혼합은 제품에 탐닉되어 있는 데에 따른 죄책감으로 갈등하는 고객에게 갈등해결을 약속하는 브랜드(가령 저칼로리 음료)를 제공하여 마음의 평화를 느끼도록 만든다. 정상감모는 제품이 소모되어 감에 따라 나타나는 가벼운 성가신 정서를 쉽게 개체하여 편리하도록 만든다. 대부분 지역 내의 소매상들이 광고하는 정기적 구입제품은 여기에 속한다.

　변형동기는 〔표 7-2〕의 전형적인 정서의 왼쪽에 놓인 정서를 바로 오른쪽에 놓인 정서로 변경시켜 주는 동기를 제공하는 제품광고이다. 예를 들어 감각적 만족은 브랜드(가령 소다수)를 통해 소비자를 바로 의기 양양하도록 만드는 데 초점을 맞추거나 향료나 차처럼 무미건조한 정서 를 흥분시키도록 이끈다. 지적 자극은 무언가 새롭고 도전할 만한 것(가 령 신제품 컴퓨터)으로부터 흥분시키는 데 기여한다. 사회적 인정은 브랜 드(가령 패션제품, 자동차, 여행지) 사용자를 우쭐해지도록 유도한다.

제4절 특성에 의한 효용

1. 태도의 기능

심리학에서 태도(attitude)는 개인이 환경에 적응하는 데 중요한 여러 가지 심리적 기능, 즉 도구, 자아방어, 가치표현 및 지식기능을 수행한 다. 경제행동에서 태도가 갖는 중요한 심리적 기능은 태도가 도구로서 효용함수의 기능을 제공하기 때문이다. 이 함수에 의하면 태도는 목적 을 달성하기 위한 수단으로 기여한다.

태도는 여러 가지 방법으로 표시될 수 있는데 예를 들어 생리적 변화 (심장이 뛰거나 얼굴이 빨개지거나 하는 따위)나 행동(자유주의적 정당에 투표하는 따 위)을 통해 무의식적으로 표출된다. 가령 기업가는 기업의 여건을 향상 시키기 위해 친기업적인 정당을 지지한다.

태도의 자아방어기능은 현실과 부합하도록 자신의 지각을 유지하도 록 만든다. 예를 들어 자신의 가치에 자신이 없는 사람은 과시적 소비행위에 우호적인 태도를 취한다. 왜냐하면 그러한 상품을 소유함으로써 다른 사람보다 자신이 우월하다고 느낄 수 있기 때문이다.

태도는 소비자에게 불안감에서 벗어나도록 하여 연약한 자아를 보호하는 데 기여한다. 즉 위협, 공격, 불안감이나 열등감으로부터 개성을 보호해 주는 역할을 맡는다. 소비자를 겁줘서 제품을 구매하게 하는 "두려움을 이용한 어필"을 사용하는 광고는 자아방어적인 태도가 유발되도록 자극한다. 자신과 동일하다고 느끼는 모델이 난처한 상황에 놓이면 이것을 보는 소비자는 공포감을 갖게 될 것이다.

태도의 가치표현 기능은 자신의 가치와 조화하는 태도(또는 행동)로 자신을 표현하는 것을 말한다. 예를 들어 기업이 문화재보호나 환경보호 및 산림보호를 지원하는 활동은 당해 기업의 제품이 소비자의 가치와 조화를 이루어 호의적인 태도를 낳는다.

많은 제품이나 서비스와 관련된 태도들은 본래 가치표현적이다. 그중에서도 특히 '사회적으로 과시적인' 상품에 속하는 의류, 차, 집, 가구 등이 대표적인 예라고 할 수 있다. 이러한 제품들은 소비자의 지위를 말해 주는 것과 동시에 가치관을 상징한다. 결국 어떤 사람의 옷 입는 방식, 운전하는 차의 종류, 사는 곳 등을 알고 있다면 그 사람의 라이프스타일뿐만 아니라 그 사람의 성격까지 어느 정도 알 수 있다. 그러므로 이러한 제품이 각 개인의 아이덴티티를 말해 준다고 할 수 있다.

끝으로 태도의 지식통합기능은 자신의 경험을 예전의 지식구조와 부합하도록 조직화하는 것을 말한다. 예를 들어 자신의 부족한 재산을 정당화하기 위해 소득불평등에 불평을 의식적으로 짜맞추는 태도는 이에 속한다.

일반적으로 태도는 행동을 부분적으로밖에 설명하지 못한다. 여러 여건이 태도를 표현하여 행동으로 나타내는 데에 개입한다. 가령 예산제약은 구매행동에 제한을 가하는 가장 중요한 경제적 요소이다. 게다가 시간도 활동하는 데 제한을 가한다. 사회규범, 육체적 및 정신적 제한 (예를 들어 나이, 건강, 힘, 지능 및 창조적 능력의 제한), 기술적 제약, 사회제약 (예를 들어 카풀제나 상조문화) 및 자율적 제약(예를 들어 소비를 하지 않기 위해 현찰과 수표를 지니고 다니지 않는 습관)이 행동을 제한한다. 태도에 영향을 미치는 제약을 〔표 7-3〕에 분류하여 표시하였다.

태도와 행동 사이의 관계를 보다 정확하게 설명하려면 행동을 설명하는 이러한 제한을 고려하여야만 한다. 그러므로 행동의 겉 표면에 나타난 이유보다 개인의 행동을 그렇게 몰고 간 행동의 배경이 되는 제약요인을 살펴볼 필요가 있다. 가령 교회에 참여하는 행동을 신앙보다 기부할 수 있는 재정적 능력이나 이용가능한 시간에 의하여 보완되어 설명되어야만 한다.

〔표 7-3〕 제약의 분류

1. 자원	2. 기술상태
소득과 가격	기술
가용시간	사회적 기술
육체적 및 정신적 태도	
3. 표준	4. 자율적 제약
성문화된 규범	
비공식적 규범과 가치	

자료: B. S. Frey & K. Foppa(1986), "Human Behavior: Possibilities Explains Action", *Journal of Economic Psychology*.

2. 상표가치

비록 두 가지 종류의 핸드폰이 기능상 동일하고 또한 유사한 생산공정을 거쳐 조립되지만 삼성전자의 애니콜(Anycall)은 노키아(Nokia)보다 더 많이 팔린다. 스와치 시계회사(Swatch)는 다른 경쟁회사에 비해 상품값이 높지만 동시에 시장점유율도 높다. 리바이스(Levi's)의 청바지를 구입하는 소비자들은 다른 상표의 청바지를 그다지 입지 않는다. 이러한 소비자들의 행동은 상표가치(brand equity)에서 비롯된다.

상표에 내재된 가치는 기업의 가장 주요한 자산이다. 기업에 미치는 상표가치는 소비자를 끄는 능력이고, 높은 가격을 매기는 데에 정당성을 부여받고, 소비자의 애착도를 유지시킨다. 상표가치가 소비자의 심리적 기반을 확보하여 상표판매가 소비자반응에 영향을 미치는 효과를 캘러(K. Keller)는 상표지식이 갖는 차별적 효과라고 정의하였다.

상표지식은 상표의 인식과 상표가 주는 이미지로 구성된다. 예를 들어 삼성전자가 수행한 역사적 지식이 소비자에게 노키아보다 애니콜을 보다 더 높은 값을 지불하고서도 기꺼이 구입하도록 만든다. 마찬가지로 리바이스와 관련된 이미지(젊음, 신뢰, 진품, 미국화 등)가 상표를 맹목적으로 애착하도록 하는 바탕이 되고 있다. 상표인식은 얼마나 상표를 쉽게 환기시켜 인정하도록 만드는가에 달려 있다. 상표이미지는 소비자의 기억속에 자리잡은 상표와 관련된 과거의 경험으로 구성된다.

실제로 한 가지 상표만을 구입하는 소비자는 거의 없다. 대부분의 소비자들은 여러 기업의 상품을 소비하는데 단지 다른 상표에 비해 특정 상표를 선호한다. 이들이 새로운 상표와 관계를 시도 해 보거나 또는 기존의 상표를 폐기해 버리는 일은 드물다. 상표애착도(brand loyalty)란 여러 상표 중에서 특정 상표를 구입하려는 지속적 성향을 말한다.

 사례_91   국내의 대표적인 명품백화점은 갤러리아 압구정점이다. 이 곳에
서 연간 3600만 원 이상을 소비하는 VVIP(초우량고객)은 전체 카드고객의 1%
인 400명선. 하지만 이들이 압구정점 전체 매출에서 차지하는 비중은 무려
32.9%에 이른다. 1%의 극소수 고객이 전체 매출의 3분의 1을 책임지는
셈이다. 이들은 강남지역에 롯데, 현대, 신세계 등 유명백화점이 있는데도
굳이 갤러리아만을 고집하는 충성파들이다.

단골장사가 최고라는 간단한 지혜가 대기업의 마케팅 향방을 결정짓고 있는
셈이다. 새로운 고객을 확보하는 비용은 단골고객을 유지하는 비용보다 5배가
더 든다. 충성도 높은 단골고객은 수익성을 높이는 데에도 위력을 발휘한다.
국제적 컨설팅회사인 베인의 프레데릭 라이히헬드 부사장은 "신용카드회사의
경우 단골고객 5%를 추가로 유지하면 회사수익은 2배가 된다"는 조사결과를
발표하기도 했다.

최근 대기업들은 웬만한 유혹에도 쉽게 흔들리지 않는 충성고객 만들기에
열을 올리고 있다. 특히 이동통신사를 중심으로 활발하다. 그 동안 기업들의
마케팅사고는 제품중심(product value)에 머물렀다. 훌륭한 제품을 만들어 고객
에게 서비스하면 언제나 수익이 창출된다는 논리였지만 공급과잉의 시대에서
는 고객중심(customer value)의 마케팅으로 고객들의 애착도를 높이지 않을 수
없는 세상이 되었다.   -〈중앙일보〉에서

상표가치를 측정하기 위한 여러 가지 방법이 제안되었다. 이 중에서
어떤 것들은 상표에 소비자가 보내는 충성도나 보다 더 높은 값을 지불
하겠다는 의사에 초점을 두어 측정하고, 어떤 것들은 상표에 대한 질의

인식이나 상표의 인식이나 태도 등과 같은 상표가치를 구성하는 심리적 요인을 측정하는 데 초점을 둔다. 전자는 패널자료나 상표에 소비자가 부여하는 선호를 측정하는 방식으로 측정한다. 후자는 상표가치에 부여한 과거의 심리적 요인이 소비자 행동에 영향을 미쳤다고 가정하고 이를 이해하려는 데 초점을 둔다.

상표가치가 기업의 자산인 까닭에 이러한 자산이 기업에게 어떤 이득을 주는지 살펴볼 필요가 있다. 상표가 재산적 가치를 갖는다는 사실은 신제품에 상표를 연장하여 사용할 수 있는 능력에 가장 잘 반영되어 있다. 신제품에 상표를 연장하여 사용한다는 경영적 의사결정의 배경에는 상표에 소비자의 인식과 상표에 우호적인 이미지가 주는 이득이 신제품에 그대로 이전될 수 있을 것이라는 사고가 깔려 있다. 상표를 연장하여 사용함으로써 광고비를 절약할 수 있고, 새로운 상표를 구축하는 데 들어가는 투자비를 절감할 수 있고, 신제품을 시장에 쉽게 자리잡게 할 수 있는 이점 등이 있다. 상표가치가 이득을 낳게 하는 능력은 상표관련변수가 기업의 시장점유율이나 주식가치에 미치는 영향을 조사하는 방법을 통해 알 수 있다.

 사례_92　　1991년 스미스(D. Smith)와 박(C. Park)의 연구결과 상표연장은 시장점유율을 올리고 새로운 상표보다 광고효율을 높이는 것으로 밝혀졌다. 단 시장에 일찍 진입한 기업보다 늦게 진입한 기업의 상표연장이 보다 더 잘 먹혀 들어갔다는 1992년의 술리번(M. Sullivan, 1992)의 애매모호한 연구결과도 있다. 어떻든 아크(D. Aaker)와 제이콥슨(R. Jacobson)은 1994년 상표를 연상시키는 주요한 요소로 간주되는 상표에 소비자가 인지하는 질이 주식시장 가치와 관련이 있다는 사실을 보여 주었다. 또 레인(V. Lane)과 제이콥슨은 상표를 연장하여 사용한다는 선언이 기존상표의 태도와 친근감과 상호작용하여 주식시장에서 그대로 수익에 영향을 미친다는 연구결과를 발표하였다.

기업은 자사의 모든 제품에 하나의 단일브랜드를 붙이거나 또는 제품 하나마다 별도의 개별브랜드를 부여하기도 한다. 단일브랜드를 사용하는 까닭은 이미 유명해진 브랜드의 명성이 대표성에 의한 휴리스틱으로 인해 다른 제품에도 그대로 이어지기 때문이다. 캐논은 카메라와 복사기 및 사무기에 하나의 Cannon 상표를, 미쓰비시는 금융·자동차·가전 제품에 하나의 MITSUBISHI를 사용한다. 유명 브랜드에 편승하여 제품영역을 확장하려고 신제품을 내면서도 그대로 사용한다.

물론 대표성의 의한 휴리스틱의 지배를 받는 소비자는 신제품에 호의적이기도 하지만 오히려 그 반대로 부정적인 반응을 보일 수 있다. 가령 의류 브랜드인 아디다스와 리바이스는 동일한 브랜드의 향수와 신사복을 출시하였지만 실패하였고, 코카콜라는 다이어트 코커에서 성공을 거두었으나 뉴 코크에서 실패하였다. 버드와이즈는 버더와이즈 라이트, 버드와이즈 드라이, 버드와이즈 아이스를 추가하여 시장을 넓혀보려고 하였으나 실패하였고, 세븐 업은 세븐 업 골드, 체리 세븐 업, 다이어트 세븐 업으로 제품을 확장하였으나 실패하였고, 립톤 홍차는 새로운 립톤 수프를 추가했으나 실패하였고, 골프공에서 성공한 국내 낫소는 테니스 복과 라켓 등 골프용품에서 성공을 거두었으나 의류시장에 뛰어들면서 위기를 맞이하였다. 일본 악기 회사 야마하는 모터사이클 시장에 야마하 모터사이클이란 브랜드로 진출하였으나 실패하였다(이영직, 『시장을 지배하는 101가지 법칙』(2000, 청년정신)에서).

소비자들은 기존의 브랜드나 상품이 신제품을 대표하는 것으로 인식한다. 그 결과 버드와이즈, 세븐 업, 코카콜라의 사례에서처럼 신제품이 오히려 기존의 제품명성에 흠집을 내기도 한다. 동시에 소비자들은 아디다스, 리바이스, 립톤, 낫소, 야마하 등의 신제품이 기존의 이미지를 대표하지 못한다고 하여 거부하기도 한다.

상표가치에 대한 연구는 계속 이루어지고 있다. 기업의 행동이 상표가치에 미치는 영향문제는 흥미로운 연구주제이다. 아직 기업의 행동, 예컨대 신제품출시선언, 조직구조변화, 가격변화, 전략적 제휴, 상품리콜 등이 상표가치에 미치는 영향에 대한 연구는 거의 이루어지지 않았다. 그러나 이러한 기업의 행동은 기업자산의 가장 중요한 자산인 상표가치에 영향을 미칠 수 있다. 게다가 상표가치가 소비자 행동에 미치는 영향에 관해서도 여전히 의문으로 남아 있다. 예를 들어 상표가치가 쉽게 다른 상표로 전환하지 못하는 타성이 소비자에게 존재하는가 아니하는가 등이다.

3. 특성에 의한 평가

태도는 주로 마케팅조사나 견해조사에서 수행되어 왔다. 설문을 설계하여 태도점수를 계산하고, 두드러진 태도를 솎아낸다. 태도의 두드러진 특성이란 선택대안을 평가하는데 있어 특성을 실제로 활용한다는 것을 의미한다. 인간이 정보를 처리하는 능력의 한계 때문에 실제로 사용하는 특성이란 기껏해야 5~9개에 지나지 않는다. 가령 핸드폰만 하더라도 사람들이 실제로 활용하는 기능이란 평균적으로 단지 몇 가지에 지나지 않는다. 물론 개인마다 실제로 활용하는 특성의 수는 다를 수 있는데 이것은 태도를 형성하기까지 이용가능한 기간과 접촉하는 빈도에 좌우한다.

1966년 랭카스터(K. Lancaster)는 *Journal of Political Economy*에 발표한 "A New Approach to Consumer Theory"에서 상품의 특성에 의한 접근(characteristics approach)을 제시하면서 효용은 상품 자체보다 상품이 가진 특성과 연관되어야만 한다고 주장하였다. 이러한 시각에서는 효용함수가 재화와 서비스의 양보다 보유하고 있는 특성의 양으로 정의된다. 그리하여 인간의 욕구는 상품 자체의 소비보다 특성(속성)을 소비하는 것을 통해 충족된다. 특성에 의한 접근을 통해 비로소 소비자가 왜 특정브랜드의 상품을 필요로 하는지, 왜 상품에 혁신이 이루어지는지, 왜 상품이 시장에서 사라지는가가 설명될 수 있기에 이르렀다.

비록 소비자가 특성을 다르게 지각하지만 특성은 원래 객관적이다. 그러나 특성이 결합하여 수요서비스를 만들어내고 소비자는 이로부터 효용을 얻는다. 예를 들어 엔진 실린더의 수와 용량이 차량의 무게와 결합하여 가속력을 만들어 낸다. 이러한 예에서는 비록 가속력에서 감각은 주관적이지만, 서비스와 특성은 객관적이다. 특성에 의한 접근은 특히 특성이 잘 정의되고 누구나 이를 볼 수 있는 내구재에 적용되어 왔다.

두드러진 특성을 밝혀낼 수 있는 실용적인 방법은 피험자에게 대상의 특성을 열거하게 하는 것이다. 그러면 열거된 처음의 5개에서 9개까지가 두드러진 특성이라고 가정할 수 있다. 표본조사에서도 두드러진 특성의 중위수는 가장 빈번하게 언급된 특성이라고 할 수 있다.

그러나 많은 종류의 상품이 시장에서 경쟁하는 상황에서는 기업들은 자사나 자사의 상품을 소비자들에게 어필하려고 여러 가지 속성 대신에 두드러진 하나의 속성만을 내세워 접근한다. 일본 소니의 제품소형화, 베네통의 단색컬러, GE의 풍요로운 삶, 나이키사의 Just Do It, 벤츠 자동차의 품위, 볼보 자동차의 안전, BMW 자동차의 성능, 아우디 자동차의 장인정신, 캐논 복사기의 '또 하나의 원본', 포르세 자동차의 '우리들의 영웅', 칠성 사이다의 '맑고 깨끗한', 대우전자의 '탱크주의' 등으로 접근한다.

4. 이미지

이미지는 경제학과 사회과학에서 중요한 역할을 수행한다. 이미지란 사회 내의 대상이나 사람에게 공공이 가지는 태도를 말한다. 이런 측면에서 이미지는 다소 복잡한 듯이 보인다. 그러나 이미지는 개인적 태도와 똑같은 방법으로 조사될 수 있다.

정치후보자의 공공이미지도 그가 당선에 필요로 하는 많은 표와 연결될 수 있도록 이끈다. 마찬가지로 호의적인 브랜드는 브랜드의 시장점유율을 높이도록 이끈다. 후보자, 기업, 도매상, 쇼핑센터와 심지어 정부까지 자신의 특별한 이미지가 공공으로부터 다른 반향을 불러일으킨다는 사실을 깨달았다. 따라서 역으로 특별한 이미지를 창조하여 공공의 태도를 조작할 수도 있다. 이미지가 주어지면 마케터들은 광고선전에서 우호적인 속성이 돋보일 수 있도록 개선하고 비우호적인 태도와 관련된 정책을 변화시키려고 애쓸 것이다.

대상에 대한 소비자의 태도는 대상의 모든 속성에 걸쳐 중요성에 의해 가중치가 부여된 믿음의 합으로 구성된다. 대상의 속성에 대한 믿음을 b로, 속성의 가중치를 e로, 관련 있는 속성의 수를 I로 표시하면 태도 A는 다음과 같이 표시된다.

$$A = \sum^{I} b_i e_i$$

태도의 정식개념을 발전시킨 피슈바인(M. Fishbein)은 The Relation-
ship between Beliefs, Attitude and Behavior(1996)에서 믿음을
대상이 특정의 속성을 소유하고 있을 것으로 기대하는 주관적 확률이라
고 보았다. 속성에 대한 믿음은 대상의 객관적인 성질, 예컨대 초콜릿
속에 들어 있는 설탕의 함유량(g으로 표시)에 토대를 둔다. 믿음(평가)을
바탕으로 하여 태도를 개념화시킨 작업은 실무상으로 유용하다. 왜냐하
면 믿음은 객관적인 측정이 불가능하더라도 표시될 수 있기 때문이다.
가령 핵에너지의 외부효과가 낳는 위험은 측정이 불가능하나 믿음은 언
급될 수 있다. 〔그림 7-3〕에 태도를 결정하는 속성과 믿음 사이의 관계
를 표시하였다.

〔그림 7-3〕 태도를 결정하는 속성과 믿음

상점의 이미지를 측정하기 위해 소비자를 대상으로 인터뷰나 설문조
사방식으로 상점의 두드러진 속성을 문의하여 조사한다. 이어서 속성에
믿음과 평가를 소비자 서베이로 측정한다. 일반적으로 상점은 일반인들
이 자신을 어떤 이미지로 바라보는지에 관심을 가진다. 따라서 고객과
고객이 아닌 자의 이미지까지 조사하는 대상에 포함시킨다. 소비자의
표본은 상점의 존재를 익히 알고 있는 근처에 사는 이웃을 대상으로 삼
는다.

〔표 7-4〕에 세 개의 상점의 속성평점이 척도(1~5로 점수를 부여하여 높은 점수일수록 호의적이다)로 주어져 있다. 상점 A가 질(4.5)에 있어 높은 점수(3.9)를 얻었지만 상품의 가격(4.1)은 호의적이지 않은 것으로 평가(2.0)되었다. 상점 C는 직원(2.3)과 분위기(1.1)에서 소비자들의 선호가 좋지 않으나 이의 중요도(3.3과 2.9)는 그다지 높지 않다.

　일반적으로 상점의 전체적인 이미지를 알려고 특성평점을 중요도로 가중평균한 값을 구한다. 그러나 믿음으로 가중평균(중요도와 평점을 곱한 값)하기보다 개별 특성의 평점과 중요도가 상점의 판매정책과 관련된 정보를 충분히 제공한다. 왜냐하면 우호적인 특성을 강조하고 비우호적인 태도는 개선시키면 되기 때문이다. 가령 가격수준에서 이미지가 낮은 상점 A는 특별할인 기간을 마련하여 가격 이미지를 제고할 필요가 있다.

　상점 이미지의 절대적인 측정치는 비교적 자의적이어서 상점에 관한 정보를 제공하지 못한다. 단지 자유경쟁시장에서는 다른 상점과 비교되는 것을 통해 보다 더 많은 정보가 제공될 수 있다. 그래서 〔표 7-4〕와 같은 상점의 이미지를 다른 상점의 이미지와 비교할 필요가 있다.

〔표 7-4〕 상점 이미지의 프로파일(가설예)

속성	중요도	A	B	C
가격수준	4.1	2.0	4.0	3.3
진열	3.6	3.6	1.5	4.4
직원	3.3	4.6	2.3	2.3
분위기	2.9	3.0	3.5	1.1
서비스	4.0	4.5	4.4	4.0
질	4.5	3.9	3.6	2.7

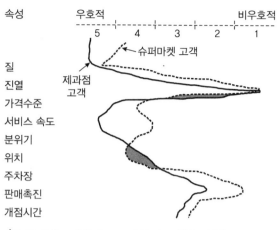

자료: M. Haffner, 1989, Image and Identity of 'Warm' Bakers.
〔그림 7-4〕 슈퍼마켓과 제과점의 이미지 프로파일

　　〔그림 7-4〕는 해프너(M. Haffner)가 1989년 네덜란드의 에라스무스 대학에서 석사학위를 통해 발표한 제과점의 소비자와 비소비자의 이미지를 그린 프로파일이다. 여기서 제과점의 비소비자는 슈퍼마켓에서 빵을 구입하는 소비자들이다. 제과점에 대한 믿음은 가장 강력한 경쟁자인 슈퍼마켓과 비교되었다.

　　믿음의 프로파일에서 제과점은 슈퍼마켓보다 훨씬 비싼 값의 빵을 파는 것으로 판단되고 위치와 주차장에서 호의적이지 않은 것으로 관찰된다. 제과점의 우호적인 특성은 제품의 질, 진열 및 상점 내의 분위기이다. 게다가 소비자와 비소비자 사이의 차이는 소비자들이 제과점을 비교적 우호적으로 평가하고 있다는 사실이 눈에 띄게 드러난다.

　　소비자와 비소비자 사이에 속성의 중요도가 다르다는 사실을 관찰할 수 있는데 그러한 차이는 소비자의 욕구가 다르기 때문이다. 예를 들어 슈퍼마켓의 소비자들은 가격에 더 높은 비중을 두는 까닭에 값이 비싼 제과점 대신에 값이 싼 슈퍼마켓 제품을 이용할 수 있다. 제과점의 이미지와 소득 및 가족규모가 한데 어우러져 제과점과 슈퍼마켓에서의 구매빈도를 설명한다.

 사례_93 같은 물품이라고 하더라도 공급자가 누구이냐에 따라 소비자들은 다른 금액을 지불한다. 텔러의 연구에 의하면 해변에서 일광욕을 즐기는 목마른 사람들이 근처 호텔에서 배달하는 맥주에 평균 2.65달러를 지불하는 반면, 작은 식료품 가게에서 나온 판매원에게는 평균 1.5달러밖에 지불하지 않는 것으로 조사되었다.

 사례_94 맥도날드는 1978년 후반부터 허무맹랑한 소문, 즉 햄버거고기에 지렁이 고기가 섞여 있다는 소문에 시달렸다. 맥도날드가 아무리 부인해도 소문은 꼬리를 물고 1981년까지 이어졌다. 그 기간 맥도날드의 판매는 최대 30%까지 격감하였다. 맥도날드는 "쇠고기를 쓰면 파운드당 1달러의 원가가 드는데 비해 지렁이 고기는 파운드당 8달러가 드는데 우리가 왜 지렁이 고기를 쓰겠습니까?"라는 반박광고를 대대적으로 내보냈다. 그러나 이런 반박광고는 기업이미지에 득보다는 실이 많았다는 분석이 나왔다. 이처럼 부정적인 정보가 들어오면 좋은 이미지는 순식간에 부정적 이미지로 소비자의 머릿속에 각인되어 소비자들의 선택에 영향을 미치게 마련이다.　 - 『소비의 심리학』에서

이미지는 가격차별화를 가능하도록 만들고 소비자에게 한번 정착된 이미지는 소거되지 않고 지속되는 경향이 있다.

제5절 소비와 웰빙

1. 소득과 웰빙

웰빙(well-being)은 생활과 관련된 일반적 행복감 또는 만족감을 뜻한다. 개인의 웰빙은 생활 속에서의 경험, 활동, 상태 및 사건을 평가한결과로, 생활의 모든 조건과 관련이 있지만, 특히 경제와 관련된 부분이경제학자와 경제심리학자들에게 관심의 대상이다. 개인적 웰빙은 사건이 일어나는 것(예를 들어 기대한 취업이 이루어지거나, 배우자의 사망 등)에 의해, 과거와 현재의 사정(예를 들어 사회의 인구통계적 상태, 재정 및 건강상태 등)에 의해, 그리고 자신의 생활기대(실직할 전망, 직업을 얻을 향후의 확률 등)에의해 그려질 수 있다.

경제학자들은 한 나라의 경제나 개인의 후생을 GNP나 개인소득으로부터 판단할 수 있다고 생각하였다. 경제성장이 개인의 행복을 가져다주는가라는 주제를 가지고 조사한 이스털린의 1974년도 연구에 의하면 조사대상자들이 경제적 희망으로 분류한 범주를 가장 빈번하게 언급하고(65%), 다음으로 건강(48%)과 가족(47%)이었으며 직업이나 작업(10%)과 사회적 가치(5%)와 정치(5%)를 가장 낮게 언급하는 것으로나타났다. 따라서 일상생활에서 경제적 항목(웬만한 생활수준, 주택, 여가, 개선된 생활수준 및 현대의 편리한 혜택 등)이 웰빙수준을 결정하는 것으로 보인다. 그에 따라 여러 나라에서도 거의 동일하게 경제적 범주로부터 웰빙의 근거를 찾으려고 한다는 사실이 밝혀졌다.

이스털린의 연구결과는 웰빙을 객관적인 지표(소득 등)에 의해 설명하려는 많은 연구들과 부합한다. 가령 윌슨(W. Wilson)은 1967년 조사결과를 바탕으로 행복한 사람이란 젊고, 건강하고, 교육받고, 보수가 높고, 종교적이고, 존경받고, 자존심이 높고, 직업관이 바르고, 절도 있는 갈망을 지닌 지적인 사람이라고 주장하였다.

 사례_95 1984년 디너(E. Diener)는 주관적 웰빙과 소득, 다른 사람과 비교한 상대적 소득수준 사이에 양(+)의 상관관계가 존재한다는 흥미로운 연구결과를 내놓았다. 그리고 결혼과 가정만족이 주관적 웰빙을 측정하는 가장 강력한 지표라고 밝혔다. 1984년 실업과 실직이 웰빙에 미치는 영향을 조사한 바르(P. Warr, 1984)의 연구에 의하면 건강과 고용이 주관적 웰빙과 상관관계가 있는 것으로 나타났다. 대신 웰빙과 개인의 인구통계적 변수(연령, 성별, 교육, 지능) 및 사회접촉은 주관적 웰빙과 관련이 없는 것으로 나타났다.

1987년 개인의 정서상태와 웰빙 사이의 관계를 조사한 슈바르츠(N. Schwarz)와 스트랙(F. Strack)의 연구에 의하면 사람들은 자신의 웰빙감각을, 질문을 받을 당시의 정서에 따라, 응답을 구성한다는 사실이 알려졌다. 웰빙의 응답이 개인의 정서상태나 기분에 좌우한다는 사실은 우연한 사건에 의해 웰빙이 영향을 받을 수 있다는 것을 의미한다. 예를 들어 전반적인 생활로부터의 행복과 만족이 조사당시 우연히 길거리에서 동전을 주운 사건으로부터 나올 수 있다.

 사례_96 슈바르츠(N. Schwarz)와 클로어(G. Clore)는 1983년 사람들이 날이 갠 날과 비 오는 날에 웰빙을 어떻게 응답하는가를 조사하였다. 관찰결과 일반적으로 사람들은 자신들의 전반적인 생활에 대한 만족이 비 오는 날보다 갠 날에 더 많이 느낀다고 응답하는 것으로 나타났다.

1976년 캠벨(A. Campbell), 콘버스(P. Converse), 로저(W. Rodgers)는 질문시기가 서로 다른 대답들 사이의 상관계수가 100%가 아닌 30~50%에 지나지 않는다는 연구결과를 발표하였다. 한 시간 동안의 인터뷰 시간 중에 동일한 질문을 두 번 던졌을 때의 대답들 사이의 상관계수도 0.60을 넘지 않는 것으로 조사되었다. 이처럼 웰빙의 조사보고가 불안정한 것도 똑같은 질문을 시기를 달리하여 물어 보면 서로 다르게 나타난다는 데 있다.

사람들은 자신의 기억 속에 있는 과거의 사건으로부터 경험을 연상하여 인지상으로 해석한다. 동시에 현재의 경험은, 인지부조화를 감소시키려고, 자신의 정서상태와 부합하는 기억을 촉발시킨다. 따라서 가령 많은 긍정적인 경험으로 구성되어 있는 기억 네트워크가 주어지면 사건을 긍정적인 기억과 관련지으려는 확률은 높아진다.

 사례_97 윌즈(T. Wills)의 1981년 연구에 의하면 사람들은 자신보다 불행한 사람과 비교하거나 다른 사람들이 가난한 상황에 처하였다는 믿음으로 자신의 생활만족이 증대하는 것으로 지적하였다.

"사촌이 논을 사면 배가 아프다"라는 속담처럼 사람은 자신의 웰빙을 다른 사람의 것과 비교한다. 이스털린도 이미 1974년의 연구를 통해 사람들의 소득만족은 사회 내의 다른 사람의 소득에 의존한다고 지적한 바가 있는데, 웰빙에 대한 이러한 시각을 웰빙준거이론이라고 한다.

봉급자들은 자신의 웰빙을 직장동료를 준거로 하여 평가한다. 웰빙을 비교하는 실제 연구에 의하면 봉급자의 월급액수 자체보다는 같은 직업에 종사하는 동료들과 비교한 상대적 박탈감이나 우월감이 웰빙에 더 큰 영향을 미치는 것으로 조사되었다고 한다(『돈버는심리 돈새는심리』에서). 비록 절대액수가 많더라도 '남들보다 적게 받고 있다고 느끼는 경우'에 비해 비록 절대액수가 적더라도 '남들보다 많이 받고 있다고 느끼는 경우'에 훨씬 더 큰 행복감을 느끼는 것으로 나타났다.

시간이 흐르면서 웰빙에 미친 사건의 영향이 상황에 적응하여 줄어든다. 예를 들어 시간이 지나면 복권당첨자는 더 이상 행복해지지 않고, 사지마비 환자는 정상상태보다 더 이상 불행해지지 않는다. 인대부상을 입은 희생자는 사고 이후 극히 불행하지만 그 상황에 신속하게 적응하는 현상이 관찰되는 까닭에 이는 곧 시간이 지나면 행복이 증가한다는 사실을 반증한다.

 사례_98 복권당첨자와 사고피해자의 웰빙을 조사한 브릭먼(P. Brickman), 코츠(D. Coates), 자노프불먼(R. Janoff-Bulman) 등의 1978년의 연구에 따르면 긍정적인(부정적인) 사건이 보다 더 최근에 일어날수록 행복(불행)을 더 느낀다는 웰빙적응이론을 제시하였다.

1984년 바르(P. Warr)는 사람들이 실직 후에도 새로운 사회적 역할에 적응한다는 연구결과를 제시되었다. 웰빙이 실직 후 첫 몇 주 동안 현격하게 떨어지지만 반 년이 지나 다소 떨어진 수준으로 유지되었다고 한다. 웰빙의 적응이론은 개인들이 부닥치는 인생사는 웰빙에 일시적인 영향을 주고 따라서 점차 사라진다고 설명한다.

끝으로 웰빙준거이론에 의하면 갈망과 실제상태 사이에 격차가 벌어질수록 웰빙은 감소한다. 이스털린도 이미 1974년의 연구에서 높은 갈망을 가진 문화의 사람들은 상대적으로 불행하다고 지적하였다. 대신 현대의 소비능력을 모르는 문화의 사람들은 상대적으로 행복하다고 기대된다. 비록 가난한 나라가 경제적 성공을 거두면서 높은 소득으로 웰빙을 상승시키더라도 충족될 수 없는 갈망을 새로이 키우면서 웰빙은 낮아진다.

이상과 같이 웰빙을 둘러싸고 객관적 지표이론, 웰빙준거이론, 웰빙적응이론 등 여러 가지의 주장들이 난무하고 있다.

2. 웰빙의 사회비교

경제학에서 효용은 재화와 서비스를 소비하는 수준과 관련이 있다. 보

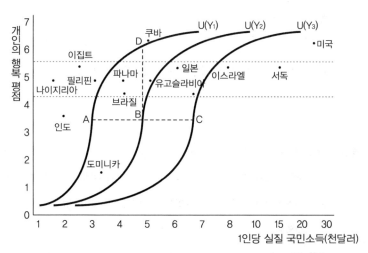

자료: R. A. Easterlin(1974), 'Does Economic Growth Improve the Human Lot? Some Empirical Evidence', P. David & W. Melvin, *Nations and Households in Economic Growth*.

〔그림 7-5〕 행복과 국민소득 사이의 관계

다 많은 재화와 서비스를 구매할수록 효용도 더 높아진다고 가정한다. 따라서 높은 소득은 높은 지출을 가능하게 만들기 때문에 소득과 웰빙은 정비례하면서 계속 상승할 것으로 기대된다. 그러나 이러한 견해는 웰빙의 전체지표를 GNP 수준과 사회경제상태와 관련짓는 연구에 의해 도전을 받고 있다.

 사례_99　이스털린은 한 나라 내에서 소득이 서로 다른 집단을 비교하는 것 이외에 가난한 나라와 부유한 나라 사이의 웰빙에서의 차이도 연구하였다. 1960년대에 14개국의 국민을 대상으로 개인의 자기기준 욕구척도와 1인당 GNP사이의 관계를 조사한 결과가 〔그림 7-5〕에 그려져 있다. 쿠바와 도미니카의 경우 혁명이라는 정치적 사태로 인해 결과가 회의적이다. 인도와 미국 사이를 비교하면 소득과 행복 사이에 정(+)의 상관관계가 있는 것처럼 보인다. 그러나 그림의 점선에서 알 수 있듯이 14개국 중에서 10개국의 웰빙이 평점상 4.5~5.5 사이에 모여 있다. 이 10개국의 국민소득이 서로 다른 데에도 웰빙평점이 한 곳에 모여 있다는 사실은 웰빙이 국민소득과 아무런 관련이 없다는 것을 알려 준다. 즉 국민소득과 웰빙 사이에 강한 상관관계가 존재하지 않는 것으로 보인다.

 사례_100　1998년 영국의 한 대학 연구소가 54개국 국민들이 느끼는 행복도를 조사한 결과, 세계에서 가장 행복한 국민은 방글라데시, 두 번째로 행복한 국민은 아제르바이젠이었고 그 다음으로 나이지리아 국민이었다. 더욱 흥미있는 현상은 선진국일수록 국민들의 행복감이 낮았다는 보고이다. 스위스, 독일, 미국, 캐나다 등은 겨우 40위권에 맴돌았다. 그 이유로 이 보고서는 물질적 포만도가 일정수준을 넘어서면 소득상승이 더 이상 행복감에 영향을 주지

않기 때문이라고 설명했다. 한국인이 느끼는 행복도는 조사대상국 중 23위로
나타났다.

- 『화폐심리학』(*The Psychology of Money*)에서

소득과 웰빙 사이의 상관관계에 또 다른 형태의 증거는 행복평점에
관한 국가의 시계열자료이다. 미국에서 1946~1970년 사이에 생활수
준은 현격하게 상승하였는데에도 불구하고 사람들의 행복은 증가하지
않았다.

가령 〔그림 7-5〕에서 국민소득수준이 Y_1의 수준에 머무를 때 개인의
웰빙평점은 $U(Y_1)$이다. 개인소득이 3300달러인 소비자는 웰빙평점을
3.3으로 평가한다(점 A참조). 그러나 국민소득이 Y_2수준으로 상승하면
소비자의 갈망수준도 함께 상향조정되어 개인소득의 웰빙평점은
$U(Y_2)$가 된다. 이러한 국민소득수준에서는 개인소득이 5000달러가
되어야만 종전과 동일한 수준의 웰빙평점 3.3을 얻을 수 있다(점 B참조).
그러나 과거의 국민소득수준이었다면 그의 웰빙평점은 6.3이 된다(점 D
참조). 다시 국민소득수준이 Y_3로 늘어나면 그가 계속 동일한 웰빙수준
을 얻으려면 소득이 6700달러로 증가하여야 한다(점 C참조). 이처럼 국
민소득이 증가하더라도 사람들은 상승한 국민소득수준에 자신의 갈망
수준을 맞추기 때문에 결코 행복감이 늘어나지 않는다. 국민소득수준이
증가하면 갈망수준을 여기에 상향조정하기 때문에 개인소득이 늘어나
더라도 그의 웰빙은 상승하지 않는다.

소득이 늘어나더라도 행복감이 늘어나지 않는 현상을 설명하기 위해
이스틸린은 웰빙사회비교이론을 적용하였다. 즉 한 나라 내의 사람들은
자신의 상황을 다른 사람들의 상황과 비교한다. 다른 사람들이 부유하면
자신은 행복감을 느끼지 못한다. 마치 "배고픈(객관적 지표이론) 것은 참아

도, 배 아픈(준거이론) 것은 못 참는다"는 농담이 그냥 지나쳐버릴 이야기가 아니라는 의미다. 다른 사람보다 당신이 부유하면 당신은 매우 행복하게 느낀다. 그러나 다른 사람은 당신의 행복으로 인해 상대적으로 행복감이 떨어진다. 이처럼 한 나라 내의 다른 사람의 소득은 웰빙을 평가하는 데 있어 판단의 준거기준으로 역할한다. 북한의 선전구호에 "우리는 행복합니다"라는 문구가 있는데 웰빙 사회비교이론을 적용한다면 모두가 못살아도 격차가 없어서 행복하기 때문에 타당한 구호가 아닐까 한다.

시간이 지나더라도 개인의 행복이 일정한 까닭은 마찬가지로 준거기준이 없기 때문이다. 대부분의 사람들은 자신의 기억이 점점 사라지더라도 이전의 자신의 생활수준을 기억한다. 그러나 전체적으로 과거의 준거기준은 시간이 지나면서 이동한다. 그러므로 시간적으로 비교할 수 있는 준거기준이 존재할 여지가 없다. 항상 비교대상이 되는 기준은 바로 어제의 소득수준이다. 이스털린은 행복이 일정하다는 것을 갈망수준의 지속적인 적응으로 설명하였다. 즉 갈망이 충족되면 새로운 갈망을 창출하고 그리하여 행복이 증가하는 것을 막아 버린다. 그 결과 사람들은 결코 행복해질 수 없고 또한 역으로 불행해질 수도 없다. 왜냐하면 소득수준이 떨어지면 거기에 자신의 갈망수준을 적응시키기 때문이다.

제6절 사회적 판단

사회비교는 다른 사람을 자신의 판단준거로 삼는다. 가령 소득격차를 어떻게 설명하여야 하는가? 소득에 어떤 배분원칙이 따라야만 하는가?

가장 단순한 원칙은 특정환경에서 모든 사람의 소득이 똑같도록 만드는 길이다. 이 원칙에 따르면 동일한 소득분배에서 벗어나는 것은 바람직하지 않다는 생각이다. 이 동일원칙(equal principle)은 실제로 채택될 가능성이 거의 없다. 왜냐하면 사람들의 욕구가 다르고(가령 어떤 사람은 아이들에게 신경을 쓰지만 다른 사람은 그렇지 않다), 사람들은 다른 양의 노력과 능력을 이용하기(가령 일하거나 실업하거나) 때문이다.

두 번째 분배원칙은 사람들의 다른 욕구를 바탕으로 하는 소득분배이다. 욕구원칙(need principle)에 의하면 서로 다른 사람의 욕구가 충족되지 않는 소득분배는 바람직하지 않은 것으로 판단된다. 그런데 욕구의 형태는 생리적 욕구, 사회적 및 심리적 욕구로 부단히 변한다. 욕구원칙은 종종 실제생활에 적용되는데 예를 들어 특별한 욕구를 가진 자들(노인이나 장애자)에게 사회보장이나 보조금이 제공된다.

마지막 원칙은 형평성(equity)이다. 이 원칙에 따르면 사람들은 행동의 산출(성과)을 투입(노력)과 비교한다. 투입산출의 특정한 비율을 규범적인 의미에서 공정하다고 판단한다. 형평성 원칙에 따르면 예를 들어 소득(산출)은 노력과 능력(투입)의 보상이라고 간주한다. 따라서 투입산출의 특정비율은 가령 소득에 일정 %로 세금을 부과하거나, 누진세율로 하는 따위의 비율을 말한다. 형평성이 결여되면 인지부조화를 낳아 사람들의 태도를 변화시킨다.

 사례_101 1963년 애덤스(J. S. Adams)의 조사에 의하면 과다한 보수를 받는 성과급제 작업자들은 생산비율을 줄이고 대신 제품의 질을 향상시키려고 하고(투입산출비율을 줄여 형평성을 회복한다), 과다한 보수를 받는 시간급제 작업자들은 투입물을 늘려 형평성을 회복하려고 생산비율을 올리려고 한다는 사실이 밝혀졌다. 1964년 애덤스와 제이콥슨(P. R. Jacobson)이 원고를 교정하는 근로자들을 대상으로 조사한 바에 의하면 자신들이 비록 자격은 없으나 자격이 있는 자와 동일한 보수를 제공받을 것이라는 말을 들은 피험자들은 자격 없는 자들과 동일한 보수를 받을 것이라는 말을 들은 자격 있는 피험자들보다 원고상의 오류를 더 잘 발견하는 것으로 밝혀졌다. 이처럼 사람들은 산출물(보수)과 투입물(오류발견) 사이에 일정한 비율을 유지하려는 형평성의 심리법칙을 따른다.

애컬로프(G. Akerlof)와 옐렌(J. Yellen)은 1990년 보수가 높고 작업자에게 높은 교육과 기술을 요구하는 직업에서는 낮은 실업률이 관찰된다는 사실을 발견하였다. 이들은 그 까닭을 보수가 낮은 비기능의 단순작업에 비해 보수가 높은 기능작업을 감독하기가 어렵다는 사실에서 비롯한다고 해석하였다. 즉 비기능의 단순작업자들은 형평성에서 벗어난 대우를 쉽게 감지 해내는 까닭으로 작은 보수를 지급받는 이들이 비교적 자주 실업의 상태에 놓이는 것으로 해석되었다.

 사례_102 1990년 린(M. Lynn)과 그래스맨(A. Grassman)은 레스토랑의 팁을 연구하였다. 팁은 본메뉴 음식값이 비쌀수록, 단골일수록, 지각된 서비스의 질이 양호할수록 높은 것으로 조사되었다. 이 결과는, 정기(단골)고객들이 비정기(뜨내기)고객들보다 서비스를 제공하는 웨이터로부터 받는 사회적 승인에 보다 높은 가치를 부여한다는, 이른바 사회적 승인을 구입하는 소비자의 행동과 부합한다. 비정기 고객의 경우 팁의 분산이 본메뉴 음식값의 단지 33%였지만 정기고객의 경우 그 분산이 70%나 차지하였다. 게다가 연구결과는 형평성의 관계와도 부합하였는데, 즉 좋은 서비스가 제공되어야만 그 대가로 두툼한 팁이 제공되는 것으로 나타났다.

공정성(fairness)은 정직, 성실, 교양 및 태도를 의미한다. 이 용어는 경제학자들이 경제이론으로서는 설명되지 않는 비정상적 행동을 설명하는 데 사용하여 왔다. 예를 들어 희소자원을 효율적으로 배분하는 방법은 가격기구를 이용하는 방법이다. 그러나 사람들은 경기시합 관람권을 경매에 붙이거나 눈이 내린 후 상점이 눈 치우는 삽의 가격을 인상시키는 것을 공정하지 않다고 생각한다. 오히려 사람들은 가격기구 이외의 추첨이나 줄서기 등과 같은 비효율적인 자원배분 메커니즘을 선호한다. 비록 공정성을 위한 여러 가지 원칙이 개발되었지만 이의 심리적 메커니즘은 최근에서야 연구되기 시작하였다.

공정성과 형평성 사이에는 다음과 같은 관계가 존재한다. 어떤 가치 있는 산출물을 획득하기 위해 개인이 많이 투입할수록 그로부터 얻어지는 편익의 몫도 덩달아 많아져야만 형평성이 유지된다. 이처럼 개인의 투입물은 편익의 심리적 자격 내지 권리를 부여한다. 따라서 개인이 보다 많은 노력을 들여 획득한 것이라면 심리적으로 산출물을 받을 만한 충분한 자격이 생겨난다. 그러나 본인이 무언가를 투입하지 않은 까닭에 심리적으로 산출물을 받을 자격이 없으면 여러 사람이 편익을 공유하여야 한다는 성향이 보편적으로 지배된다. 따라서 만약 재산권이 정해져 있지 않거나(예를 들어 해변산책), 운에 의해 결정되거나(도박에서 돈을 따는 것), 선물로 주어지면, 심리적 자격도 희미해지거나 작아질 것이다.

 사례_103 1994년 호프만(E. Hoffman), 매카베(K. Mccabe), 샤채트(K. Sha-chat), 스미스(V. Smith) 등이 형평성을 실험하였다. 자신과 타인 사이에 돈을 배분하도록 요구받은 피험자들은, 만약 배분할 권리를 스스로 벌어들인 것이라면, 운에 의해 권리가 주어진 것보다, 자신에게 더 많은 몫을 배분한다는 사실이 밝혀졌다.

제7절 공정성

기업은 이윤극대화를 추구하려는 의도에만 얽매어 가격을 쉽게 변경시키는 따위의 경제적으로 합리적인 행동을 일삼지는 않는다. 고용자들이 불황이라고 하여 시장원리에 따라 임금을 삭감하지도 않고 물건이 품귀라고 하여 공급자들이 소비자들에게 높은 가격을 매겨 팔지도 않는다. 수요가 없어 가격이 하락하여야 하는 데에도 소비자들은 공정한(fair) 가격인상을 기꺼이 받아들인다.

이처럼 가격이란 수요공급에 의해 결정되지 않고 소비자들이 공정하다고 인정하는가에 의해 좌우되기도 한다. 아서 오쿤(Arthur Okun)은 시장에서 실제 관찰되고 있는 가격이 경제이론이 말하는 것처럼 항상 경매를 통해 결정되는 가격이 아니라고 주장하였고, 애컬로프는 기업들이 소비자들로부터 명성을 쌓으려고 노력하고 종업원들의 사기를 높이려고 애쓴다고 주장하였다. 이러한 경우 이윤극대화보다 공정성의 원칙(rule of fairness)이 지배한다.

카니먼(D. Kahneman), 네치(J. Knetsch), 텔러(R. Thaler)는 1984~1985년 사이에 캐나다 토론토와 밴쿠버에 거주하는 시민들을 무작위로 선정하여 기업들의 행동이 공정한지의 여부를 전화설문을 통해 실험하였다.

실험 17 가게가 삽을 15달러에 팔고 있었는데 눈이 내린 다음날 가격을 20달러로 인상하였다는 질문에 응답자 107명 중 82%가 그러한 행동을 불공정하다고 대답하였다. 눈이 내린 후에 눈 치우는 삽의 가격을 올리는 것을 소비자들은 공정하지 않은 처사라고 간주하는데 그 까닭은 사람들이 눈 내리기 전이나 후나 판매자의 자격이 변하지 아니하였다고 생각하기 때문이다. 즉 판매자가 눈이 내렸다고 노력을 더 들여 삽을 매장에 내놓은 것은 아니라는 의미이다. 따라서 이 경우 가격인상은 상호간의 공정한 관계를 교란시키는 행위로 인식된다.

실험 18 어떤 사진관에서 시간당 9달러로 반년 동안 일한 종업원이 있었다. 주변지역의 실업으로 부근 사진관에서는 종업원을 시간당 7달러로 고용하자 여기서도 임금을 9달러에서 7달러로 삭감하였다는 질문에 98명의 응답자 중 83%가 불공정하다고 대답하였다. 대신 상기의 사진관에서 종업원이 휴가를 가는 바람에 대체인력을 고용하면서 시간당 7불을 지급하였다는 질문에 125명의 응답자 중 83%가 공정하다고 대답하였다. 사람들은 기존의 임금을 준거가격으로 간주하여 이보다 낮은 임금을 공정하지 않은 것으로 인식한다. 그러나 대체인력은 기존의 종업원과 동일한 자격을 가지지 않은 것으로 인식된다.

실험 19 페인트 업자가 2명의 종업원을 고용하면서 시간당 9달러를 지급한다. 페인트 업자가 페인팅 사업을 그만두고 조경사업에 진출하면서 종업원에게 시간당 7달러를 지급하기로 하였다는 질문에 응답자 94명 중 63%가 공정하다고 대답하였다. 새로운

사업은 기존의 페인팅과 동일한 자격을 가지지 않는 사업으로
인식된다.

실험 20 인플레이션은 없으나 실업이 만연되어 있는 지역사회의 어느
기업이 임금을 7% 삭감하였다는 질문에 62%가 불공정하다고
대답하였다. 그리고 인플레이션이 12%인 지역사회의 어느 기
업이 임금을 5%만 인상하였다는 질문에 응답자의 78%가 공
정하다고 대답하였다. 뒤의 경우 실질임금은 앞의 경우와 똑같
이 7%가 줄어들었는데에도 사람들은 임금삭감을 손실로 바라
보고 공정하지 못한 처사라고 인식한다. 명목임금인상이 비록
인플레이션을 보상하지 못하더라도 사람들은 오히려 이를 공정
한 것으로 인식한다.

실험 21 자동차가 품귀로 주문 후 두 달이 지나야 출고되는 상황에서 자
동차판매상이 표시가격보다 20만 원 비싸게 파는 행위에 응답
자 130명의 71%가 불공정하다고 대답하였다. 대신 예전부터
표시가격보다 20만 원 할인하여 팔아왔던 자동차판매자가 품
귀로 인해 이제 표시가격으로 판매하는 행위에 응답자 123명
의 58%가 공정하다고 대답하였다. 앞서의 예에서 소비자들은
20만 원의 인상을 손실로 보지만 뒤의 경우에는 이득의 제거라
고 본다.

실험 22 식료품점에서 일기불순으로 상추를 제대로 공급받지 못하자 포
기당 300원씩을 더 지불하고 구입하여 소비자들에게 포기당
300원씩을 더 받고 파는 행위에 응답자 101명의 79%가 공

정하다고 답변하였다. 또 지난 해에 임대주택의 유지비가 상승하여 임대인이 이를 임차인에게 전가시키는 행위에 응답자 151명의 75%가 공정하다고 대답하였다. 소비자들은 원가가 상승한 결과로 식료품점이나 임대인이 가격을 인상시켜 전가하는 행위를 공정한 것으로 인식한다.

실험 23 소규모 기업이 불황으로 실직자가 늘어나자, 이익을 내고 있는 데에도 불구하고, 기존의 종업원들의 임금을 5% 줄이는 행위에 응답자 195명의 77%가 불공정하다고 대답하였다. 그러나 기업이 손실을 보고 있는 가운데 사장이 기존 종업원의 임금을 5% 삭감하는 행위에 응답자 195명의 68%가 공정하다고 대답하였다. 소비자들은 이처럼 기업의 준거이윤이 하락하는 데에 따른 손실을 종업원들에게 전가하는 행위를 공정하다고 인식하지만 준거이윤이 내려가지 않는 데에도 임금을 삭감하는 행위를 불공정하다고 인식한다.

실험 24 식료품상이 땅콩버터를 재고로 가지고 있는데 새로 반입되는 땅콩버터의 가격이 인상되는 바람에 기존 재고품의 가격도 그대로 인상시키는 행위를 응답자 147명의 79%가 불공정하다고 대답하였다. 소비자들은 원가를 바탕으로 하여 가격을 잠재적으로 설정하고 있다는 사실을 알 수 있다.

실험 25 식료품은 체인화되어 있는 다른 유사점포와 경쟁한다. 특정지역에 경쟁업소가 없는 곳에서 식료품체인점이 다른 지역의 동일 체인점이 판매하는 가격보다 5%를 더 비싸게 파는 행위에 응답자 101명의 76%가 불공정하다고 대답하였다. 소비자들은 독점력을 이용하여 판매가격을 올리는 행위를 불공정하다고 인식한다.

실험 26 임대차계약을 갱신하여야 할 즈음에 임차인이 전셋집으로부터 가까운 곳에 직장을 구하였다는 사실을 임대인이 알게 되었다. 임대인이 당초 계획보다 임차가격을 월 4만원 인상하는 행위에 대해 응답자 157명의 91%가 불공정하다고 대답하였다. 독점은 가격차별로 이윤을 올릴 수 있다. 사람들은 가격차별로 소비자를 차별하는 기업의 행위를 불공정하다고 인식한다.

기업들이 소비자들로부터 불공정한 명성을 얻지 않으려고 행동하는 까닭에 경제이론이 예측하는 가격과는 전혀 다른 가격이 시장에서 형성된다. 이를 요약하면, 첫째 초과수요로 가격을 인상시킬 수 있는데도 공급자의 비용 상승이 뒤따르지 않으면 시장은 단기에도 수요공급이 일치하지 않는다. 흔히 수요가 변하면 가격이 덩달아 변해야 하지만 쉽게 변하지 않는 이유는 기업이 공정하지 못하다는 평판을 받지 않으려고 행동하기 때문이다. 둘째 가격은 수요의 변화보다 원가(비용)의 변화에 더 잘 반응한다. 셋째 가격을 인하하는 경우 정찰(표시)가격을 인하하기보다 할인해 주는 방식을 택한다. 동시에 가격을 올리려고 하는 경우 정찰표시가격을 인상하기보다 기존에 배려하였던 할인을 철폐하는 방식이 소비자들로부터 거부감을 덜 일으킨다.

제8절 요 약

제 눈에 안경이란 말이 있듯이 인간은 자신이 인지하는 바에 따라 외부환경을 해석한다. 낮은 가격은 소비자들에게 그 물건의 품질을 의심하게 만들고, 높은 가격은 수요되기에 경제적이지 못하다. 따라서 소비자가 지각하는 최적가격이 존재한다.

인지스타일이란 환경을 차별화하고 정보를 통합하는 능력을 말한다. 인지스타일은 특히 소비재와 밀접한 관련이 있으므로 판매자들이 시장을 구체적으로 구분하는 데 유용하게 이용되고 있다.

태도와 효용은 모두 행동과 관련된 개인의 감각을 다룬다. 효용이론에서는 감각의 도구적 기능을 강조하는 데 비해 태도이론에서는 자아보호, 가치표현 및 지식기능이 추가된다. 두 이론 모두 객관적인 질, 지각 및 가중치를 가정하지만 관련 패러미터를 측정하고 추정하는 데에 근본적인 차이가 있다. 심리학은 지각과 가중치를 바로 다루지만 경제모형은 이러한 구성요소들을 간접적으로 사용한다.

이미지는 태도와 유사하지만 이미지는 전체(공공) 태도로 정의되고 태도는 개인적으로 정의된다. 이미지 프로파일은 우호적인 속성을 강조하고 비우호적인 속성을 개선함으로써 공공의 이미지에 영향력을 제공하는 데 사용될 수 있다.

웰빙을 결정하는 상반되는 세 가지 가설을 살펴보았다. 웰빙의 목적론적 이론을 바탕으로 하는 욕구충족가설은 소득과 행복 사이에 정의 상관관계가 있다고 가정한다. 웰빙준거이론은 사회 내에서 자신의 소득이 분포하는 위치와 행복 사이에 정의 상관관계가 있다고 가정한다. 소득이 늘어나더라도 자신의 행복을 다른 사람의 소득수준을 준거로 하여 평가한다. 또한 국민소득수준이 증가하면 갈망수준을 여기에 상향조정하기 때문에 개인소득이 늘어나더라도 국민소득평균수준을 상회하지 않는 이상, 웰빙은 상승하지 않는다는 웰빙적응가설도 알아보았다.

경제이론으로 설명되지 않는 비정상적 행동을 공정성으로 설명한다. 산출물을 획득하기 위해 투입한 노력이 있어야만 편익에 심리적 자격 내지 권리를 부여받을 수 있다. 그러므로 노력을 들이지 않고 가격을 인상하는 행동을 일반사람들은 받아들이려고 하지 않는다.

제8장
인지부조화 해소의 경제심리법칙

봉이 김선달이가 동지에 춥지도 않은데 팥죽을 너무 많이 쑤어서 시어 먹을 수 없게 되었다. 이에 아내가 아까워하자 김선달은 팥죽을 짊어지고 아내와 함께 시장에 팔려고 갔다. '맛있는 팥죽이 단돈 ○○냥'이라고 써 붙이자 이내 손님들이 모여들었다. 그러자 아내가 손님들을 향해 말했다. "손님들, 팥죽에다 한양 식초를 쳐서 드릴까요 그냥 드릴까요?" 그러자 김선달은 손님들이 들리도록 큰 목소리로 "촌놈들이라 식초를 치면 시어서 못 먹으니 그냥 내와요"라고 소리를 질렀다.

이 말을 들은 손님들이 벌컥 화를 내었다. 아무리 촌놈이라도 식초를 친 팥죽이 별미인 것은 알고 있으니 식초를 쳐서 달라고 주문한다. 그리하여 쉰 팥죽을 식초를 친 팥죽으로 너끈히 팔아치웠다. 손님들은 맛이 좀 이상하다고 느꼈지만 식초를 친 팥죽이라 그러려니 하며 맛있다는 표정까지 지으며 먹었다.

—이준연, 『봉이 김선달』

이처럼 인지부조화를 해소하려고 맛있다는 표정까지 짓는 것이 인간성향이다.

제1절 인지일관성과 부조화

심리학자들은 인간이 주변환경을 해석하여 자신의 태도를 형성하는 중요한 심리적 원칙으로 인지일관성을 든다. 사람들은 다른 사람이나 대상을 호의적으로 바라보기도 하지만 호의적으로 바라보지 않는 경향도 있다. 사람이란 부정적인 견해를 가지고 있다고 하더라도 자신을 호의적으로 대우해 주는 사람을 좋아한다. 인지일관성은 사고, 경험 및 행동 등이 오로지 이득만을 기준으로 행동하는 경제적 합리성과 부합하지 않는 현상을 설명하는 데 도움을 준다.

인지부조화(cognitive dissonance)란 개인의 마음에 들어 있는 두 가지 이상의 인지요소들 사이의 부조화로 갈등이 일어나는 것을 말하는데, 사람들은 경제적 본능에 따라 부조화를 감소시키는 쪽으로 태도를 형성·행동한다. 여기서 인지요소에는 환경과 자신, 또는 자신의 지식이나 견해 또는 믿음 등을 포함한다.

예를 들어 흡연이 자신의 건강에 나쁘다고 믿는 흡연가는 단연할 수도 있으나 대신 필터 있는 담배를 사용하는 것을 통해 부조화를 줄이려고 애쓸 것이다. 흡연가는 다른 흡연가들의 지지를 받으려고 궁리한 끝에 담배를 피우는 의사들도 많다는 사실을 거론할 것이다. 또 흡연가는 건강에 미치는 정도에 자신의 믿음까지도 변경시킨다. 금연가들보다 흡연가들은 흡연이 폐암을 일으키는 원인이라는 사실을 믿지 않는다는 사실이 발견되었다.

MIT 대학의 레온 페스팅거(Leon Festinger)는 지구의 종말을 믿던 광신도들이 종말의 시각이 지나서도 종말의 기미가 나타나지 않자 그들이

"신께서 세상을 구원하기로 결심하여 홍수를 내리지 않았다"고 합리화하는 광경을 목격하고서는 사람들이란 자신의 마음속에 양립 불가능한 생각이 심리적 대립을 일으킬 때 적절한 조건하에서 자신이 새로 인지한 믿음에 맞추어 행동을 바꾸기보다는 오히려 과거 저질렀던 행동에 따라 믿음을 조정한다는 인지부조화이론을 수립하였다. 즉 지구의 종말이 온다는 믿음과 오지 않는다는 믿음이 갈등을 벌일 때 지구의 종말이 오지 않은 사실을 바탕으로 하여 자신의 믿음을 지구의 종말이 오지 않는다고 고치지는 않는다. 대신 지구의 종말을 기다렸던 자신의 행동에 따라 지구의 종말이 온다는 믿음을 버리지 않고 단지 신께서 홍수를 내리지 않았다라고 자신의 믿음을 조정할 따름이다. 인간의 본성을 긍정적으로 바라보지 않았던 페스팅거는 인간이 이성적인 존재가 아니라 합리화하는 존재라는 사실을 발견하였다.

인지일관성 이론은 일찍부터 제시되었는데 심리학자 하이더(F. Heider)는 *The Psychology of Interpersonal Relationships*(1958)에서 다른 사람이 대상에 대하는 긍정적 내지 부정적 태도에 따라 자신도 대상을 대한다는 인지균형이론을 주장하였다. 이 이론에 의하면 갑이 을을 좋아하는데 을이 병상점을 이용한다면 갑도 병상점에서 쇼핑하려는 호의적인 태도를 갖는다. 이러한 사례에서는 갑, 을, 병이 모두 긍정적인 방향으로 움직인다. "처갓집 말뚝 보고 절한다"는 속담은 이러한 긍정적으로 향하는 심리적 성향이 사람들에게 존재한다는 것을 의미한다. 그러나 만약 갑이 을을 싫어한다면 갑의 병에 대한 태도도 호의적이지 않다. 인지부조화이론은 일찍이 허슈만(A. Hirschman)이 1965년 "Obstacle to Development: A Classification and A Quasi-vanishing Act"란 논문을 통해 경제발전과정에서 사람들의 태도가 현대화하는 과정을 호의적으로 변하는 현상에 적용된 바가 있다.

어떤 대상이나 사람에 대해 가지고 있는 태도는 시간이 흐를수록 더욱 강해진다. 친한 친구의 경우에는 생각할수록 좋은 점들을 떠올리고 나쁜 점들은 그냥 봐 준다. 좋은 친구는 더 좋아하고 싫은 사람은 불쾌한 기억들이 떠올라 더욱 싫어진다. 이런 현상은 사람들이 자신의 태도에 일관성이 계속 유지되기를 심리적으로 압박받기 때문이다. 소크라테스가 자기 제자들에게 질문을 던져 자발적으로 결론에 도달하도록 유도한 것을 심리학에서는 소크라테스 효과(Socratic effect)라고 한다. 소크라테스는 사람들이 스스로가 내린 결론을 스스로가 지지한다는 인간의 심리적 성향을 꿰뚫은 철학자였다.

인지부조화이론은 주로 행동 이후의 일관성문제를 다루지만 자신의 여건을 고려하여 아예 자신의 선호를 변경시킬 가능성도 있다. 예를 들어 현재 자신의 욕구를 겨우 충족시킬 정도의 돈밖에 가지고 있지 않은 사람은 다른 곳에 투자할 엄두를 낼 수 없다. 그런 사람은 인지부조화를 해소하려고 자신의 부족한 재정능력과 부합하도록 투자행위를 혐오하는 선호를 진전시킨다. 그에 따라 여러 가지 이유로 주택을 소유하는 것보다 임대아파트를 선호한다고 말하거나 다른 사람의 이익을 취하는 행위이기 때문에 돈을 저축하는 것이 쓸모없는 짓이라고까지 말한다. 그러므로 주택이나 저축에서 이러한 태도를 가진 사람에게 주택분양이나 저축을 강조하는 것은 무의미한 일이다.

마케팅 전문가들은 소비자들이 논리적이기 때문에 그들에게 논리에 맞는 이야기를 해 주어야 믿는다고 주장한다. 그러나 소비자들은 비논리적이며 이들이 소유하기를 원하고 갈망하고 꿈꾸는 것 역시 비논리적이다. 또 한편으로 소비자들은 그들이 필요로 하지 않은 제품을 구매할 때는 이를 정당화시킬 수 있는 논리를 필요로 한다. 그러므로 소비재를 파는 마케터는 소비자의 감성에 호소하는 메시지와 동시에 인지부조화를 해소시킬 수 있는 논리를 제공할 필요가 있다. 소비자들에게 구매장벽을 넘어설 수 있는 충분한 변명거리를 일러주고 구매사유를 제공할 수 있어야 판매경쟁에서 성공한다.

제2절 인지부조화의 경제

심리학의 인지부조화이론을 변형하여 이를 경제모형에 적합한 개념으로 사용할 수 있다. 인지부조화이론은 경제학의 용어로 표현하면 세 가지 전제로 설명할 수 있다. 첫째, 사람들은 일어날 상황에 선호를 가질 뿐만 아니라 일어날 상황의 신념에도 선호를 가지고 있다. 둘째, 사람들은 자신의 신념을 어느 정도 통제할 수 있다. 즉 사람들은 주어진 정보를 바탕으로 하여 신념을 선택할 뿐만 아니라 자신이 '갈망하는' 신념에 일치하도록 정보의 원천을 선택하는 것을 통해 자신의 신념까지 조작할 수 있다. 셋째, 신념은 일단 선택되고 나면 오랫동안 지속한다. 사람들이 이의 세 가지 전제에 따라 행동한다는 사실이야말로 소비자들의 경제행동을 이해하는 데 있어 중요하다.

1. 신념 선호

첫 번째 전제는 사람들이 신념상태에 선호를 가진다는 원칙이다.

사례_104 인지부조화의 영향은 페스팅거(L. Festinger)와 칼스미스(J. Carlsmith)가 1959년 실시한 실험을 통해 밝혀졌다. 피험자에게 아주 지루하기 짝이 없는 작업을 계속 반복하게 하고 나서, 동일한 작업을 하려고 기다리고 있는 다른 사람에게 (자신이 경험한 결과 지루하기 짝이 없는 작업이더라도) 그가 흥미 있는 작업이었다고 말해 주면 협력의 대가로 그에게 1달러를 주고, 솔직하게 흥미 없는 작업이었다고 말해 주는 피험자들에게는 협력의 대가로 20달러를 주었다. 인지부조화이론에 따르면 피험자들은 기다리고 있는 자에게 흥미 있는 작업이라고 이야기하기를 거부하거나 (실제로 기다리는 자에게 지루한 작업이라고 말한 피험자는 없었다) 아니면 작업을 즐거운 것이라고 재평가하여 인지일관성을 회복하는 것으로 조사되었다. 20달러는 이를 받은 피험자로서는 자신의 부조화를 제거하기에 충분할 만한 정도의 대가였다. 즉 20달러이면 거짓말할 만한 충분한 이유가 있고 따라서 부조화가 일어나지 않는다.

실험결과 피험자들(주로 심리학과 학생들)은 인지부조화이론대로 행동하였다. 즉 1달러를 받은 피험자들은 20달러를 받은 피험자들보다 당해 작업을 아주 흥미 있는 작업이라고 긍정적으로 평가하였고 이와 유사한 실험에도 적극적으로 참여하였다. 즉 지루한 작업이라는 사실과 흥미 있는 작업이라고 말해 주어야만 하는 사실 사이에 갈등이 일어나는데 20달러를 받은 피험자는 20달러의 대가가 거짓말할 만한 대가라는 사실과 지루한 작업이었다는 사실 사이에 갈등이 일어나지 않는다. 그러나 1달러를 받은 사람은 지루한 작업이었다는 사실과 1달러를 받고(받으나 안 받으나 마찬가지 수준의 대가이다) 거짓말을 한 것 사이에 갈등이 일어난다. 이러한 갈등(부조화)을 제거하기 위해 피험자는 스스로에게 흥미 있는 작업이었다고 자기최면을 걸면서 믿으려고 한다. 이를 순종효과(compliance effect)라고 한다.

한국전쟁 발발 당시 중국인들은 인지부조화이론을 적용하여 미군 포로들을 효과적으로 공산주의 우호자로 전향시켰다. 당시 중국인들은 미군 포로에게 반미적인 글을 쓰도록 하기 위해 가혹한 고문이나 화려한 뇌물을 제공하지 않고 대신 조금의 쌀이나 사탕 몇 개를 제공하였다. 글을 쓰고 상을 받은 수많은 미군 포로들은 나중에 공산주의자로 전향했다. 자신의 믿음과 일치하지 않는 행동에 관여한 보상으로 사소한 것을 받으면 받을수록 자신의 믿음을 바꿀 가능성이 높아진다. 이처럼 돈 때문에 거짓말하는 현상을 페스팅거는 불충분한 보상 패러다임(insufficient rewards paradigm)이라고 불렀다.

 사례_105 1975년 칼더(B. Calder)와 스토(B. Staw)는 퍼즐(조각그림) 맞추기로 금전적 대가를 지급받은 학생들은 금전적 대가를 지급받지 않은 학생들보다 맞추기 작업을 즐거운 작업으로 평가하지 않는다는 실험결과를 얻었다. 실험결과 외적 정당화(대가)가 없는 경우 사람들은 (호의적인 태도를 통해) 과업수행에 내적 정당화를 필요로 한다는 사실을 알게 되었다.

인지부조화효과가 위험물질을 취급하는 산업에 종사하는 자들에게서도 관찰되었다.

 사례_106 위험물질 취급업종에 종사하는 일부 근로자들은 몸에 해로운 물질과 함께 일한다는 사실을 부정하여, 가령 핵발전소의 근로자들은 방사능노출을 탐지해 내는 안전배지를 착용하기를 거부하는 것으로 조사되었다. 애컬로프와 디킨스는 1982년 "The Economic Consequences of Cognitive

Dissonance"란 논문을 통해 작업이 안전하다고 믿는 근로자들은 위험한 작업을 수행하더라도 두려움이나 의심을 전혀 경험하지 않는다고 언급한다는 사실을 발견하였다.

 사례_107 프리드먼(Jonathan Freedman)은 1965년의 실험에서 어린이에게 위험한 장난감을 가지고 놀지 말라고 지시하였다. 한 실험에서는 지시를 위반하면 심하게 처벌한다고 이야기해 주었고 다른 실험에서는 위반하더라도 가벼운 처벌이 있을 것이라고 이야기해 주었다. 그런 후 얼마간 처벌 이야기가 전혀 없는 상태에서 위험한 장난감을 가지고 놀도록 하였다. 몇 주가 지난 후 장난감을 가지고 놀게 한 결과, 종전에 무겁게 처벌받은 어린이가 가볍게 처벌받은 어린이보다 위험한 장난감을 더 가지고 노는 것으로 나타났다. 이는 가벼운 처벌을 받은 어린이는 지시에 순종하여야 한다는 내적 정당화가 형성되어 있기 때문에 이후 위험한 장난감을 덜 가지고 노는 것으로 해석되었다.

 사례_108 1958년 밀즈(J. Mills)는 상금이 걸린 경기에 어린이들을 참여하도록 하여 경기 전과 후에 이들이 속이는 태도가 나타나는지를 실험하였다. 어린이들에게 분명히 나타나는 현상은 아니지만 속임수를 쓰는 행동이 관찰되었다. 속임수를 쓰지 않은 어린애들은 속이는 행위를 보다 부정적으로 인식하는 데 반해, 속임수를 쓰는 어린이들은 속이는 자신의 행동을 오히려 긍정적으로 바라보고서는 적극적으로 나왔다고 한다. 즉 속이는 행동에서 오는 심리적 죄책감이 상금에 의해 보상될 수 있었다.

이상의 실험결과는 범죄행동을 다루는 데 무언가 의미를 던진다. 이 실험에 의하면 가벼운 처벌이 무거운 처벌보다 범죄재발방지에 보다 효과적이라는 사실을 알 수 있다. 그러나 이는 범죄의 경제이론, 즉 범법행위를 저지르는 데서 오는 비용을 높일수록 범죄가 줄어든다는 경제이론과 배치된다.

취업포털 파인드잡(www.findjob.co.kr)이 직장인 1535명을 대상으로 "술 접대가 비즈니스에 도움이 되는가?"를 물은 결과 27.7%가 "한국사회에서는 큰 도움이 된다"고 답했으며 "어느 정도 도움이 된다"고 응답한 사람도 49.8%였다. 반면 "술 접대가 회사 이미지에 마이너스가 된다"는 응답은 16.6%, "술 접대는 비즈니스에 큰 영향이 없다"는 응답은 5.9%에 불과했다. 술 접대의 중요성을 인정한 응답은 신입직장인 73.2%보다 경력직장인 79.5%가 더 높은 것으로 나타났다(《중앙일보》에서). 술접대에 익숙해진 직장인들이 인지부조화를 해소하려고 술접대를 부정적으로 인식하지 않는다.

2. 신념의 조작

두 번째 전제와 관련된 실험의 결과, 동일한 정보를 가진 집단들은 자신들의 자연적인 선호에 부합하도록 서로 달리하는 신념들을 가진다는 사실이 밝혀졌다. 즉 사람들은 자신들이 정확한 결정을 내렸다고 생각하기를 좋아한다.

 사례_109 가령 경마장에서 도박을 거는 사람을 인터뷰한 캐나다의 심리학자 로버트 크녹스(R. Knox)와 제임스 잉스터(James. Inkster)가 1968년에 발표한 논문 "Postdecision Dissonance at Post Time"에 의하면, 도박사들은 창구에서 승부를 걸고 난 바로 뒤돌아섰을 때가 창구에서 기다리고 있

을 때보다 자신이 내기를 건 말의 성공가능성에 대한 믿음이 높은 것으로
알려졌다.

경마장에 온 사람들은 대개 특정한 말에 돈을 걸은 후에는 돈을 걸기
전에 비해 자신이 건 말이 경마에서 우승할 확률이 더 높다고 생각한다.
똑같은 말이 경마장을 달리게 되지만 일단 특정한 말의 경마권을 사게
되면 이제까지 무관심하던 신념에서 벗어나 적극적으로 자신이 선택한
말이 우승할 것으로 확신한다. 사람들은 선택하기 이전에는 별로 관심
이 없던 똑같은 말이라도 선택한 뒤에는 열광적으로 신뢰를 보낸다.

일반인들도 경마장에 온 사람들처럼 일단 어떤 일을 결정하고 난 뒤
에는 그 일의 옳고 그름을 판단하지 않고 일관되게 행동하려고 한다.
그래서 많은 사람들은 자신의 고집을 꺾지 않고 집념을 가지고 시작한
일에 끝을 보려고 하는데 그 결과 성공하기도 하지만 대실패를 맞기도
한다.

 사례_110 브렘(J. Brehm)은 1956년 여성소비자를 대상으로 실험하였다.
여성에게 두 가지의 가정기구 중에서 어느 것을 더 선호하는가를 물었다. 먼
저 두 가지 가정기구를 포장하여 이 중에서 선택하도록 요구하였다. 몇 분
후 다시 동일한 두 가정기구 중 하나를 선택하도록 요구하였다. 그 결과 여
성들은 이미 선택하였던 가정기구를 선택하여 인지적 일관성을 유지한다는
사실이 밝혀졌다.

소비자들은 특정 가전기구를 구입한 이후 가급적이면 자신의 선택이
옳았다는 믿음을 가지려고 한다. 그런 의미에서 인간은 합리적인 경제

주체(rational agent)가 아니라 합리화하는 경제주체(rationalizing agent)이다.

심리학자 랭어(E. J. Langer)는 피험자들을 두 그룹으로 나누어 한 그룹에겐 미리 번호가 정해진 복권을, 다른 그룹에겐 피험자들이 스스로 번호를 선택한 복권을 구입하도록 요구하였다. 그런 후 추첨전날 해당 복권을 되팔 수 있는 금액을 조사한 결과, 번호가 미리 정해진 구입자들은 평균 1.96달러에 팔려고 하였지만 자신이 직접 번호를 고른 구입자들은 평균 8.16달러에 팔겠다고 하였다. 자신이 개입하였다는 사실 자체만으로 가치를 다르게 평가한다는 사실이 밝혀졌다. 그런 까닭에 세일즈맨은 고객과 이야기를 나누는 시간이 길면 길어질수록 투자한 시간이 아까운 고객은 쉽게 구매에 응한다는 사실을 헤아리고 있다. 외판원들이 아파트의 대문만 열리면 물건을 판 것이나 다름없다고 하는 이야기도 바로 소비자의 인지부조화를 이용한 심리적 상술에서 비롯한다.

 사례_111 1960년 데이비스(K. Davis)와 존스(E. Jones)는 학생들에게 인터뷰를 당하는 한 학생이 야비하고 신뢰감이 없고 둔하다고 말하도록 요청했다. 학생들은 (그렇게 이야기하는 것이 잔인한 짓인 데에도 불구하고) 자신들의 잔인한 짓이 의도하는 목적과는 다르게 태도를 변경하여 일관성을 유지하려고 인터뷰 학생을 비난하였다. 스탠리 밀그램(Stanley Milgram)이 실시한 고전적 전기충격실험처럼 피험자들은 정치적 지배를 받아들여 인지부조화를 줄이려고 하였다.

이와 동일한 결과가 1964년 그래스(D. Glass)의 전기충격실험에서도 밝혀졌다. 즉 전기충격을 가하는 학생은 자신의 희생자의 견해(견디기 어렵다 하는 따위)를 과소평가하는 것으로 알려졌다. 앞서의 첫째 및 둘째 전제에 따라 사람들은 자신의 이미지가 섬세한 사람으로 비쳐지기를 바란다. 이러한 이미지는 자신들의 잔인한 짓을 과소평가하여야만 유지될 수 있다. 그에 따라 인지부조화를 해소하려고 자신들의 견해를 수정한다.

 사례_112 제라르(H. Gerard)와 메튜슨(G. Mathewson)이 실험한 1966년 연구결과에 의하면 호되고 힘든 신입생 환영의식을 거치고 나서 동아리에 가입한 여학생들은 그런 어려움이 없이 순조롭게 동아리에 가입한 여학생들보다 자신의 동아리에 훨씬 높은 만족도와 가치를 부여하고 있다는 사실이 밝혀졌다. 비슷한 연구에서도 신입생 환영의식의 일부분으로 전기충격을 받은 여학생들은 그렇지 않은 여학생들보다 그들의 동아리 활동이 더욱 재미있고 지성적이며 바람직하다고 인식하는 것으로 밝혀졌다.

 사례_113 1957년 스코트(W. Scott)는 인지부조화효과가 자신의 견해와는 다른 견해를 대변하여 토론하게 된 피험자들에게서까지도 발견된다고 보고하였다. 즉 청중들이 토론자에 의해 납득이 된 것처럼 보이면(이는 결국 자신의 견해와 상반되는 것을 청중들이 받아들인 것이어서 토론자의 입장에서는 부조화이다) 토론자는 이전에 취했던 자신의 견해를 변경시키는 것으로 나타났다. 그러나 청중들이 긍정하지 않으면 토론자 자신의 종전 입장에 변화가 일어나지 않는 것으로 나타났다.

사람들은 말과 행동이 일치하지 않는 경우가 많다. 즉 자신의 생각을 그대로 행동으로 실천하면 사회적으로 비난을 받을까봐 자신의 생각을 조작하여 표출하는데 이것도 인지부조화의 사례에 속한다. 가령 국내 월간지 『마리안느』가 창간 17호로 부도를 내고 말았는데 출판사의 담당자에 따르면 우리나라 여성들은 말로는 기존 여성 잡지들이 섹스, 스캔들, 루머만을 너무 많이 다룬다고 비난하면서도 실제로는 그런 내용의 잡지를 더 잘 사 보더라는 것이다.

『마리안느』는 창간을 앞두고 철저하게 독자의 여론조사를 실시하였다. 설문조사결과 주부들은 낯뜨거운 섹스 이야기나 루머 일색의 잡지에 식상해 하고 있어 유익한 정보만을 전해 주는 잡지가 나오는 경우 95% 이상이 구독을 하겠다고 응답하였다. 그래서 『마리안느』는 자신 있게 무섹스, 무스캔들, 무루머의 3무정책을 표방하며 또한 그런 정책을 고수하였다. 그러나 독자들로 부터 외면당하고 잡지는 사라지고 말았다(『돈버는 심리마케팅』에서).

카네기멜론대학의 유명한 경제심리학자 로엔스타인(G. Lowenstein)은 의식의 세계가 사람들의 행동을 지휘·통제하는 것이 아니고, 단지 수행한 행동에 의미를 부여하는 데 기여할 따름이라고 주장한다. 하버드 비즈니스 스쿨의 잘트만(G. Zaltman)은 시장조사를 위해 실시되는 대부분의 고정된 응답을 묻는 질문에 소비자들은 소비자가 생각할 것이라고 설문자가 생각하는 것을(what consumers think about what managers think consumers are thinking about) 대답하는 피상적인 수준의 질문과 답변에 머문다고 꼬집었다.

마케팅에서 소비자정보를 언어를 매개로 하는 수단(전화인터뷰, 집단면담, 질문지)을 통해 수집하는데 이것은 소비자 자신이 자아를 반사하거나 의식한 대답일 수밖에 없다. 그러므로 이러한 방법의 소비자조사는 빙산의 윗부분만을 바라보는 격이다. 사람들이 가진 지식은 무의식적인 무언의 지식이므로 마케팅 조사자들이 그들로부터 알고자 하는 사항을 완전히 알아낼 수 없다. 그래서 신경학자 조제프르도(Joseph LeDoux)는

The Emotional Brain(1998)에서 "자신의 마음을 내성적으로 분석한 것을 바탕으로 하는 언어로 응답한 보고서를 가지고 과학적 자료로 사용하는 데에는 주의를 요한다"라고까지 경고한다.

30년 전에 애플 II컴퓨터, 15년 전 영화 토이스토리 애니메이션, 그리고 근래 MP3 플레이어를 개발한 스티브 잡스(Steve Jobs)는 제품출시를 위해 시장조사를 실시하지 않았다. "그레이엄 벨이 전화를 발명할 때 시장조사를 했을까? 내가 바라는 것은 오직 혁신일 뿐이야"라면서 자신의 제품이 소비자의 본능에 접촉하도록 애썼을 따름이다. 지금도 그가 발명한 매킨토시는 디자인업계에서 널리 사용되는 프로그램이다. 아마 스티브 잡스가 소비자설문조사를 바탕으로 애플을 만들려고 나섰다면 이것도 저것도 아닌 잡종을 선보이는 일로 끝났을 것이다.

대학을 중퇴한 것을 일생일대 최고의 의사결정이었다고 주장하는 그는 2005년 7월 미 스탠퍼드대학 졸업식장에서 "남의 인생을 사느라 삶을 낭비하지 마십시오. 다른 사람들이 생각해 낸 결과에 얽매어 사는 도그마에 갇혀 있지 마십시오. 다른 사람의 의견이 여러분 내부의 목소리를 잠식하도록 놔두지 마세요. 그리고 가장 중요한 것은, 자신의 가슴과 직관을 따르는 용기를 가지는 일입니다. 가슴과 직관은 여러분이 진실로 무엇이 되고 싶은지를 이미 알고 있습니다"라는 메시지를 전달하였다. 그 나름으로 인지부조화를 해결하는 비법을 터득한 셈이다.

3. 신념의 고착

세 번째 전제는 인지부조화가 신념에 미치는 영향이 오랫동안 지속된다는 원칙이다. 그에 따라 인지부조화이론을 적용하면 어려운 과업을 떠맡고 있다고 자신을 정당화하는 사람은 그러한 과업이 자신에게 좋은 것이라는 신념을 오랫동안 강하게 가진다. 과업이 어렵고 외부로부터의 보답이 적으면(투하하는 노력에 비해), 개인은 그 과업을 자신에게 정당화시키거나 또는 과업을 수행하는 자신을 어리석다고 생각하여야만 한다. 많은 실험결과 그러한 효과가 단기간 지속되는 것으로 나타났으나 다른 실험에서 그러한 효과가 오랫동안 지속될 수 있다는 사실도 보여 주었다.

 사례_114　1980년 엑솜(D. Axsom)과 쿠퍼(J. Cooper)는 여성들을 두 집단으로 나누어 4주 동안의 체중감량 프로그램에 참여하는 실험을 실시하였다. 한 집단에겐 많은 노력을 들이게 하고 다른 집단에게는 가벼운 노력을 들이도록 하였다. 4주가 지나자 두 가지 프로그램의 집단 모두 체중을 감량하는 데 성공하였다. 그러나 일 년이 지나 조사한 결과 많은 노력을 들인 집단의 여성들은 평균 8파운드를 감량하였는 데 비해 가벼운 노력을 들인 집단의 여성들은 하나도 감량하지 못하였다는 사실이 발견되었다. 많은 노력을 들이게 한 조건이, 그러한 힘든 행동에 참여하도록 내적 정당화를 부여하였다. 즉 내적 정당화가 다이어트하는 태도를 변화시켜 이를 오랫동안 유지시킨 것으로 보인다.

사람들의 성취동기란 고통스럽게 노력을 들여야만 보다 높은 수준에 도달될 수 있을 것으로 믿는다. 마치 '쓴 약이 몸이 좋다'는 듯이 수강학생들에게 비위를 맞추기보다 엄격하게 지도하는 학원에 초중고생을 보내려는 학부모가 늘어났다. 일본의 코치지방에 객실 수 25개의 초미니 호텔 소다니 온천이 있는데 공항, 전철, 케이블카 등으로 힘들게 바꾸어

타는 노력을 들여가며 방문하는 동경 수도권지역의 사람들의 수가 는다고 한다(『돈버는심리 돈새는심리』에서). 찾아가기 힘든 여행지를 일부러 다녀옴으로써 여행의 보람을 더 크게 느낄 수 있기 때문인 것으로 해석된다.

사례_115 일본 동경의 도심지인 시부야 거리에 위치한 한 덮밥 전문점엔 점심시간만 되면 고객들이 덮밥 한 그릇을 먹기 위해 길게 줄을 선다. 점심시간이 되기 전부터 줄이 길게 이어지는데 고객들이 기다리는 시간은 최소 30분이고 번잡한 때엔 심지어 1시간 가깝게 기다려야 한다. 그러나 진작 자리에 앉아서 음식을 드는 시간은 10분도 채 되지 않는다. 이곳을 찾는 20대 후반의 어떤 여성은 "올 때마다 줄을 선다. 맛있는 우동을 먹기 위해서라면 이 정도는 감수할 수 있다"고 말한다. 하지만 한 관광객은 "사실 맛은 잘 모르겠다. 다만 1시간 동안 줄 서서 기다린 시간이 아까워 맛있게 먹은 것 같다"고 말했다. 그가 "기다린 시간이 아까워 맛있게 먹은 것 같다"고 합리화하는 것은 자신의 인지부조화를 해소하기 위한 변명에 지나지 않는다.

제품을 구매하는 데서도 이와 같은 인지부조화현상이 흔히 일어난다. 디카나 컴퓨터를 샀는데, 똑같은 가격으로 더 좋은 제품을 구입할 수 있었다는 걸 나중에 알았을 때, 사람들은 '그래도 내가 산 제품이 메이커도 좋고, 기능도 많아'라고 스스로의 결정을 합리화한다. - 『경제의 심리학』에서

인지일관성이 인간의 적응기제로 자리잡게 된 까닭을 진화심리학적으로 해석해 보자. 인간을 포함한 영장류 집단은 상호 이타주의에 의해 형성된 동맹들의 그물망에 의해 결속된다. 그러나 상호 이타주의가 제대로 작동하려면 어떤 사람을 신뢰할 수 있고 어떤 사람을 신뢰할 수 없는지하는 정보를 필요로 한다. 마찬가지로 협력자와 사기꾼을 구별할

수 있어야 한다. 진화심리학자 로빈 던바(Robin Dunbar)는 심지어 누구를 믿을 수 있는지하는 소중한 사회적 정보를 얻는 또 다른 하나의 방법으로 언어가 탄생하였다고 주장한다. 직접 속고 나서야 그 사람이 사기꾼이라는 사실을 아는 대신에, 우리 조상들은 다른 사람과 잡담을 나눔으로써 그러한 정보를 얻었다. 그래서 던바는 언어의 최초기능은 오히려 다른 사람을 평하는 잡담이었다고까지 주장한다.

인간의 조상이 살았던 환경은 위험하고 불확실하여 그들에게 죽음은 예상치 못한 상황에서 다반사로 일어나는 사건이었다. 그들에게 언제 위험이 닥칠 것인가를 예측하는 것은 대단히 중요한 일이었다. 식량은 언제라도 갑자기 끊길 수 있기 때문에 하루하루 생존하기 위한 행동들은 모험을 수반할 수밖에 없었다. 이런 상황에선 간접적인 경험을 쌓는 일도 중요한데 바깥에서 들려오는 소문을 믿는 것도 생존을 위한 하나의 수단이 된다.

남을 칭찬하기보다 헐뜯고 깎아내리는 성향을 빗대어 "나쁜 소문은 빨리 퍼진다"라는 속담이 있듯이 다른 사람에 의해 일관성이 없는 사람으로 평가된다면 집단에 발을 들여놓지 못해 추방당하는 신세로 전락한다. 사람들은 상대방에 대한 신뢰를 기초로 하여 거래에 들어간다. 따라서 상대방이 취한 과거의 행적을 통해 일관성이 없는 사람으로 평가되면 사회의 교류망에서 추방되어 생명을 잃는다. 인간은 생존을 유지하려고, 비록 논리적으로 일관성이 없더라도, 다른 사람에게 일관성을 가진 사람으로 비쳐지기를 기대하는 마음에서 인지부조화를 해소하는 적응기제의 마음을 모듈로 진화시켰다.

사람들은 특정 사람의 너그러운 행동을 들으면 직접 경험하지 않은 데에도 불구하고 그에게 호의를 베풀려고 한다. 비록 호의를 받은 사람이 직접 보답하지 않는다고 할지라도 호의를 베풀었다는 행동이 집단 내의 구성원들에게 잡담을 통해 전달되어 훌륭한 평판을 얻을 수 있다. 이와 반대로 특정 사람의 비열한 행위를 전해 들은 사람은, 자신이 직접 경험하지 않은 데에도 불구하고, 그에게 호의를 보내지 않고, 따라서 그와의 사이에 상호주의가 들어설 공간이 없다. 그런 까닭으로 인간은 자신의 평판을 유지하고 사회적 교류에 호의적으로 참여하기 위한 수단의 하나로 인지부조화를 해소하는 후성규칙을 물려받았다.

제3절 문전걸치기 수법

인지부조화를 해소하려는 소비자의 태도는 구매를 둘러싼 소비자만족에서도 그대로 이어진다. 소비자는 여러 가지 대안 중에서 특정 브랜드를 심사숙고하게 선택한 후에도 브랜드를 잘 선택했는지 아니면 잘못 선택했는지를 두고 심리적 불안이 계속된다. 이러한 경우 선택한 브랜드에 호의적인 태도를 형성하여 제품에 긍정적인 정보를 선별적으로 선택하게 되면 부조화를 줄일 수 있다. 그래서 애컬로프와 디킨스는 심지어 광고의 주된 기능이 소비자들에게 자신이 방금 구입한 제품이 자신들의 욕구에 맞는다고 믿도록 일종의 외적 정당성을 부여하는 데 있다고 지적한다.

인지부조화해소를 여러 가지 방향에서 다르게 해석하였는데 주로 귀인(attribution)에 의해 설명되었다. 예를 들어 벰(D. Bem)이 1972년에 발표한 자아지각이론(자기 자신을 인식하는 이론)은 지루한 작업과 관련된 페스팅거와 칼 스미스의 실험결과가 행위자의 행동에 관한 귀인으로 설명될 수 있다고 주장한다. 보상수준이 높은 조건에서는 피험자들은 자신이 외부환경(외적 귀인)의 강요에 의해 행동하였다고 추론하고서는 자존감을 유지하기 위해 태도를 변화시키지 않는다. 그러나 보상수준이 낮은 조건에서는 자신의 행동이 자유의사(내적 귀인)에 의해 이루어졌다고 세뇌되어 그 행동이 자신의 태도와 부합한다는 믿음을 심는다.

1966년 프리드먼(J. Freedman)과 프레이저(S. Fraser)는 처음에 작은 요구에 의해 순종되면서 이후 커다란 요구까지도 순종하게 되는 문전걸치기 수법(foot-in-the-door technique)을 자아지각이론으로 설명하였다. 작은 요구를 들어준 사람은 굴복하는 자아지각을 유도하여 보다 더 큰 요구를 들어줄 가능성이 높아진다는 의미이다.

 사례_116 미국 코네티컷주의 주부를 대상으로 실시된 실험에 의하면 1주일 전에 그들이 매우 자비심이 많은 사람이라고 칭찬받은 주부들은 그렇지 않은 주부들에 비해 비영리 단체의 후원금 지원요청에 훨씬 많은 기부금을 희사하는 것으로 조사되었다. 다른 사람들이 그들을 자비심 많은 사람으로 인식하고 있다고 생각한 주부들은 다른 사람들이 생각하고 있는 자신의 이미지에 일관되게 행동해야 한다는 압력에 따라 행동하였다.

방문 판매업자들은 주문취소사태를 효과적으로 극복하는 기법을 연구해 내었다. 그것은 소비자에게 직접 계약서를 작성하게 만드는 것이었다. 한 백과사전 세일즈맨 교육에서는 "계약서를 소비자가 직접 작성하게 만들면, 비록 그것이 아주 작은 행동에 불과할지라도, 심리적으로 영향을 미쳐 나중에 계약을 파기하지 않게 된다"고 가르치고 있다. 암웨이도 사람들이 자기의 생각을 글로 적을 때 엄청난 마력이 생긴다는 사실을 깨달아 외판원을 교육시킨다(『설득의 심리학』에서).

 사례_117 한국전 당시 중공군이 미군 포로를 어떻게 세뇌시켰는가를 연구하였던 심리학자 샤인(E. Schein)은 The Chinese Indoctrination Program for Prisoners of War: A Study of Attempted 'Brainwashing'(1956) 에서 중공군이 미군 포로들의 책무(commitment)와 인지 일관성(cognitive consistency)의 심리를 이용하여 이들로부터 협조를 얻는데 성공하였다고 밝혔다. 신체적 고문이나 폭력을 사용하지 않고서도 중공군은 포로들로부터 군사정보를 얻거나 내부 고발자를 만들어 내고 자신의 조국을 비난하도록까지 만들었는데 그것은 '작은 것부터 시작하여 크게 만드는' 심리전을 이용하였기 때문이다.

한 예로 매우 하찮은 것으로 보이는 반미국적인, 가령 '공산주의 국가에서는 실업이 전혀 사회문제가 되지 않는다'와 같은 주제를 가지고 작문하도록 하여 받아들여지면, 다음 단계에 가서 미국이 완벽한 나라가 아닌가에 대해 조목조목 나열하기를 요구하고, 이어서 나중에 포로들 간의 토론시간에 자신의 이름이 서명된 미국의 문제점에 대한 자신의 작문을 정식으로 직접 공개하도록 이끈다. 중공군은 이 가엾은 미군 포로의 반미국적인 작문내용을 그의 이름과 함께 다른 미군 포로수용소나 혹은 그들과 대치하고 있는 미군 부대를 향하여 라디오로 방송한다. 자신의 작문이 어떠한 외부적 강압에 의해 억지로 강요되어서 작성된 것이 아니라는 것을 잘 알고 있는 이 포로는 자신의 생각이 타의가 아닌 자발적으로 반미국적으로 변했다는 신념을 수립하게 되고, 변해버린 자신의 새로운 이미지에 충실하기 위하여 나중에는 더욱 적극적으로 적에게 협조하기에 이른다.

전쟁이 끝난 후 송환된 전쟁 포로들의 심리를 연구한 세갈(H. A. Segal)은 *Initial Psychiatric Findings of Recently Repatriated Prisoners of War*(1954)에서 송환포로들 상당수가 중공군이 주장했던 대로 미국이 세균전을 감행했다고 믿고 있었으며 미국이 먼저 침략하여 전쟁이 시작되었다고 생각하고 있었고 정치적인 태도에서도 인지일관성을 유지하기 위해 심지어 공산주의가 미국에서는 적절하지 않지만 아시아에서는 좋은 정치적 제도가 될지도 모른다고 말하였다고 한다(「설득의 심리학」에서).

그러나 셀리그먼(C. Seligman), 부시(M. Bush), 커쉬(K. Kirsch) 등은 1976년도의 논문에서 문전걸치기 수법이 먹혀들려면 처음에 시작하는 요구수준이 무언가 한다는 행위자로서의 자아지각을 일으킬 수 있을 정도의 높은 수준의 요구이어야 한다고 주장하였다. 그렇지 않으면 두 번째의 요구에서 순종을 유도하기가 어렵다고 지적하였다.

 사례_118 전화로 5~20가지 종류의 질문에 답하게 하는 첫 번째의 작은 요구가 이틀 후 55가지 종류의 질문에 대답하는 커다란 요구에 각각 38%와 35%가 대답하도록 유도하였다고 한다. 이는 첫 번째 요구가 없이 바로 55가지 종류의 질문에 대답하도록 요구하여 얻어진, 응답자의 31% 비율보다 그다지 높은 비율은 아니다. 이에 비해 처음에 30가지 또는 45가지의 질문에 대답하도록 요구한 조사는 두 번째 요구에 양쪽 모두 71%의 피험자들이 순종하는 것으로 나타났다. 이는 첫 번째의 높은 요구가 자존감을 불러일으킨 것으로 해석된다.

비만(A. Beaman), 콜(C. Cole), 프레스턴(M. Preston), 클렌츠(B. Klezn), 스티블레(N. Steblay) 등이 1983년에 120개의 실험집단을 대상으로 실시한 대규모 실험에서는 문전걸치기 수법의 효과가 보편적으로 작은 것으로 나타났다.

1984년 쿠퍼(J. Cooper)와 파지오(R. Fazio)는 행위자가 자신의 행동을 취소할 수 없는 혐오스런 사건으로 지각하는 때에만 인지부조화가 일어난다고 주장하였다. 사람들의 각성상태를 해석한 결과, 사람들은 자신의 자발적인 행동결과를 예견할 수 있을 때에만 행동에 책임을 진다고 한다. 또한 책임을 진다는 것은 행동에 내적 귀인을 만들고 그에 따른 부조화를 줄이려는 동기를 자신에게 부여한다는 것을 의미한다. 반대로 외적 귀인을 만든다는 것은 책임을 부정하는 것을 의미하므로 인지부조화가 일어나지 않는다.

그에 따라 인지부조화이론에 새로운 해석이 나타났다. 즉 자신의 행동이 취소할 수 없는 혐오스런 행동이어야 하고, 자발적으로 일어나는 행동이어야 하고, 또한 행동결과를 예견할 수 있어야 하고, 인지부조화 각성이 일어나야만 하고, 그러한 각성을 내적으로 귀인시킬 수 있을 때에만 부조화를 감소시키려는 동기가 생겨 태도변화(순종)가 일어날 수 있다.

 사례_119 자나(M. Zanna)와 쿠퍼(J. Cooper)는 1978년의 한 실험에서 피험자에게 부수효과로 긴장감을 만들어내는 요란하게 생긴 프레시보약(가짜 약)을 주면 부조화각성의 탓으로 돌리지 않는 현상이 나타났다고 한다. 이러한 경우 태도에 변화가 없음이 명백하다. 마찬가지로 약의 정보를 피험자에게 제공하지 않으면 암페타민(중추신경을 자극하는 각성제)에 의한 외적 각성을 부조화의 탓으로 돌리지 않고 내적 귀인으로 돌렸다. 이러한 경우 피험자는 자신의 태도를 현저히 변화시키는 것으로 나타났다.

제4절 인지부조화이론의 적용

1. 혁신의 원천

신념선택의 경제이론을 살펴보자. 금전적 및 심리적 편익이 '+'를 낳는 신념은 처음에 채택된다. 왜냐하면 인지부조화로 인해 신념은 일단 채택되면 지속하는 성질을 가지기 때문이다. 일반적으로 사람들은 이미 확립된 자신의 신념과 모순되는 새로운 정보를 피하거나 거부하는 경향이 있다. 이러한 경향이 나타나는 사례로 혁신의 경제에 대해 적용될 수 있다. 토마스 쿤(Thomas Kuhn)은 *The Structure of Scientific Revolutio*(1963)에서 새로운 과학적 패러다임을 채택한 사람들은 대개 그 분야에 처음으로 들어온 사람들이라고 주장하였다. 이미 기존의 기술에 익숙해져 있는 사람은 창조적인 혁신을 일구어내기가 힘들다는 것을 의미한다.

에드윈 맨스필드(Edwin Mansfield)는 혁신이 산업의 연구시설에서 일어난 사례는 드물다고 지적하였다. 대신 대부분의 주요한 혁신은 그 산업의 외부로부터 나타났다는 조사결과를 *The Economics of Technical Change*(1968)을 통해 발표하였다. 일찍이 주키스(John Jewkes), 소어(David Sawer), 스틸러만(Richard Stillerman) 등은 *The Sources of*

Invention(1959)에서 제2차 세계대전 이전에 일어난 61개의 주요 혁신 가운데에서 단지 12개의 혁신만이 기존의 기술에 익숙한 산업연구소에서 탄생한 것이라고 보고하였다. 거의 절반이 개인들로부터 나온 것이라고 한다. 마찬가지로 제2차 세계대전이후의 혁신을 조사한 햄버그 (Daniel, Hamberg)도 1963년 발표한 자신의 논문 "Invention in the Industrial Research Laboratory"에서 이와 유사한 결론을 얻었다.

2. 광고

광고는 어떻게 작용하는가? 왜 기업들이 엄청난 금액의 광고비를 광고캠페인에 지출하는가? 다른 조건이 같다면 사람들은 왜 광고하지 않은 상품보다 광고한 상품을 구입하는가?

이는 틀림없이 복잡한 문제로, 그 대답은 구체적인 제품과 상황에 의존한다. 그러나 광고를 다룬 교과서들은 광고가 상품정보를 전달한다고, 한결같이 하나의 요소만을, 강조한다. 정보란 광고하는 상품의 물리적 속성만을 말하는 것은 아니다. 광고는 그 상품을 소비함으로 인해 누릴 수 있는 사회적으로 중요한 의미에 관한 정보도 전달할 뿐만 아니라 그 상품이 소비자의 물리적 요구는 물론 심리적 욕구도 충족시키는 데 기여할 수 있는 정보를 제공한다.

광고를 다룬 교과서, 예를 들어 바일바허(William Weilbacher)의 *Advertising*(1979)에서는 상품을 세 가지 범주로 나눈다. 첫째 물리적 성능상의 차이를 가진 상품, 둘째 단지 디자인과 형태상으로 차이가 있는 제품, 셋째 동일하지는 않지만 서로의 차이를 구분할 수 없는 일반화된 상품(generic products)으로 구분한다. 세 번째의 일반화된 상품은 비록 질이나 구성물에서 차이가 있더라도 사람들이 구분하기 어렵기 때문에 이러한 종류에 속하는 상품광고가 상당한 비중을 차지하는 것으로 나타났다.

아커(David Aaker)와 마이어스(John Myers)는 *Advertising Management*(1975)에서 소비자의 욕구를 확인하게 되면 두 가지 방법으로 이를 충족시킬 수 있다고 지적하였다. 첫째 신상품을 창조하는 데 이를 제품전략이라고 한다. 둘째 기존제품의 소비자지각을 변경시켜 소비자가 요구하는 욕구를 충족시키는 것처럼 보이도록 하는데 이를 광고전략이라고 한다.

광고를 다룬 교과서들은 사람들의 심리적 욕구가 단지 객관적으로 나타난 제품의 물리적 특성욕구와 상응하는 것으로 취급하지만, 광고를 통해 전달된 상품정보와 관련지어 본다면 그렇지 않다는 사실이 분명하다. 가령 짐을 싣고 다녀야 하는 드라이버들에게는 공간이 넓은 자동차를 필요로 한다. 공간이 넓은 자동차는 그러한 속성을 가지지 않은 자동차에 비해 가치가 있다. 그러나 개인이 사용하는 치약은 사회적으로 자신을 어떻게 받아들일지에 하등의 영향을 미치지 않는다. 마찬가지로 청량음료도, 어떤 종류를 선택하든, 야외에서 즐기려고 소풍가는 데 영향을 미치지 않는다. 만약 이러한 형태의 광고를 통해 전달된 정보가 거의 가치가 없다면, 마케터와 소비자들은 왜 그러한 광고에 관심을 기울이는가?

광고실무자가 지적하였듯이 사람들은 욕구와 기호를 가지고 있고 이것들을 충족시키는 상품을 구입한다. 그런데 이러한 욕구와 기호 가운데에서 일부는 불분명하고 미묘한 것들이다. 따라서 그러한 욕구를 충족시키는 때에 과연 욕구를 충족시켰는지를 말하기도 어렵다. 그러한 경우 사람들은 자신이 방금 구입한 제품이 자신의 욕구를 충족시킨다고 믿기를 원할 수 있다. 이런 측면에서 광고는 사람들에게 외부로부터 그러한 신념을 정당화시키는 수단으로서 기여한다. 사람들은 다른 사람이 자신을 매력적·사교적·지적으로 느끼기를 바란다. 왜냐하면 자신이 그러한 신념을 갖는 것은 자신을 유쾌하게 만들기 때문이다. 광고된 상품을 소비자들이 구입한다면 광고란 결국 구매자에게 그러한 신념(인지일관성)을 갖도록 촉진시킨다.

물건을 구입하는 소비자는 필요에 의해 구입하기도 하지만 이는 어디까지나 상품이 궁핍하였던 시기엔 적합할지 모르나 상품이 넘쳐나는 지금의 시기엔 욕구에 의해 구입한다. 욕구를 충족시키려면 구매행위에 정당성을 부여할 수 있는 구실을 제공할 필요가 있다. 상품이 기능이나 품질 면에서 제아무리 우수하다고 광고를 통해 호소하더라도 먹혀들지 않는다. 그래서 마케터들은 '가격이 저렴하고 사용하기 편리한 보일러'가 아니고 '부모님에 대한 마음을 대신하는 보일러'라는 따위로 구매자가 구입할 수밖에 없는 변명(인지부조화 해소)을 제시하곤 한다.

 사례_120 필립 모리스의 말보로 브랜드는 처음에 여성용으로 출시되었다. 점차 늘어나는 여성 흡연인구를 겨냥하여 상아색 필터까지 달아 팔았으나 매상이 예상을 빗나가자 남성용으로 전환하였다. 남성 이미지를 심기 위해 30년 동안 서부의 사나이 카우보이를 일관되게 등장시킨 광고만을 고집했다. 남성 흡연자들은 카우보이를 통해 자신의 인지일관성을 유지한다. 가령 카우보이 대신에 여성모델이나 노인모델이 나온다면 소비자들은 인지일관성을 상실해버릴 것이다.

인지일관성을 오래 동안 유지해줄 수 있는 상품일수록 소비자들은 심리적 갈등에서 벗어날 수 있다. 1994년 500주년을 맞이하기까지 '참나무통 숙성'이라는 일관된 주조방식을 고집한 스카치위스키, 130여 년 동안 '물에 가라앉지 않는 흰색'의 아이보리 비누, 110년 전통의 코닥필름, '주름치마 모양의 병'속의 코카콜라, 유기농만을 고집하는 풀무원 농산물가공품 등은 소비자들의 인지일관성을 배반하지 않아 성공을 거두었다.

광고를 이렇게 해석한다면 광고가 갖는 힘에 한계가 있다는 사실을 알 수 있다. 즉 사람들은 매력적·환상적인 부착물을 가진 제품에 더 많은 금액을 지불할 것이다. 그러나 그렇게 지불하는 데에도 한계가 있다. 만약 신념의 가치가 (광고된) 상품을 구입하는 데 들어가는 추가비용보다 작으면 광고는 허사가 된다. 광고의 이러한 견해는 광고의 경제성을 분석하는 데 하나의 기준을 제시한다.

"개눈에는 똥밖에 안 보인다"는 속담이 있듯이, 자동차를 산 사람에게는 길에 다니는 자동차만 보인다. 자신이 차를 제대로 잘 샀는지, 다른 차와 비교하면서 끊임없이 정보를 살핀다. 그리고 되도록 긍정적인 정보에만 마음이 끌리게 된다. 잘못된 결정을 내렸다는 결론을 피하고 싶은 과잉정당화효과가 일어난다. 인지부조화를 줄이고 싶은 것은 인간의 본능이다. 정보노출을 무의식적으로 선택하고 자의적으로 기억하는 현상도 나타난다. 그래도 인지상의 부조화가 줄어들지 않으면 스스로 내적으로 위로하면서 정당화시킬 만한 이유를 찾아낸다.

그래서 기업은 이러한 소비자들의 심리현상을 역이용하여 제품판매에 활용한다. 마케팅에서도 한 번 구매가 끝났다고 해서 거래가 끝나서는 효과가 떨어진다. 구매자의 후회를 줄여줄 수 있는 정보를 최대한 많이 제공하여, 인지부조화 현상을 줄여 주어야 한다. 소비자들은 구매 후에도 물건을 잘 샀다고 계속 확인하고 싶기 때문이다. 판매라는 것은 상품을 매개로 소비자의 마음과 커뮤니케이션하는 수단이다. 그래서 기업은 구매 전이나 구매 후에도 소비자의 마음을 사로잡으려 한다. 그에 따라 요즈음은 물건을 사고 나면 핸드폰을 통해 애프터 서비스한답시고 문자 메시지가 성가실 정도로 들어오고 있다.

역사가 오래 된 인도와 중국 상인들의 상술이 유명한 것으로 소문이 나 있다. 몇 년 전에 인도 뉴델리의 골동품 가게에서 금속세공품 하나를 구입하는데 도무지 가격이 흥정이 되지 않았다. 점원이 처음 부른 값의 절반가격만을 지불하고 구입한다는 나의 전략이 먹혀들어가지 않아 하는 수 없이 상점을 나가려는데 점원이 자신은 가격을 그만큼 깎아 줄 수 없고 지배인만이 결정할 수 있다고 말하면서 지배인에게 의사결정을 미루었다. 결국 지배인과 흥정하여 절반보다 약간 높은 가격으로 구입하였지만 지금도 이 물건을 보면서 내가 과연 바가지를 쓰지는 않았겠지 하고 스스로 위로한다. 바가지를 쓰지 않고 구입한 물건이라는 인지 일관성을 나에게 심어 주기 위해 불필요하게 지배인을 동원한 상술이 아닐까?

로저 도슨은 『협상의 법칙』에서 흥정을 유리하게 만드는 전략으로 최종의사결정권을 상사나 제3자에게 돌려야 한다고 주장하였다. 즉 세일즈 담당자가 가격을 결정할 수 있는 최후의 권한이 없는 것이 오히려 협상력을 강화시킨다고 지적하였다. 자신이 결정권자라고 밝히면 협상 과정에서 오히려 심각하게 불리한 상황으로 몰린다는 의미인데 상대방은 최종 결정권자인 당신만 설득하면 거래가 성사된다는 것을 알기 때문이다. 따라서 가급적이면 상급자에게 최종의사결정이 있다는 신호를 보내야 협상에서 유리해진다고 지적한다.

상인은 고객을 관리하기 위해 고도의 심리전술을 부린다. 물건값을 흥정하는 시간을 오래 끈 거래일수록 구매자가 소비한 기회비용(시간과 노력)이 높은 데에도 불구하고 흥정이 바로 끝난 거래보다 구매자에게 심리적 만족감을 더 크게 느끼도록 해준다. 그러면서 상인은 '손해보고 판다', '그 값에 샀다고 다른 사람에게 알리지 말라'는 등으로 고객이 자위할 수 있는 어구를 구사하여 고객을 관리한다. 더구나 흥정이 끝난 이후에도 고객이 쾌재를 부를 수 있도록 상인은 울상을 짓는 표정까지 계속 짓는다(『돈버는심리 돈새는심리』에서).

소비자가 상인들의 상술에 놀아나지 않고 또한 자신의 심리적 노예에서 벗어나는 길은 없을까? 가령 후불제는 '잘못 샀다'는 후회에 대한 강한 두려움과 한번 내린 결정을 쉽게 번복하지 않는다는 소비자의 심리를 이용한 마케팅전략이다. 후불제로 구입한 물건을 반환하려고 하면 판매상담원은 '무슨 하자라고 있습니까?'하고 고객에게 당초 구입한 자신의 경솔한 행동을 자책하도록 유도한다. 그래서 물건을 반환할 때엔 가급적이면 판매상담원과 오래 동안 이야기를 나누지 않을 것을 권고한다(『돈버는심리 돈새는심리』에서). 굳이 이유를 댈 필요가 있다면 '단지 마음에 들지 않아서'라고 자신감 있게 대응하여 자신의 심리적 편견에서 벗어날 필요가 있다.

3. 재정지원정책

사람들은 어렸을 때부터 자선하고, 가난한 사람을 돕고, 다른 여러가지 선행을 하는 것을 의무라고 교육받았다. 동시에 사람들은 강한 이

기심을 가지고 있다. 그렇다고 상대방이 돈에 욕심을 낸다고 하여 자신의 호주머니를 털어 내주는 사람은 드물다. 그러나 다른 사람들에게는 그렇게 하라고 말하는 데에는 익숙하다. 말은 곧잘 하지만 그러나 실제 행동을 관찰하면 가난한 사람들을 위해 조금도 희생하지 않는다. 그러므로 가난한 자를 도와야 한다는 의식과 자신의 이기적 본능이 서로 갈등을 일으켜 그 결과 내적 부조화가 일어난다.

조지 메이슨 대학의 고든 털록(Gordon Tullock) 교수는 인지부조화이론으로 인해 정부의 재정지원사업이 늘어날 수밖에 없는 현상을 설명하였다. 그에 의하면 사람들이 개인적으로 가난한 사람들에게 거의 자선하지는 않지만, 인지부조화를 해소하려고, 자신 대신 정부가 자선활동을 벌여야 한다는 태도로 나온다. 달리 말해 자선프로그램에 찬성하는 투표행위에 참여하더라도 내가 부담하는 비용은 아주 적다. 그러므로 사람들은 자선행위를 위해 투표에 참여하지만 자신이 직접 자선행위를 벌이지는 않는다.

여기에 인지상의 부조화를 감축시키려는 합리적인 구실이 들어선다. 나 자신의 돈은 나만을 위해 사용하려는 이기적 욕망과 자신이 자선적이어야 한다는 감정을 모두 가지고 있다면 자선을 위해 투표는 하지만 행동은 이기적으로 한다. 그래서 개인적인 자선은 나쁜 것이지만 모든 재분배가 공공으로 이루어져야만 한다는 윤리의식이 들어선다. 자신은 희생하지 않고, 인지부조화를 없애려고 대신, 정부에게 재분배를 촉구하라는 윤리적 행동이 합리화된다.

내가 부담되는 비용은 투표에 참여하는 사람의 범위가 넓어질수록 줄어든다. 그러므로 나보다 군이, 군보다 도나 시가, 그리고 도나 시보다 중앙정부가 세금으로 거두어 시행하는 프로그램에 찬성한다. 동시에 이런 현상은 자선활동으로 소득을 이전시키려는 사업이 지방정부로부터 국가 전체로 이전될 것이라는 것을 설명한다. 투표자의 입장에서는 지방선거보다 국가전체의 선거를 통해 아주 작은 비용으로 자선행위를 수행하였다는 만족감을 얻는다.

4. 협상

협상을 더 이상 그만 두는 것이 합리적인 데에도 불구하고 일단 협상을 시작하고 나면 협상상황에 발목이 묶여(lock-in), 이를 그만두지 못하고 계속 협상을 연출하는 일이 벌어진다. 사람이란 어떤 일을 결정하고 나면 당해 일이 비합리적인가를 따져보지 않고 오히려 이를 뒷받침하는 증거를 찾으려고 애쓰는 경향이 있다.

최초의 의사결정에 발목이 묶인 채, 인지일관성을 유지하려고 최초의 행동을 합리화시키겠다는 일념 때문에 지지부진한 협상이 계속된다. 다른 사람들 앞에서 체면이 깎이지 않으려고 자신이 전문가이고 지배권을 가지고 있는 것처럼 인상을 주고 싶은 나머지, 인지일관성을 더욱 유지하려고 한다. 또 흔히 협상하는 과정에 말하기보다 가급적이면 듣기를 권하는데 이는 협상가가 말하면서 자기도 모르게 한 말에 발목이 묶여 양보할 수밖에 없는 상황이 일어날 가능성이 많아 이를 경계하기 위해 주의하라는 경구다.

누구든지 오류나 실수를 인정하고 싶지 않은 것이 인간의 성향이다. 특히 이를 인정하면 상대방에게 약한 모습으로 비춰질까봐 더욱 비합리적인 협상에 얽매일 수 있다. 이처럼 발목을 빼지도 못하는 사례의 예를 들면, 노조가 먼저 파업에 들어가고 나서 경영자측이 항복할 것이라고 기대할 때, 입찰과정이나 경매가 경쟁적으로 이루어져 가격상승의 호가가 고조되는 때, 협상가가 화를 내며 위협하고 나서 자신이 한 말을 따를 수밖에 없는 발언을 하였을 때이다.

이러한 상황에 대응하는 방법은 자문역할을 맡은 사람이 현실적으로 상황을 검토할 수 있도록 사전에 여지를 열어두는 길이다. 즉 협상에는 직접 참여하지 않지만 협상가들이 비합리적으로 행동하기 시작하면 경고할 수 있도록 안전장치를 마련하는 방법이다.

미국 FBI의 현장 지휘관은 인질범과 직접 협상하지 못하도록 하는 전통이 세워져 있다. 현장지휘관이 인질범과 협상하게 되면 인질범과 협상하는데 시간을 끌 수 없고 좋은 역할과 나쁜 역할을 할 수 있을 가능성이 배제되기 때문이다. 그래서 인질범과 협상하는 데 신부나 목사 등의 사회저명인사를 협상상대자로 내보낸다.

제5절 귀인이론

앞에서는 견해나 태도 그리고 판단에서의 인지일관성을 다루었다. 여기서는 사람들이 외부의 사건이나 타인의 행동이나 그리고 자신의 행동을 어떻게 해석하는가를 살펴보고자 한다. 결론적으로 말해 사람들은 귀인이론이 가설로 내세우고 있는 어떤 종류의 논리를 따른다. 귀인이론(attribution theory)은 일반인의 심리를 설명하는 심리학이론이다. 귀인(탓)이론은 이미 1970년대와 1980년대에 사회심리학 분야에서 활발하게 연구되었는데 하이더(F. Heider, 1958)의 고전이론에 바탕을 두고 있다. 그러다가 탓이론은 사회심리학과 사회인지에 대한 연구가 발전하면서 함께 발전하게 되었다.

탓이론은 소비자행동을 포함하여 경제심리학의 영역에서 검증작업을 거치면서 더욱 발전하게 되었다. 광고가 미치는 영향, 광고자의 동기, 제품을 구매하는 평범한 동기, 제품의 실패와 실업 등에 관한 주제를 다루었다. 여기서는 실업문제를 탓이론으로 설명한 연구를 살펴보고자 한다.

고전적인 탓이론은 내적 및 외적 요인이 모든 현상을 좌우한다고 가정한다. 실업의 원인에 관해 1990년 페더(N. Feather)가 연구한 결과와 1995년 루이스(A. Lewis), 웨벌리(P. Webley), 펀햄(A. Furnham) 등이 연구한 결과에 따르면 실업발생의 원인을 내적(예를 들어 노력부족이나 능력부족) 또는 외적(예를 들어 시운, 정부정책) 요인으로 꼽는다. 학자들이 연구하여 얻어진 결론은 (1) 실업자는 실업의 탓을 자신보다 외적 요인의 탓으로 돌린다. (2) 내적으로 또는 외적으로 탓을 돌릴 수 없는 사람은 의기소침해진다. (3) 보수적인 신념은 실업을 자신의 게으름이나 능력부족의 탓으로 돌린다. 실업에 대한 연구결과는 탓이론으로 설명하는 다른 사회현상에 대해서도 적용이 가능하다.

 사례_121 1989년 영국과 뉴질랜드의 실업에 대한 탓을 각각 조사한 펀햄 (A. Furnham)과 헤스키스(B. Hesketh)의 연구결과에 의하면 비록 두 나라가 역사적·사회적·정치적으로 공통성을 가지고 있지만 영국인들은 실업을 외적 요인으로 돌리는데 비해 뉴질랜드인들은 내적 요인을 돌리는 것으로 나타났다고 한다. 두 나라에서 실업의 탓을 다르게 돌린 까닭은 조사당시 영국의 실업율이 12%였지만 뉴질랜드의 실업률이 4%였기 때문이다. 즉 영국에서 실업율의 기본수준이 높았기 때문에 영국인들은, 뉴질랜드인들에 비해, 실업을 외부의 탓으로 돌리는 경향이 있음이 발견되었다.

이 연구를 통해 탓은 사회의 현실을 떠난 사회적 진공상태에서는 일어나지 않는다는 사실이 밝혀졌다. 즉 뉴질랜드보다 영국처럼 실업률이 높은 상황에서는 가난과 실업을 사회적 산물로 인식하는 경향이 있다.

바이너(B. Weiner)는 1985년의 연구를 통해 과업을 성취하는 데서의 성공과 실패를 둘러싼 인과관계추론을 귀인이론으로 설명하였다. 예를 들어 기업가적 행동에서 거래의 성공과 실패는 내적 또는 외적 원인 그리고 안정적 또는 불안정한 원인으로 귀인시킬 수 있다. 기업가가 기술이 있는가 또는 열심히 일하는 사람인가에 따라 그의 성공을 흔히 능력(안정적 원인)이나 노력(불안정한 원인) 등과 같은 내적 요인의 탓으로 돌린다. 그러나 실패는 내적 요인이 아닌 외적 요인, 즉 작업이 어려웠다거나(안정적인 원인이라면) 그리고 운이 따랐다(불안정한 원인이면)는 데서 찾는다.

 사례_122 폴케스(V. Folkes)는 1984년에 제품실패에 대한 소비자의 반응을 조사하였다. 만약 제조업자와 상점의 통제하의 안정적인 원인(예컨대 잘못 나간 광고)에 의해 제품이 실패하였다면 내적 원인으로 받아들여 제품구입자에게 환불하는 것으로 조사되었다. 만약 제품실패가 제조업자와 상점의 통제하에 있지 않은 안정적인 원인(예컨대 제품을 시험한 제조업자가 실험결과를 허위로 조작한 경우)에 의해 일어난 것이라면 외적 원인의 탓으로 돌려 오히려 환불이 덜 해지는 것으로 조사되었다.

흔히 "잘 되면 자기탓, 못 되면 조상탓", "제 밑 구린 줄은 모르고 남의 탓은 되우한다", "쟁기질 못 하는 놈이 소 탓한다", 따위의 속담이 있듯이 긍정적인 결과는 내적 원인으로, 부정적인 결과는 외적 원인으로 귀인시키는 자기지각과정을 주크만(M. Zuckerman)은 자신의 잇속만을 차리는 자위의 편견(self-serving bias)이라고 불렀다.

이 자위의 편견은 사람들이 도박에 중독되는 현상을 설명한다. 즉 승리하면 자신을 기술이 있고 건전한 사람으로 평가하고 손해를 보면 일진이 나쁘더라는 따위로 이를 대수롭지 않은 양 과소평가해 버린다. 성공은 액면 그대로 받아들이고 실패는 성공에 가까운 곳으로 변형시키려는 성향이 도박중독자에게 나타난다. 스포츠경기에 내기를 거는 사람들을 대상으로 조사한 길로비치(T. Gilovich)의 연구에 의하면 자위의 편견으로 인해 자신의 도박기술과 미래의 성공기회를 낙관적으로 평가하도록 이끈다고 한다.

인지부조화와 귀인이론은 모두 원인의 귀인을 다룬다. 어느 의미에서 귀인이론이 사건이나 자신 및 타인행동에 관한 원인의 귀인을 다루기 때문에 보다 보편적이다. 그러나 인지부조화이론은 오로지 자신의 행동을 둘러싼 견해, 태도 및 판단만을 다루고 자아지각만을 다룬다는 측면에서 귀인이론과는 다른 이론이다.

제6절 요 약

인지부조화이론은 경제학의 합리적인 의사결정모형과 상충한다. 전통적인 경제모형은 사람들이 자신들의 행동이 초래할 결과에 완전한 정보를 가지고 자신들이 후생을 극대화하는 방향으로 의사를 결정한다고 믿는다. 그러나 심리학의 인지부조화이론은 경제학의 경제주체들의 행동결과와는 다른 모습을 보여 준다고 설명한다.

인지부조화이론은 처음에 인지상의 비일관성을 줄이려는 인간의 성향으로부터 작은 보상의 조건에서 일어나는 태도변화를 설명하는 데서 시작하였다. 그러나 이후 새로운 인지부조화이론은 취소할 수 없는 혐오스런 사건을 내적 귀인을 통해 부조화를 줄이려는 동기가 태도변화(순종효과)를 유도한다고 설명한다.

경제이론은 높은 보상이 주어질수록 의도하는 행동이 나타날 가능성 높다고 예측한다. 그러나 인지부조화이론은 반대로 작은 보상이 주어질수록 의도하는 행동이 나타날 가능성이 높다고 예측한다. 이러한 결과는 순종효과라고 알려진 태도변화로부터 나온다. 비록 귀인이론은 이 효과를 내적 원인에 의한 귀인으로 설명하지만 새로운 인지부조화이론은 혐오스런 행동 등의 여러 가지 조건하에서 인지부조화의 각성이 태도를 변화시키도록 한다는 사실을 보여 준다.

광고가 효과가 있는 까닭은 사람들이 진실에 의지하기보다 자신이 믿는 바가 있으면 그에 따라 스스로 선택하여 행동한다는 심리법칙의 지배를 받기 때문이다. 인지부조화이론은 혁신활동, 광고, 정부재정지원사업 및 협상 등을 설명하는 데 기여하였다.

제9장
본인주도의 경제행동법칙

특별히 유능하거나 사회성이 뛰어나지 않아도 자
신에게 적합하고 자기를 지지해 주는 인간적 환경
속에서 일을 하다 보면 대다수의 사람들은 자신의
실력을 충분히 발휘하게 된다.

−Elton Mayo, *The Hawthorne Studies*, 1927

제1절 행동동기

1. 내적 및 외적 동기

인간은 정치적 동물인 까닭에 다른 사람을 지배하려는 본능이 있다.
모든 사람이 지배하려는 성향만을 가지고 있다면 인간은 그 동안의 진
화과정에 멸종하고 말았을 것이다. 정치적 동물로 멸종하지 않고 성공
을 거두었다는 사실은 동시에 인간은 다른 사람으로부터 지배당하는 본
능도 있다는 것을 의미한다.

경제행동을 설명하는 데 동기와 성격이 경제활동에 미치는 효과를 다음의 사례를 통해 살펴보자. 외성씨는 야망이 많은 미혼의 남성으로 회사의 최고경영층에 들어갈 기회를 포착하려고 애쓴다. 어느 날 그에게 현재보다 더 많은 책임이 따르는 다소 많은 보수의 높은 지위가 제의되었다. 그는 자신의 야망을 실현할 수 있는 절호의 기회라고 생각하여 그 제의를 불쑥 받아들였다. 한편 내성씨는 안정된 보수로 가족과 즐거운 일과를 보내는 데 만족하고 별도의 야망도 없다. 그에게 똑같은 지위가 제안되었지만 그는 이를 거절하였다. 왜냐하면 비록 보수가 다소 많은 지위일지라도 더 많은 책임이 요구된다고 판단하였기 때문이다. 이 경우 높은 지위를 성취하기 위한 동기가 다르기 때문에 선호도 다른 것으로 해석할 수 있다.

심리학에서는 동기와 개성 사이에 뚜렷한 구분을 두지 않는다. 동기가 비교적 오랫동안 지속되면 이를 당사자의 개성의 한 부분으로 간주한다. 개성은 행동이 이루어지는 특별한 환경에 의존하기 때문에 일관성이 없이 일어난다. 개인이 부닥친 환경과 동기 사이의 관계는 앞의 예로부터 명료해질 수 있다. 가령 내성씨와는 달리 외성씨에게는 돌보아주어야 할 아내나 자식이 없다. 이 경우 경력을 쌓는 데 상황(혼인 여부)이 다른 동기를 유도하였다. 그래서 심리학은 행동을 설명하는 데 상호작용주의자(interactionist)의 입장을 취한다. 즉 행동을 이해하기 위해서는 개인의 성격변수와 상황변수 두 가지를 모두 필요로 한다.

성격변수와 상황변수 사이의 구분은 행동을 일으킨 동기의 원천과 관련이 있다. 외부로부터의 우발적인 사건이 없는 상황에서, 사람을 특정한 방향으로 행동하도록 유도하였다면(가령 개인이 직장의 윤리감 때문에 작업을 받아들인다면) 그러한 동기를 내적 동기(intrinsic motivation)라고 한다.

이와 달리 특정행동을 유인한 환경변수(가령 작업의 대가로 받는 보수)를 외적 동기(extrinsic motivation)라고 한다.

2. 과잉정당화 효과

1994년 프레이(B. Frey)가 "How Intrinsic Motivation is Crowded Out and In"에서 언급한 예를 살펴보자. "소년이 아버지와 좋은 조건으로 합의하여 자기 집의 잔디를 깎는다고 하자. 그의 아버지는 소년이 잔디를 깎을 때마다 돈을 준다. 그 결과 소년은 돈이 들어와야 잔디를 깎는다. 이제는 다른 형태의 집안일도 돈을 받지 않고서는 절대로 거들지 않는다."

돈이라는 외적 동기가 잔디를 자발적으로 깎으려는 당초의 내적 동기를 사라지게 유도하였다. 그리하여 외적 동기가 내적 동기를 쫓아내는, 이른바 구축하는 현상이 일어난다. 이렇게 내적 동기와 외적 동기의 구분을 이용하면 사람들이 과잉정당화(over-justification)하는 행동을 이해할 수 있다.

"하던 짓도 멍석 깔아놓으면 안 한다"는 속담을 해석해 보자. 여느 때는 시키지 않아도 열심히 하는 사람이 더욱 잘 하라고 남들이 떠받들어 주면 하지 않는다. 또 "비 드는데 마당 쓸라고 한다"는 속담도 있다. 이는 자진해서 마당을 쓸려고 하는데 누가 때맞춰 마당 쓸라고 하면 오히려 그럴 마음이 없어진다는 뜻이다. 이와 같이 외부로부터의 정당성(멍석)이 개입함으로써 원래 좋아하는 태도(하던 짓)를 손상시키는 것을 과잉정당화효과라고 한다.

과잉정당화효과가 일어나면 효율적인 경제적 보상체계가 제대로 작동하지 않는다. 가령 자발적으로 이루어질 수 있는 헌혈행동이나 환경보호활동 대신에, 보상을 받고 이루어지는 매혈행위나 벌과금을 부과하는 오염배출부과금제도가 도입되었다고 하자. 그 결과 레퍼(M. Lepper)와 그린(D. Greene)이 *The Hidden Cost of Reward*(1978)에서 지적하였듯이 돈을 통해 보상이나 처벌하는 것은 왕왕 내적 동기를 구축하여, 오히려 보상으로 인해, 보이지 않는 비용을 사회가 부담한다.

가령 정부가 대학구조조정을 위해 대학의 통폐합을 유도하려고 대상 대학에 재정자금을 지원하는 정책을 사용한다. 입학생수가 줄어드는 교육시장에서 재정을 지원하지 않아도 자연히 대학은 살아남기 위해 스스로 통폐합하는 따위의 구조조정의 순위를 밟을 수밖에 없다. 정부가 내적 동기(자율적 구조조정)를 구축하고 대신 외적 동기(재정지원)를 동원하는 바람에 사회가 비용을 부담하게 된다. 이러한 보이지 않는 비용은 정부가 관여하는 행정이나 시행하는 정책의 탓으로 인해 자신에게 불행이 일어났다고 귀인시키는 각종 정부정책사업, 예컨대 농어촌지원, 벤처사업지원, 신용불량자 구제지원 등의 사업에서 발생한다. 사람들의 심리가 경제정책을 계획하는 데 고려되어야 할 요소라는 점을 알려 준다.

과잉정당화효과는 당해 문제로만 끝나는 것이 아니고 다른 형태의 행동에도 영향(외부효과)를 미친다는 데 심각한 문제가 있다. 앞의 예에서 잔디를 깎았던 동기가 다른 형태의 집안일을 거드는 모든 동기에 외부효과(영향)를 일으켰다. 대가를 받고 이루어지는 매혈행위가 돈을 받지 않고 자발적으로 헌혈하려는 사람들의 동기에도 외부효과를 일으킨다. 왜냐하면 헌혈자들은 매혈자들이 대가를 지급받기 때문에 이제 더 이상 헌혈행위에 참여하려고 하지 않는다. 오염물질을 배출하지 않던 지난 과거의 자발적인 행동이 이제는 배출하여 손쉬운 벌과금을 부담해 버리는 부수효과를 낳는다.

[표 9-1] 인간본능과 매슬로의 욕구 5단계 위계가설

문화적 본능	자아실현욕구(창조성, 삶의 만족감)
정치적 본능	자존심욕구(지위와 역량의 욕구)
사회적 본능	사회적 욕구(소속감, 왕따 회피, 우정, 친선)
경제적 본능	안전욕구(은신처, 위험에서 탈피, 재정안정)
동물적 본능	생리적 욕구(음식, 음료)

제2절 성취욕구

아브라함 매슬로(Abraham H. Maslow)는 심리적 동기연구의 고전에 속하는 자신의 저서 *Motivation and Personality*(1954)에서 [표 9-1]과 같은 욕구 5단계 위계가설을 제시하였다. 최하위에 놓인 생리적 욕구가 인간행동에 동기를 부여하는 가장 기본적인 욕구이다. 매슬로의 생리적 욕구는 진화심리학의 동물적 본능과 유사한 개념이다.

욕구를 구분하는 일이 경제적으로 중요한 의미를 갖는 이유는 왜 사람들이 그러한 재화와 서비스를 구입하는지를 설명할 수 있기 때문이다. 특정한 욕구의 집착이 개인의 성격을 특징짓는다. 가령 사회적 욕구를 충족시키려고 애쓰는 사람은 여러 사람들과 어울리고자 사교적이다. 대신 정치적 욕구를 충족시키려고 애쓰는 사람은 다른 사람보다 우세해

지려고 카리스마적이다. 더 나아가 문화적 욕구를 충족시키려고 애쓰는 사람은 무언가를 만들어 보려고 창조적이다.

경제행동과 관련하여 자주 거론되는 동기가 성취욕구이다. 성취욕구는 자신의 재능을 성공적으로 행사하여 자애심을 끌어올리려는 욕구를 말한다. 성취욕구는 작업환경이나 보수의 지급방법이 작업성과에 미치는 효과라든가, 기업가정신이나 사회의 경제성장 등과 같은 여러 가지 경제현상과 관련되어 연구되어 왔다.

 사례_123 하버드 비즈니스 스쿨의 엘튼 메이요(Elton Mayo) 교수는 1924~1927년에 걸쳐 시카고에 있는 웨스턴 일렉트릭 호손(Hawthorne)공장에서 전화기 조립작업을 하는 여성근로자들을 실험대상으로 하여 노동시간, 휴식횟수 등의 근무환경이 작업에 미치는 영향을 조사하였다.

조사결과 작업조건이 바뀌면 생산성이 올라간다는 사실이 밝혀졌다. 그리고 휴식시간을 없애고 대신 작업을 시킨 데에도 생산성이 향상되었다. 연구자들은 환경요인 이외의 것이 작업능률을 올린 것으로 판단하여 그 원인을 알아보았다. 그 결과 여성근로자들은 자신들이 실험대상으로 선발된 것을 기쁘게 여기고 자신들이 새로운 일에 참여하고 있다는 사실 자체 때문에 열심히 작업하였다는 결론을 내기에 이르렀다. 또 자신에게 맞는 일을 찾아 분담하고 작업속도도 각자 정하도록 하자, 동료와 감독관과의 관계도 한층 좋아져 일 자체를 즐기게 되었다고 한다.

결국 연구진들은 생산력이란 노동자 한 사람의 힘이 아닌 사회적 관계에 달려 있고, 동기가 생산성과 밀접한 관계를 가진다는 사실을 발견하였다. 메이요는 "특별히 유능하거나 사회성이 뛰어나지 않아도 자신에게 적합하고 자기를 지지해 주는 인간적 환경 속에서 일하면 대다수의 사람들은 자신의 실력을 충분히 발휘하게 된다"는 결론에 도달하였다.

 이후 성취욕구에 따라 경제적 성과가 달라진다는 연구는 여러 실험을
통해 확인되었다. 메이요는 인간에게 성취욕구가 있는 성향으로부터 호
손효과(Hawthorne effect)라고 불리는 법칙을 발견하였는데 이는 다른
사람이 노동자와 그들이 하는 일에 관심을 가져주면 노동자의 작업 효
율성이 증대되는 효과를 말한다. 팀의 일원으로서 소속감을 느끼게 되
면 노동자는 일에 대한 태도를 달리하게 되고 더욱 헌신적이 된다. 그는
The Social Problem of Industrial Civilization(1945)에서 "인간은 일터
에서 동료와 어울리고자 하는 강한 욕망을 갖고 있다. 인간의 이런 욕망
을 고려하지 않거나 억제하려들면 그 결과는 바로 경영실패로 이어지게
된다."고 지적하였다.

 사례_124 1958년 애트킨슨(J. Atkinson)은 학생들을 대상으로 주어진 시간
내에 복잡하고 긴 수학문제를 금전적 대가를 받는 것을 전제로 하여 경쟁하면
서 풀도록 실험하였다. 두 가지 실험조건에 서로 다른 상금, 1.25달러와 2.50
달러가 주어졌다. 상금이 낮은 경쟁(1.25달러)에서는 성취욕구가 높은 사람이
성취욕구가 낮은 사람보다 성적이 좋았다. 그러나 상금이 높은 경쟁에서는
성취욕구가 높은 사람들의 성과는 예전 그대로였다. 또한 성취욕구가 높은
사람이나 낮은 사람의 평균성과도 거의 동일하였다.

 이는 성취욕구가 높은 사람에게 금전적으로 보상한다고 하여 그들의
성과가 향상되지 않는다는 것을 의미한다. 대신 금전적 보상은 성취욕
구가 낮은 사람들의 성과를 향상시킨다. 성취욕구가 높은 사람들에겐

금전적 보상(경제적 유인)이 성취동기에 영향을 미치지 않는다는 인간의 심리적 성향을 발견한 실험이었다.

 사례_125 1960년 마혼니(C. Mahone)는 성취욕구가 높은 사람과 낮은 사람이 갈망하는 직업을 조사하였다. 조사결과 성취욕구가 높은 사람의 81%가 자신이 선택한 직업을 현실적이라고 확신하는 것으로 밝혀졌다. 그러나 성취욕구가 낮은 사람은 52%만이 자신이 선택한 직업을 현실적이라고 확신하는 것으로 밝혀졌다. 이는 성취욕구가 높은 사람은 직업을 선택하는 데 자신들에게 주어진 교육과 능력을 토대로 현실적인 직업을 선택하기 때문에 출발부터 나은 상태에서 시작하게 된다는 것을 뜻한다.

1967년 앤드루(J. Andrews)가 대기업에 근무하는 임원들의 성취욕구와 경력 사이의 관계를 3년간 관찰하여 연구한 결과, 성취욕구가 높은 사람들은 낮은 사람들보다 승진하는 비율이 높은 것으로 나타났다.

 사례_126 미국의 경영학자 스토우(B. M. Staw)의 연구에 의하면 긍정적인 정서를 가진 직장인들이 그렇지 않은 직장인보다 봉급상승의 폭이 더 큰 것으로 조사되었다. 대학 1학년 때 쾌활한 정도와 16년 이후의 직장 봉급과의 사이에 정(+)의 상관관계가 있는 것으로 조사되었다. 즉 대학신입생 때 쾌활했던 학생이 30대가 되었을 때 월급을 더 많이 받는 것으로 나타났다.

- 『돈버는심리 돈새는심리』에서

 사례_127 1953년 맥클리랜드(D. McClelland), 애트킨슨(J. Atkinson), 클라크(R. Clark), 로웰(E. Lowell) 등은 성취욕구와 경제성장 사이의 관계를 발표하였다. 연구결과, 국민들의 성취욕구가 증가하면 경제가 발전하고, 성취욕구가 쇠퇴하면 경제가 퇴보한다는 증거가 나타났다. 그들의 연구는 경제성장을 심리이론에 의해 설명하는 데 크게 기여하였다.

맥클리랜드에 의하면 성취욕구는 부모가 자식을 양육하는 과정에 독립적·전문적인 훈련을 통해 육성된다고 한다. 이 결과는 막스 웨버의 가설(Max Weber's hypothesis), 즉 자본주의를 프로테스탄트들이 발명한 것이 아니고 카톨릭 신자들보다 프로테스탄 소속의 사업가들과 작업자들이 어릴 때부터 교육을 통해 정력적·기업가적으로 양육되었다는 가설을 뒷받침한다.

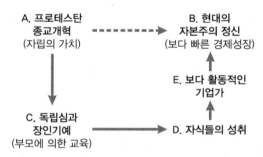

A. 프로테스탄
종교개혁
(자립의 가치)

B. 현대의
자본주의 정신
(보다 빠른 경제성장)

E. 보다 활동적인
기업가

C. 독립심과
장인기예
(부모에 의한 교육)

D. 자식들의 성취

자료: D. McClelland(1961), *The Achieving Society*
〔그림 9-1〕 웨버의 가설

〔그림 9-1〕에서와 같이 프로테스탄트들은 자녀들을 일찍부터 자립할 수 있는 인간으로 키우고자 독립심과 장인적 기예를 쌓는 성취욕구에 높은 가치를 부여하였다. 이러한 성취욕구는 부모로부터의 교육훈련을 통해 보다 활동적인 기업가를 양성하고 나아가 자본주의 정신을 낳았다.

제3절 지배의 위치와 지적 신념

1. 지배의 위치

도박하는 데 카드나 화투장의 패를 돌리는 행동에 일종의 전통적인 의식이 자리잡고 있다. 가령 선을 잡은 사람이 화투를 나누어 주기 전에 다른 사람에게 화투를 떼어내게 한다. 복권번호를 자신이 직접 선택하는 사람은 무작위로 번호를 받는 사람보다 당첨될 확률이 높을 것으로 믿는다. 사람이란 일어날 사태에 대해 자신이 그만큼 관여한 사건일수록 애착을 갖기 마련이다. 이러한 행동을 두고 리(S. Lea), 타피(R. Tarpy), 웨블리(P. Webley)는 게임결과를 자신이 마치 지배하고 있다는 착각을 창출하려는 심리적 욕구로부터 나오는 행동이라고 해석한다.

스트릭랜드(L. Strickland), 레비키(R. Lewicki), 카츠(A. Katz)는 1966년의 조사에서 사람들이 주사위를 던지기 이전은 모를까, 던지고 난 이후에는 내기를 걸려고 하지 않는다는 사실을 관찰하였다. 코언(A. Cohen)은 1960년대의 논문에서 주사위를 던지도록 허용되어 있으면 사람들은 기술을 발휘하여 결과에 영향을 미칠 수 있다고 믿는 것으로 밝혀졌다. 환경의 지배권을 행사할 수 있는 능력을 가지고 있다는 믿음은 인간의 두드러진 정치적 본능이고 어떤 조건에서든 증가하였으면 증가하였지, 줄어들 인간의 성향은 아니다.

 사례_128 랭어(E. Langer)는 *The Illusion of Control*(1975)에서 경쟁, 선택, 친숙 및 관여 등과 같은 상황이 결합되면 찬스를 지배한다는 착각이 더 증가한다고 주장한다. 실험결과, 경쟁이 낮으면 피험자는 이를 적수들이 자신이 없는 것을 의미하는 것으로 생각하여 상금을 많이 걸고, 경쟁이 높으면 적수들이 자신감을 가지고 있는 것으로 생각하여 상금을 적게 건다는 사실이 밝혀졌다. 그리고 피험자들은 실험자가 제시한 티켓보다 자신들이 스스로 선정한 티켓에 보다 더 높은 가치를 부여하고, 복권티켓은 낯선 상징과 글자보다 낯에 익은 복권티켓에 보다 더 높은 가치를 부여하는 것으로 조사되었다. 또한 노력과 시간을 적게 들여 관여한 티켓보다 노력과 시간을 더 많이 들여 관여한 티켓에 보다 더 높은 가치를 부여하는 것으로 나타났다.

이처럼 환경에 지배력을 행사할 수 있다는 심리적 믿음을 심리학에서는 지배의 위치(locus of control)라고 한다. 개인의 행동으로 어떤 결과가 뒤따르는데 그것이 전적으로 개인의 행동에 의존하지 않고, 다른 사람의 지배에 의한다거나, 예측 불가능한 운이나 찬스 및 운명의 결과라고 생각하는 경우가 허다하다. 개인이 사건을 이와 같이 해석하면 이를 외적 지배의 믿음이라고 한다. 반대로 그 사건이 자신이 행동에 의존하는 것이라고 지각하면 이를 내적 지배의 믿음이라고 한다.

[그림 9-2]에 나타난 바와 같이 레벤슨(H. Levenson)은 외적 지배를 사건이 힘 있는 다른 사람에 의존하는 것과 운과 찬스에 의존하는 것으로 구분하였다. 사람들은 자신이 취하는 행동마다 동일한 지배의 믿음을 가지지는 않는다. 또한 지배의 위치는 시간이 흐르면서 변할 수 있다. 그러나 지배의 위치는, 정치적 본능이 생래적으로 변하지 않듯이, 비교적 안정적이다.

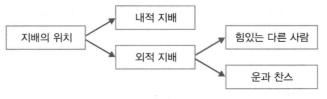

〔그림 9-2〕 지배의 위치의 구분

슈트륌펠(B. Strümpel)은 내적으로 지배되는 사람들은 외적으로 지배되는 사람들에 비해 정보를 공개하려는 경향이 있고, 주도권을 취하고, 책임을 떠맡고 창조적인 경향이 있다고 주장한다. 게다가 사회적 및 경제적 힘에 접근하기 힘든 소수민족에 속하는 사회계층은 외적 지배에 의존하는 경향이 높다고 지적하였다. 또한 가난한 사람일수록 자신이 처한 상황을 외적 지배(국가경제상태)의 책임으로 돌리는 성향이 있는 것으로 조사되었다.

베르네리트(K. Wärneryd)에 따르면 일반적으로 경제계의 지도자들은 높은 내적 지배의 위치를 가지고 있는 것으로 알려졌다. 내적 지배가 강한 최고경영층은 제품-시장에서 혁신을 추구하는 경향이 있고 보다 큰 위험을 떠맡고 경쟁자를 추종하기보다 이끌어나가려고 한다.

지배의 위치의 지역적 차이가 가령 토네이도와 같은 자연재해를 대비하는 일에서도 발견되었다.

 사례_129 미국 앨라배머주와 일리노이주는 매년 똑같은 수의 토네이도로 피해를 입는데 그로 인해 사망하는 사람은 앨라배머주에서 더 많다고 한다. 이를 두고 심스(J. Sims)와 보먼(D. Baumann)은 앨라배머주민들이 일리노이주민들보다 더 숙명적이어서 토네이도로 인한 피해를 외부적인 운으로 돌리는 경향이 높다고 해석한다. 그들의 연구결과 일리노이주민들은 토네이도로부터 자신들을 보호하기 위해 라디오의 경고방송에 귀를 기울이고 토네이도가 다가오면 안전한 곳으로 대피하려고 적극적인 노력을 기울인다는 사실이 밝혀졌다. 일리노이나 앨라배머처럼 지역적·시기적으로 거의 비슷한 부류의 주민들일지라도 서로 다른 집단적 문화를 가질 수 있다는 흥미로운 조사결과였다.

사람들은 군중심리나 전문가의 조언 등 타인에 의존하기도 하지만 경제행동을 본인의 주도하에 이루어지도록 하는 정치적 본능을 갖고 있다. 모든 상황이 본인의 주도하에 전개될 수 있도록 하는 구매기법은 특히 음식을 서비스하는 과정에 각종 티핑이나 음료수 등을 고객이 결정하도록 하는 레스토랑에서 흔히 발견된다.

 사례_130 패스트푸드 체임점 버거킹은 햄버거가 개별 구매자가 원하는 방식대로가 아니라 일률적으로 같은 방식으로 만들어지기 때문에 사람들이 패스트푸드를 그다지 좋아하지 않는다는 사실을 발견했다. 그래서 제공하는 음식의 보상가치를 증대시키기 위해서 버거킹은 햄버거를 주문할 수 있도록 매장내의 절차를 변경했다. 그리고 "원하는 방식으로 드세요"라는 슬로건을 내걸었다. 사람들이 자신이 원하던 그대로의 것을 얻게 되면서 보상가치가 더 커졌다. 심지어는 특별한 방식으로 주문하지 않는 사람들조차도 더 큰 보상가치를 얻게 되었다. 실제로 선택을 하지 않는다 해도 사람들은 선택할 수 있는 기회를 갖고 싶어하기 때문이다.
― 『소비의 심리학』에서

 사례_131 미국의 경우 집안 수영장에서 어린이가 익사하여 사망하는 확률은 1만 1000분의 1이다. 이는 전국적으로 600만 개의 개인수영장에서 매년

550명의 열 살 미만 아이가 익사한다는 의미이다. 그런데 총기사고로 인해 아이가 목숨을 잃을 확률은 100만분의 1미만이다. 이는 대략 2억 정의 총이 있는 미국에서 매년 약 175명의 열 살 미만 어린이가 총기사고로 목숨을 잃는다는 뜻이다. 즉 어린이가 수영장에서 익사할 확률은 총기사고로 사망할 확률의 100배 이상이다(1만분의 100만1천). 그러나 부모들은 수영장은 자신의 지배하에 있기 때문에 사고위험을 과소평가한다(*Freakeconomics*, Steven D. Levit & Strphen J. Dubner, 안진환 옮김, 『괴짜경제학』, 웅진 지식하우스, 2005).

광우병 파동으로 미국 전역에 쇠고기 기피증이 일어났다. 광우병과 일반가정의 부엌에서 음식을 통해 확산되는 병원균을 비교하면 지배할 수 없는 위험이 지배할 수 있는 위험보다 더 많은 분노를 일으킨다. 사람들은 광우병을 자신의 지배로부터 벗어난 위험으로 느끼기 때문에 더 예민하게 반응하게 마련이다.

마찬가지로 자동차보다 비행기를 타는 것을 더 두려워한다. 미국에서 교통사고로 죽는 사람이 연간 4만 명인데 비행기사고로 죽는 사람은 연간 1000명 미만이다. 또한 배사고보다 비행기사고로 사망하는 사람이 훨씬 적다. 사람들은 차는 자신이 지배하지만 비행기는 자신의 지배 밖에 있다고 생각한다. 동시에 사람들은 사고가 나더라도 공중에서보다 물에서 자신의 생명을 더 잘 통제할 수 있다고 믿는다. 또한 실제 비행기 타는 시간보다 차에 머무는 시간이 훨씬 많다. 시간을 감안하더라도 차 운전과 비행기 탑승의 시간당 사망률은 거의 같다. 이처럼 사람들은 자신이 통제할 수 있는 사고확률을 낮게 평가하는 성향을 지니고 있다.

1981년 스베슨(O. Svenson)이 대학생을 상대로 조사한 결과에 따르면 조사대상 학생 중 82%가 자신의 운전능력을 평균 이상으로 착각하고 있다는 사실을 발견하였다. 사람들은 자신을 과신하는 경향이 있다. 벤저사업에 뛰어드는 사람은 어떨까?

 사례_132 1988년 **쿠퍼**(A. Cooper), **우**(C. Woo), **단켈버그**(W. Dunkelberg) 등이 신규로 사업을 벌이는 2,994명을 대상으로 성공가능성을 문의할 결과, 70%가 성공할 가능성이 있다고 응답하고, 자신과 동일한 다른 사람의 사업이 성공할 것으로 응답한 사람은 단지 39%에 지나지 않았다. 다른 사람보다 자신이 수행하는 사업의 성공가능성을 낙관적으로 바라보는 까닭은 자신이 하는 사업이라면 이를 과신하는 성향에서 비롯한다.

새해가 되면 거창한 계획을 세워 덤벼들지만 년 말이 되면 실천은 없고 후회만 남는다. 방학중의 일과표를 작성하고선 그대로 실천하는 초중고생은 찾아보기 드물다. 대학에 방학이 시작되면 학생들은 학기중에 눈여겨보지 못한 TOEFL에다 자격증 그리고 고시준비에다 심지어 외화 히어링 등 이것저것 욕심을 내어 실천하려는 듯이 방학에 들어가지만 새 학기가 되면 하나도 이루어낸 것이 없다. 이러한 일이 다음 번 방학 때에도 반복한다. 방학 중에 욕심을 부리지 말고 하나만 끝내라고 학생들에게 신신당부하지만 매번 허사로 돌아간다.

사람들은 자신을 과신한다. 어떤 종류의 의사를 결정하든 자신의 생각에 부합하는 긍정적인 정보만을 떠 올리고 반면 부정적인 정보는 깔아뭉개는 휴리스틱의 법칙에 좌우된다. 계획을 세운다거나 일을 추진한다거나 의사를 결정하는 때에는 긍정적 및 부정적 정보를 모두 고려하여야 한다. 계획에 장애물이 되거나 추진하는데 부닥칠 외적 요인이나 의사결정에 따라 일어날 부정적 시나리오들을 고려지 않고 자신이 바라는 결과가 순조롭게 전개되는 시나리오만을 선호하는 자기 과신의 심리적 성향에 지배된다.

2. 위험에 대한 지적 신념

현대 산업사회와 정부는 기술발전에서 오는 위험을 인식하고 있고 그에 따라 이러한 분야에 대한 연구를 재촉하였다. 경제학자 스타(C. Starr)는 1969년 *Science*지에 'Social Benefit versus Technological Risk'를 발표하면서 사건의 객관적 위험(노출 시간당 사상자가 발생하는 확률)과 객관적 이득(당해 활동에 대한 평균 지출금액이나 당해 활동의 연간 소득에 대한 평균적 기여)과의 사이에 정(+)의 상관관계가 있다는 연구결과를 제시하였다.

그러나 1978년 피시호프(B. Fischhoff), 스로빅(P. Slovic), 리히텐스타인(S. Lichtenstein), 리드(S. Read), 콤스(B. Combs) 등이 심리물리학의 방법을 사용하여 조사한 결과 이득과 위험 사이에 부(-)의 상관관계가 있다는 사실을 발견하였다. 이러한 결과는 위험으로부터 이득을 극대화하려는 정부와 엔지니어들의 정책을 납득할 수 없도록 만들었다. 동시에 위험에 대해 어떠한 심리적 양상이 있는가를 밝혀내어야만 한다는 문제를 제기하였다.

이득과 위험 사이에 부(-)의 상관관계가 있다는 사실을 두고 벤라이(W. Van Raaij)는 개인이 상황을 지배하고 있다는 신념상의 착각으로 인해 개인적 위험에 대해 비교적 낙관하기 때문이라고 해석한다. 즉 위험여부에 대한 지적 신념을 가지고 있다는 동기가 안전하지 않은 상황을 과소평가하는 경향으로 이끌었다.

 사례_133 스벤슨(O. Svenson)과 칼슨(Karlsson)은 1989년 핵연료를 다루는
전문가들이 은퇴한 사람들보다 핵연료관련 기술과 관련된 위험수준을 덜 심각
한 것으로 평가한다는 연구결과를 발표하였다. 이러한 평가도 자신을 전문가
라고 하는 신념이 지배하는 편견으로부터 나온 결과이다.

드로츠-요베르그(B. Drottz-Sjöberg)는 1991년에 AIDS에 공격당해
병에 걸릴 위험에 대해 사람들이 어떻게 지각하고 있는가를 조사하였
다. 연구결과 사람들은 ASIDS가 사람들에게보다는 사회에 영향을 미
친다고 생각하여 이를 심각한 위험이라고 판단하지만, 자신에게 영향을
미칠 수 있다는 데에 대해서는 그다지 심각한 위험으로 받아들이지 않
는다는 사실을 알게 되었다. 이러한 사실도 자신이 상황을 지배하고 있
기 때문에 자신에게 부닥칠 위험한 상황을 대수롭지 않게 생각하는 지
각상의 착각에서 비롯된다. 대신 사람들은 자신의 책임을 초월하는 사
회적인 위험을 보다 중요하고 심각한 문제라고 생각한다는 사실이 밝혀
졌다.

제4절 감흥추구의 탐험행동이론

사람들은 작업을 오로지 보상을 목적으로 수행하는 것만은 아니다.
작업하면서 스릴을 경험하기도 하고 과업이 요구하는 도전에 부닥치기

도 한다. 그런데 시토프스키는 사람들이란 욕구가 충족되면 다시 권태를 느끼기 시작하고 다시 다른 종류의 자극을 찾기 시작한다고 주장하였다. 그의 주장에 의하면 사람들은 작업행위에서 오는 스릴이나 도전을 즐길 가능성을 고려하지 않는다.

권태가 실제로 존재한다는 사실은 감각을 탈취하는 실험을 통해 조사되었다. 사람들마다 정도에 차이는 있으나 그들의 시각과 청각 및 다른 감각기관을 차단하여 환경으로부터 격리시키니까 먼저 권태를 느끼기 시작하였고, 다음에 불안을 느끼고 최종적으로 환각상태에 빠져 망상에 사로잡히는 것으로 조사되었다. 특히 나이가 든 사람일수록 권태로부터 벗어나고자 감흥(sensation)을 찾으려는 동기가 높은 것으로 알려졌다.

심리학의 탐험행동이론(theory of exploratory behavior)은 사람들에게 가장 매력있는 최적 수준의 자극이 존재한다고 가정한다. 벌린(D. Berlyne)은 참신함, 놀라움, 변화, 애매함, 불일치 등과 같은 대조적 성질을 가진 자극은 불확실성을 초래하고 이로 인해 인간유기체에 각성을 생성한다고 주장하였다.

[그림 9-3]에 대조적 성질, 각성 및 매력 사이의 관계를 보여 주고 있다. 사람에게 대조적 성질이 결여되거나, 정보과부하로 오히려 대조

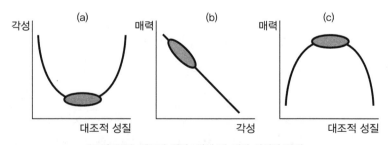

[그림 9-3] 대조적 성질, 각성 및 매력 사이의 관계

적 성질이 너무 풍부해지면, 각성을 높여((a) 참조) 사람들에게 매력을 느끼지 못하게 한다((b) 참조). 이에 비해 대조적 성질이 중간수준이면 각성수준을 낮추고((a) 참조) 사람들에게 가장 높은 매력을 준다((c) 참조).

이처럼 적정한 양의 대조적 성질(따라서 낮은 각성수준)이 가장 커다란 매력을 준다는 사실은 리조트, 호텔, 공원, 관광이나 극장 등에서 마케팅활동을 벌이는 데 중요한 의미를 갖는다. 즉 이러한 서비스는 한편으로 그 참신함이나 놀라움이 너무 과대해서도 안 되고, 그렇다고 너무 없어서도 안 된다는 것을 의미다. 대신 편안함이나 휴식에 힘을 주어 가급적이면 낮은 수준의 각성이 보장되도록 하여야 한다(그림에서 ⬭ 부분). 백화점이나 레스토랑이 원색으로 채색되어 너무 강한 이미지를 주거나 그렇다고 단조로운 단색으로 일관하여 너무 약한 이미지를 제공하여서는 소비자를 끌지 못한다. 인간이 생존하는 과정에서 붉은 원색의 화산이나 푸른 원색의 바다나 단색일색의 사막을 혐오하였던 진화의 결과 인간은 중간 정도의 대조적 성질을 선호한다.

 사례_134 미국 펜실베이니아대학의 색채연구팀에 따르면 베이지색 옷을 좋아하는 학생의 성적이 가장 우수한 것으로 나타났다. 반면 극단적으로 어두운 색이나 원색을 입는 학생의 성적은 좋지 않은 것으로 분석되었다. 베이지색은 마음을 차분하게 하고 편안하게 해 주기 때문인데 그 까닭은 인간 피부색의 반사율과 동일하게 베이지색의 반사율이 50%이기 때문이라고 한다.

－『소비심리자극하기』에서

삼국사기를 지은 김부식(金富軾)이 백제 위례성으로 추정되는 풍납토성(廣州風納里土城)을 평가하면서 儉而不陋 華而不侈(검소하지만 누추하지 않았고 화려하지만 사치스럽지 않았다)라고 묘사하였다. 우리의 조상들도 건축물을 지으면서 사람들에게 매력을 느끼도록 대조적 성질을 이용하였을 것으로 추측된다. 너무 눈에 두드러지지도 않고 그렇다고 드러나지 않는 것도 아닌 중용의 미학을 건축물에 활용한 것으로 보인다. 마찬가지로 사람들에게 너무 높은 각성상태로 스트레스를 받으면서 문화재를 감상하지 않도록 우리의 조상들은 색상을 입히는 일에서도 사람들의 심리적 성향을 익히 파악하였다.

제5절 이타주의의 본질

그렇다면 매사를 자기의 이익을 위해 자신의 지배에서 이루어지도록 하려는 인간의 정치적 본능이 이타주의적 기질과 어떻게 서로 조화를 이룰 수 있을까? 헌혈행위처럼 사람들은 다른 사람을 위해 이타적으로 행동하기도 한다. 이러한 행동모형은 주로 이타적 동기에 바탕을 두는데 이타주의란 자신의 희생으로 다른 사람을 돕는 행위를 말한다.

실험결과 이타적 성격이 존재한다는 가설이 입증되었다. 이러한 성격의 중심을 차지하는 것이 동정심의 발로인데 이것이 천성에서 나온 것인지 아니면 양육에서 나온 것인지에 관한 천성(nature) 대 양육(nurture)의 논쟁은 지금도 계속되고 있다.

아이젠버그(N. Eisenberg)는 *The Caring Child*(1992)에서 이타성을 유전적 기원으로 보지 않고 양육의 결과라고 주장한다. 그녀의 주장에 따르면 "일반적으로 협동, 관용, 조화를 높게 평가하고, 어린이가 사랑받고 똑같이 존중받고, 다양한 사람들의 유사성을 강조하는 사회에서는 문화와 가족은 친사회적 성향의 어린이를 길러낼 가능성이 높다"고 한다. 그녀의 견해에 의하면 동정심은 어릴 때부터 길러진다.

1997년 *U.S. News & World Report*지가 실시한 설문조사에 따르면 미국인의 68%가 인간행동은 유전적 측면(본성)과 후천적 측면(양육) 두 가지 모두로부터 영향을 받는 것으로 믿는다고 응답하였고, 두 가지 중 한 가지가 한 사람의 운명을 결정한다고 믿는 사람은 한 사람도 없었다고 한다. 최근의 신경과학의 발달로 인간은 생물학적 요인과 문화적 요인이 가장 복잡한 형태로 결합된 결과물로 바라본다. 생물학과 문화의 상호작용을 통해 인간의 본질을 이해하려는 노력을, 윌슨의 사회생물학에 대한 비판으로, 문화생물학(cultural biology)이라고 한다.

가령 문화생물학자들은 인간이 애완동물에게 그토록 쉽게 애정을 갖는 사실(미국에서 수의사에게 지불되는 수수료비 만 연간 60억 달러에 이른다)을 내세워 진화심리학에서 주장하는 자식돌보기 모듈로 양육행동을 설명할 수 없다고 꼬집는다. 이들은 집단내에 이타주의가 정착할 수 있는 까닭을 다른 사람이나 동물을 돌보는 행위가 자신의 건강에 도움을 제공하여 생존확률을 높이기 때문이라고 지적한다.

 사례_135 하버드 대학의 카와치(I. Kawachi)와 케네디(B. Kennedy), 로쿠너 (K. Lochner) 등은 *Long Live Community: Socisl Capital as Public Health*(1997)에서 이타주의가 발휘되는 사회적 신뢰가 낮을수록 평균사망율이 높다는 사실을 발견하였다. 그들은 또한 집단에 대한 자발적인 참여도가 높을수록 평균사망율이 낮았다는 사실도 발견하였다. 전염병 학자 버크만(L.

Berkman)과 사임(S. Syme)은 9년 동안 7천명을 대상으로 조사한 1979년의 연구에서도 사회적 관계가 적은 사람들이 사회적 관계가 풍부한 사람보다 전염병에 결려죽을 확률이 두세 배 더 높다는 사실을 밝혀내었다. 뇌과학자 올먼(John Allman)은 육아과정에 참여하는 정도에 따라 수명이 달라지는 것이 새끼를 돌보는 과정에서 분비되는 호르몬 효과로 스트레스에 더욱 잘 대응할 수 있기 때문이라고 주장한다. 이는 아이를 돌보는 일 이외에 나이든 부모님을 모시거나 애완동물을 돌보면 수명이 늘어난다는 증거와 부합한다. 이런 측면에서 다른 사람을 돌보는 이타적 행위가 자신의 건강, 따라서 생명에 도움이 된다는 의미다.

2002년 2월 인간 게놈 프로젝트가 종료되면서 인간의 유전자수는 추정치인 10만 개에 훨씬 못 미치는 3만 개인 것으로 밝혀졌다. 인간 게놈 프로젝트의 핵심 연구자인 크레이그 벤터는 예상보다 작은 수의 유전자가 발견되자 생물학적 결정론이 옳다고 단정내릴 수 없다는 의견제시와 함께 환경도 매우 중요하다고 주장하게 되지 해묵은 본성 대 양육의 논쟁이 되살아나게 되었다. 리들리(Matt Ridley)는 1980년대 유전자에 관해 새로 발견된 사실들을 토대로 유전자는 자궁 속에서 신체와 뇌의 구조를 지시하지만, 환경과 반응하면서 자신이 만든 것을 거의 동시에 해체하거나 재구성한다는 결론에 도달하였다. 그에 의하면 "유전자는 행동의 원인이자 결과이다."(*Nature Via Nurture*, 김한영 옮김, 『본성과 양육』, 2003, 김영사).

 사례_136 1993년 프랭크(R. Frank), 길로비치, 레간(D. Regan)은 사회과학도들은 보편적으로 이타주의적인 것으로 조사되었고, 경영학도들은 다른 사람을 고려하지 않고 자신의 복지만을 극대화하려는 데 관심을 가진다는 연구결과를 내놓았다. 경제학자와 비경제학자 사이에도 이기적 행동에서 커다란 차이가 있음을 보여 주었다. 즉 경제학자는 최종거래게임, 죄수의 딜레마게임 및 자선활동에 있어 무임승차하는 경향이 농후한 것으로 조사되었는데 경제이론, 특히 게임이론을 배우면서 이기적 행동이 몸에 체득된 것으로 해석되어 아이젠버그의 양육설을 뒷받침하였다.

이와 반대로 동정심을 유전적 기원으로 인식하는 학자도 있다. 이타적 행동을 보여 주는 상황연구에서 다른 사람의 구조요청에 개인이 반응하게 된 배경이 그의 소환요청에 감성적으로 대응하였다기보다 주변에서 관망하는 상황이었다는 이른바 상황효과가 동정심을 유발하도록 한다는 놀라운 사실을 1990년 필리아빈(J. Piliavin)과 카른(H. Charng)이 발표하였다.

즉 개인은 구조요청이 있더라도 주위에 다른 사람이 있다는 사실을 알면 대응할 가능성이 높다고 한다. 또한 구조요청에 대응하여 부담할 비용이 높으면 대응하지 않으려는 경향도 높다고 한다. 이러한 연구결과는 이기주의적 성격과 이타주의적 성격이 공존하는 것처럼 보이지만, 궁극적으로는 경제적 본성의 모듈이 상황을 계산하여 다른 사람의 입장에서 이기적 행동 또는 이타적 행동(본인의 입장에서 항상 이기적 행동)이 나타나도록 이끈다.

 사례_137 볼턴(G. Bolton)과 카톡(E. Katok)은 이타주의를 여러 가지 방법으로 실험하였다. 피험자들에게 배분하는 금액을 달리하면 어떤 일이 벌어지는가를 알고자 하였다. 실험을 통해 배분하는 금액이 자신과 상대 사이에 18

대 2나 15 대 5로 주어졌을 때, 피험자들은 자신이 받은 18에서 8을 그리고 15에서 5를 각각 떼어내어 상대방과 자신이 같은 몫이 되도록 10 대 10을 선택한다는 사실이 밝혀졌다. 그리고 다른 사람에게 선물을 주는 것 자체로부터 훈훈한 만족을 통해 효용을 얻고, 효용이 선물의 크기에 좌우한다는 사실도 얻었다. 따라서 18 대 2에서 8을 기부하기로 선택하였던 사람은 15 대 5에서는 5보다 많은 금액을 상대방에게 기부하였을 것으로 예측된다. 18 대 2가 배분된 실험에서 상대방에게 8 이상을 기부하는 피험자는 아무도 없었지만 15 대 5에서 5 이상을 기부한 사람은 세 사람이나 있었다고 한다.

이타주의는 생물학적 본능과 그리고 사회적 책임, 형평성, 호혜주의 등과 같은 사회규범과 관련이 있다. 여기서 학습과정은 보상과 벌 그리고 모범적 행동을 모방하는 것을 통해 이타주의 행동을 향상시킨다. 경제심리학자들은 다른 사람을 돕는 행동, 자원봉사행위, 선물과 자선행위, 사회적 딜레마 상황에서의 행동, 그리고 협상과 관련된 이타주의적 행동을 연구한다.

 사례_138 1979년 메식(D. Messick)과 센티스(K. Sentis)는 사람들이 공정하고 옳다고 생각하는 기준을 자신에게 이득이 되는 방향으로 세운다는 연구결과를 발표하였다. 이들은 피험자들을 두 그룹으로 나누어 한 그룹에게는 그들이 7시간 작업하였다고 생각하고 다른 사람(집단의 구성원이 아닌 사람)은 10시간 작업하였다고 상상하도록 하였다. 또한 다른 그룹에게는 그들이 10시간 작업하였다고 생각하고 다른 사람은 7시간 작업한 것으로 상상하도록 하였다. 이어서 7시간 작업한 사람에게 25달러 지급되었다고 알려주었다. 그리고 10시간 작업한 사람에게 얼마가 지급되어야 하느냐고 물었다. 이에 대해 7시간 작업한 것으로 상상한 집단은 집단평균 30.29달러가 주어져야만 한다고 대답하는 것으로 나타났다. 그러나 10시간 작업한 것으로 상상한 집단은 평균 35.24달러가 지급되어야 하는 것으로 나타났다. 30.29달러와 35.24달러의 차이는 공정성을 지각하는 자기만족의 편견이다.

이타주의가 기대하는 바와는 달리 사람들은 모두 자기자신이 수행하는 일에 높은 가치를 부여하면서 살아간다.

제6절 시간선호

과거 기독교권 문명에서는 다른 사람에게 이자를 받고 대부하는 행위를 금지하였다. 왜 이자가 존재하는지를 알아보자. 개인이 가용할 수 있는 자원을 현재와 미래에 걸쳐 분배하는 일에 부닥쳤을 때, 현재에 보다 많이 배분하는 성향을 두고 정(+)의 시간선호라고 한다. 송나라 저공(狙公)이 원숭이에게 도토리를 아침에 3개, 저녁에 4개 준다고 하니까 원숭이들이 화를 냈지만 아침에 4개, 저녁에 3개 준다니까 원숭이들이 좋아했다는 우화가 있는데 원숭이들도 시간선호를 가진다는 의미이다. 즉 미래의 몫을 저평가하는 까닭에 미래에 자원을 적게 배분하려고 한다.

피구에 의하면 미래란 언제 닥쳐올지 알 수 없는 불확실한 미래이므로 미래의 만족을 가급적이면 저평가하는 성향이 있다. 즉 미래에 배분될 도토리는 자신의 것이 될지 알 수 없는 불확실한 도토리이다. 따라서 자신의 것이 확실하지 않는 도토리보다 현재 손에 쥔 확실한 도토리를 보다 더 선호한다. 미래의 도토리를 저평가하는 정도가 강할수록 환언하여 현재의 도토리를 고평가하는 정도가 강할수록 현재 얻을 수 있는 만족에 집착하는 성향도 높다. 이러한 성향의 사람에게는 현재의 만족을 미래로 연기시키는 대가가 상당히 주어져야만 한다.

심리학에서 시간선호는 만족을 연기하려는 인간의 의사와 관련이 있는 개념이다. 현재의 만족에 집착하지 않고 만족을 미래로 보다 더 많이 연기할수록 주관적 이자율(미래의 가치를 저평가하는 할인율)은 낮고, 반대로 현재의 만족에 집착하여 만족을 미래로 적게 연기할수록 이자율은 높다.

 사례_139 1974년 심리학자 미셸(W. Mischel)은 실험을 통해 어린이들이 이후의 시점에 더 큰 보상(많은 양의 사탕)을 받기 위해 현재의 보상(작은 양의 사탕)을 뒤로 미루려는 의사가 어린이들마다 달랐다는 사실을 관찰하였다. 게다가 만족을 연기하려는 성향은 어린애들이 사회화과정(특히 부모와 동료들에 의한 사회적 학습)을 통해 일찍부터 배우고, 그러한 성향은 이후의 행동에서도 변하지 않는 것으로 알려졌다. 예를 들어 유치원 어린이들이 과자류 등의 소비를 연기시키는 능력은 12년 이후의 사회적 능력에서도 그대로 재현된다는 놀라운 사실이 관찰되었다.

 사례_140 조사대상자가 반응하여 선택한 시간선호율을 추정하거나 설문을 통해 내현적 이자율을 추론한다. 1988년 벤지온(U. Benzion), 레포포트(P. Rapoport), 야길(J. Yagil)이 수행한 연구에 의하면 내현적 이자율은 대상금액이 많아질수록 그리고 기간이 길어질수록 적어지는 것으로 목격되었다.

이러한 조사결과는 예금금액의 크기나 기간의 장단에 관계없이 시장 이자율이 일정하여야만 한다는 경제원칙에 반하는 현상이다. 금액이 다르고 기간이 다르면 시간선호율이 다른 것은 1994년 대니얼(T. Daniel)이 네덜란드에서 수행한 연구에서도 동일한 결론을 얻었다. 보다 중요한 사실은 내현적 이자율이 이득보다 손실이 더 낮았다는 사실이다. 이는 이득을 연기하기보다 손실을 연기시키려는 의사가 더 높다는 것을 의미한다. 바꾸어 말하면 "매도 먼저 맞아야 낫다"라는 속담과 다르게 상은 현재 받고 매는 뒤에 맞아야 한다는 심리적 성향이 지배한다.

〔표 9-2〕 현재 및 미래의 재정상태의 전망에 따른 내현적 이자율

	향후 재정상태의 전망	
	비관적	낙관적
현재의 재정상태(저축)	9.6%	32.4%
현재의 재정상태(비저축)	27.6%	42.0%

자료: G. Antonides(1990), *The Lifetime of a Durable Goods: An Economic Pychological Approach*.

경제학자 피셔(I. Fisher)는 *The Theory of Interest*(1930)에서 소득 흐름의 모양도 시간선호에 영향을 미친다고 언급하였다. 즉 미래에 소득이 늘어날 것으로 기대하는 사람은 미래에 추가로 소비하는 일보다 현재 추가로 소비하는 일에 보다 더 가치를 부여한다. 그에 따라 경기가 호전될 것으로 기대하면 소비는 늘고 저축은 줄어든다. 이는 소비자의 저축행동을 조사한 카토나의 1974년의 연구결과와 부합한다. 즉 경기가 후퇴하면 사람들이 저축하려는 동기가 강해지기 때문에 저축은 증가하고, 경기가 회복하면 사람들이 저축하려는 동기가 약해지면서 저축은 줄어든다.

사례_141 내현적 이자율은 조사대상자가 현재의 소득에서 저축할 여유가 있는가 없는가에 따라, 그리고 자신의 향후 재정상태를 낙관적으로 전망하고 있는가 비관적으로 전망하고 있는가에 따라 다른 것으로 밝혀졌다. 안토니데스(G. Antonides)의 연구에 의하면, 〔표 9-2〕에서 보는 바와 같이, 미래의 재정상태를 낙관적으로 전망할수록 그리고 현재 저축하지 않을수록 현재소비에 집착하므로 내현적 이자율이 높은 것으로 조사되었다.

반대로 1990년 이후의 일본이나 2000년 이후의 한국처럼 경기가 장기침체에 들어가는 경우처럼 향후 비관적인 전망과 현재 저축을 늘리려는 사람들의 심리적 경향으로 내현적 이자율은 하락한다.

제7절 생활스타일

앞에서 말한 동기와 성격의 특질은 보편적으로 행동형태에 영향을 미치는 것으로 생각된다. 그러나 실용적인 측면에서 특별한 행동특질, 예컨대 소비자가 특별한 브랜드의 제품만을 구입하는 등의 구체적인 특질을 이해할 필요가 있다. 사람들을 실용적으로 분류하기 위해 삶의 패턴이나 돈과 시간을 소비하는 방법을 포함한 그들의 다양한 생활스타일을 기준으로 구분하고 있다.

1983년 미첼(A. Mitchell)은 미국인의 생활스타일(value and life style; VALS)을 가치, 인구통계, 구매패턴 등의 성질에 따라 아홉 가지로 구분하였다. 〔그림 9-4〕에 나와 있는 VALS는 매슬로의 욕구 위계설을 기본으로 한다.

　두 가지 타입의 소비자들, 즉 지속자(sustainers)와 생존자(survivors)는 욕구지향 스타일의 삶을 살아간다. 생존자는 예컨대 생존경쟁의 특성을 가지는 자로서 사회를 불신하고, 사회에 적응하지 못하고, 식욕에 의해 지배당한다. 그들의 인구통계적 특색은 빈곤수준의 소득을 받고, 교육을 받지 못하고, 소수 인종집단이며, 슬럼가에서 살아간다. 이들의 구매패턴은 가격에 의해 지배되고 당장 욕구를 충족시킬 수 있는 기본 필수품에 초점을 둔다.

　다른 세 가지 타입의 소비자들, 즉 소유자(belongers), 경쟁자(emulators), 성취자(achievers)는 외부지향의 스타일로서 이들은 다른 사람들이 자신들의 소비를 어떻게 평가할 것인지를 의식하면서 구매한다. 따라서 편승효과와 귀족근성 및 과시효과에 의해 지배되는 생활자들이다.

　내부지향의 스타일에는 나대로주의자(I-am-me's), 경험자(experientials), 사회의식자(societally conscious), 통합자(integrateds)의 네가지 타입이 있는데 이들의 생활은 가치를 외부로 지향하기보다 개인적 욕구를 향해 지향한다. 비록 숫적으로 작지만 그들의 수는 늘어가고 있고 또한

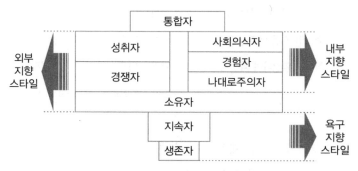

〔그림 9-4〕 아홉 가지의 생활스타일

시대의 경향을 지배한다는 의미에서 중요하다.

물론 [그림 9-4]와 같은 구분은 하나의 가능성에 지나지 않는다. 또한 기업이 소비자를 모두 상기의 범주로 구별하여 각각에 대응하는 판매전략을 내놓을 필요가 있다는 의미도 아니다. 다른 구분도 개발되었는데 가령 고령자를 위한, 학생을 위한, 산모를 위한, 동물애호가들을 위한 팬시상품시장과 중고품시장처럼 특수한 시장을 위한 것 등으로도 구분할 수 있다.

 사례_142 1994년 **고령사회**(전체인구 가운데 65세 이상의 인구가 차지하는 비율이 14% 이상인 사회를 말하는데 한국은 2019년에 도달한다)로 접어든 일본 노인들은 국내외로 여행을 많이 다니는 것으로 알려져 있다. 노인들의 여행 붐은 경제력에서 나온다. 「노인들의 사회, 그 불안 한 미래」를 지은 피터 피터슨은 "얼마 지나지 않아 노인들을 겨냥한 크루즈 여행안내가 청소년 여름 캠프광고를 대체할 것"이라고 예고하기도 하였다. 계속 적자에 시달리던 일본의 유명백화점 세이부는 최근 판매원 감축 등 구조조정을 실시하면서 백화점의 주요 고객층을 20대 여성에서 50대 이상의 여성으로 완전히 바꾸었다고 한다. 이제 경제력과 시간적 여유를 갖고 쇼핑할 수 있는 고객은 젊은 여성이 아니라 노년층이라는 사실을 파악한 것이다. 상품도 노인위주의 신제품이 개발되어 가령 2003년 토요타가 선보인 자동차 라움은 뒷 자석과 조수석의 문이 슬라이딩 방식으로 열리고 좌석이 회전하여 좌석에 앉은 채로 다리를 밖으로 내릴 수 있도록까지 하였다.

- 김동선, 『야마토마치에서 만난 노인들』(2004, 궁리출판)에서

사회적 계층은 수입, 재산, 교육수준, 직업, 가족위상, 주거형태, 주거지역 등의 일곱 가지 요소로 구별되는데 그들은 권력, 특권, 부의 정

도에서 서로 다를 뿐만 아니라, 가치관과 태도 및 생활양식과 행동양식에서도 서로 다르다. 서로 다른 계층의 소비자는 서로 다른 제품을 구매하며, 그들의 구매능력과 구매선호도 또한 다르며, 쇼핑을 즐기는 장소역시 다르다. 그리고 그들이 자주 접하는 매체도 동일하지 않다. 한 계층의 사람들이 환영하는 것을 다른 계층의 사람들은 매우 싫어할 수도있다. 그 결과 사회적 계층은 시장을 구분하고, 타켓시장을 설정하는 데중요한 기준이 되기도 한다.

미첼(A. Mitchell)에 의하면 높은 가격을 지불할 만한 재정적 여유가가장 없는 사람들이 역설적으로 할인도 안 되고 가격이 퍽 비싼 편의점을 가장 즐겨 이용한다고 한다. 그들은 앞을 내다볼 수가 없고, 식단을계획하여 1주일치의 장을 볼 수가 없기 때문에, 매일매일 그날 필요한식품을 사곤 한다. 그래서 그들은 그날그날의 저녁 먹거리를 마련하기위해 몇 가지 사러 갈 뿐이기 때문에 슈퍼마켓에 가지 않고 대신 가까운편의점을 들르며, 그 때문에 더 비싸게 살 수밖에 없다고 한다.

어느 계층이 계획적인 구매자이고 또 어느 계층이 즉흥적인 구매자일까? 상류층 사람들은 자신들이 무엇을 필요로 할지 미리 예상하고, 구매계획을 세운다. 야채나 잡화와 같은 소모품을 쇼핑목록에 포함하고,정기적으로 구매하여 재고를 확보한다. 이에 비해 하류층 사람들은 소모품이 다 떨어진 후에야 비로소 구입하며, 즉흥적으로 구매하는 경향이 높다. 상류층의 경우 구매하기 이전에 고심하는데, 이들은 여러 매체를 통해 상품정보를 구한다. 하지만 하류층 사람들은 주로 친지나 친구로부터 상품정보를 얻거나 바로 구입해야 할 때 비로소 판매원의 조언을 구하기도 한다. 그래서 입소문을 통한 광고는 중산층보다는 하류층의 소비자에게 먹혀든다.

소매점을 선택하는 데도 생활스타일에 따라 다를까? 상류층 사람들은 백화점이나 전문점을 통해 다량으로 구매하고, 좀더 유행에 민감한 제품을 구매한다. 하류층 사람들은 이러한 큰 상점에는 주눅이 들어, 집 근처의 소규모 상점을 선호한다. 그들은 대규모 할인점에서 많은 종류의 제품을 산다. 그러나 상류층 사람들이 대규모의 할인점에서 구입하는 물품은 대부분 잘 알려진 제품들뿐이고, 유행을 타는 제품을 사는 경우는 드물다.

브랜드의 충성도에서도 사회계층마다 정도가 다르다. 상류층 사람들은 제품 자체의 장점을 보고 구매를 결정하는 데 비해, 하류층 사람들은 전국적으로 잘 알려진 브랜드를 구매함으로써 구매에 따른 위험을 줄이려고 한다. 따라서 하류층 사람들이 브랜드의 충성도가 더 높다. 그에 따라 몇몇 상점을 단골로 지정하기도 하여, 이 상점들과 그 곳의 판매원에 의존하는 편이 높다. 그들이 특정 브랜드를 잘 알고 있지 못할 경우, 대부분 가격을 품질과 동일시하는 편이다. 왜냐하면 '싼 게 비지떡'이라고 여기기 때문이다. 상류층 사람들은 상점이나 제품에 위험을 감수할 여력이 있기 때문에 새로운 소매점과 새로운 제품 및 브랜드를 구매하려고 시도한다(『소비의 심리학』에서).

제8절 요 약

사람들이란 만사를 자신의 주도하에 이루어지게 하려는 성향을 가지고 있다. 경제이론에 의하면 금전적 보상(외적 동기)을 통해 동기를 유발하여야 하는데, 오히려 자발적으로 행동하려는 내적동기까지 쫓아버리는 구축효과가 일어난다. 즉 외적 동기가 심리적 반항을 일으켜 내적동기를 짓밟아버리는 현상이 일어난다.

성취욕구는 개인의 행동은 물론 사회의 경제발전에 영향을 미친다. 성취욕구가 높은 사람은 내적으로 과업의 성과를 떠맡고 다소 힘든 목표를 설정하는 동기가 부여된다. 성취욕구는 어릴 때부터의 성장과정에서 발달하며 성인이 되고난 이후의 개인경력에도 영향을 미친다.

개인이 환경을 지배하느냐 지배당하느냐는 내적 및 외적 신념의 차이에서 나온다. 이는 자신을 보호하는 행동과, 정보를 수집하는 행동 그리고 기업가적 행동에 영향을 미친다. 연구결과에 의하면 내적 지배의 신념을 가진 사람은, 자신의 행동결과가 자신의 노력으로 인해 이루어졌다고 인식하여, 일을 보다 더 잘 수행하는 것으로 알려져 있다.

위험을 지각하는 정도는 사람마다 다르다. 자신을 전문가라고 믿는 신념의 소유자는 위험을 과소평가한다. 또 사람들이란 자신이 환경에 지배력을 행사할 수 있다는 소위 지배의 자리란 심리적 믿음을 갖고 있다. 자신이 통제할 수 있는 상황에 대해서는 우호적이지만 통제할 수 없는 상황에 대해서는 지극히 의심한다. 탐험행동이론은 인간에게 가장 매력 있는 최적 수준의 자극이 존재한다고 설명한다.

이타주의는 타인의 성과나 결과에 가중치를 부여하는 것을 의미한다. 이는 금전(또는 소득)의 배분에 대한 선호에 영향을 미치고, 협력적인 행동, 특히 자선행위에 영향을 미친다. 그러나 이타주의가 선천적인 형질인지 후천적으로 길러진 문화인지는 명확하지 않다.

시간선호는 자원을 현재 또는 미래에 배분하는 선호를 의미한다. 이 개념은 만족을 연기하려는 의사와 저축하려는 의사와 관련이 있다. 주관적 이자율은 사회인구통계 요소와 경제적 기대와 연관이 있다.

생활스타일은 개인의 전반적인 기질보다 구체적인 활동이나 이해 또는 견해를 의미한다. 생활스타일은 특히 소비재와 밀접한 관련이 있으므로 판매자들이 시장을 구체적으로 구분하는데 유용하게 이용되고 있다.

제IV부
시장을 지배하는 소비자심리

고대로마에는 평민과 귀족의 두 계급이 있었다. B.C. 494년에 평민계급이 종군을 거부하는 파업에 들어갔다. 귀족계급의 원로원은 협상을 위해 현자 메네니우스 아그리파(Menenius Agrippa)를 파견했는데 그는 평민들에게 다음과 같은 이솝우화를 들려 주어 평민들의 분노를 잠재웠다.

"언젠가 몸의 구성원이 모여 자기들은 뼈빠지게 일하는데 위는 하는 일 없이 게으르게 자빠져서 자기들의 노동의 결과를 즐기고 있다고 불평을 하기 시작했다. 그래서 손과 입과 이빨은 위를 굶겨 굴복시키기로 뜻을 모았다. 그러나 위를 굶길수록 자신들도 점점 허약해져 갔다. 이로써 위도 자기의 역할을 가지고 있는 것이 명백해졌다. 위가 하는 일은 받아들인 음식을 소화시키고 재분배해서 다른 구성원들을 살찌게 하는 것이었다" Robinson, *A Short History of Roma*

아그리파는 부패한 원로원을 위해 궁색한 변명을 늘어놓음으로써 반란을 진정시켰다.

입은 거지는 얻어먹어도 벗은 거지는 못 얻어먹는다

제10장
상품시장의 소비자 군중심리

> [소비자들의] 선택과정은 아주 자동적으로 관습
> 과 무의식적인 힘으로부터 나오고, 그들의 사회적
> 및 물리적 맥락에 의해 크게 영향을 받는다.
> −George Lowenstein, The Creative Destruction of
> Decision Research, 2001

제1절 수 요

1. 사회적 맥락으로서의 수요

전통적인 경제이론은 특정상품의 시장수요를 알려고 개인의 수요를
단순히 집계하여 얻는다. 1948년 경제학자 모르겐스테른(O. Morgen-
stern)은 다른 사람이 구입하였다고 하여 자신도 부화뇌동하여 구입하
는 패션상품이나 또는 상대방을 얕잡아보는 귀족근성이 작동하여 구입
하지 않는 상품의 시장수요는 개인의 수요를 단순하게 합쳐 집계한 것

이 아니라고 주장하였다. 이어서 1950년에 경제학자 라이벤슈타인(H. Leibenstein)은 노동이나 원재료 등 기업의 수요도 마찬가지로 개별수요를 집계한다고 하여 만들어지는 것이 아니라고 주장하였다.

전통적으로 경제이론은 개인의 소비가 다른 사람의 소비에 영향을 받지 않는다고 가정한다. 그러나 사람들은 자신의 동료들처럼 입고, 구매하고, 행동하고, 소비하려는 사회적 욕망을 표출한다. 우리는 사람들이 사회적 본능에 따라 군중에 합류하기를 바라는 행동으로 군중심리현상이 일어나는 현장을 쉽게 목격한다. 라이벤슈타인은 이러한 행동형태를 서커스단의 악단이 길거리를 지나가며 군중들을 모으는 모습에 비유하여 편승효과(bandwagon effect)라고 했다. 다른 사람과 합류하려는 사회적 본능은 사람들의 소비생활에서 떼어낼 수 없는 심리적 성향이다.

한편 개인은 다른 사람과 차별되는 의복, 음식, 자동차, 주택 또는 여타의 상품들을 구매하는 것을 통해 배타성을 추구하여 대중들로부터 거리를 두어 자신만의 특권, 위엄 및 사회적 지위를 보여 주려고 행동한다. 이는 정치적 본능에 따라 다른 사람보다 우위를 차지하려는 행동배경에서 비롯한다.

베블렌(T. Veblen)은 사람들의 과시적 소비를 처음으로 제기한 학자로 알려져 있으나 존 리(John Rae)라는 학자가 이미 1834년 *The Sociological Theory of Capital*에서 과시적 소비, 패션 및 이와 관련된 흥미 있는 주제를 다룬 바가 있다. 군중심리에 의한 소비행동은 로마시대 시인 호레이스(Horace)가 "이웃에 뒤지지 않기(keeping up with Joneses)"라고 언급한 데서 알 수 있듯이 이미 오랜 역사를 가진 인간의 행동본능이다. 이 외에도 18세기 및 19세기의 철학자와 경제학자들이 패션을 둘러싼 문제를 다루었지만, 대부분의 경우 경제학자들은 이를 사회학적 성질에 속한 주제에 지나지 않는다고 무시하였다.

공공정책에 관심을 가졌던 멜빈 레더(Melvin Reder)는 *Studies in the Theory of Welfare Economics*(1947)에서 한 사람의 소비행각이 다른 사람들의 소비행동에 미치는 영향을 고려할 필요가 있다고 주장하였다. 그에 따라 레더는 심지어 남의 시샘을 받을 가능성이 있는 지출을 금지하는 법령을 정부에 제안하기까지 하였다. 왜냐하면 그는 사람들이 경쟁적으로 벌이는 소비로부터 자원을 해방시켜 보다 더 가치 있는 다른 용도에 이용하면 사회 전체의 후생을 증대시킬 수 있을 것이라고 생각하였기 때문이다.

리는 동일한 맥락에서 순수사치재의 거래를 제한하면, 사치재의 생산을 피하여 절약되는 노동이란 관점에서, 어느 누구에게도 손해를 끼치지 않고, 오히려 여러 사람들에게 이득을 가져오게 할 것이라고 주장하였다. 리가 주장한 순수사치재는 레더가 말한 일상적 의미에서의 경쟁적 소비에 들어가는 상품이나 마찬가지이다.

2. 기능적 소비와 비기능적 소비

재화나 서비스의 수요를 크게 기능적 수요와 비기능적 수요로 구분할 수 있다. 기능적 수요란 상품수요가 상품 자체에 내재하고 있는 이른바 질에 기인하는 부분을 말하는데 전통적으로 경제이론에서 다루고 있는 소비의 법칙은 기능적 소비에 바탕을 둔다.

예를 들어 자동차를 구입하려는 소비자가 자동차의 각 속성들의 편익을 의식적으로 평가하여 살 것인가 말 것인가를 결정한다. 또는 특정한 욕구, 가령 운반수단으로서의 욕구를 충족시키는 옵션을 찾아, 각 옵션의 장단점을 평가하고, 각 옵션이 주는 만족비용을 계산하고, 그리하여 최종적으로 이성적인 결정을 내릴 것이라고 기대한다.

이에 비해 비기능적 수요란 상품수요가 상품 자체에 내재하는 질에 의존하지 않는 부분을 말한다. 비기능적 수요가 발생하는 경우란 상품으로부터 나오는 효용이 다른 사람들이 동일한 상품을 구매하고 소비함에 따라, 또는 낮은 가격표보다 높은 가격표가 붙어 있는 까닭으로 늘어나는 때를 말한다. 이를 편승효과(bandwagon effect)에 의한 소비, 귀족근성효과(snob effect)에 의한 소비, 그리고 과시적 소비(일명 베블렌효과)로 구분한다.

편승효과는 어떤 상품수요가 다른 사람들도 동일한 상품을 소비하기 때문에 늘어나는 것을 말한다. 이는 다른 사람과 한패가 되려고 하거나, 자신과 관련되기를 바라는 다른 사람과 부합하고자 하거나, 시대에 뒤지지 않은 패션이나 스타일을 바라거나, 남성미를 보여 주고자 하는 사람들의 사회적 본능에서 비롯한다. 귀족근성 효과란 소비재에 대한 수요가 다른 사람들이 동일한 상품을 소비하기 때문에 (또는 다른 사람들이 소비를 늘리기 때문에) 그 소비를 오히려 줄이는 것을 말한다. 이는 자신을 다른 사람과 차별화시켜 보통 사람들과는 다른 면모를 보여 주기를 갈망하는 정치적 본능에서 비롯한다. 베블렌효과 즉 과시적 소비란 상품의 가격이 낮은 것보다 높을수록 그 상품의 수요가 오히려 증가하는 현상을 말한다. 귀족근성과 과시적 소비는 흔히 동일한 것으로 인식되지만 전자는 다른 사람의 '소비'에 의해, 후자는 '가격'에 의해 영향을 받는다는 점에서 구분된다.

이 외에도 비기능적 소비의 하나로 투기적 수요와 비합리적 수요가 있는데, 투기적 수요란 사람들이 상품의 가격이 상승할 것으로 예상하여 그 상품을 사들이는 사재기수요를 말하고, 비합리적 수요란 갑작스런 충동이나 기분 등에 지배되는 충동소비를 말한다.

제2절 편승소비의 법칙

〔그림 10-1〕(a)에 편승소비가 이루어지는 상품의 시장수요곡선 a가 그려져 있다. 편승소비가 일어나지 않는 전통적인 수요곡선 b도 그려져 있다. 그림에서 편승소비가 일어나는 시장수요곡선은 전통적인 수요곡선보다 더 탄력적인 모습을 보여 준다. 이는 다른 조건이 동일하다면 그 상품의 기능적 속성에 토대를 둔 수요보다 편승효과가 있을 경우의 수요가 가격 변화에 더 예민하게 반응한다는 것을 말한다. 물론 이는 가격 변화의 반응이 다른 사람이 소비하는 변화와 동일한 방향으로 추가로 반응하여 일어난 결과에 비롯된다.

이러한 소비자들은 준거집단에 어울리고자 하는 사회적 본능에 따라

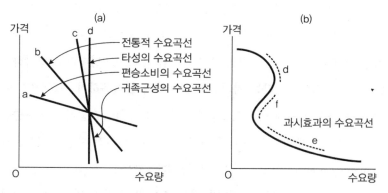

〔그림 10-1〕 편승소비, 귀족근성 및 과시적 소비의 시장수요곡선

행동한다. 이들은 매우 개인주의적이지만 동시에 자신이 속한 집단으로 부터 지나치게 멀리 떨어진 채로 모험하기를 싫어한다. 예를 들어 자기 표현적 구매자들은 이웃들이 사용한 파란 색 페인트와 똑같은 색으로 집을 칠하고 싶어 하지는 않지만, 절대 짙은 보라색이나 쇼킹한 핑크색 으로 칠하려고 하지 않을 것이다. 오히려 다른 사람들과 똑같지는 않으 면서 수요가능한 맥락에서 자신의 개성을 표현할 수 있는 특별한 파란 색을 찾으려고 할 것이다(*Why People Buy Things They Don't Need*, Pamela Danziger, 최경남 옮김, 『사람들은 왜 소비하는가』(2005, 거름출판)에서).

 사례_143 도살장의 도살꾼에 따르면, 무리의 속성을 알게 되면 수많은 가 축들을 통제하는 것이 그리 어렵지 않다고 한다. 가축 무리의 일부분만 원하는 방향으로 몰아가면, 나머지 가축들은 제일 앞서가는 것의 뒤를 따른다기보다 는 자기 주위에 있는 가축들의 움직임을 따라 계속 앞으로 평화롭게, 그리고 기계적으로 움직인다고 한다.　　　　　　　　　　-『설득의 심리학』에서

　사람들은 극단을 싫어한다. 이는 동물이 중앙으로 모이는 무리처럼 좌우극단에 놓이기를 우려하는 심리적 성향과 관련이 있다. 고급식당의 메뉴를 보면 A코스 6만원, B코스 5만원, C코스 4만원인데 고객들이 가장 선호하는 메뉴는 중간의 B코스이다. A코스를 낭비라고 생각하고 C코스는 먹을 게 없다는 자기합리화의 심리가 작용하기 때문이다. 이 제 새로 7만 원 짜리 특A코스가 제시되면 4, 5, 6, 7 중에서 상위중간 의 A코스를 선택하는 비율이 올라가는데 이런 심리적 현상을 타협효과 (compromise effect)라고 부른다(『돈버는심리 돈새는심리』에서).
　박수부대(clapping)는 1820년 당시 오페라 극장의 단골손님이었던

소통(Sauton)과 포르셰(Porcher)라는 두 사람에게서부터 시작되었다고 한다. 그러나 이 두 사람은 단지 오페라 관객에 머물지 않고 박수라는 제품을 팔아먹는 사업가였다. 공연성공보장보험회사(L'Assurance des Success Dramatiques)의 공식직함까지 내걸고, 그들은 청중의 열화 같은 반응을 보장하기를 원하는 가수나 오페라 극장 경영자에게 자신과 종업원들을 대여하였다. 그들이 의도적으로 꾸민 반응은 나머지 청중들의 진정한 열화와 같은 반응을 효과적으로 유도하였기에 오래지 않아 이러한 박수꾼(일반적으로 한 사람의 박수 리더와 다수의 하수인으로 구성되어 있다)의 사용은 오페라 업계에서는 널리 알려진 그리고 지속적으로 이루어진 관행이 되고 말았다(『설득의 심리학』에서).

 사례_144 스탠드 바의 바텐더들은 영업시작 전에 팁을 담는 유리병에 미리 1달러짜리 지폐 몇 장을 넣어둔다. 이렇게 바텐더에서 팁을 남기는 것이 적절한 행동이라는 인상을 손님에게 의도적으로 주입시켜 적지 않은 수입을 올리고 있다.

-「설득의 심리학」에서

영업사원도 자신의 제품을 이미 구입한 사람들의 명단을 양념으로 이용하여 판매실적을 높이고 있다. 오늘날 최고의 영업사원 교육 컨설턴트인 로버트(Cavett Robert)는 판매교육 강연에서 다음과 같이 말하고 있다. "사람들의 95%는 모방자이며, 오직 5%만이 창조자이다. 사람들은 판매원들의 어떠한 판매전략보다도 다른 사람들의 행동에 의해서 더 쉽게 설득된다"(『설득의 심리학』에서).

2005년 하반기 중국산 김치에 기생충 알이 나왔다는 신문지상보도로 갑자기 중국산 김치소비가 줄어들면서 대신 국산 김장용 배추에 대한 수요가 늘더니, 국내산 김치에도 기생충 알이 나왔다는 보도로 국내산 김치소비도 줄어들었다. 동남아와 중국에서 조류독감이 유행하기 시작하자 닭 소비가 줄어들어 생산자들이 닭은 산채로 매장하는 일이 벌어졌다. 워싱턴포스트가 줄기세포 연구자인 제럴드 새튼 박사와 황 우석 박사가 공동연구를 결별하였다는 소식이 전해지자 코스닥 시장에서 제약 및 줄기세포관련 바이오주가가 떨어지는 등 부화뇌동하는 모습을 엿볼 수 있다. 줄기세포의 연구에 대해 다른 시각에서 해석하여 시청자의 항의를 받은 MBC의 PD수첩프로는 스폰스를 잃어버리는 등 마녀사냥에 시달리는 사태를 목격하였다.

사람들이 다른 사람의 소비에 편승할 수밖에 없는 합리적인 이유도 존재한다. 1980년대 비디오시장에서 JVC의 VHS방식이 소니의 BETA방식을 누르고 산업표준으로 설정되었다. SONY는 기술적 우수성과 자신의 브랜드에 대한 자신감으로 핵심 부품을 직접 개발하기로 하였다. 그러나 JVC는 개방체제를 택해 누구든 VHS방식의 부품이나 기술을 개발할 수 있도록 허용하고 이후 개발이익을 서로 나누어 가지도록 하였다. 결국 많은 경쟁업체들을 협력체로 만든 JVC의 VHS가 SONY의 BETA를 물리치고 시장을 지배하게 되었다.

소비자들은 물건을 고를 때 다른 사람들이 얼마나 이용하고 있는가를 따지기도 한다. 이렇게 다른 사람들이 많이 사용하는 물품을 사용하고자 하는 욕구에 의해 지배되는 현상을 네트워크 외부효과(network externality)라고 부른다. 다른 사람과의 호환성을 유지하려고 애플의 매킨토시보다 마이크로소프트의 윈도우즈를, 드보락 대신에 타이프라이터 타자기를 사용하게 되는데 이를 경로의존성(path dependency)이라고 일컫는다. 한번 사용하도록 습관화되면 다른 것으로 바꾸기 힘들다. 전자

탁상계산기의 수자는 위로부터 7, 8, 9,…로 배열되어 있으나 핸드폰은 위로부터 1, 2, 3으로 배열되어 키가 차지하는 위치가 다르다. 하지만 특정상품의 기능에 길들여지면 소비자들은 불편한 줄 모르고 사용하게 된다. 이처럼 네트워크 효과가 편승소비를 부추긴다.

제3절 귀족근성의 법칙

이제 편승소비의 법칙과는 반대로, 사람들이 다른 사람과 차별이 나게 행동하는 이른바 귀족근성이 지배하는 데서 오는 소비행동의 결과가 시장에 어떻게 나타나는가를 살펴보자. 다른 사람과 차별을 두고자 하는 배타성은 시장에서 상품소비가 전혀 이루어지지 않도록 할 만큼 크게 작용하지는 않는다. 따라서 상품이 구매되기만 한다면 귀족근성에서 오는 소비효과가 한계점에 도달한 이후 기능적 수요의 법칙이 지배할 것이다. 달리 말해 한계점에 도달한 이후 귀족근성의 소비효과는 사라진다. 그에 따라 귀족근성에서 오는 상품회피가 시장수요를 능가할 만큼 크지 않기 때문에 가격에 독립적인 수직선이 아닌 〔그림 10-1〕(a)에 있는 c처럼 다소 비탄력적인 모습의 수요곡선을 보여 줄 것이다.

 사례_145 세틀(R. B. Settle)과 알렉(Pamela L. Alreck)은 *Why They Buy*(1989)에서 상표가 소비자에게 제공하는 상징적 의미를 상표들을 통해 다음과 같이 설명하고 있다. 랄프 로렌(Ralph Lauren), 피에르 카르댕(Pierre Cardin) 같은 디자이너 상표들은 삭스 피프스 애비뉴(Saks Fifth Avenue), 니먼-마커스(Neiman-

Marcus), 블루밍데일(Bloomingdale's) 같은 고급 백화점에서만 판매되었다. 백화점명과 디자이너명 모두 구매대중들에게 무언가를 의미했고, 그런 옷을 입는 사람들에게 무언가를 말해 주었다.

　디자이너 상표의 열기는 전국을 휩쓸었다. 이윽고 1983년에 이르러서 케이마트(K-mart)와 타깃(Target) 같은 할인점에서도 대량으로 유명 디자이너 상표들을 판매하기 시작했다. 상표의 수와 그 제품들을 입고 다니는 사람들의 수가 급증하면서 디자이너 상표는 원래 의미와 상징적 가치를 잃게 되었다.

　일이 이렇게 전개되자, 대형 고급 백화점들은 직접 제품의 이미지를 통제할 수 있는 자사 디자이너 상표로 재빨리 바꾸기 시작했다. 이들은 자사 상표를 취급함으로써 제품을 독점 공급받아서 백화점명이 갖는 고급스럽고 상징적인 가치와 자사 상표를 연관시킬 수 있었다. 오늘날 삭스 피프스 애비뉴나 블루밍데일의 상표는 이전에 유명했던 국제적인 디자이너 상표들보다 훨씬 더 많은 사회적 의미와 상징적인 가치들을 소비자들에게 전달해 주게 되었다.

 사례_146　1997년 연말에 제일기획은 『라이프 스타일과 소비행동』이란 보고서를 통해 소비자들의 유명상표 선호도를 조사한 적이 있다. 그 자료를 보면 유명상표 옷을 입어야 자신감이 생긴다는 사람이 해마다 조금씩 증가하고 있는 것으로 나타났다. 특히 이런 경향은 중장년층보다 유행에 민감한 10대, 20대 소비자들에게서 더욱 높게 나타났는데 성적으로 어필할 필요성이 높은 연령층에서 나타나는 것은 동물적 본능이란 측면에서 당연한 현상이다.

－『비하인드 마케팅』에서

제4절 과시소비의 법칙

베블렌은 『유한계급론』(1899)에서 "과시적 또는 가시적 소비(conspic-uous consumption)"라는 용어를 만들어 냈다. 어떤 상품의 효용이 그 상품에 내재하는 질뿐만이 아니라 대가로 지급하는 가격에 의존하는 경우에 과시적 소비가 일어난다.

즉 상품가격을 실제가격(real price)과 과시가격(conspicuous price)의 두 가지로 나누어볼 수 있는데 실제가격이란 소비자가 화폐로 지급하는 상품의 대가를 말하고, 과시가격이란 다른 사람들이 당해 소비자가 지불한 가격이라고 생각하는 가격을 말한다. 과시가격을 보다 구체적으로 설명하면 내가 지불하였을 것이라고 다른 사람들이 생각해 주었으면 하고 바라는 가격을 말한다. 다른 사람들이 생각하는 가격 자체가 나의 효용에 영향을 미치기 때문에 본인의 수요에도 영향을 미친다.

이 두 가지 가격이 아주 잘 조직된 시장, 즉 가격정보가 일반인들에게 모두 잘 알려져 있는 곳에서는 서로 일치한다. 그러나 가격정보가 불충분한 현실, 예컨대 바겐세일이나 일괄구매가 이루어지는 시장이나 차별화된 상품이 거래되는 시장에서는 실제가격과 과시가격이 같은 수 없다. 또한 제품정보를 제대로 지각할 수 없는 소비자의 인지상의 한계로 실제가격과 과시가격이 같을 수가 없다. 어느 경우이건 소비자의 수요는 실제가격과 과시가격에 의존한다.

〔그림 10-1〕(b)에 과시적 소비가 일어나는 상품의 시장수요곡선이 그려져 있다. 일반적으로 수요의 법칙에 따라 가격과 수요량 사이에는 반비례하는 관계가 있다. 그러나 여기서 바라보는 과시소비로 인한 시

장수요곡선은, 수요의 법칙과는 반대로, 일부 구간(그림 (b)에서 f)에서 가격과 수요량 사이에 정비례하는 관계가 나타난다.

물론 과시효과가 가격효과를 능가하지 않으면 전통적인 수요곡선의 모양처럼 우하향하는 모습(그림 (b)에서 d와 e)을 보일 수도 있다. 동일한 상품의 시장수요곡선의 한 부분에서는 이 중에서 과시효과가 지배적이고 다른 한 부분에서는 가격효과가 지배적으로 나타날 것으로 기대된다. 그에 따라 〔그림 10-1〕(b)에 나타난 모양처럼 높은 수준의 가격과 낮은 수준의 가격에서는 가격효과가 지배적이어서 전통적인 수요곡선의 모습이 나타나고, 중간수준의 가격에서는 과시효과가 지배적이어서 우상향하는 모습의 수요곡선을 보일 것으로 기대된다. 왜냐하면 첫째 너무 가격이 높은 수준이라면 소비자가 이용가능한 소득의 한계로 인해 상품을 전혀 소비할 수 없는 수준의 높은 가격이 존재할 것이고, 동시에 아주 낮은 수준의 가격에서는 과시효과를 목적으로 삼을 만한 가치가 없는 수준의 낮은 가격이 존재하기 때문에 과시효과가 일어나지 않는다. 그에 따라 과시효과가 일어나는 상품의 시장수요곡선은 〔그림 10-1〕(b)의 수요곡선처럼 Z형의 모습을 띠게 될 것이다.

귀족근성의 수요곡선은 비탄력적인 까닭에 가급적이면 가격을 올려 받음으로써 판매자는 더 많은 수익을 거두어들일 수 있다. 마찬가지로 과시적 소비재의 수요곡선은 당초부터 우상향하는 모습을 가지기 때문에 가격을 올릴수록 전체 매상고는 올라간다. 그에 따라 귀족근성과 과시적 소비가, 비록 발생배경이 타인의 소비와 상품의 가격으로 출발은 각각 달리하였더라도, 가격을 인상시키는 데서 오는 이득은 판매자에게 똑같은 효과를 낳기 때문에 거의 혼동되어 사용되고 있는 실정이다.

향수나 고급 사치품에서는 가격이 낮다는 것은 곧 싸구려임을 스스로 인정하는 것과 같다. 양주 시버스 리갈이 처음 시장에 출하되었을 때에는 비교적 저가의 대중용 위스키였다. 많은 광고와 판촉에도 불구하고 판매가 기대와는 거리가 있자, 가격을 올려 조니 워커 등의 대중 양주와 거리를 두기 시작하였다. 그에 따라 갑자기 판매가 늘어나 시버스 리걸은 유명 양주가 되었다. 한국의 양주애호가들이 선호하는 발렌타인 양주도 이와 별 차이가 없다. 스스로 가격차이가 느껴지도록 17년, 21년 등으로 여러 가지 종류의 상품을 선보이는 프로닥터 라인을 설정하여 고급 이미지의 21년산의 양주를 비싼 가격으로 팔고 있다. 더욱이 발렌타인 30년산은 연간 2,500병만을 출고하여 고급 이미지를 살린다.

대신 이탈리아의 구찌는 세계적인 피혁제품의 브랜드였으나 구찌 브랜드의 가방을 만들어 팔면서 매출이 제대로 이루어지지 않자 잦은 빈번한 세일로 저가격의 상품으로서의 이미지를 스스로 자초하는 바람에 시장에서 소비자를 잃고 말았다.

동일한 상품은 단지 가격만 달리하고 비슷하게 변형시켜 제공했을 때 어떤 소비자들은 더 비싼 쪽을 선택한다. 이러한 행동은 경제적인 관점에서 본다면 불합리한 것처럼 보일지 모르지만 가처분소득이 상당히 높고, 사회적 지위를 지출과 현시적 소비의 수준으로 판단하는 풍요사회라는 맥락에서 이해한다면 쉽게 설명될 수 있다(*Consumer Psychology for Marketing*, G. Foxall & R. Goldsmith, 1994, 김완석·황의록 역, 『마케팅을 위한 소비자심리학』(율곡출판사)에서).

 사례_147 미국 아리조나 주립대학의 차일디니(Robert B. Cialdini)의 베스트셀러 『설득의 심리학』(*Influence*)의 첫 문장에 나오는 사례이다. 그의 여자 친구가 인디언 보석가게를 개업하였는데 청록색 금속보석이 관광시즌인 데에도 전혀 팔리지가 않았다. 팔리기 좋도록 점포 한 가운데에 진열해 두어도 팔리지가 않았다. 그녀는 물건을 사기 위해 출장 가는 길에 여자점장에게 '가격×1/2'라고 휘갈겨 쓴 쪽지를 건네 주었다. 며칠 후 돌아온 주인여자는 점장으로부터 보석이 다 팔렸다는 소리를 들었다. 주인은 쪽지에 반액 매출하라는 뜻으로 썼는데 점원은 2배라는 뜻으로 알고 모두 2배의 가격으로 팔았다고 한다.

 사례_148 럭셔리(luxury) 상품을 판매하는 마케터들은 가격만으로도 신분을 상징할 수 있다는 사실을 알아냈는데, 이들은 가격이 비쌀수록 판매량이 증가하는 수요곡선을 갖는 고가의 상품들을 팔았다. 사회적으로 과시적인 상품만이 일반 소비자들과 다른 이들에게 존경과 위신을 얻을 수 있도록 해 준다. 제품이나 서비스가 사회적으로 과시적이려면 다음 두 가지 기준을 만족시켜야 한다. 첫째는 다른 사람들이 그 제품이나 서비스, 또는 그 상품을 사용한 결과를 인식할 수 있어야 하며, 둘째는 그 상품이 일반적으로 모든 사람들이 수요하고 있거나 사용하고 있는 평범하고 흔한 것이어서는 안 된다는 점이다. 예를 들면, 지위를 추구하는 사람들은 오페라나 발레 등을 관람하거나 잘 나가는 나이트클럽을 드나들고 호화로운 리조트에서 여가를 보내거나 골프클럽 등에 가입하기도 한다. 이들은 서비스 자체를 즐긴다기보다는 자신들의 소비행위가 남들에게 보여지기를 바랄 뿐이다. 이들은 바로 '그 장소'에서 바로 '그 사람들'과 어울리면서 바로 '그것을' 하는 모습을 남들에게 보여 주고 싶어한다. 이와 같은 서비스를 판매하는 사람들은 이런 경향을 간파하여 자신들이 제공하는 서비스를 일정한 사회적 지위에 도달한 사람들이 전형적으로 이용하는 서비스로 프로모션하여 사회적 지위를 추구하는 사람들에게 판매하곤 한다.

- 『소비의 심리학』에서

소비자들은 자신의 정체성을 표현하는 수단으로 자신의 일부라고 느끼는 브랜드를 구매한다. 많은 고급품들은 로고를 사용하고 있는데, 그 제품을 소유한 사람들은 로고를 통해 자신의 고상하고 세련된 취향을 만방에 과시한다. 소비자들은 자신이 특정 브랜드를 소유하고 있을 때 그것을 세상이 알아주기를 바란다. 마치 애인이나 부부나 친구들이 만나면서 누군가가 "나 오늘 바뀐 것 없어"라고 봐주라고 사정하면서까지 알아주기를 기대한다.

지위는 의류, 시계, 자동차, 코트, 스카프, 테라스 가구 등과 같이 남들에게 보이는 제품들을 구매할 때 더 중요한 동기가 된다. 반면 침대, 매트리스나 침구류, 세탁기나 건조기 등과 같이 상대적으로 눈에 덜 띄는 제품을 구매할 때에는 중요성이 떨어진다. 그러므로 외부세계에 보일 수 있는 제품일수록 구매하는 때 지위의 역할은 더 중요해진다(『사람들은 왜 소비하는가』에서).

 사례_149 최근 롯데, 현대, 신세계 등 3대 대형백화점들이 의류, 잡화 등의 명품관 경쟁에 이어 식품매장을 차별화하는 데 나섰다. 이번에는 식품매장 고급화로 힘 겨루기를 하고 있다. 롯데는 590평의 넓은 테이크아웃 매장은 물론 고급 호텔요리부터 궁중요리까지 다양한 테이크아웃 음식을 취급한다. 신세계는 조선호텔 이탤리 레스토랑 '배키아 앤 누보'를 유치하는 등 특색 있는 완전 조리 테이크아웃 매장을 유치했다. 갤러리아 백화점도 유기농과 친환경 식품만 취급한다.

백화점의 명품관 확대는 소비가 양극화되는 현상황에서 부자손님을 잡기 위해 갈 수밖에 없으며 식품관도 고급화할 수밖에 없다는 것이 업계의 주장이다. 그 동안 백화점 식품관들은 그동안 할인점과 경쟁에서 밀리자 식당가(푸드코트)

나 테이크아웃 구역을 넓히며 할인점과 차별화하는 방안을 모색 해왔다.

- 〈중앙일보〉에서

싸이월드는 소비자 개인 홈페이지를 꾸미면서 자신만의 색깔을 드러내게 하였다. 레드망고는 다양한 토핑을 이것저것 섞어 자기만의 아이스크림을 만들게 하였다. 아이팟(iPod)은 기능과 디자인이 단순한 대신 액세서리로 변화를 주었다. 케이스나 야광 등으로 나만의 MP3 플레이어를 가질 수 있도록 하였다. 사람들은 타인이 접하는 싸이월드, 레드망고, MP3를 아이팟을 소비하려는 군중심리에 지배되지만 동시에 개성을 살려 자신만의 것으로 만들어 주위에 과시하려는 귀족근성으로부터 벗어날 수도 없다. 여성용 양장점에 외양이 동일하게 대량으로 진열된 양장이 하나같이 다른 모양으로 진열되어 있는 까닭도 유행은 군중심리에 의해 따르지만 모양을 같을 수는 없는 개성을 찾는 소비자의 심리에 부합하기 위해서가 아닐까? LG패션 남성정장 알베로에서는 맞춤 전문 어드바이저인 알베로 맨이 함께 고객을 방문해 몸치수를 잰 후 그들이 직접 고른 원단을 사용해 원하는 스타일로 정장을 맞춰준다.

10대, 20대 휴대폰 구매자 가운데 상당수가 자신만의 독특한 스타일을 고집하는 것으로 나타났다. 최근 휴대폰 구매성향을 설문조사한 세티즌닷컴(www.cetizen.com)에 따르면 응답자 4,724명 가운데 43.9%가 '남들이 많이 쓰는 제품을 가급적 피하는 편'이라고 답했다. 휴대폰을 '나만의 개성을 표현하는 액세서리 소품'이라고 정의하는 사람이 23%인데 비해 단지 '통신기기'라고 정의하는 사람은 13%에 지나지 않았다(『히트 트랜드 전략』에서).

사례_150 하버드대학 여성학 연구강사인 줄리엣 쇼어(J. Schorr)는 *The Overspent American*(1998)에서 여성들이 화장품을 구매하는 주된 동기가 '지위'라고 말한다. 그녀는 립스틱, 아이섀도, 마스카라, 클린서 등 네 가지 종류의 화장품 구매패턴에서 지위가 차지하는 역할을 관찰하였다. 가령 클린서는 개인적으로 집에서 사용하는 제품이기 때문에 사람들의 눈에 가장 덜 띄는 제품이지만 립스틱은 식사를 하고 나서나 열린 공간에서 고쳐 바르는 것이 공개적으로 행해지기 때문에 사람들의 눈에 가장 잘 띈다. 여성들은 값비싼 클린서를 사기보다 값비싼 립스틱을 살 가능성이 훨씬 높은 것으로 관찰되었다. 따라서 소비자들은 눈에 드러나지 않는 고품질의 제품보다 눈에 잘 띄는 최고제품을 구입하여 과시하려는 동물적·정치적 본능의 지배를 받는다.

오귄(O'Guinn)교수도 부유한 삶을 많이 보여 주는 잡지나 TV프로 등의 매스미디어가 난리법석인 쇼핑의 원인을 제공한다고 꼬집었다(『마케팅을 위한 소비자심리학』에서).

 사례_151 1998년 중국의 『차이나 데일리』에서 발표한 조사에 따르면 응답자의 51%가 모양을 보고 핸드폰을 산다고 했다. 단지 37%만이 가격을 말했고, 11%는 기능을 본다고 했다. 이런 특징을 가진 중국의 이동전화시장이 바로 세계에서 두 번째로 큰 시장이다. ㅡ『소비의 심리학』에서

경제학에서 상품의 수요에 영향을 미치는 가장 중요한 변수는 가격이고 가격이 오르면 수요량이 줄어든다는 수요의 법칙을 금과옥조처럼 여긴다. 그러나 가격이 수요의 법칙과는 반대로 또는 수요에 거의 영향을 미치지 않는 현실을 목격한다.

제5절 희소성의 법칙

인간의 무한한 욕망과 자연의 유한한 인색 때문에 사람들은 경제문제로 다툰다. 자본주의 경제체제에서는 사람들이 요구하는 양에 비해 물건이 부족하면 그 물건의 값은 당연히 오르게 마련이다. 물건값이 오르면 사람들은 절약하여 쓰게 되고 동시에 부족한 물건을 다량으로 만들어 시장에 공급하게 되면서 물건은 남아돌게 된다. 그 결과 물건 값이 내려가면서 많은 사람들이 이를 즐길 수 있게 된다.

 사례_152 중국 송나라 신종때 조청헌공(趙淸獻公)이 월주(越州)지사로 부임했는데, 그 부근지역은 심한 가뭄과 메뚜기 떼의 피해를 받아 심한 흉년이 들었다. 그에 따라 쌀값은 폭등하고 굶어죽는 백성이 부지기수였다. 각 고을의 지사들은 "쌀값을 몰래 올리는 자를 고발하면 상을 내린다"는 방을 써 붙여 쌀값을 낮추기 위해 무진 애를 썼다. 그러나 조청헌공은 오히려 "쌀을 가진 사람은 쌀값을 더 올려서 팔라"고 방을 써 붙였다. 그러자 월주에서는 쌀 거래가 매우 활발해졌고 쌀값도 떨어졌다. 물건이 흔하면 값이 떨어지고 물건이 귀하면 값이 오르는 것이 경제법칙이다. 조청헌공은 값을 낮추려고 하지 않고 물건이 많아지게 조치하는 지혜로운 관료였다.-馮夢龍, 『智經』(홍성민 역, 청림출판)에서

희소성을 이용한 마케팅수법은 사람들의 경쟁심리를 유발하려고 의도한다. 경매를 통한 물건가격의 결정은 이런 경쟁심리와 희소성의 원칙을 절묘하게 결합시킨 판매수법이다. 대개 고가로 팔리는 상품은 사람들에게 희소성이 갖는 가치를 안겨다 준다.

사례_153 로저 도슨은 『설득의 법칙』에서 한 가지 시나리오로 독자들을 설득시킨다. 여러분은 지금 냉장고를 사려고 가전제품 매장에 들어섰다. 판매사원은 긴급상황을 연출하기 위해 희소성의 힘을 빌린다. "손님, 참고로 말씀드리자면 저 모델은 지금 재고가 딱 하나밖에 없습니다. 출시되자마자 날개 돋친 듯이 팔려나갔거든요." 그 사실을 증명해 보이겠다는 듯 판매원은 큰 소리로 창고 담당자를 부른다. "7256 모델 남은 것 있습니까?" 창고 담당자는 대답한다. "그 모델을 구입하려는 손님이 있어서, 방금 확인해 봤는데 하나밖에 없어요. 손님, 원하신다면 빨리 결정해야 합니다. 저희는 가격을 너무 낮게 책정했다고 후회하고 있으니까요." 그러면 여러분은 이렇게 외칠 것이다. "제가 삽니다! 제가 살 거예요."

골동품은 가장 희소한 가치를 가지고 있기 때문에 미국의 어느 골동품 상점의 이름을 'My aunt had one of those, but she threw it away'(우리 고모도 그런 물건을 가지고 있었는데 버렸어요)로 길게 붙인 곳도 있다. 사람들의 기호가 바뀌어 그것이 아름답고 실용적인 상품으로 변화된 것이 아니고 이제는 그 물건들이 너무 귀해졌기 때문에 희소성이라는 가치가 생긴 것이다.

 사례_154 사회심리학자 스티븐 워철(Stephen Worchel)은 1975년 그의 동료와 함께 어린이들을 대상으로 과자를 가지고 소비자 선호도 조사를 실시하였다. 피험자들은 단지 속에 들어 있는 초컬릿 칩 쿠키를 시식하고 그 맛을 평가하도록 요청받았다. 평가자의 절반은 10개의 쿠키가 들어 있는 과자단지가 제공되었고, 나머지 절반은 단지 2개의 쿠키가 들어있는 단지가 제공되었다. 실험결과 어린이 평가자들은 2개의 쿠키가 들어 있는 단지의 쿠키가 더 맛있었다고 대답했다. 똑같은 쿠키이지만 적은 양에 애착을 갖는 것이 인간의 심리이다.

주식시장에서 "투자의 달인은 고독을 즐긴다"는 속담이 있다(西野武彦, 『주식투자는 심리전이다』(안춘식 옮김, 2005, 지식여행)에서). 시장이 폭락하여 주가가 크게 하락하자 깊은 산속에 사는 어떤 사람이 거액을 들고 증권회사에 와서는 주식을 대량 매입하고는 그대로 산에 올라갔다. 그 후 다시 주가가 크게 상승하자 다시 증권회사에 나타나 갖고 있던 모든 주식을 몽땅 매각하고는 산으로 돌아갔다는 전설이다.

워렌 버핏(Warren Buffett)은 고독을 즐기는 달인처럼 시황을 이용하여 돈을 벌려고 하지 않고 다음 날 문을 닫은 뒤 향후 5년간 문을 열지 않을 것이라는 확신으로 주식을 거래하였다고 한다. 1957년 불과 자신의 돈 100불과 가족과 친구들로부터 모은 10만5천 달러로 주식에 투자하기 시작하여 지난 40년간 연평균 25%의 투자수익률을 올렸던 버핏은 주식시장에 지배하는 인간의 본능을 역이용하여 세계의 갑부가 되었다. 그는 인간의 본능적 한계인 군중심리에 의존하지 않고 자신만의 거래원칙에 따라 주식거래에 참여하였다. 그가 내세운 원칙을 한번 살펴보자.

첫째 그는 타인과 대화를 나누어 좋은 투자아이디어를 얻은 적이 없다고 지적하면서 타인의 충고보다 자신의 판단에 의존하였다. 현명한 투자자가 되기 위해는 군중심리에 의해 무작정 남을 따를 것이 아니라 스스로의 판단을 따를 것을 제안한다. 둘째 주류경제학이 바탕으로 삼고 있는 효율시장가설을 믿지 않았고 또한 매일 또는 연간의 주가흐름에 신경을 쓰지도 않았다. 대신 기업의 운영실적을 잣대로 삼았다. 그 까닭은 시장이 한 동안에는 기업의 성공을 무시할 수도 있지만 결국에는 성공을 높이 평가해줄 것이라고 확신하기 때문이다. 그는 주가가 아무리 날고뛰더라도 기업의 내재가치로 돌아오도록 되어 있다고 믿었다. 환언하여 모든 투자상품들은 당해 상품의 가치와 적정가를 나타내는 추세선 수준으로 돌아오도록 가격이 오르거나 떨어지는 자가교정의 과정을 거칠 것이라고 믿었다.

그는 자신이 소유하는 주식투자회사 Berkshire Hathaway 1987년 연례보고서에서 "단순히 주가가 올랐다거나 주식을 장기간 보유했다고 하여 매도하지도 않는다. 기업의 자본이익률(ROE)이 만족스럽고, 경영진이 능력이 있고 정직하며, 사장이 기업을 과대평가하지 않는 한 어떠한 주식에도 투자할 것이며, 또 절대로 팔지도 않을 것이다." 라고 밝혔다. 그래서 기업 소유주의 관점에서 주식을 보유한다면 이득을 볼 수 있다고 지적한다. 그는 투자대상이 될 만할 기업을 찾아다니며 임직원들에게 끊임없이 질문을 던지고 나서 기업에 대한 보고서를 작성하였는데 그것은 기업을 분석하는 일련의 절차였다. 어떤 회사는 보고서를 쓰기가 쉬웠고 어떤 회사는 보고서를 쓰기가 어려웠는데 결론적으로 그는 보고서를 쓰기가 쉬운 회사 5~10개를 투자대상으로 선정하였다고 한다. 그는 주식을 매수하기 전에 사업보고서와 언론관련 기사를 충분히 검토하여 자신에게 확신을 주지 않는 기업의 주식엔 투자하지도 않았다. 워렌 버핏은 잠재적 가능성이 있는 기업의 주식을 싸게 사들여 장기간 보유하는 역거래 전략을 채택하여 빌 게이츠에 이어 400억 달러의 재산가가 되었다(*How To Pick Stocks Like Warren Buffet*, Timothy Vick, 김기준 옮김, 『워렌 버핏의 가치투자전략』(2005, 비즈니스북스)에서).

희소성의 법칙이 적용되는 것은 주식시장만이 아니라 모든 사업에도 적용된다. 어떤 사업이 잘 된다고 소문이 나면 이미 그 사업은 군중심리에 의해 많은 사람들이 뛰어들었기 때문에 이제 사업에 뛰어드는 것은 막차 타는 꼴이 된다. 그래서 주식시장에서는 군중심리와는 반대로 고독을 즐기는 달인처럼 역거래를 기본으로 삼을 필요도 있다는 충고가 나돈다. 이 외에도 주식시장에서는 '쉬는 것도 투자'(사고파는 것만이 아니라 아무것도 하지 않는 것도 이득을 준다), '시세는 시세에게 물어라'(자신의 고집을 너무 밀고 나가지 말고 한 발 물러나 시세를 보라) 등의 격언이 있다(『경제의 심리학』에서).

제6절 무의식의 법칙

하버드 비즈니스 스쿨의 잘트만 교수는 인간행동 배경의 95%는 무의식이 지배하고 의식적인 것은 겨우 5%에 지나지 않는다고 주장한다. 그는 *How Customers Think*(2003)에서 무의식이 소비를 지배하는 예를 들었다.

❶ 식사하는 과정에서 사회적 맥락은 소비자의 경험에 상당한 영향을 미친다. 이 경험은 음식 맛이 어떠한지, 어떤 소리가 기분이 좋고 거친지, 어떤 인물이 보기 싫고 마음에 끌리는지를 포함한다. 그래서 똑같은 음식이라도 친한 친구와 함께 드느냐, 불쾌하고 낯선 자와 함께 드느냐, 또는 상사나 부하와 함께 하느냐에 따라 맛이 달라진다.

❷ 상품의 가격이 개당 1만 원으로 되어 있는 것보다 9,990원으로 되어 있으면 더 많이 팔린다. 똑같은 상품에 겨우 10원의 절약이 이러

한 효과를 일으키는 원인으로 보기에는 납득이 가지 않는다.

❸ 언급한 의도와 실제 행동 사이의 상관관계는 낮고, 심지어 반대로 나타나기도 한다. 예를 들어 가정에서 가정용 주방기구를 테스트할 때 소비자의 60%가 석 달 내에 그 제품을 확실히 또는 거의 구입할 것이라고 응답하였다. 그런데 제품을 출시한 지 8개월이 지나 조사한 결과 응답자의 12%만이 구입한 것으로 나타났다. 자신의 의도대로 구입하지 않은 소비자들은 이후 자신들이 그렇게 응답한 까닭을 제대로 설명하지도 못하였다고 한다.

❹ 눈을 가리고 맛을 테스트하는 과정에서는 대부분의 피험자들이 B음료보다 A음료를 선택하였다. 그런데 이들이 상품의 브랜드명과 포장을 알고 나서는 거의 모두가 B음료를 선택하였다.

❺ 전국브랜드와 상점브랜드의 의약품을 사용하는 소비자들은 약국에서 가격 이외에는 두 브랜드가 동일한 약이라는 점을 약사들에게 강조한다. 그러나 자신의 증상이 심해지면 대부분의 소비자들은 값이 높은 의약품을 사용한다. 게다가 집의 어린애나 배우자가 아프면 이들은 전국브랜드를 구입한다. 이들은 전국브랜드의 약이 더 잘 듣고 따라서 사랑하는 자식이나 배우자에게 좋을 것이라고 무의식적으로 믿기 때문이다.

경제심리학자 조지 로언스타인(George Lowenstein)은 무의식의 과정을 통해 일어난 행동을 의식적인 마음이 뒤이어 설명하고 있을 따름이라고 말한다. 가령 길을 가다가 뱀을 보면 몸이 얼어 버리거나 뒤로 물러난다. 이러한 급작스런 행동은 뇌와 신체의 시스템을 동시에 가동시켜 특정행동을 일으키는데 사람들은 그러한 행동이 일어난 이후에야 비로소 그 행동의 필요성을 인식하게 된다. 따라서 시간적 순서로 보면 의

자료: Naier(1965), *Psychology in Industry* 및 Gerald Zaltman(2003), *How Customers Think*.

〔그림 10-2〕 정보의 지각차 및 정보의 추가

식적인 행동은 무의식적인 행동 이후에 들어선다.

위장치료약은 복용하고 나서 30분이 지나야 통증이 가라앉는다고 한다. 그러나 약을 자주 복용하는 사람들은 약을 복용한 지 12분도 되지 않아 통증이 사라지는 것을 느낀다고 보고한다. 이러한 변화가 실제로 신체에 화학적 변화와 동시에 일어난다는 측면에서 의아스럽지만 잘트만은 무의식이 통증을 지배했기 때문이라고 지적한다.

이처럼 인간은 실제로 없는 정보를 추가하기도 한다. 심리학에서 잘 알려진 미녀와 마녀의 그림에서 사람들은 없는 것을 있는 것처럼 인지한다. 〔그림 10-2〕의 왼쪽의 알파벳은 사람이 인지하는 바에 따라 X 두 개, V와 W가 역으로 두 개, 또는 W가 M자 위에 놓인 글자로 인식한다. 또 오른쪽의 세 개의 원은 삼각형을 안고 있는 것처럼 보이는 데에 머물지 않고 삼각형이 다른 곳보다 더 희게 보인다. 가령 앞에서 눈을 가리고 음료를 시음하는 과정에서도, 브랜드가 피험자의 기대에 하등의 역할을 담당하지 않기 때문에, 실제로는 없지만 있을 것이라고 기대하는 서비스에 소비자들의 과거 경험, 가령 부드러운 맛, 매운 맛, 편안한 기분 등이 현장에 존재하는 것처럼 생각한다. 소비자들은 있는 정보를 무의식적으로 누락시키지도 하지만 동시에 없는 정보를 무의식적으로 추가하기도 한다.

 사례_155 마케팅조사회사 스틸러맨사(Stillerman & Co.)가 전국 3만 4,300명의 구매자들에게 쇼핑센터를 방문한 일차목적을 문의한 결과 구체적인 상품 구매를 위해 들렀다는 사람은 단지 23%에 지나지 않은 것으로 조사되었다. 나머지 사람들은 외로움을 달래려고, 또는 사냥이나 스포츠를 대신하기 위해서라고 대답하였다고 한다.
— 『마케팅을 위한 소비자심리학』에서

가장 열광적인 쇼핑객은 독신자, 과부와 이혼한 사람들이라는 사실을 발견한 마이애미대학의 잭 레서(Jack Lesser) 교수는 쇼핑이 심지어 인간관계의 대체물이라고 주장한다. 컨설턴트인 스미스는 쇼핑이 원초적 역할의 현대적 표현일지도 모른다고까지 지적하였다. 즉 과일이나 영양을 수렵·채취하여 사냥하던 행위가 슈퍼마켓의 진열대에서 포장된 과일이나 고기를 집는 것으로 진화하였다는 의미이다.

제7절 타성과 적응의 소비자

1. 타성의 법칙

전통적인 경제이론은 인간의 모든 행동에 의도가 있다고 전제한다. 가격이 올랐다거나 소득이 내려갔다거나 대체재가 싸졌다거나 하는 따위의 외적 변화에 대응하여 의도적으로 수요량을 줄인다. 그러나 이전에 채택한 행동을 따르려고 다소 자동적으로 일어나는 성향을 무시할 수 없는데 이를 습관 내지 타성이라고 한다. 사람들은 전략적인 수준에서 합리적이고 자유스럽게 행동하지만 상당부분의 행위가 습관이나 일상적 체질(routines)에 지배된다. 여기에 단지 의식적인 생각이 이따금씩 행동에 개입하여 교정시킬 따름이다. 습관은 경제본능에 따라 복잡하고 많은 양의 정보를 합리적으로 계산할 필요가 없도록 특정 패턴의 행동을 유지시켜 준다.

담배 값이 오르고 나면, 비록 의식적인 생각이 금연을 권하지만, 얼마 가지 않아 흡연양은 줄지 않고 종전의 수준으로 회복한다. 대중교통수단을 이용하도록 유도하려고 택시요금을 올리더라도 열흘도 지나지 않아 종전과 같이 택시 탑승객의 수는 줄어들지 않는다. 가솔린세를 인상시켜 가솔린 가격을 올리더라도 자가용 이용자는 대중교통수단을 이용하거나 주행거리를 줄이지 않은 채 여전히 종전처럼 운전한다. 쌀 소비량을 늘리기 위해 막걸리를 권장하더라도 사용하는 양이 늘어나지 않는다. 이처럼 습관에 의해 소비되는 상품의 수요는 가격에만 의존하지 않는다는 것을 설명한다.

〔그림 10-1〕 (a)에 타성에 의한 상품의 수요곡선 d가 그려져 있다. 전통적으로 수요가 가격에 비탄력적인 필수품은 타성의 법칙이 적용되어 가격에 반응하지 않는 수직선의 수요곡선을 가진다.

2. 적응의 법칙

전통적으로 소비자는 합리성과 소득을 바탕으로 하여 ① 여러 가지

대안 중에서 가장 최선의 대안을 선택하고, ② 선호 이외에 소비를 결정하는 주요 요소로 소득(또는 항상소득)이라고 가정하여 왔다. 그러나 소비자들이 모든 대안을 검토하여 의사를 결정하는 일은, 소비자들의 습관적인 행동이나 오랫동안 정착된 고정관념으로 보건대, 원칙이 아니고 예외적인 현상에 지나지 않는다.

자신은 물론 외부의 영향에서 기인하는 환경변화가 통상 일어나는 사회에서는 적응이야말로 인간생존에 가장 적합한 행동양식이다. 따라서 구제적인 행동법칙이 세워지고 나면 이것이 장기간에 걸쳐 경직된 행동양식으로 지속된다고 가정하는 대신에 소비자들은 부단히 변하는 환경에 적응한다고 가정할 수 있다. 이를 적응적 소비자행동이론이라고 하는데 카토나는 1968년 "Consumer Behavior: Theory and Findings on Expectations and Aspirations"(1968)에서 네가지의 원칙이 지배한다고 주장하였다.

첫째 금전적 자극(가격이나 소득)이 곧바로 반응으로 이어지지는 않는다. 당사자의 동기, 태도 및 기대가 자극과 반응 사이를 매개하는 개입요소로 작용하는데 이러한 것들은 과거의 경험을 통해 체득된 것들이다. 이것들이 체계적인 때에는 서로 사라지지 않고 경제행동을 이해하도록 설명하는 데 도움을 준다. 가령 거의 동일한 시간 동안, 유사한 조건에서 유사한 개입요소가 일어나고 많은 사람들 사이에서도 유사한 개입요소가 작용하면 그들의 소비행동을 쉽게 예측할 수 있다.

둘째 개인(그리고 가족)은 넓은 집단의 부분으로만 기능한다. 사람들은 자신이 속해 있다고 느끼는 집단을 자신과 동일시할 뿐만 아니라 운명공동체로 간주하는데 이러한 집단으로는 친구, 이웃, 동문, 계원, 교우, 전우, 향우, 사우 등이 있다. 이들은 서로 대면하면서 접촉하는 일을 통해 공동체의식을 형성하여 동종직업, 지역사회 내지 하나의 국가로까지 확대된다.

 사례_156 어느 세미나 총회 아침에 참석한 사람 절반에게 적색, 나머지 절반의 사람에게는 청색 배지를 달게 했다. 저녁이 되었을 때 이들은 두 그룹으로 나뉘어 있었다. 그리고 그들은 가슴에 단 배지 색깔로 편을 나눠 각기 서로의 주장을 내세우는 것을 볼 수 있었다.　　　　-『소비의 심리학』에서

셋째 욕망은 정적인 개념이 아니다. 욕망수준은 한번 주어지면 영원히 지속하는 것도 아니다. 이것은 성공으로 오르기도 하고 실패로 내려가기도 한다. 성공과 실패는 상대적인 개념으로 개인의 성취나 좌절에 대한 개인의 태도를 나타낸다. 이것들은 자신이 속한 집단의 성공과 실패와 연관지어 바라보는 집단이 결정하는 개념이다.

사람들은 자신이 성과를 이루어 내고 또한 자신과 경제전반에 대해 낙관적인 견해를 가지게 되면 새로운 욕망이 출현한다. 이 욕망은 다른 욕망을 충족시키고 나면 다시 강하게 나타난다. 이와 반대로 사람들이 미래를 불확실하게 느끼거나 자신이 바라는 것을 성취하지 못해 실망하면 욕망을 하향조정하는 쪽으로 적응이 이루어진다.

넷째 성공과 실패는 흔히 경험하는 일은 아니다. 사람들은 자신의 재정상황에 커다란 변화가 일어나지 않는 이상, 습관적으로 행동한다. 타성에 젖어서, 또는 환경에 일어나는 많은 변화에 대처하지 못하는 자신의 무력감으로, 또는 의사결정에 요구되는 많은 노력을 절약할 필요에서, 외부로부터의 영향을 쉽게 받아들이면서 의사를 결정한다.

사회비평가들(토인비, 갤브레이스 등)은 경제번영이 사람들의 욕망을 충

족시킨 나머지, 자본주의 대중소비경제를 스스로 파멸시킬 것이라고 주장하였다. 갤브레이스도 *New Industrial State*(1967)에서 고도로 풍족한 사회에 들어서면 대부분의 사람들이 충동이나 욕망에서 벗어남에 따라 성숙한 기업이 그들의 소비행동을 관리할 것이라고 주장하였다.

그러나 카토나는, 사회비평가들의 예상과는 달리, 풍요가 오히려 인간의 재량적 행동을 넓혀줄 것이라고 주장하였다. 그에 따라 소비자들을 이해하려면 소득보다 개인이나 경제 전체가 경험하는 성공과 실패에 이들이 사회적으로 어떻게 적응하고 기대를 형성하는가를 고려하여야 할 것이라고 주장하였다.

3. 아동의 경제사회화 과정

경제의 사회화과정(economic socialization)이란 어린이들이 시장에서 소비자로서 기능하는 것과 관련된 기술, 지식 및 태도를 획득하는 과정을 말한다. 이들을 대상으로 소비자 사회화 과정을 연구하는 까닭은 성인들의 행동을 예측하고, 소비자교육 프로그램을 개발하고, 젊은이들을 대상으로 하는 효과적인 마케팅을 개발하고, 가족과 세대 간의 행동을 이해하기 위해서이다.

많은 연구자들은 성인들이 수행하는 근로, 지출, 차입, 대부, 투자 및 저축과 같은 경제행위의 배경에 깔려 있는 원칙을 어린이들이 어떻게 터득하게 되는가를 알려고 노력하였다. 그러기 위해 성인으로서의 경제행동에 앞서 이루어지는 선물을 위한 저축, 가사의 대가와 용돈 등과 같이 어린이들이 부닥치는 경제행동을 실제생활에서 어떻게 이해하고 있는가를 실험하였다.

사례_157 1959년 밀리키안(L. Melikian), 1966년 미셸(W. Mischel), 1970
년 월즈(R. Walls)와 스미스(T. Smith) 등이 초등학생들을 대상으로 현재 당장
보상은 없으나 일을 일정기간(1~30일) 연기하면 금전이나 과자를 선택할 수
있는 대안을 실험한 결과, 나이가 많을수록, 지능이 높을수록, 사회적 책임감
이 높을수록, 집에 거주하는 부모가 있을수록 연기할 가능성은 높고, 반대로
내성적 성격이나 불우한 가정이나 기간이 길수록 연기할 가능성은 낮았다는
사실이 밝혀졌다.

어린이의 경제사회화과정에 대한 초기의 전통적 연구는 어린이들이
상인의 이윤추구와 소비자들의 저축과 차입을 어떻게 이해하고 있는가
를 다루었다. 캐나다의 경제심리학자 낙하이에(M. Nakhaie)의 1990년
의 연구에 따르면 이러한 문제에 어린이들은 나이가 들면서(6~11세) 그
리고 부모로부터 교육을 받으면서 이해가 증진되는 것처럼 보인다고 발
표하였다. 이는 부모가 어린이의 경제사회화 과정에 중요한 역할을 담
당한다는 메시지를 던진다.

 사례_158 1991년 아브라모비치(R. Abramovitch) 프리드먼(L. Freedman) 및
플라이너(P. Pliner) 등은 통제된 조건하에 있는 상점에서 어린이들이 어떻게
소비행동에 나서는가를 실험하였다. 첫 번째 실험결과, 돈과 관련된 경험과
책임감이 이들의 지출행위에 영향을 미치는 것으로 밝혀졌다. 가령 6, 8,
10세 어린이들을 대상으로 실시한 실험에서 일정액의 용돈을 타기보다 가사를
도와 보상으로 받으면 지출하는 데에 보다 더 신중해진다는 사실이 밝혀졌다.
게다가 용돈을 타는 어린이는 그렇지 않은 어린이보다 가격에 보다 더 나은
지식을 가지는 것으로 나타났다. 어린이들은 용돈을 타면 더 많은 책임감을

가지고 또한 이를 다루는 데에 더 많이 노력하고 세련되게 지출한다는 사실도 밝혀졌다.

그렇다면 어린이에게 용돈을 주는 것이 향후 경제행동에 도움을 줄 것인가, 아니면 가사에 대한 대가를 지급하는 것이 도움을 줄 것인가?

 사례_159 1994년 플라이너, 타케(P. Darke), 아브라모비치 및 프리드만 등은 돈의 원천과 상점의 조건 등의 여러 가지 조건으로 실험하였다. 실험결과, 용돈을 선택하는가 아니면 가사에 대가를 선택하는가는 어디까지나 교육스타일에 의해 반영된다는 사실이 밝혀졌다. 또한 평균적으로 어린이들은 매력 없는 상점보다 매력 있는 상점을 선호하였는데, 이러한 경향은 용돈을 타는 어린이, 온화하게 지도받는 어린이, 동시에 부모가 높은 기대를 가진 어린이들에게 두드러지게 나타났다고 한다. 게다가 부모가 교육하는 스타일이 어린애가 지출하는 스타일에 큰 영향을 미치는 것으로 밝혀졌다.

 사례_160 금융감독원 후원으로 최현자 서울대 생활과학대 교수가 2005년 7월 서울·수도권 소재 12개 초등학교 5학년생 1725명을 대상으로 금융이해력을 측정한 결과, 용돈을 정기적으로 받는 초등학생이 그렇지 않은 경우보다 금융이해력이 높은 것으로 나타났다. 즉 정기적으로 용돈을 받는 학생의 평균 점수는 100점 만점에 58.3점으로 대가성으로 가끔 받는 학생의 52.2점보다 6.1점이 높았다. 또 용돈 장부(기입장)를 작성하는 학생의 평균점수가 57.8점으로 다른 학생의 평균점수 56.1점보다 높게 나왔다. 그리고 은행통장 개설 등 금융거래 경험이 있는 학생의 평균 점수는 58.2점으로 경험이 없는 학생(55.2점)보다 높았고, 물건 구입 때 제품품질이나 가격을 비교·조사하는 학생의 평균 점수는 57.3점으로 그렇지 못한 학생(48.8점)보다 높았다.
또 초등학생의 금융이해력이 중·고생에 비해 상대적으로 높은 수준으로 측정
됐다. 조기교육이 잘돼서인지 초등학생의 금융 이해력이 중·고등학생보다
더 나은 것으로 조사되었다.　　　　　　　　　　　　　　　-〈매일경제〉에서

경제 사회화과정의 연구는 아직 초기 단계에 있지만 부모의 지도스타
일과 양육스타일이 이들의 향후 소비행동에 커다란 영향을 미친다는 사
실은 자녀들의 경제교육이 이른 시기에 필요하다는 점을 강조한다.

4. 토큰 경제

토큰경제(token economy)는 폐쇄된 체계 내에서 참여자들의 행동이
토큰이라는 매개물에 의해 보상받는 경제를 말한다. 금속, 프라스틱,
칩, 스탬프, 인쇄된 종이, 천공된 카드, 심지어 점수형태로 된 토큰은
그 자체로서는 쓸모가 없으나 참여자들에게 가치를 제공하는 상품과 교
환될 수 있다.
토큰경제는 주로 정신병동에서 환자의 정상적 행동을 장려하거나 교
실에서 교육성과를 장려하기 위해 개발되었다. 토큰은 사람마다 서로
다른 행동의 보상으로 주어질 수 있다. 예를 들어 학교에서 작문을 잘한
학생에게 그 대가로 토큰을 줄 수 있고, 문법을 잘 맞춘 학생에게도 대
가로 토큰을 줄 수 있다. 또한 토큰을 교환할 수 없도록 개인화된 토큰
을 이용할 수도 있다.

사례_161 리(S. Lea), 타피(R. Tarpy) 및 웨블리(P. Webley)는 *The Individual in the Economy*(1987)를 통해 토큰경제의 연구결과를 발표하였는데 토큰경제를 도입하면 목표로 삼는 행동이 변한다는 사실을 발견하였다. 이러한 변화는 토큰경제가 지속되는 동안 유지되고, 게다가 동료들 사이 및 참여자(환자, 학생)와 직원(간호사, 교사) 사이의 사회적 상호작용도 향상된다는 사실이 밝혀졌다. 그에 따라 치료의 희망이 없는 정신병동 환자에게 토큰경제를 도입하여 크게 성공을 거둘 수 있는 것으로 밝혀졌다.

토큰경제는 치료를 위한 목적으로 도입된 제도이기도 하지만 심리학자들에겐 학습 효과의 연구를 용이하게 제공해 주었고, 경제학자에게는 연구에 도움을 제공하였다. 토큰경제에서와 마찬가지로 실제경제에서 강화된 행동패턴은 우리의 경제행동을 이해하는 데 크게 기여한다.

제8절 기대소비의 법칙

소비자의 재량적 지출(생존에 필수적인 물품이 아닌 상품구입의 지출)은 구매능력과 구매의도에 의해 영향을 받는다. 구매능력이란 재량적 지출이 이루어지는 기간(대개 1년) 벌어들인 소득과 신용은 물론 자신의 재정상황에 좌우한다. 전통적으로 경제학은 구매능력(소득)이 소비지출에 영향을 미친다고 강조하지만 어떤 때에는 구매의도가 소비지출에 커다란 영향을 미친다. 그런데 일상생활에서 사람들의 의도와 행동이 그대로 대응하지 않는 경우를 흔히 목격한다.

사례_162 타일(H. Theil)과 코스버드(R. Kosobud)는 1961~1966년 사이의 구매의도를 조사하기 위해 1000명의 가구를 대상으로 향후 12개월 이내에 자동차를 구입할 의도가 있는지를 묻고 나서, 12개월이 지나 이들이 실제로 차량을 구입하였는지를 조사하였다. 그 결과 자동차를 구매하려는 의도를 가진 가구는 전체 8.3%였는데 실제로 자동차를 구입한 가구는 전체의 10%로 조사되었다. 그러나 의도한 가구의 38.6%(0.032/0.083), 의도하지 않은 가구의 7.4%(0.068/0.917)가 실제로 자동차를 구입하였다. 따라서 비록 의도가 구매를 어느 정도 설명하지만 그대로 행동으로 이어지는 것은 아니라는 사실이 밝혀졌다.

 사례_163 1988년 매쿼리(E. McQuarrie)의 조사에 따르면 구매의도와 구매행동 사이의 상관계수는 0.34였고 의도한 가구의 42%가 계획을 실현하는 것으로 조사되었다. 동시에 의도하지 않은 가구의 88%가 실제로 구매하지 않은 것으로 조사되었다.

퍼버(R. Ferber)가 사람들이 내구재와 의복의 구매하는 배경을 조사한 바에 의하면 구매의 20~25%가 충동으로 이루어지고 심사숙고하지도 않고 계획도 없이 일어나는 것으로 알려졌다. 슈퍼마켓과 전문점에서 구매의 33~50%가 상점에 들어간 소비자의 의도로 이루어진 것이 아니라는 사실도 밝혀졌다.

이상으로 구매의도는 어느 정도 실제 구매행동을 설명하지만 정확한 예측을 보장하지는 못한다는 사실을 알 수 있다. 구매의도가 구매행동을 설명하지 못한다면 무엇이 이를 대신할 수 있을까? 20세기에 들어와 가계의 소득은 꾸준히 상승하였다. 생존에 그다지 필요하지 않는 상품지출도 크게 늘었다. 이러한 재량적 지출은 전적으로 구매능력으로 결정되는 것이 아니라 경제기대에도 좌우한다. 객관적인 경제 상황 이외에 소비자들의 낙관적 또는 비관적 경제기대가 소비수요를 설명하는 데 훨씬 중요해지고 있다. 그런데 기대는 또한 미디어와 사건발생으로 쉽게 영향을 받는다.

음식과 주거 및 다른 필수재의 비재량적 지출(non-discretionary expenditure)은 시간이 지나면서 꾸준히 증가하고, 구매능력(즉 소득)과 상당히 관련되어 있으나 경제기대(소비자 감성지수에 의해 측정)와는 관련이 아주 적다고 한다. 그러나 재량적 지출(discretionary expenditure)은 소비자 감성지수의 영향을 받으면서 심하게 변동한다.

〔표 10-1〕 소비자 감성지수의 설문

우리나라의 전체 경제상황이 지난 12개월 동안 어떻게 변하였다고 생각합니까?
우리나라의 전체 경제상황이 향후 12개월 동안 어떻게 변할 것이라고 생각합니까?
당신 가계의 현재의 재정상황이 12개월 이전과 비교하여 어떠하다고 생각하십니까?
당신 가계의 재정상황이 12개월 이후에는 어떻게 변할 것이라고 생각하십니까?
현재 내구재를 구매하는 것이 적절한 시기라고 생각하십니까?

일반적으로 소비자의 경제기대는 소비자 서베이를 통해 조사한다. 이를 통해 소비자 감성지수(index of consumer sentiment)를 발표하는데 설문내용의 예는 〔표 10-1〕에 나와 있다. 소비자 감성지수는 '아주 나아짐', '보통 나아짐', '똑같다', '약간 나빠짐', '아주 나빠짐'에 대해 각각 +2, +1, 0, -1, -2로 응답한 평점을 집계하여 표본대상자수로 나누어 평균을 구한다. 여기서 나온 결과는 상품집단, 가령 내구재 또는 투

자재 등의 지출이 이루어진 원인을 설명하는 데 이용된다.

 사례_164 미국 미시건 대학 조사연구센터(Survey Research Center)의 카토나
는 소비자 감성지수를 이용하여 1952~1966년의 내구재 지출액과 소득(구매
능력)과 감성지수(구매기대) 사이의 상관관계를 조사하였다. 그 결과 소득과 감성
지수가 지출액을 91% 설명하는 것으로 나타났다. 그리고 동시에 구매기대의
상당한 변화가 거의 동일한 시기에 많은 사람들에 의해 일어난다는 사실도
확인되었다.

사람들은 현재 자신의 소득이 증가하면 다음 기에도 소득이 더 상승
하거나. 그대로 머물거나 아니면 떨어질 것이라고 기대한다. 과거의 소
득동향과 기대하는 동향을 함께 고려하면 기대의 원천이 무엇인가라는
의문에 봉착한다. 카토나의 조사에 따르면 젊은 사람일수록, 정식교육
을 받은 사람일수록, 소득이 많을수록, 다음 기의 소득기대도 높다. 또
한 과거의 소득변화도 기대에 영향을 미치는 것으로 나타났다. 게다가
과거에 소득상승을 경험한 사람들이 그렇지 않은 변화를 경험한 사람보
다 낙관적이라는 사실도 밝혀졌다.

 사례_165 소득, 감성지수, 구매의도가 실제 구매에 미치는 효과를 회귀식
을 통해 추정한 1963년의 뮬러(E. Mueller)의 연구에 따르면 구매의도는 상관계
수의 값이 0.04로 극히 낮았다. 즉 구매의도가 지출을 결정하는 변수가 아니라
는 사실을 발견하였다. 그리고 감성지수의 상관계수는 비내구재에 0.20(소득은
0.27), 내구재에 0.40(소득은 0.18)으로 상당히 높은 것으로 밝혀졌다. 그 결과
비내구재의 지출은 대부분 소득으로 설명할 수 있지만 내구재의 지출은 소득과

감성지수에 의해 결정된다는 사실을 알게 되었다.

앞의 연구 결과에서 소득과 소비자 감성지수가 설명변수로 포함되면 구매의도는 중요한 변수가 아니라는 사실을 알 수 있다(이로 인해 1973년 미국 미시간대학의 조사연구센터는 소비자 구매의도의 조사를 중단한 바가 있다).

흥미로운 질문은 소비자의 감성이 사회의 일반적인 문화, 예를 들어 대중문화와 대중매체를 통해 전달된 문화의 추세로 설명될 수 있는가이다.

 사례_166 1991년 줄로우(H. Zullow)는 비관주의, 낙관주의, 소비자감성 및 GNP성장 등이 소비지출에 미치는 효과를 조사하기 위해 1955~1989년의 미국 톱 팝송 40개의 내용과 『타임』의 커버기사가 경제에 미치는 영향을 조사하였다. 그 결과 노래가사의 내용과 신문 기사내용이 경제에 영향을 미치는 것으로 조사되었다. 이로부터 노래와 대중매체를 통한 문화효과가 소비자의 감성에 영향을 미쳐 소비자의 낙관적 또는 비관적 경제기대에 영향을 미친다는 사실이 알려졌다.

제9절 소비중독의 법칙

1. 탐닉상품의 성격

프로이트(Z. Freud)는 탐닉(addiction)을 현실의 자아와 쾌락을 추구하는 자아 사이의 갈등으로 분석한다. 탐닉대상의 상품특징은 다음과 같다. 첫째, 현재의 소비가 미래의 선택에 영향을 미친다. 둘째, 탐닉상품의 소비를 스스로 자제하기가, 즉 억제하거나 그만두기가 어렵다. 셋째 탐닉상품이 갖는 또 하나의 특성은 이를 소비하지 않도록 하는 데 필요로 하는 상품시장, 예컨대 단연 카운슬링 서비스시장이나 알코올중독 치료서비스시장이나 신용카드자문 서비스시장 등이 존재한다는 데 있다. 술, 담배, 도박, 과식, 마약, 소비자신용 등은 상업적으로 또는 정부에 의한 소비반대운동을 주도하는 기구까지 탄생시켰다. 탐닉상품의 소비에 반하는 이러한 시장이 존재한다는 자체가 기존의 합리적인 소비자이론으로서는 설명될 수 없는 현상들이다. 충동구매의 위력을 조사한 실험결과를 소개한다.

사례_167 효과적인 구매를 목적으로 쇼핑목록을 써서 쇼핑하는 소비자는 자신감과 지배력을 느낀다. 미국 일리노이대학 브라이언 원싱크 교수는 쇼핑목록의 의도와는 정반대의 결과가 쇼핑과정에 일어난다는 사실을 밝혔다. 사람들이 쇼핑목록을 가지고 쇼핑하면 충동구매를 하지 않을 것으로 느끼지만, 실제 조사결과 목록대로 쇼핑하는 소비자는 없었다. 목록을 가진 소비자들이 가게에 더 오래 머물고 목록 이외의 물건을 구입한다. 따라서 쇼핑목록은 반대의 결과를 낳았다. 오히려 목록을 가졌을 때 더 많은 돈을 지출하였다. 이러한 현상은 목록의 물건을 성공적으로 샀다는 보상효과가 충동구매를 유도하는 것으로 해석되었다.

사례_168 우리나라 10대 여성 가운데 6명은 충동구매를 하는 것으로 나타났다. 국내 6개 광고대행사가 공동으로 실시한 1998년 소비자 조사(CPR)에 따르면 "물건을 기분에 따라 살 때가 많으냐"는 질문에 10대 여성의 59.2%가

"그렇다"고 대답했다. 또 20대도 53.7%가 "그렇다"고 대답해 젊은 층의 충동구매성향이 강한 것으로 나타났다. 반면 주부계층으로 넘어가는 30대 이후부터는 충동구매하는 경향이 점차 낮아져 30대는 39.2%가, 40대는 30.2%가 충동구매하는 것으로 나타났으며, 50대에 이르러서는 10대의 절반에도 못미치는 27.2%가 충동구매한다고 응답했다. - 『돈버는 심리마케팅』에서

정보통신부와 한국정보문화진흥원은 정부 차원에선 처음으로 청소년(14~19세)의 휴대전화 이용 실태를 조사했다. 이 조사는 2005년 7월 18~20일 서울 등 수도권 지역의 청소년 1100명을 대상으로 실시했다. 이에 따르면 10명 중 4명꼴로 수업 중에도 몰래 친구와 문자메시지를 주고 받으며, 한 달에 문자를 1000건 이상 보내는 것으로 나타났다. 3명 중 1명은 '휴대전화가 없으면 불안하다'고 답했다.

연구책임자인 극동대 최병목 교수는 "많은 청소년이 문자나 전화가 오지 않아도 휴대전화를 수시로 꺼내 확인하며, 걸어가면서도 휴대전화의 액정화면을 볼 정도"라고 설명했다. 그래서 청소년들이 가장 많이 이용하는 휴대전화 서비스도 문자전송(34.7%)이다. 문자전송의 주된 용도는 그저 '심심하기 때문에(42.3%)'와 '친구가 무엇을 하는지 확인하려고(22.6%)' 등이다. 최 교수는 "응답자 중 하루 최고 400회 문자메시지를 발송한 사례가 있고, 1일 평균 문자발송도 45회에 달했다"고 소개했다.

이에 대해 청소년 신경정신과 전문의는 "모바일 중독은 인터넷이나 게임 중독과 달리 청소년들이 하루종일 휴대전화를 손에 쥐고 살기 때문에 시간과 장소의 제약이 없어 더욱 심각하다"고 말했다. 전문가들은 휴대전화 중독이 심하면 우울, 불안, 수면장애, 적응장애 등을 일으킬 수 있다고 지적한다(중앙일보에서).

충동구매가 억제되지 않는 또 하나의 이유는 탐닉상품의 공급자가, 소비자가 자율적으로 자제하는 노력을 체계적으로 해치는 활동을 벌인다는 데 있다. 술, 담배, 마약, 도박, 신용카드 등과 같은 상품은 갈등을 일으키는 선호의 대상이므로, 소비자들이 그러한 갈등을 자제하는 방법을 찾으려는 인센티브를 가질 때에, 공급자들은 이들의 노력을 상쇄시키려는 인센티브를 가진다. 담배회사의 노력은 사람들에게 흡연의 영향이 의사협회가 보고하는 것보다 덜 해롭다고 소비자를 설득한다.

탐닉제품이 줄 수 있는 만족은 일시적이기 때문에 그 순간에만 만족을 줄 따름이다. 그래서 탐닉제품은 지금 이 순간, 바로 그 장소에서만 유용하기 때문에 많이 살수록 좋다. 그래서 마케터들은 '한 개 사면 한 개는 공짜(buy one get one free)'와 같은 행사로 탐닉상품을 판촉한다. 탐닉제품은 주로 일순간의 감정으로 구매되기 때문에 폭탄세일이나 특별 염가판매 등의 기회를 제공하면 소비자들은 구매하지 않으려는 자제심이 쉽게 꺾인다. 충동구매에서 벗어나지 못한 까닭에 1991년 12%였던 미국의 비만 인구비율이 2000년 19.8%로 올라갔다고 한다.

2. 자제심

탐닉상품을 현재 소비하면 미래의 후생에 영향을 미친다는 사실과 소비를 억제하게 되면 갈등을 일으킨다는 사실, 이 두 가지가 소비중독을 성격 짓는 요소이다. 탐닉으로 인해 생기는 갈등을 자제하고자, 마치 율리시즈가 자신을 돛대에 매달아 사이렌의 유혹에서 벗어나려고 하였듯이, 의도적으로 탐닉상품의 잠재가격과 선호를 변화시키는 것이 효과적인 처방이다.

알프레드 마셜에 따르면 술을 멀리할 수 없는 음주가들이 집에서 술을 마시기보다 술집에서 비싼 가격을 물면서 조금씩 마시는 현상은 애주가들이 탐닉을 자제하는 장치로 술값의 상대적 차이를 이용하기 때문이라고 지적한다. 또 젊은 사람들의 행동을 개선시키기 위해 지역체육센터의 입장료를 낮추어 이들이 탐닉상품에 빠져들지 않도록 하는 방법을 예로 들 수 있다.

흔히 직장인들이 주식에 손을 대면 일이 제대로 손에 잡히지 않을 정도로 안절부절하며 보낸다고 한다. 회사에 출근해서도 신문의 주가소식에 열중이고 심지어 회사를 빠져나와 증권시장의 객장을 엿보거나 인터넷에 들어가거나 전화로 상담하는 일이 벌어진다. 이렇게 되면 머릿속은 온통 주식으로 가득 차 일이 제대로 손에 잡히지 않는다. 이처럼 주식에 중독된 사람에게는 예를 들어 "주식투자보다 업무투자의 수익률이 높다"고 스스로가 다짐하는 것이 중독에서 벗어나는 길이다.

전통적으로 경제학에서는 제도상의 차이, 가령 사람들이 봉급을 받는 방식(은행예금, 수표, 현금봉투)의 차이가 저축이나 소비에 영향을 미치지 않는다고 가정한다. 그렇다면 일본의 저축률의 원천은 어디에 있을까? 일본의 노동자들은 신용이나 예금이 아닌 현금으로 봉급을 받는다. 신용카드 사용금액도 적은데 그들은 이를 은행차입으로 생각한다. 일본에서는 연말 보너스도 현금으로 지불되기 때문에, 미국의 경우 보너스가 입금되기도 전에 신용으로 거의 지출되는 것과는 달리, 보너스를 받은 후에야 지출하기 시작한다. 이처럼 월간 소비지출을 현금수입으로 제한 (현금 월급봉투)하는 제도는 충동구매를 제한하는 강력한 자율규제 수단이다. 마이탈(S. Maital)은 일본인의 저축률이 높은 까닭을 봉급지불 차이 때문이라고 해석한다.

사례_169 중독은 개인의 성향에서 비롯되는가 아니면 사회문화적 배경에서 비롯되는가? 1981년 캐나다 사이먼 프레이저 대학의 심리학자 브루스 알렉산더(Bruce Alexander)는 그의 동료와 함께 비좁은 우리 안에 갇힌 쥐들과 공원처럼 넓은 장소(200제곱 피트)에 갇힌 쥐들이 모르핀이 든 음료를 어떻게 선택하는가를 실험하였다. 그는 실험을 통해 우리 안에 갇힌 쥐가 공원에 갇힌 쥐보다 16배나 더 많이 모르핀 음료를 들이킨다는 사실을 발견하였다. 이 연구결과를 통해 그는 인간에게 중독현상이 생기는 것이 약물의 약리적 문제가 아니라 냉정한 사회의 복잡한 조직 때문이라는 주장을 내놓게 되었다. 그는 현대에 마약중독자가 늘어나는 까닭을 마약을 구입할 가능성이 높아져서가 아니라 자유시장사회의 불가피한 결과로 생겨난 혼란스런 삶의 이동이 늘어났기 때문이라고 해석한다.

그는 약물중독이 기존에 알려져 있는 바와 같이 인간의 두뇌에 쾌락센터가 제어하기 때문이라는 생리학적 가설을 인정하지 않았다. 그는 베트남 전쟁 때 헤로인에 중독된 군인의 90%가 집으로 돌아오고 나서 조용하고 간단하게 약복용을 중단하였다고 대답하고, 1990년 미국 젊은이를 대상으로 크랙 코카인흡입 통계조사를 실시한 결과 5.1%의 응답자가 평생 단 한번 코카인을 피워봤다고 대답하고, 조사를 실시한 그 달 이들이 코카인을 들이켰다고 밝힌 응답자가 0.4%였고, 20일 이상 사용했다고 밝힌 응답자는 0.05%미만이었다는 조사결과를 들면서 약물중독의 배경이 사회적 맥락에 있음을 강조하였다.

2005년도 노벨경제학상 수상자인 셸링(Thomas Schelling)은 인간이 싫어하면서도 좋아하는 이중적 행동으로부터 벗어나기 위해 스스로 규율할 수 있는 전략을 다음과 같이 제시하였다.

❶ 다른 사람이 권한을 행사할 수 있게 하라(가령 음주상태에서 운전을 자주하는 사람이 자율적으로 자동차 열쇠를 다른 사람에게 맡긴다).

❷ 약속이나 계약을 하라.

❸ 자신을 제거하라(자동차 열쇠를 버려라).

❹ 유혹하는 자원을 제거하라(술, 마약이나 담배를 근처에 두지 않는다).

❺ 다른 사람이 조사하도록 하라.

❻ 자신을 가두어라(가령 교도소에서 독서나 저술할 수 있는 시간적 여유를 가진다).

❼ 상금이나 벌금을 채택한다(담배를 피우면 자신이 싫어하는 정치인에게 10만 원을 기탁한다).

❽ 생활을 재설계한다(가령 식사하고 나서 쇼핑을 간다).

❾ 전조를 기억한다(가령 커피를 마실 때 담배를 항상 따라 피우게 되면 두 가지를 묶어 싫어하도록 한다).

❿ 지연을 조절한다. 그러면 시간이 종료되기 이전에 위기가 지나갈 수 있다(화내기 전에 참을 '인'자를 10번 외운다).

⓫ 함께 한다(가령 팀을 구성하여 함께 운동한다).

⓬ 행동을 자동화한다.

⓭ 강제화하는 원칙을 세운다.

제10절 요 약

　재화나 서비스의 수요를 기능적 수요와 비기능적 수요로 나누는데 전통적으로 경제이론은 기능적 수요이론을 바탕으로 하고 있다. 비기능적 수요는 다른 사람이 동일한 상품을 수요하느냐에 따라, 또는 가격이 높으냐에 좌우되는 수요를 말한다. 이를 편승효과에 의한 소비, 귀족근성효과에 의한 소비, 과시적 소비(일명 베블렌효과)로 구분한다. 그 밖에 소비자들은 희소성의 법칙과 무의식의 법칙에 좌우되고 또한 자신의 갈망수준을 적응해 나가기도 한다.

　어린이들의 지도와 교육이 다르면 이들이 경제를 이해하고 영위하는 데 크게 달라진다는 사실을 살펴보았다. 또한 폐쇄된 체계에서 이루어지는 토큰경제에서도 강화된 행동패턴이 실제 경제에서와 마찬가지로 경제행동을 이해하도록 하는 데에 크게 기여하였다.

　소비자들의 구매의도가 구체적인 구매행동으로 이어지는 데에는 한계가 있다는 사실을 이해하였다. 소비자 감성지수로 측정되는 경제기대가 소득 다음으로 상당한 정도로 재량적 소비와 저축을 설명한다. 소비자의 투자행동도 경제기대로부터 어느 정도 설명될 수 있다.

　탐닉상품은 스스로 소비를 자제하기 어려운 상품이다. 경제학자는 물론 사회학자들은 소비중독에 빠져들지 않도록 자제하는 방법을 제안하고 있다.

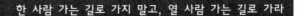

제11장
주식시장의 투자자 의존심리

무지의 수많은 개인들의 군중심리의 결과물로 만들어지는 (주가에 대한) 타성적 평가는, 향후 수익을 실제로 변화시키지도 않을 요인들로 인해 갑작스럽게 견해가 변하여 급격하게 변동할 수 있다. 왜냐하면 그러한 견해가 계속 유지될 것이라고 확신할 만한 단단한 근거가 없기 때문이다. 특히 평상시에 비해 비정상적인 시기에 기존의 일상적 일들이 무한정하게 지속될 것으로 보이지 않으면 (비록 단정적인 변화를 기대할 만한 객관적인 근거도 없더라도) 주식시장은 낙관적 내지 비관적 센티멘트의 물결로 넘칠 것이다. 그러한 센티멘트는 도저히 납득이 가지 않지만, 어느 의미에서 본다면 비록 합리적으로 계산할 수 있는 굳건한 바탕이 존재하지 않는 진실된 센티멘트이다.

-John Maynard Keynes, *The General Theory*, 1936

제1절 합리성이 지배하는 주식시장

1. 효율시장가설

전통적으로 경제학자들은 금융시장, 그 중에서도 특히 주식시장만큼은 효율적으로 움직인다고 믿는다. 경제이론에 의하면 주식을 사고팔려고 주식시장에 참여하는 수많은 투자자들은 거래로부터 무언가 이문을 남기려고 냉철한 이성을 바탕으로 거래할 것으로 추정한다. 이성이 주식시장을 지배하는 까닭에 주식가격은 감정에 좌우됨이 없이 신축적으로 조정되고 따라서 효율적으로 움직인다. 여기서 효율적이라는 의미는 주식가격이 주식을 발행한 회사가 갖는 내재가치를 정확하게 반영한다는 것을 뜻한다. 동시에 주가가 내재가치를 반영하는 효율적인 주식시장에서는 회사의 경영상황에 대한 새로운 정보가 창출되기만 한다면 곧바로 주식가격에 반영된다.

이와 같이 주가가 회사의 경영상황을 순간순간마다 정확하게 반영할 수 있는 까닭은 이론상으로 가공의 재정거래자(arbitrager)가 존재한다고 가정하기 때문이다. 재정거래란 시장에서 형성된 주가가 그 회사의 내재가치와 일치하지 않으면 그로부터 차액을 얻으려고 이루어지는 거래를 말하는데, 보이지 않는 이성적인 재정거래자의 시장개입으로 주가는 회사의 내재가치와 일치하게 된다. 재정거래자들은 새로운 정보가 유입되면 주식을 사거나 파는 따위의 거래를 통해 이를 시장에 전달하기 때문에 주가는 변동하면서 새로운 균형을 이룬다.

가령 현재 주식가격이 10만원이지만 일주일 이후에 신규사업계획이 발표되면 가격이 1만원 상승한다고 하자. 현재 10만원하는 주식을 구입하면 일주일 후에 되팔아 10%의 이득을 볼 수 있다. 그에 따라 재정거래자가 이득을 차지하려고 구입하는 바람에 현재 시점에서 주식에 대한 수요가 늘어나면서 주가가 상승하기 시작하여 11만원이 되어서야 오르기를 중단할 것이다. 즉 일주일 후에 1만원 상승할 내재가치의 증가에 대한 정보가 재정거래자에 의해 오늘 주가에 곧바로 반영된다. 이러한 재정거래가 존재한다고 가정하기 때문에 향후 주가가 얼마가 될 것인가를 예측하는 일은 원천적으로 불가능하다. 그에 따라 술주정꾼이 길을 걸어가는 방향을 알 수 없듯이 랜덤워크가설(random walk hypothesis)이 주가를 설명하는 경제이론의 토대가 되고 있다.

2. 랜덤워크가설

재정거래가 항상 일어난다면 오늘의 주가에는 현재 이용할 수 있는 모든 정보가 이미 반영되어 있다는 것을 뜻한다. 주식시장이 정보를 효율적으로 처리하기 때문에 미래의 주가를 정확하게 예측한 가격은 바로 오늘의 주가란 의미다. 그 까닭은 재정거래를 통해 이익을 남기려는 합리적인 사람들이 붐비는 주직시장에서는 내일의 주가에 대한 예측치가 바로 오늘의 주가가 될 수밖에 없기 때문이다. 만약 내일의 주가에 대한 예측치가 오늘의 주가가 아니라면 재정거래자가 합리적이지 못하다는 의미다. 합리적인 재정거래자가 주식시장에 개입하였다면 오늘 주가에는 이들이 오늘 이용할 수 있는 모든 가능한 정보를 반영하였기 때문에 내일의 주가는 내일 시장에 제공되는 새로운 정보에 의해서만 변동할 따름이다. 그런데 내일의 정보는 오늘 알 수 없는 정보이다. 따라서 알 수 없는 내일의 정보에 의해 주가가 오를 수도 있고 내릴 수도 있다고 한다면 평균적으로 내일의 주가는 오늘의 주가와 같을 것으로 추정된다.

랜덤워크가설에 따르면 재정거래가 활발히 일어나고 있는 주식시장에서 사람들은 합리적으로 행동하기 때문에 현재의 주가는 모든 이용가능한 정보를 정확히 반영하고 있고 따라서 미래에 주가가 어떻게 변할지를 알 수 없다는 소위 예측불가능성을 제시한다. 실제로 월 스트리트 저널은 주가 분석가들이 포트폴리오를 선택한 주가와 원숭이가 닷(화살)을 던져 선택한 포트폴리오의 주가수익률을 비교하였는데 별다른 차이를 보여주지 않았다고 지적한다(정운찬, 『화폐와 금융시장』(2000, 율곡)에서).

제2절 의존적 주식시장

1. 행태주의 금융이론

1980년대 후반에 들어와 투자가들의 비합리성과 심리적 현상에 기초하여 주식수익률을 예측하는 모형이 제시되기 시작하였다. 또한 시장에서 합리적인 투자행위라고 볼 수 없는 주가의 급등락현상도 관찰되었다. 그에 따라 효율적 시장가설에 대한 회의도 제기되었다. 이러한 현실에 대해 주식시장에 참여하는 투자자들의 심리적 요인을 강조하는 행태주의 금융이론(behavioral finance theory)이 등장하기에 이르렀다.

1972년 최초로 심리학자 폴 스라빅(Paul Slovic)은 행동심리학자들이 발견한 심리법칙을 증권분석가, 주식중개인 및 투자자들이 유용하게 응용할 수 있다는 사실을 지적하였다. 그는 사람들이 심리적으로 선입견이 있는 판단을, 이따금씩이 아닌, 체계적으로 내린다고 주장하였다.

효율적 시장가설에 의하면 주식시장에 새로운 정보가 유입되었을 때에만 주가가 반응한다. 반면 행태주의 금융학자들은 시장에 특별한 정보가 없더라도 커다란 가격변동이 일어날 수 있다고 주장한다. 즉 투자자의 심리상태의 변화에 의해 기업의 내재가치와는 무관한 커다란 주가변동이 일어날 수 있다.

커틀러(D. Cutler), 포터바(J. Poterba), 섬머즈(L. Summers) 등은 1991년 'Speculative Dynamics'란 논문을 통해 제2차 세계대전 이후 가격의 변동폭이 컸던 50일을 선정하여 그 날을 전후한 주요 뉴스의 발표여부를 살펴보았으나 특별한 뉴스가 없었다는 연구결과를 발표하였다. 따라서 그동안에 일어났던 커다란 주가변동은 새로운 정보가 없더라도 투자자의 심리가 갑자기 비관적 또는 낙관적으로 변하여 따라사기와 따라팔기 하는 형태가 일어날 수 있다는 사실을 반증한다.

따라사기란 군중심리에 휩싸여 주가가 오를 때에는 모두 구입하려고 나서고 따라팔기란 주가가 내려갈 때에는 모두 매도하려고 나서는 행동을 말한다. 가령 시장에 합리적인 투자자와 따라사기 투자자가 있는 경우, 합리적인 투자자가 정보를 바탕으로 주식을 매입하기 시작하면 따라사기 투자자들도 덩달아 매입에 나서고 다음날 주가가 오르면 또 다시 상승할 것을 예상하여 추가하여 따라사기하는 과정을 반복한다. 그러다가 정확한 정보가 시장에 나오기 전까지 내재가치를 훨씬 넘는 수준의 주가가 형성될 수 있다.

요컨대 경제주체들이 합리적으로 행동하고 인지능력에 한계가 없다면 주식시장은 효율적으로 작동할 것이다. 그러나 투자자들은 자신의 심리에 좌우되며 향후 주가를 비합리적으로 형성할 뿐만 아니라 정보를 인지하는 데에도 한계가 있다. 이러한 상황에서 주가는 기업의 내재가치를 정확하게 반영하기 힘들며 더 나아가 급격한 가격변동이 금융시장 전체를 불안정하게 만들 가능성마저 있다. 근래에 대두한 행태주의 금융학자들은 주식시장에서 일어나는 비정상적인 현상을 인간의 심리적 요인으로부터 찾고자 노력한다.

2. 부화뇌동의 법칙

효율시장가설 따라서 랜덤워크가설을 원칙으로 삼는다면, 과거의 주가나 정보로부터 오늘의 주가를 예측할 수 없고 동시에 내일의 주가에 대한 가장 적합한 예측치는 오늘의 주가이다. 그러나 현실적으로 주식시장은 난보하는 모습을 보여주지 않는다.

주가가 난보하는 모습을 보이지 않고 무언가에 의존하면서 움직이는 모습을 보일 것이라고 믿었던 샤흐트(S. Schachter), 후드(D. Hood), 게린(W. Gerin), 안드리아센(P. Andreassen), 르네르(M. Rennert) 등은 1985년 'Some Causes and Consequence and Independence in the Stock Market'란 논문에서 랜덤워크가설(효율시장가설)을 뒤엎는 하나의 대담한 가정, 즉 주가는 합리적으로 결정되는 수치 이상의 무언가라고 지적하였다. 그러려면 수치 이상의 무언가는 하나의 견해, 따라서 전체의 견해, 즉 투자가들이 함께 평가한 시시각각의 결과로부터 추론해낼 수 있다. 물론 견해인 까닭에 주가는, 예술품에 대한 평가나 정치가에 대한 선호나 유행에 대한 확산 등과 같은 견해처럼, 사회적 압력이나 문화적 영향의 지배를 받는다.

주식에 관한 한, 어떤 조건이 사람들로 하여금 주식을 사거나 팔게 하도록 유도할까? 그러한 의사결정에 영향을 주는 수많은 요소들 가운데에서 이들은 타인에 대한 의존(dependence)을 내세운다. 개인은 자신의 견해를 형성하고 재평가하는 데 있어 다른 사람의 견해나 행동 및 일상적으로 일어나는 사건 등과 같은 외부적인 원천에 의지하는 경향이 농후하다. 이미 케인즈도 증권의 가치란 다른 사람들의 견해에 상당히 의존한다고 언급한 바가 있다.

이러한 심리적 의존성에 영향을 미치는 요소를 두 가지로 분류하는데 첫째는 순순한 상황변화다. 상황이 변하거나, 예상하지 않았던 사태가 일어나거나, 개인이 잘못 판단하였다고 판명되면(가령 주식시장에서 돈을 잃는 경우), 자신의 견해를 재평가하려는 경향이 나타난다. 둘째는 개인차 변수이다. 비록 상황에 변화가 없더라도 사람들은 다른 사람이나 사건에 의존하는 정도에 차이가 있다. 예를 들어 자신감이 넘치거나 전문가일수록 자신의 견해나 능력을 믿으려고 하고 외부의 영향을 받지 않으려고 한다. 그러나 자심감이 없고 또한 실패를 거듭하다보면 외부로부터의 영향을 많이 받는다.

1954년 호흐바움(G. M. Hochbaum)은 실험을 통해 어떤 종류에 대해 판단을 잘 내린다고 믿는 피험자는, 자신의 판단이 다른 사람들의 판단과 다르다고 믿게 된 실험에서, 사회적 영향이나 집단적 압력을 거의 받지 않는 것으로 조사되었다. 이와 대조적으로 그러한 판단을 잘 내리지 못하는 피험자들은 사회적 영향이나 집단적 압력의 영향을 쉽게 받는 것으로 알려졌다. 이때 특이한 현상은 자신의 판단이 다른 사람들의 판단과 다르다는 사실에 부닥친 사람들의 대부분이 집단의 다른 구성원들의 판단에 부합하도록 자신의 견해를 변경한다는 사실이다. 비록 실험실의 결과이긴 하지만 이를 일반화시키면 성공적인 인물들은 자신의 개성이나 특성이나 자신의 방식을 추구할 뿐, 다른 사람이나 외부의 사건에 의해 영향을 받지 않는다는 결론을 얻을 수 있다. 대신 실패하는 사람들은 다른 사람이나 외부의 사건에 영향을 받는다고 말할 수 있다.

샤흐트(S. Schachter), 후드(D. Hood), 게린(W. Gerin), 안드리아센(P. Andreassen), 르네르(M. Rennert) 등은 주식투자자들의 심리적 의존성을 발견하기 위해 미국의 주식시장가격에 대한 추이를 조사하였다. 〔그림 11-1〕에 나타난 바와 같이 미국의 다우존스 산업주가지수는 1949년부터 1966년까지 16년간 계속 상승하여 600%까지 올라갔다. 이후 1980년까지 단기적인 변동은 일어났으나 장기간에 걸쳐 커다란 변화가 없었다. 이처럼 두 기간의 전혀 다른 양상의 주식시장활동은 시장참여자에게 커다란 영향을 미쳤을 것이라고 추측한다. 인간은 시장을 만들고 시장은 다시 인간을 만든다. 시장참여자가 행한 투자의 실패는 투자자의 기분, 심리, 자신감, 사건이나 소문에 대한 의지, 변화에 대한

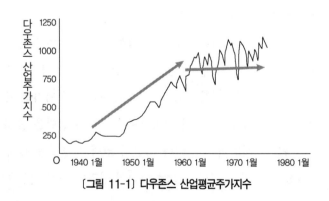

〔그림 11-1〕 다우존스 산업평균주가지수

거부 등에 영향을 미친다.

1966년 이전까지 투자자들은 평균적으로 주식시장에서 돈을 벌었다. 자신의 투자전략이 어떠한 것이었건, 누구로부터 자문을 받았건, 세상에 무슨 일이 일어났건, 투자자는 장기간에 걸쳐 돈을 벌은 것처럼 보이고 그의 주변 사람들도 마찬가지다. 이와 같이 16년 동안 계속된 주식시장의 호황은 투자자들로 하여금 높은 자기만족을 가져오게 하였고 자신의 전략이나 견해를 바꿀 필요가 없도록 하였을 것으로 추측되고 따라서 세상이나 시장에서 일어나는 사건이 미치는 효과에 대해 그다지 신경을 쓰지 않도록 만들었을 것으로 추측된다.

이와는 달리 1966년 이후에 전개된 시장은 다른 사태를 맞이하였다. 이 기간동안에 돈을 번 사람도 그리고 잃어버린 사람도 있기 때문에 평균적으로 투자자들은 돈을 벌지도 까먹지도 않았다. 물론 단기적으로 주식가격이 상승과 하락을 반전하는 등의 모습을 보여주어 안정성을 상실하였는데 이러한 상황에서 돈을 벌려면 다른 사람의 견해를 정확하게 예상하고 시장이 반전하기를 기대하는 일뿐이다. 이 기간동안 투자자는 맞아떨어진 것만큼 틀리기도 하여 확신감을 가질 수 없었고 그리하여 투자자들은 당시의 사건이나 세상의 사건과 시장 자체의 사태에 민감하게 영향을 받았을 것으로 추측된다.

투자자의 자신감이 주식거래에 영향을 미친다고 한다면 주식시장이 호황을 지속하던 1966년 이전에는 투자자들이 심리적으로 독립적이어서 그날그날 일어나는 사건이 투자자에게 영향을 미치지는 아니하였을 것이라고 기대된다. 대신 1966년 이후의 주식시장은 투자자들의 자신감 결여로 그날그날 일어나는 사건에 영향을 많이 받았을 것이라고 예상된다. 샤흐트(S. Schachter), 후드(D. Hood), 게린(W. Gerin), 안드리아센(P. Andreassen), 르네르(M. Rennert) 등은 이를 검증하기 위해 1966년 이전과 이후에 일어난 사건이 주식거래에 미치는 효과를 살펴보았다.

 사례_170 대통령선거와 주식가격변화 대통령선거가 있고 전후의 뉴욕증권시장의 주식거래량을 비교하였다. 그 결과 1966년 이후엔 대통령 선거결과가 주식시장에 상당한 영향을 미친 것으로 나타났다. 즉 대통령선거결과라는 시장외부세계의 사건이 1966년 이전에는 평균 9.2%의 주식거래량을 늘렸지만 1966년 이후에는 평균 47.3%의 주식거래량을 늘렸던 것으로 나타났다. 주식시장의 안정성을 검토하기 위해 선거 전일과 후일의 스탠다드 앤 푸어(S&P)지수변화를 살펴본 결과, 1966년 이후의 분산이 1966년 이전의 분산보다 높아 1966년 이후부터 대통령선거가 주식시장에 영향을 미쳤다는 사실을 발견하였다.

 사례_171 비행기 추락사고와 주식가격변화 비행기 추락사고가 주식시장의 투자자에게 미치는 심리적 영향을 조사하였다. 선거와 마찬가지로 비행기 추락사고(사고가 미국내에서 발생하고, 신문지상에 알려지고, 추락기의 항공사와 제조회사가 상장되어 있는 사고만을 선정)가 일어난 날 전후의 주식시장에서 사고와 관련된 회사의 주식거래를 비교하였다. 즉 비행기 추락사고 전일의 당해 상장기업의 주식가격과 거래량과 그리고 사고발생 이후 주식이 처음으로 거래된 이틀 간(대개 사고가 일어나면 해당상장기업의 주식거래가 사고발생 당일 날 중단되는 일이 일어난다)의 주식가격과 거래량을 비교하였다.

그 결과 1966년 이후에 일어난 추락사고가 주식가격과 거래량에 미친 영향은 1966년 이전에 일어난 추락사고의 영향보다 더 컸다. 즉 1966년 이후에는 거래량의 변화(주식시장 전체의 거래량변화가 미친 영향을 제거하였다)가 167%나 상승하였으나 1966년 이전에는 거래량의 변화가 30%에 불과하였다. 그리고 주식가격은 1966년 이후가 1966년 이전보다 더 폭락하였다. 이상에서 선거나 비행기 추락사고와 같은 외부적인 사건이 1966년 이후의 주식시장에 영향을 미쳤다는 사실을 알 수 있다.

 사례_172 주식시장내부의 상황과 주식가격변화 항상 변하는 시장에서는 새로운 상황이 일어나고 예기치 못한 사태가 발생한다. 그러한 때에 투자자는 기존에 믿고 있던 견해를 재평가하여 새로운 견해를 형성한다. 이러한 경우 자신의 견해가 어느 정도 잘못으로 판명되어, 얼마나 많은 돈을 시장에서 잃어버렸는가에 의해 다른 사람(시장)에게 의존하는 성향이 강해질 것으로 기대된다.

예를 들어 주가가 계속 떨어지고 있다면 주식투자가들의 전반적인 분위기는 비관적이라고 추측할 수 있다. 심리적으로 타인에 의존하는 시장에서는 부화뇌동하는 심리적 성향으로 거래량이 늘어날 것이다. 즉 어느 경우이건 아주 민감하게 부화뇌동하는 시장에서는 팔자는 주문이 쇄도하여 주가를 떨어트리고 이러한 주가하락은 더 한층 사태를 악화시킬 것으로 기대된다.

그런 까닭에 주가하락이 지속되는 기간과 거래량과의 사이의 관계는 1966년 이전의 불황시장이 1966년 이후의 불황시장보다 높았을 것이라고 추정된다. 왜냐하면 1966년 이전은 주가가 상승하는 시기인데 주가가 하락하였다면 자신감의 상실로 부화뇌동하는 성향이 두드러지게 나타났을 것이기 때문이다. 대신 주가의 상승과 하락이 반복하는 1966

년 이후의 불황시기엔 부화뇌동하는 성향이 그다지 두드러지게 나타나지 않았을 것이다. 이미 주가의 등락이 반복하는 시기이어서 부화뇌동할 이유가 없기 때문이다.

주가가 3개월 동안 일방적으로 진행하는 방향에 따라 불황과 호황으로 분류하여 주식거래량과 주가하락의 지속기간 사이의 상관관계를 살펴보았다. 그 결과 〔그림 11-2〕에 나타난 바와 같이 양자 사이의 상관관계가 1966년 이후의 불황시기(점선)보다 1966년 이전의 불황시기(직선)에 강하였다. 즉 전반적으로 주가가 계속 상승추세에 있는 1966년 이전의 시기에 주식시장의 일시적 불황은 투자자들로 하여금 자신감을 상실하게 만들어 팔자는 거래량이 6일까지 지속되면서 주가가 하락한 경우가 4번 있었고 그 때의 거래량은 6일 전의 거래량에 비해 80%나 증가하는 부화뇌동매매가 있었다는 의미다.

또 주가상승이 지속되는 기간에서는 주식거래량과 지속기간 사이의 상관관계가 1966년 이전의 호황시기보다 1966년 이후의 호황시기에 강할 것이라고 추측할 수 있다. 왜냐하면 전반적으로 주가가 계속 상승

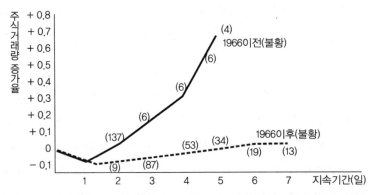

〔그림 11-2〕 주가하락이 지속되는 기간에 따른 주식거래량과 지속기간 사이의 상관관계

하는 1966년 이전의 기간엔 투자자들이 이미 자신감을 획득하여 주가
상승이 지속되는 기간동안 부화뇌동하지 않을 것이지만 1966년 이후
의 기간엔, 오르락내리락하는 주가에 미혹된 자신감의 상실로 뜻밖의
호황시에 부화뇌동하는 성향을 보였을 것이라고 기대되기 때문이다.
〔그림 11-3〕에 나타난 바와 같이 기대한 대로 주식거래량과 지속기간
사이의 상관관계는 1966년 이후의 호황시기가 1966년 이전의 호황시
기보다 높았다는 사실을 알 수 있다.

이상으로부터 주식거래량과 지속기간 사이의 관계에 관해 발견한 장
기의 결과를 해석하면 어느 날의 사건이 다음날과 그 다음날의 주식시
장에 영향을 미치지 않는다는 소위 효율시장가설이 무너진다는 사실을
발견할 수 있다. 주식투자자 전체의 심리적 의존성에 영향을 미치는 조
건, 즉 대통령선거, 비행기추락사고, 주가상승 내지 하락이 지속되는
기간에 따른 부화뇌동매매가 주가가 난보하지 못하는 장세를 만든다는
사실을 알 수 있다.

행태주의 금융학자들은 주식시장이 외부에서 발생하는 사건은 물론

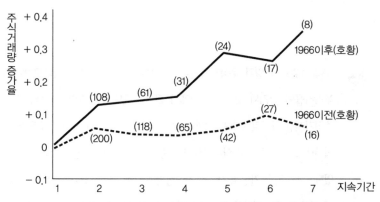

〔그림 11-3〕 주가상승이 지속되는 기간에 따른 주식거래량과 지속기간 사이의 상관관계

시장내부에서 일어나는 시황에 대해서도 민감하게 반응하므로 투자자들이 시장의존적이라는 사실을 강조한다. 투자자들은 항상 존재하고 돈과 이기적인 자아가 걸려있는 만큼 상당한 비율의 투자자들이 시장에서 무슨 일이 벌어지고 있는지를 알고 있고, 또한 무슨 일이 일어나든 이를 자신의 것으로 만들려고 할 것이다.

불황과 호황시기에 무슨 일이 일어나느냐 하면 투자자들에게 급격하고 지속적인 운의 변화가 일어난다. 돈을 버는 것은 기쁜 일이고, 흥을 돋우고, 정력을 자극하기 때문에 호황시기엔 투자자들 전부가 흥분하고, 시장에 빠져들고, 증권신문의 사설을 읽을 것이라고 생각할 수 있다. 반대로 불황시기엔 투자자들의 경험을 쇠약하게 만든다. 투자자가 초기에 주식을 처분하는 따위의 사전에 전문적 지식이 없는데다가 여러 번의 사고파는 과정에서 실패를 겪다보면 자신이 올바로 할 수 있는 일은 없다고 자포자기해버린다. 즉 투자자들은 의기소침하고 불안해하는 속수무책의 투자자가 되어버린다. 끝으로 주식시장이 안정된 경우에는 약간의 변동 이외의 가격은 오래 동안 거의 일정한 수준으로 머문다. 따라서 투자자들은 편안하긴 하지만 실망하고 따분한 감을 느낄 것으로 추측된다.

 사례_173 요일과 주식가격변화 주식시장이 호황, 불황, 안정기에 따라 투자자들이 상기와 같은 마음상태가 된다는 점을 고려하여 주중의 요일과 주식거래량 사이의 관계를 알아보았다. 일주일 중에서 월요일과 금요일에 주식거래량이 가장 작고 화수목요일 주중에 주식거래량이 많은 것으로 알려져 있다. 그 까닭은 가령 투자자가 시장상황에 대해 의기소침하고 싫증을 느낀다면 시장에 대해 생각하기도, 말하기도, 보기도, 이야기하기도, 읽기도 싫어할

것으로 기대된다. 한편 시장이 호황이 되면 흥분되어 주말이건 주중이건 주식
시장에 대한 생각에 빠져있을 것이라는 가설을 세울 수 있다.

샤흐트(S. Schachter), 후드(D. Hood), 게린(W. Gerin), 안드리아센(P. Andreassen), 르네르(M. Rennert) 등은 22년 동안 월요일의 주식거래량과 주중의 요일별 주식거래량을 비교한 결과, 안정기, 불황기, 호황기의 3가지 시장 중에서 호황시기엔 월요일의 주식거래량이나 주중의 주식거래량이 거의 비슷한 것으로 나타났다는 사실을 발견하였다. 가령 호황시엔 화요일의 주식거래량이 월요일의 주식거래량에 비해 1.046 배였지만 그러나 불황시기엔 화요일의 주식거래량이 월요일의 주식거래량이 비해 1.110배였다.

즉 호황시기엔 요일에 관계없이 거래가 활발하게 이루어지지만 불황시엔 월요일 거래가 뜸해진다. 환언하여 호황시기엔 일반적인 월요일의 거래량침체라고 하는 현상이 일어나지 않는다는 사실을 알 수 있다. 월요일도 주중의 다른 요일과 거의 동일한 수준의 거래량이 이루어진다는 의미다.

 사례_174 조언 및 추천과 주식가격변화 증권전문가들의 조언이나 추천도 주식시장에 영향을 미친다. 만약 투자자들이 이용할 수 있는 모든 정보를 바탕으로 주가가 형성된다면 평론가나 전문가의 추천(대개 새로운 정보가 아닌 이미 광범위하게 퍼져있는 정보에 대한 평가를 바탕으로 한다)이 주가에 전혀 영향을 미치지 않고 효율시장가설이 주식시장을 지배할 것이다. 그러나 현실적으로 조언이 존재한다는 것 자체가 효율시장가설에 의문을 제기한다.

사거나 팔아야 한다는 조언도 하나의 견해에 지나지 않는다. 그러므로 조언은 조언자의 사회적 지위나 그의 추천을 받아들일 가능성 등과 같은 변수에 의존하여 주가에 영향을 미칠 수도 있고 그렇지 않을 수도 있을 것이다.

불황, 호황, 안정기마다 주식시장이 갖는 특성이 있으므로 예를 들어 불황시에 투자자들이 주식시장에서 모두 자금을 빼내지 않는 이상, 조언이나 전문가의 견해가 시장에 영향을 미칠 것으로 기대된다. 계속하여 자신의 판단이 틀린 것으로 판명되고 또한 계속하여 돈을 잃는 마당에서는 투자자들의 심리적 의존성이 강하게 표출될 것이다. 몇 달간 시장상황이 거의 변하지 않는 안정기와 비교한다면 불황기엔 전문가의 사고팔아라는 조언이 상당한 영향력을 행사할 것이다. 대신 호황이 계속되어 투자자 전체가 돈을 벌고 있는 상황에서는 투자자는 자만심에 빠져 전문가의 조언을 들으려고 하지 않을 것이다. 그러나 동시에 돈을 벌었다는 사실에 용기를 내어 무모한 투자를 감행할 가능성도 있다. 이는 마치 노름에서 돈을 딴 자가 보수적인 전략을 취하지 않고 적극적인 공세를 취하는 바와 다름없다.

샤흐트(S. Schachter), 후드(D. Hood), 게린(W. Gerin), 안드리아센(P. Andreassen), 르네르(M. Rennert) 등은 1973년 1월부터 1979년 12월 사이의 기간동안 각각 안정, 불황, 호황시기에 Wall Street Journal 의 'Heard on the Street(거리의 소문)'이란 칼럼에서 매입-매각이란 추천이 장세에 미치는 영향을 조사하였다. 이 칼럼은 유명한 주가분석가들과 펀드매니저 등과 같은 증권전문가들의 견해를 내보내는 란이다.

칼럼의 추천이 주식시장에 미친 영향을 조사한 결과, 추천대상종목의 주식가격의 변화율을 살펴보면, 시장 전체의 가격등락비율을 조정하더라도, 추천한 당일 날 당해주식의 주가가 0.8% 상승하였고 추천한 이후의 날 주가는 0.9% 상승하였다. 그 결과 전문가의 추천이 추천일과 추천일 이후의 주가에 영향력을 미쳤다는 사실을 알 수 있다. 즉 매입추천의 경우 주식가격은 상승하였고 매각추천의 경우 주식가격은 하락하였다. 시장형태별로 본다면 안정기보다 불황기에 매각과 매입의 추천효과가 높은 것으로 밝혀졌다. 이 또한 자신감을 상실한 투자자들이 외부 전문가의 견해에 영향을 받는다는 것을 의미한다. 즉 투자자들은 안정기보다 불황기에 전문가들의 추천을 받으려는 경향이 높다는 것을 말해준다.

호황기와 안정기를 비교하면, 매입추천은 안정기보다 호황기에 커다란 영향을 미치고, 대신 매각추천은 호황기와 안정기 어느 시기에도 영향을 미치지 않은 것으로 나타났다. 주식시장, 특히 불황기에 전문가의 견해가 투자자들의 의사결정에 영향을 미친다는 사실을 알 수 있다.

인터넷을 통한 주식거래가 활발하게 이루어지고 있다. 2003년 디웰리(Michael Dewally)가 두 개의 인터넷뉴스그룹에서 추천한 종목의 수익률을 연구한 결과(Internet Investment Advice: Investing with a Rock of Salt)에 따르면 추천된 종목들은 최근에 실적이 나쁘기도 하고 실적이 좋았기도 하는 종목이다. 지난달에 실적이 좋은 주식을 구입하도록 추천한 모멘텀 전략(momentum strategy)을 따르면 수익률이 다음달에 시장평균에 비해 19%나 뒤떨어지는 것으로 조사되었고, 실적이 지극히 나쁜 주식을 추천한 가치전략(value strategy)을 따르면 수익률이 다음달에 시장평균에 비해 25%나 상회하는 것으로 알려졌다. 매수를 추천한 이들 두 전략이 낳은 평균적인 실적은 6%에 지나지 않아 시장수익율에서 크게 벗어나지 않았다는 사실을 알 수 있다. 추천이 이루어진 종목이 투자자에게 유용한 정보가 되지 못하는 데에도 불구하고 2001년 투마

킨(Robert Tumarkin)과 하이트로우(Robert Whitelaw)의 연구(News or Noise? Internet Postings and Stock Prices)에 의하면 특정 종목에 대한 인터넷 게시가 평소보다 많아지면 거래량도 많아진다는 사실이 밝혀졌다.

 사례_175 올사비스키(R. Olshavsky)와 그랜보이스(D. Granbois)의 1979년 'Consumer Decision Making-Fact or Fiction'이란 논문에 의하면 소비자들이 슈퍼마켓에서 시리얼, 과자류 및 세제를 구매하는데 있어 사례의 35~72%가 상점 내에서 심사숙고하여 선택하지 않은 것으로 밝혀졌다. 녹화된 비디오를 통한 소비자와 판매자 사이의 대화로부터 소비자들은 주요 기구를 구매하는데 있어 판매원의 추천에 전적으로 의존한다는 사실이 발견되었다. 지역에 새로 이사 온 사람들이 병원 의사를 선택하는데 있어서도 그 75%가 이웃의 추천을 바탕으로 한다는 사실이 밝혀졌다.

워렌 버핏(75) 버크셔 해서웨이 회장은 수십 년간 오직 투자를 통해 버크셔 해서웨이를 1360억 달러(약 141조6304억 원)짜리 기업으로 키웠다. 그는 환율 예측을 잘못해 올 들어 9억 달러의 손실을 보았지만 1951년 이후 연평균 31%의 수익률을 기록한 '투자의 귀재'다. 버핏이 주식투자에 지침으로 삼은 자신의 다섯 가지 조언(tips)을 소개하면,

첫째, 내일 증권거래소가 문을 닫는다면 보유한 주식이 만족스러울지를 판단하라. 둘째 주식투자를 사업이라고 생각하라. 사업결과가 당신의 성패를 좌우한다. 셋째 어느 정도 손실을 보아도 안전하게 탈출할 만한 종목을 골라 투자하라. 넷째 빚을 내 투자하는 것은 똑똑한 친구들이 망하는 가장 흔한 길이다. 다섯째 주식은 투자자가 누구인지 알지 못한다. 주식에 감정을 부여하지 말라(〈동아일보〉에서).

제3절 장기 과잉반응의 법칙

경제학자들은 시장행동의 실증적 결과가 개인의 의사결정행동에 관한 심리학의 이론과 유사한 점이 있다는 사실을 발견하였다. 드봉(W. De Bondt)과 텔러(R. Thaler)는 주식시장의 움직임을 관찰하여 투자자의 과잉반응(overreaction)이 주식시장을 지배한다고 주장하였다.

사람들은 자신의 신념을 새로 수정하려고 하는 때에 최근의 정보에 높은 비중을 부여하고 과거의 정보에는 낮은 비중을 부여하려는 경향이 있다. 즉 사람들은 자신에게 강한 인상을 남기는 정보에 비례하여 예측치에 비중을 부여하는 간단한 매칭원칙(matching rule)에 따라 예측한다. 아모스 터브스키(Amos Tversky)와 다니엘 카니먼(Daniel Kahneman)은 사람들이 불확실한 사태에 대한 자신의 주관적 확률을 평가하는 데에 제한된 수의 경험에서 체득한 자신의 지식에 의존한다고 주장하였다 (제4장 참조). 휴리스틱의 원칙(heuristic principle)이란 '발견하다'라는 뜻의 그리스어(Heuriskein)에서 유래한 휴리스틱(heuristics)으로 주먹구구식으로 체득한 경험을 통해 문제를 해결하는 원칙을 말한다.

효율시장가설은 과거의 주식가격과 주식거래량 등과 같은 자료가 미래의 주가를 예측하는데 도움을 제공할 수 없다는 가설인데 과잉반응가설은 과거의 주식가격 자료를 이용하여 미래의 주가를 예측할 수 있다는 가설이다. 미국 위스컨신 대학의 베르너 드봉(Werner F. M. De Bondt)과 코넬 대학의 리차드 텔러(Richard H. Thaler)는 1985년 *Journal of Finance*지의 'Does the Stock Market Overreact?'란 논문을 통해 투자자들의 심리가 반영된 과거의 주가변동 추이로부터 미래의 주가를 예측할 수 있다는 실증적인 연구결과를 제시하였다.

과잉반응가설은 예상보다 이득을 낳는 주식(W)에 대해서는 투자가들
이 너무 많이 몰리는 바람에 장기적으로 손실을 겪고, 반대로 잃는 주식
(L)에 대해서는 투자자들이 너무 빠져나가는 바람에 (빠져나가지 않고 주식
을 계속 보유하는 투자자가) 장기적으로 이득을 본다는 가설이다.

 사례_176 드봉(W. De Bondt)과 텔러(R. Thaler)는 미국 뉴욕증권시장의
1926년부터 1982년 사이의 주가에 대한 과잉반응가설을 검증하였다. 특정
주식이 다른 주식에 비해 36개월 동안 수익이 상승하였으면 돈을 번 승자
포트폴리오로, 그리고 다른 주식에 비해 수익이 상승하지 않았으면 돈을 잃은
패자 포트폴리오라고 구분하였다. 그리고 돈을 번 포트폴리오와 돈을 잃은
포트폴리오가 이후 36개월 동안 각각 어느 정도로 수익을 거두는지를 비교하
였다.

여기서 36개월을 잡은 것은 투자자가 주가를 과대 또는 과소평가한
것을 조정하는 데에 대략 1년 6개월에서 2년 6개월이 소요된다는 점을
고려하여, 이러한 요소가 주가에 반영되는 것을 배제시키고, 단지 과잉
반응으로 인한 주가변동만을 분석하고자 하였기 때문이다. 이렇게 얻어
진 회사별 누적주가수익 중에서 상위 35개 주식을 승자 포트폴리오(W)
로, 하위 35개 주식을 패자 포트폴리오(L)로 구분하였다. 이전에 돈을
번 포트폴리오가 이후 돈을 잃으면(실제로 돈을 잃는 것이 아니고 시장 평균에
비해 수익률이 낮은 종목의 주식에 속한다는 의미다) 과잉반응가설은 오른 종목
에 대해 과잉반응이 작용한 것으로 판단한다.

돈을 벌거나 잃은 포트폴리오가 설정되면 이러한 포트폴리오의 향후

36개월 동안의 수익이 주식시장평균에 비해 상승하였는지 하락하였는 지를 알고자 하였다. 여기서 승자와 패자는 과거의 자료만을 이용하여 정의한 것이다. 만약 효율적 시장가설이 들어맞는다면 과거의 자료에 의해 구분된 포트폴리오의 미래수익률은 특정한 패턴을 보여서는 안 된 다. 왜냐하면 만약 특정 패턴을 보인다면 과거의 자료에 의해 미래의 주 가가 예측가능해져 효율적 시장가설이 무너지기 때문이다.

분석결과, 35종의 패자 포트폴리오(L)는 예상을 형성하고 난 36개월 이후 평균보다 19.6% 정도 이득을 보고, 대신 승자 포트폴리오(W)는 평균보다 5.0% 손해를 본 것으로 나타났다([그림 11-4] 참조). 그 결과 이 두 주가의 차이는 24.6%나 되는 것으로 조사되었다. 즉 과거 3년동 안 승자-패자였던 주식의 수익률이 패자-승자로 역전하는 현상이 일어 났다. 즉 과거에 높은 수익률을 올렸던 주식들은 미래에 낮은 수익률을 보이고 반대로 과거 낮은 수익률을 보였던 주식들은 미래에 높은 수익

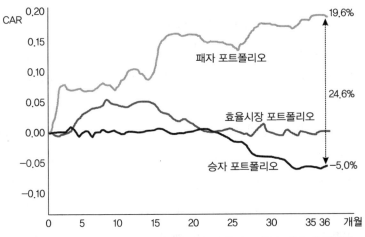

[그림 11-4] 돈을 잃은 주식포트폴리오와 돈을 번 주식포트폴리오의 누적평균잔차

률을 보여주는 역전극이 벌어졌다.

이러한 승자-패자 역전현상에 대해 행태주의 금융학자 드봉과 텔러는 투자자들의 과잉반응(over-reaction)을 이유로 내세우고 있다. 예를 들어 어떤 주식의 수익률이 내재가치를 반영하여 시장의 평균수익율에 비해 계속 낮아지는 추세에 있다고 하자. 시장에 의해 당해 주가가 적정하게 책정되어 있는 데에도, 투자자들이 앞으로도 이 기업의 실적이 계속 나쁠 것이라고 과도하게 예측하여, 정상수준을 벗어날 정도로 과민하게 반응한 결과, 주가하락을 유발시킨다.

하지만 시간이 충분히 지나고 나면 투자자들은 패자의 주가가 그 회사의 내재가치에 비해 지나치게 낮게 평가되어 있다는 사실을 깨닫게 된다. 그 결과 시장에서 이에 대한 조정이 일어나게 된다. 즉 패자의 주가가 서서히 상승하게 된다. 마찬가지로 과대평가된 승자의 주가는 서서히 하락하기 시작한다. 이 과정에서 중요한 것은 이러한 수익률의 역전현상이 순식간에 일어나는 것이 아니라 시간을 두고 천천히 일어난다는 점이다.

주식시장에서 투자자들이 과잉반응하는 모습은 이후 하버드 대학의 라파엘 라포타(Rafael La Porta)에 의해서도 5년간의 장기간 동안에도 나타난다는 사실이 1985년부터 1995년 사이의 자료를 이용하여 확인되었다.

이상의 결과에서 흥미로운 사실은 첫째 과잉반응이 승자 포트폴리오 (5% 하락)보다 패자 포트폴리오(19.6% 상승)에 더 크게 일어났다는 점이다. 과잉반응가설은, 투자자가 기대를 형성하는 기간동안에 커다란 주가수익을 경험하면, 다음번에는 주가수익이 심하게 반전하고, 작은 주가수익을 경험하면 주가수익이 약하게 반전한다는 것을 의미한다. 반전하는 규모가 심한 현상을 보여주는 것을 관찰하려면 포트폴리오를 형성하는 기간을 길게 잡고, 약한 현상을 관찰하려면 포트폴리오를 형성하는 기간을 짧게 잡음으로써 알 수 있다. 요컨대 과잉반응가설을 주식시장에 적용한다면 처음에 과도한 수익률하락을 경험한 주식은 이후 반발로 과도하게 주가가 올라간다는 사실을 알 수 있다.

물론 효율시장가설을 지지하는 금융학자들은 주식시장을 지배하는 투자자들의 과잉반응가설을 부정한다. 이들은 주식시장이, 비록 복잡하고 장기적인 정보를 효율적인 방법으로 처리하지는 못하지만, 가격에 영향을 미치는 정보를 단기간 동안 효율적으로 재빠르게 흡수할 것으로 기대한다. 시장은 장기적인 비효율을 자연적으로 중재하는 역할을 수행하기 때문에 비록 일부 투자자들의 심리적 태도가 시장을 좌우하지만 이들도 진정한 장기 투자자로서 필요로 하는 합리적인 투자계획을 받아들이게 된다고 지적한다. 그리하여 전통적인 금융학자들은 주식시장에서의 장기적인 비효율은 사라질 것이라고 기대하여 효율시장가설이 여전히 유효하다고 주장한다.

제4절 단기 과소반응의 법칙

드봉(W. De Bondt)과 텔러(R. Thaler)는 주식시장을 기준으로 본다면 비교적 짧은 기간인 3년의 기간을 이용해 승자와 패자를 정의했다. 대신 캘리포니아대학 로스엔젤레스 경영대학의 나라시함 제가디쉬(Narasiham Jegadeesh)와 세리단 티트만(Sheridan Titman)은 3년 대신에 6개월 내지 1년의 기간을 승자와 패자를 결정하는 기준으로 삼아 승자와 패자 포트폴리오의 수익률이 어떻게 되는가를 조사하여 그 결과를 1993년 *Journal of Finance*지에 "Returns to Buying Winners and Selling Losers: Implications for Stock Market Efficiency"란 논문으로 발표하였다.

 사례_177 제가디쉬(N. Jegadeesh)와 티트만(S. Titman)은 기준시점을 오늘로 잡아 지금부터 6개월(12개월) 이전으로 거슬러 올라가 6개월(12개월) 동안의 주식수익률을 계산하였다. 그리고 모든 주식을 지난 6개월(12개월)간의 수익률을 바탕으로 10개의 군으로 구분하였다. 수익률이 가장 높은 주식들을 1군에, 그리고 가장 수익률이 낮은 주식들을 10군에 넣었다. 그리고 향후 6개월(12개월)간 이들 승자-패자의 수익률을 계산해보았다.

그 결과 흥미롭게도 승자가 패자에 비해 더 높은 수익률을 올렸다. 즉 승자주식을 구입하고 패자주식을 매각하는 거래전략이 1965년과 1989년 동안 비정상적으로 커다란 수익률을 실현한 것으로 나타났다. 예를 들어 과거 6개월동안 승자였던 주식을 이후 6개월 동안 더 보유함으로써 년평균 12.01%의 수익을 더 얻을 수 있는 것으로 조사되었다. 즉 승자는 승자로 남고 패자는 패자로 계속 남는 현상이 관찰되었다. 이때 가격이 상대적으로 크게 상승하는 주식(승자)은 마치 상승추세의 기회(momentum)를 얻은 것처럼 계속 상승하는 움직임을 보였다. 이들의 연구결과도 과거의 정보가 미래의 주가예측에 도움을 준다는 측면에서 효율적 시장가설을 반박한다.

이러한 현상이 일어나는 까닭을 행태주의 금융학자들은 투자자의 과소반응(under-reaction) 때문으로 설명한다. 예를 들어 개별회사의 주식에 대한 정보가 시장에 유입되었다고 하자. 이때 투자자들이 효율적 시장가설에 따라 주식거래를 통해 정보를 주가에 즉각 반영한다면 과거에 승자였던 주식이 계속 승자로 남거나, 과거에 패자였던 주식이 계속 패자로 남을 수는 없다. 그러나 투자자들이 정보에 느리게 반응한다면 과거에 승자였던 주식이 계속 더 높은 수익률을 나타내는 현상이 발생할 수 있다.

드봉과 텔러는 3년간의 기간동안에는 과잉반응하는 투자자들의 모습을, 그리고 제가디쉬와 티트만은 6개월 내지 1년의 짧은 기간동안에는 과소반응하는 투자자들의 모습을 지적하였다. 즉 주식시장의 투자자들은 비교적 짧은 기간에는 과소반응하지만 비교적 긴 기간동안에는 과잉반응하는 비합리적인 행동을 보여준다.

그렇다면 주식에 대해 잘 알지 못하는 일반인들이 주식시장에서 그다지 손해를 보지 않고 투자에 대한 대가를 벌어들일 수 있는 휴리스틱한 주식투자전략은 어떤 것일까? 행태주의 금융이론은 불완전한 주식시장에 불완전하게 합리적인 투자자들로 구성되어 있다고 전제하여, 그 결과 시장에서 과잉반응과 과소반응하는 따위의 비정상적인 행태가 일어나고 있다는 사실을 확인하여 그 존재를 사람들의 심리적 성향으로부터 도출하려고 한다. 그에 따라 여러 가지 종류의 주식투자전략이 제시되었는데 드봉(W. De Bondt)과 드리먼(D. Dreman)에 의하면 단기투자(6~12개월)에 대해서는 주가추세에 편승하는 모멘텀 전략(momentun strategy)을, 그리고 장기투자(3년~5년)에 대해서는 주가추세에 역행하는 역거래 전략(contrarian strategy)을 선택할 것을 제안하였다.

제5절 주식투자자의 센티먼트

사람들은 새로운 정보를 접하더라도 타성에 의해 자신의 믿음을 쉽사리 바꾸지 않는데, 심리학에서는 이를 보수성(conservatism)이라고 한다. 그리고 사람들은 불확실한 전망이 일어날 확률을 평가하는 데 있어 당해 전망을 대표할 수 있는 표준적인 전망을 대신 사용하는데, 인지경제학에서는 이를 대표성에 의한 휴리스틱(representativeness heuristic)이라고 부른다.

먼저 주식시장에서의 보수성은 사람들이 새로운 정보에 대해 과소반응할 것으로 기대된다. 가령 기업이 상당한 정도의 이윤을 실현하였다는 정보가 입수되더라도 보수성으로 인해 이를 일시적인 현상으로 치부하고서는 과소평가해 버린다. 그에 따라 정보가 입수되더라도 해당주식에 대한 가치를 부분적으로 조정할 것으로 기대된다. 즉 투자자들은 새로운 정보가 얻어지는 바에 따라 자신의 믿음을 바꾸지 않고 계속 종전의 정보에 매달리는 경향이 있다.

다음으로 주식시장에서의 대표성에 의한 휴리스틱은 사람들이 기존의 주식에 대해 과잉반응할 것으로 예측된다. 가령 삼성전자의 과거 영업실적이 좋으면 주식투자자들은 과거의 실적을 대표로 삼아 향후의 실적도 이와 같을 것이라는 믿음을 갖는다. 그에 따라 삼성전자의 영업실적이 다소 부진하더라도 이는 단지 일시적인 현상이라고 치부하고서는 계속 삼성전자주에 매달리는 과잉반응의 모습을 보여줄 것이다. 즉 주식투자자들은 삼성전자의 과거와 같은 성장이 계속 반복될 수는 없다는 현실을 무시한다. 이후 과대평가된 삼성전자의 향후 영업실적이 부진한 것으로 현실화되었을 때에야 비로소 투자자들은 실망하게 될 터인데 이는 승자역전의 과잉반응가설이 이미 예상한 바이다.

그렇다면 사람들이 대표성에 의해 과잉반응하는 성향도 가지고 있고 동시에 보수성으로 인해 과소반응하는 성향도 가지고 있다면, 이 중에서 어느 것이 상대적으로 우세할까? 1992년 데일 그리핀(Dale Griffin)과 아모스 터브스키(Amos Tversky)는 사람들이 새로운 정보가 갖는 세기(strength)와 비중(weight)에 의해 과소반응과 과잉반응의 상대적 우세가 결정된다고 주장하였다. 여기서 세기란 특출하다거나 극단적인 증거와 같은 양상을 말하고 비중이란 통계적 정보가치, 가령 표본의 크기(많은 사람들의 믿음)와 같은 측면을 말한다. 사람들은 뚜렷한 증거를 과신하는 경향이 있고 그것의 비중에는 그다지 신경을 쓰지 않는다. 따라서 세기가 뚜렷하면(특출한 증거가 보이면) 비록 비중이 낮더라도(여러 사람들이 믿지 않으면), 사람들은 뚜렷한 증거(대표성)에 의해 과잉반응한다.

 사례_178 미국 시카고대학 비지니스쿨의 니콜라스 바버리스(Nicholas Barberis)와 로버트 비쉬니(Robert Vishny) 그리고 하버드 대학의 안드레이 슈라이퍼(Andrei Shleifer)는 주식시장에서 투자자들이 과잉반응하는지 과소반응하는지를 조사하여 그 연구결과를 1998년 'A Model of Investor Sentiment'를 통해 발표하였다. 2천개의 기업을 대상으로 한 연구결과, 기업이 발표하는 영업실적이 대중들에게 알려져, 비록 비중에서는 높으나 세기에서는 약한 증거이어서 투자자들은 이에 대해 과소반응하는 것으로 나타났다. 그러나 여러 번에 걸쳐 일관성 있는 뉴스, 예를 들어 영업실적의 호조정보가 발표되면, 당해 정보가 비중에서는 약하지만 세기에서는 강한 증거이어서, 투자자들이 이에 대해 과잉반응한다는 사실이 밝혀졌다.

제6절 주식투자자의 휴리스틱 심리법칙

1. 기대투자

투자란 미래의 서비스 따라서 효용을 제공하는 자본지출을 말한다. 소비자의 관점에서 여러 가지 형태의 투자를 구별할 필요가 있다. 즉 ① 주택, 자동차, 전자기구 등과 같은 내구재에 대한 투자, ② 은행예금, 정부공채, 생명보험에 대한 금융투자, ③ 주식과 회사채, 무추얼펀드, 고수익증권(CD)과 같은 증권투자로 구분할 수 있다. 이 외에도 다른 형태의 투자로 교육, 기술 및 건강 등과 같은 인간자본에 대한 투자가 있다.

카토나(G. Katona)는 경제가 침체기에 들어가면 저축(투자)이 늘어나고 경제가 회복기에 들어서면 소비가 늘어난다고 주장하였다. 반라이(W. Van Raaij)와 지아노텐(H. Gianotten)이 1990년 실시한 실증적 서베이 조사에서도 소득과 경제기대가 총저축에 미치는 영향이 상당하다는 사실이 밝혀졌다. 따라서 경제기대가 저축과 내구재에 대한 투자를 어느 정도 설명하는 것처럼 보인다.

 사례_179 린다우어(M. Lindauer)는 1989년 개인의 과거와 미래의 재정상태에 대해 소비자 감성지수를 조사하였다. 호의적인 재정상태를 보고한 사람들의 비율은 다우존스 산업주가지수와 상관관계를 가지고 있는 것으로 밝혀졌다. 또 그는 투자자들에게 다음과 같은 질문을 던져 위험한 투자와 저축에 관한 구매의도를 조사하였다. "다음 몇 달 동안 당신이 주식, 사채, 무추얼펀드,

고수익증권, 정부공채, 저축, 생명보험, 기타 투자(금이나 팩토링 등)에 돈을 지출하려고 생각합니까?" 그리하여 전체 응답자 중에서 긍정적인 대답자가 차지하는 비율과 스탠더드앤푸어(S&P) 산업주가 평균지수 및 다우존스 산업주가지수와의 상관관계를 조사하였다.

조사 결과 주식을 구입하려는 의도와 주가지수 사이에는 의미가 없는 것으로 나타났다. 그에 따라 투자자의 주식구입의도와 주식시장의 장세 사이에는 관련이 없고, 대신 일반대중의 현재 및 미래의 재정상태가 상당한 관련이 있다는 사실을 발견하였다. 이 결과는 소득과 소비자 감성지수로부터 내구재 소비를 예측하는 데에서 얻어진 결과와 부합한다.

연구결과에서 나타난 바와 같이 경제에 대한 기대(소비자감성지수)가 의도보다 경제활동을 보다 낮게 예측한다는 사실을 알 수 있다. 이 결과는 예측하고자 하는 행동형태와 직접 일치할 것이라고 인식하는 것이 바로 의도라고 하는 측면에서 본다면 놀라운 사실이다. 이 결과를 해석해보면 첫째 기대가 일반적으로 여러 가지 속성에 토대를 두고 있다고 설명할 수 있다. 가령 소비자 감성지수는 경제의 서로 다른 양상을 5가지로 구분하고 있다(〔표 10-1〕 참조). 이에 비해 행동상의 의도는 매우 구체적인 한 가지 서베이 질문을 통해 검사한다. 그 결과 의도보다 기대가 더 신뢰할 만하고 그에 따라 그로부터 행동을 보다 정확하게 예측할 수 있다. 둘째 주식을 예측하는 전략으로 투자자들은 회귀의 법칙을 따른다. 즉 투자자들은 최근에 일어난 변화는 이어서 뒤집어진다는 믿음을 바탕으로 하여 예측한다.

2. 휴리스틱 법칙

최근에 들어와서야 주식시장에서 투자자들이 단기에는 과소반응하고 장기에는 과잉반응하는 모습을 설명하는 연구결과들이 발표되었다. 투자자들이 과소 또는 과잉반응하는 배경을 심리학에서 발견한 인간의 보수주의적 성향, 대표성에 의한 휴리스틱, 자기과신(over-confidence) 등으로 설명한다.

심리학자 워드 에드워드(Ward Edward)는 "Conservatism in Human Information"(1968)을 통해, 사람들은 새로운 정보를 접하더라도 자신이 가지고 있던 믿음을 쉽게 바꾸지 않고 천천히 바꾸는 보수주의적 성향을 갖고 있다는 논문을 발표하였다. 주식시장에서는 투자자들의 보수주의적 성향이 과소반응하는 행동을 낳는다. 보수주의적 성향에 따르면 어떤 기업에 대한 낙관적인 정보가 흘러나왔더라도, 효율적 시장에서 상정하는 것처럼 투자자들이 곧바로 반응하지 않고, 그 기업에 대해 가지고 있던 기존의 믿음에 더 중요성을 둠으로써 정보가 신속하게 주가에 반영되지 않는다.

대표성에 의한 휴리스틱은 과잉반응하는 행동을 설명하는 심리학 개념이다. 인간은 무작위하게 일어나는 일련의 사건들 속에서 특정한 패턴을 발견했다고 믿고서 이에 따라가는 경향이 있다. 소수의 법칙은 작은 규모의 표본에서 큰 결론을 이끌어내는 경향을 말한다. 여기서 소수의 법칙을 대표로 간주하여 투자자가 과잉반응하는 행동의 예를 살펴보자.

가령 농구공을 넣는 사람이 공을 넣을 확률이 1/2라고 하자. 그런데 5번을 넣었는데 공이 모두 들어가는 현상을 관찰하였다고 하자. 비록 운에 의해 그렇게 되었는데에도 관찰자는 그의 자유투의 성공률이 '1'이라고 믿을 것이다. 이러한 상황을 소수의 법칙(희소의 법칙)이라고 말한다. 대표성에 의한 휴리스틱은 과거의 경험을 통해 얻어진 소수의 법칙에 의지하고 따르는 행동법칙을 말한다. 소수의 법칙을 대표로 삼아 휴리스틱하게 이용하여 주가에 과잉반응하는 투자자의 행동을 설명할 수 있다.

가령 연말에 기업의 영업수익을 공표하는데 어떤 기업이 계속 연달아 높은 수익을 거두었다고 하자. 처음 한두 해에 높은 수익을 공표하는 때에는 그다지 반응하지 않던 투자자들은 이러한 현상이 3~4년을 계속하면 당해 기업의 향후 수익률도 높을 것이라고 확신한다. 이러한 확신이 서게 되면 대량의 매수주문을 내게 되어 주가는 상승한다. 만약 시장에 이러한 패턴으로 행동하는 투자가가 많다면 이 회사의 주가는 내재가치와는 무관하게 폭등할 것이다.

 사례_180 폴 안드리아센(Paul B. Andreassen)은 1987년의 논문 'On the Social Psychology of the Stock Market'에서 대표성에 의한 휴리스틱도 미래의 주가를 예측하는데 응용될 수 있다고 주장하였다. 즉 주식가격이 계속 상승하는 경우에 가장 대표적인 주식의 가격(즉 본원적 가치)은 최종가치(막장의 시세)보다 낮기 때문에, 회귀의 법칙으로(본원적 가치에 부응하는 방향으로) 가격이 하락할 것으로 예측된다. 이와 반대로 주식가격이 계속 하락하는 경우에 가장 대표적인 주식의 가격은 최종가치보다 높아 가격이 상승할 것으로 예측된다. 이러한 경우 대표적인 주식가격은 당해 주식의 본원적 가치인데 이 주식의 가격은 시간이 흐름에 따라 천천히 변한다.

또 안드리아센(P. Andreassen)은 뉴스가 미래의 주식가격을 예측하는 데 미치는 영향을 조사하였다. 미디어상의 뉴스가 주식가격에 변화를 일으킬 만한 그럴 싸 한 속성을 제공하는 데 기여하여 사람들로 하여금 예측을 곤란하게 만들어 결국 뉴스에 노출되지 않은 사람들보다 덜 회귀적으로 예측한다는 사실이 밝혀졌다.

 사례_181 2000년 초 투자 종목마다 대박을 낸다고 해서 '여왕개미'로 불렸던 K씨. 자신의 투자경험을 바탕으로 책까지 냈던 K씨의 투자비법은 기업 현장방문이었다. K씨는 신문기사와 재무제표 분석 등으로 유망기업을 3~4개로 압축한 뒤 해당 기업을 일일이 방문했다. 그런데 기업을 방문하면 항상 직원 화장실로 직행하곤 했다. K씨는 "회사 사장이나 IR담당자들이 아무리 좋은 회사인 척 거짓말을 해도 화장실이 더러우면 성장 가능성이 없다고 봐야 한다"고 말했다.

재무제표와 대주주의 인품보다 화장실로 그 회사를 평가하려는 K씨의 방법은 '휴리스틱(heuristic)' 접근법이라고 하는데, 문제를 가장 합리적으로 해결하는 방법은 아닐 것이다. 그러나 최적의 방법을 찾는 데 오랜 시간이 걸리는 것을 감안하면 오히려 경제적인 경우가 많아 실생활에서 자주 사용된다. 주식을 팔아야 할지, 아니면 주식을 더 사야 할 것인지 투자자들은 헷갈릴 뿐이다. 전문가들이 최적의 방법을 내놓지 못한다면 남은 것은 휴리스틱 접근법이다(〈한국일보〉에서).

호화스런 사옥을 짓는 회사의 주식은 팔라는 휴리스틱의 법칙이 있다(『주식투자는 심리전이다』에서). 호화로운 사옥을 짓는 회사의 경영자는 자사의 실적이 앞으로도 계속 호조를 보일 것이라고 확신한다. 그러나 기업실적이 호조인 것은 전반적인 경기가 호조이기 때문인데 경기란 원래 호조와 퇴조를 반복하면서 순환한다. 경영자는 호화스런 사옥으로 자신의 정치적 본능에 따라 남에게 과시하려는 유혹에 휩싸인다. 그러나 경기가 퇴조하게 되면 사옥을 짓는데 차입한 건설자금에 대한 금리부담이 경영상에 커다란 부담이 되어 실적이 부진한 결과, 주가가 내려간다.

 사례_182 멘셀(Robert Menschel)은 자신만의 독특한 휴리스틱 법칙을 마련하여 자신과 고객을 위한 주식투자에서 성공을 거두었다. 그의 휴리스틱 법칙을 요약하면,

첫째, 거래할 대상종목의 범위를 설정한다. 영업실적과 수익성, 경영진의 철학, 영업망의 집중도 등을 기준으로 20~25개의 회사만을 정한다.

둘째, 아는 업종에 집중한다. 할인유통업, 가정용품, 기본식료품, 의약품, 화물운송, 청량음료, 주류 그리고 금융서비스업에서 업계의 수위를 달리는 회사에 투자하는데 실생활에서 상품과 서비스를 경험하며 경영성과를 직접 확인해볼 수 있기 때문이다.

셋째, 회사 자체가 사업을 핵심분야에 집중하고 탄탄한 영업망을 갖춘 회사에 투자한다. 따라서 기술분야는 업계가 너무 급박하게 변하기 때문에 탄탄한 기반의 영업망이 없는 까닭에 회피한다.

넷째, 증권회사나 중개사무소에서 투자결정을 내리지 않는다. 그런 곳에서는 군중의 소음에 휩쓸려 잘못된 판단을 내리기 쉽기 때문이다. 세면장에서 면도하거나 샤워할 때처럼 언론이나 군중의 소음으로부터 격리된 곳에서 결정한다.

다섯째, 주가가 급격하게 상승한 주식일수록 빠르게 떨어지므로 투자도 거북이처럼 느리지만 꾸준하고 확실한 것을 선택한다.

여섯째, 손쉽게 전해들은 정보일수록 가치는 떨어진다. 따라서 올바른 투자결

정은 꼼꼼하게 따져서 한번에 하나씩 차분하게 내린다. 중세 마녀사냥꾼들 대부분이 당시 사회에서 도덕적이고 지적인 지도자들이었다. 군중들은 그들의 권위에 지배되려는 정치적 본능에서 그들의 행위에 정당성을 부여하였다. 그래서 주식시장에 떠도는 소문이나 암시를 접했을 때에는 그 출처의 권위를 따지지 말고 내용의 진위를 검토하라고 충고한다.

일곱째, 확신에 찬 군중이 몰리는 것일수록 틀릴 가능성이 높다. 설사 맞았다고 해도, 모든 사람이 옳았다면, 희소성이 사라져 그에 따른 보상도 없을 것이다. 충동적인 군중행동에 휘말리지 않는다.

여덟째, 사회에서 그러하듯 투자에서도 공짜는 없으므로 항상 경계해야 한다.

아홉째, 주변의 모든 사람이 할 때는 하지 않는다.

열째, 자신의 정체성을 고수한다. 사람마다 칼라가 있기 마련인데 장기 전략으로 일관된 원칙을 고수한다. — 『시장의 유혹, 광기의 덫』에서

업계에 몸담은 사람이라면 누구라도 말이나 글로 표현할 수는 없지만 경험을 통해 체득한 지식이 부지불식간에 의사를 결정하는 잣대로 들어선다. 일전에 한 친구로부터 홍콩계 은행 HSBC에 취업할 당시의 에피소드를 들었다. 책임자급으로 선발되는 까닭에 홍콩 본사에서 면접을 치르는데 스티브 마틴 총재가 "당신은 대출하는 때에 무엇을 기준으로 합니까?"하고 묻길래 수익성 건전성, 활동성 따위의 재무관리에서 배운 이야기를 잔뜩 늘어놓으니까, "그래요, 당신 10년만 지나면 생각이 바뀔 겁니다. 난 고객이 층계로 올라오는 발자국 소리를 듣고 대출해야 할지 하지 말아야 할지를 결정합니다. 열심히 근무하세요."

그의 지식은 다른 사람에게 전달될 수 없는 무언의 지식이다. 펜로즈 (Edith Penrose)는 *The Theory of the Growth of the Firm*(1959)에서 기

업 내에서 활용되는 지식이 갖는 무언의 가르칠 수 없는 성질에 눈을 돌려 기업역량이론을 수립하는 데 기여하였다. 140년의 전통을 가진 HSBC는 잦은 혁명으로 사유재산권이 마련될 여지가 없는 중국대륙에서 금융업을 영위하는 까닭에 우리나라의 금융기관들이 즐기는 담보대출 대신에 철저한 신용본위의 인적대출에 전념하였다고 한다. 우리 나라의 경우 취업자를 대상으로 하여 면접하는 곳에는 경험이 많은 최고경영자가 몸소 면접시험을 본다. 오래 동안 살아오면서 경험으로 체득한 관상(사람 보는) 휴리스틱의 잣대가 한 사람의 인생을 커다랗게 바꿀 수도 있는 취업여부를 판가름한다.

 사례_183 주식투자에서 돈 버는 비결은 정석투자(우량주, 분산투자, 손절매)인 것으로 나타났다. 삼성증권이 2005년 4월부터 10월까지 4주간씩 네 차례의 모의투자대회를 실시하였다. 삼성증권은 대회 참가 투자자들에게 스스로 정석투자 그룹과 무원칙투자 그룹 중 하나를 선택하도록 했다. 정석투자 그룹(222명)에게는 세 가지 투자제한을 뒀다. 우선 삼성전자·POSCO·현대차 등 코스피 200 종목이나 NHN·LG텔레콤 등 코스닥 50종목에만 투자하게 했다. 또 10% 이상 손실이 나면 무조건 팔도록 손절매(stop-loss) 규정도 뒀다. 분산투자를 유도하기 위해 투자금의 절반 이상을 한 종목에 몰아넣을 수 없게 했다. 삼성증권은 투자자들이 이 같은 제한을 혹시 어기지 않는지 철저히 살폈다. 반면 무원칙투자 그룹(359명)에겐 아무런 제한도 가하지 않고, 투자자들 마음대로 주식을 사고팔게 했다.

결과는 정석투자 그룹의 승리였다. 정석투자 그룹은 평균 0.34%의 수익을 올린 반면 무원칙투자 그룹은 평균 3.39% 손실을 봤다. 같은 기간 종합주가지수는 1.44% 올랐다. 정석투자를 한 쪽은 수익률 변동도 심하지 않았다. 무원칙투자 그룹에 비해 수익을 고르게 유지할 수 있었다는 얘기다. 또 정석투자 그룹은 절반가량(49.5%)의 투자자가 수익을 낸 데 비해 무원칙투자 그룹에선 35.9%만이 이익을 남겼다. "스스로 세운 투자원칙에 따라 적정한 목표주가와 손절매 시점을 정하고 철저히 관리하는 습관을 들인다면 개인 투자자들도 좋은 투자 성과를 거둘 수 있을 것"이라고 전문가는 권고한다(《중앙일보》에서).

보수주의 성향과 대표성에 의한 휴리스틱 및 소수의 법칙을 따르는 투자자들은 새로운 정보에 대해 일단 과소반응하다가 어떠한 패턴을 발견했다고 확신이 서면 그때부터 과잉반응을 보이는 행태를 보인다. 이렇게 하여 단기에 과소반응하고 장기에 과잉반응하는 법칙은 승자-패자 지속현상과 역전현상을 설명해준다.

3. 자기과신

심리학자 스튜아트 오스캠프(Stuart Oskamp)에 의해 1982년 처음으로 제시된 과신(over-confidence)은 사람들이 자신의 판단이 옳을 것이라고 과도하게 기대하는 성향을 말하는데 행태주의 금융학자들은 이러한 과신이 주식시장을 지배하는 까닭에 주가와 거래량이 격심하게 변동한다고 설명한다.

 사례_184 테렌스 오딘(Terrance Odean)은 'Volume, Volatility, Price, and Profit When All Traders Are Above Average'(1998)를 통해 주식시장의 제도적 구조에 따라 사람들의 자기과신이 거래량, 변동폭, 시장심화,

수익률의 지속적인 정(+)의 상관관계에 영향을 미친다고 주장하였다. 첫째 가격수용자, 내부거래자, 또는 시장조성자(market maker)들이 과신하면 거래량은 늘어난다. 둘째 과신하는 거래자들이 변동의 폭을 확대시킨다. 셋째 과신으로 시장심화가 일어난다. 넷째 과신하는 투자자가 새로운 정보에 비중을 덜 부여하면 수익률은 시계열상으로 정의 상관관계를 가지지만, 새로운 정보를 너무 과대평가하면 수익률은 음의 상관관계를 가진다는 사실을 밝혔다. 이 상관관계는 과잉반응과 과소반응하는 투자자들의 행동성향과 관련이 있다.

사례_185 2001년 브래드 바버(Brad Barber)와 오딘(T. Odean)은 1991~1997 사이에 이루어진 3만8천 가구의 주식거래를 조사한 연구결과 'Boys will be Boys: Gender, Overconfidence, and Common Stock Investment'를 발표하였다. 주식을 사고파는 빈도를 성별 및 신분에 따라 구분한 결과, 미혼남성은 전체 보유주식의 85%를 1년 내에 다른 주식으로 바꾸고 기혼남성은 73%, 기혼여성은 53%, 미혼여성은 51%를 바꾸는 것으로 알려졌다. 즉 남성들이 자신을 과신하는 성향이 높은데 그렇다고 이들이 주식회전율을 높인다고 하여 높은 수익률을 거둔 것도 아니었다.

사례_186 2000년 바버와 오딘은 회전율을 높인 투자자들이 과연 합리적인 정보를 토대로 보유주식을 다른 주식으로 바꾸어 높은 이득을 올렸는지를 연구하였다. 이들의 연구결과(Trading Is Hazardous to Your Wealth: the Common Stock Investment Performance of Individual Investors)에 따르면 회전율을 기준으로 5개의 그룹으로 묶어 그룹별 평균회전율을 조사한 결과, 회전율이 가장 낮은 20% 그룹의 평균회전율은 2.4%였고 회전율이 가장 높은 20% 그룹의 평균회전율은 250%를 상회한 것으로 나타났다. 하지만 회전율이 가장 낮은 그룹의 순수익률은 연간 18.5%인데 비해 회전율이 가장 높은 그룹의 순순익율은 연간 11.4%에 지나지 않았다.

주식투자자들은 잦은 거래로 거래수수료를 부담할 뿐만 아니라 그릇된 종목을 선정하는 잘못을 저지른다는 사실도 밝혀졌다. 1991년 오딘은 주식을 매도하고 다른 주식을 매입하여 이득을 얻는지를 조사하였다. 그의 연구결과(Do Investors Trade Too Much)에 따르면 투자자들이 처분한 주식은 다음 4개월 동안 2.6%의 수익률을 얻었는데 반해 새로 매입한 종목의 수익률은 0.11%에 지나지 않는 것으로 알려졌다. 그리고 1년 이후의 수익률을 비교한 결과 매도한 종목과 매입한 종목의 주식수익률 차이가 5.8%나 되는 것으로 밝혀졌다. 즉 투자자들은 실적이 좋아질 종목을 처분하고 실적이 나빠질 종목을 구입하는 자기과신의 성향에서 벗어나지 못한다는 사실을 알 수 있다.

자기과신 성향은 초보들보다 특히 전문가들에게서 발견되는데 전문가들은 자신들이 알고 있는 금융이론과 예측모형에 과도하게 의지하는 데서 비롯한다. 증시의 투자자들은 손해본 주는 보유하고 이득본 주는 파는 경향이 있다. 사람들은 과거의 의사결정이 잘못되었는지를 판단하는데 있어 실현되는 수익률을 기준으로 삼는다. 따라서 자신들이 잘못 판단하지 않았다고 자위하려고 손해본 주식을 처분하지 않는다. 즉 손절매하지 않는다. 증권사 직원들도 약세를 전망하여 빗나가는 것보다 강세를 전망하여 빗나가는 것이 투자자들로부터 비난을 덜 받기 때문에 증시의 만년강세를 부르짖는다.

그에 따라 주식시장에서 위험을 분산시킬 수 있는 재력이 없는 개미군단은 사라지고 신규로 발을 들여놓는 소액투자자, 자신이 잘못 판단하지 않았다고 과신하는 개인투자자, 투자에 대해 자신이 있다고 자신을 과대평가하는 과신투자자, 그리고 시장에서 쫓겨나지 않을 재력이 있으면서 동시에 과신하는 기관투자가들, 만년강세를 부르짖는 증권사 직원들만 남게 될 것이다. 이러한 과신하는 성향을 경고하고자 미국 월가에서는 '강세시장에 신경을 빼앗기지 마라(Don't confuse brains with a bull market)'라는 격언까지 생겼다.

4. 기분효과

사람들은 자신의 판단이 옳은 것으로 판명되는 데서 오는 결과에 자부심을 크게 느낀다. 동시에 후회를 극소화하려는 심리적 성향도 갖고 있다. 그에 따라 사건을 매칭시키는 휴리스틱의 행동법칙을 따른다. 예를 들어 보유한 주식을 다른 주식으로 바꾼 결과 종전의 주식가격이 상승하는 바람에 바꾸지 않았어야만 하는 후회를 느끼는데 이를 작위의 후회(regret of commission)라고 한다. 그리고 보유한 주식을 다른 주식으로 바꾸지 않고 있다가 다른 주식의 주가가 상승하는 바람에 바꾸었어야만 하는데 하면서 느끼는 후회를 부작위의 후회(regret of omission)라고 한다.

일반적으로 사람들은 쓸데없이 주식을 다른 종목으로 바꾼 데서 발생하는 작위의 후회에서 오는 고통을, 그냥 내버려두어 일어나는 부작위의 후회에서 오는 고통보다, 더 크게 느낀다. 왜냐하면 바꾸지 않고 계속 보유한 기간동안 투하하였던 애착으로 말미암아 상당한 가치에 해당하는 정서자본(emotional capital)이 축적되어 있기 때문이다. 후회를 기피하고 자부심을 추구하는 성향으로 인해 주식을 투자하는 행동에도 영향을 미친다. 쉐프린(Hersh Shefrin)과 스태트만(Meir Statman)은 The Disposition to Sell Winners Too Early and Ride Losers Too Long: Theory and Evidence(1985)를 통해 투자자들이 후회를 두려워하고 자부심을 추구하는 심리로 인해 이득이 될 종목을 너무 일찍 처분하고 손해를 볼 종목을 너무 오래 보유한다는 사실을 발표하였고 이러한 심리적 성향을 기분효과(disposition effect)라고 했다(『투자의 심리학』에서).

 사례_187 오래 전에 슈라바움(G. Schlabaum), 리웰렌(W. Lewellen), 리스(R. Lease) 등은 1964년부터 1970년까지의 7만5천 건의 주식거래자료로부터 보유기간과 주식수익률 사이의 관계를 조사한 연구결과 "Realized Returns on Common Stock Investments: The Experience of Individual Investors"(1978)를 발표하였다. 투자자들이 매입 후 1개월 이내에 매도한 주식의 연평균 수익률은 45%인데 비해 보유기간이 1~6개월인 주식의 수익률은 7.8%, 보유기간이 6~12개월인 주식의 수익률은 5.1%, 보유기간이 12개월 이상인 주식의 수익률은 4.5%로 나타나, 투자자들은 이익이 되는 종목을 일찍 처분하고 손실을 보는 종목을 오래 동안 보유한다는 사실을 발견하였다.

그린브래트(M. Grinblatt)와 케로하주(M. Keloharju)는 자신들의 연구결과(What Makes Investors Trade, 2002)을 통해 1995년과 1996년에 일어난 핀란드의 주식거래로부터 지난주의 수익률이 높은 주식을 투자자들이 매도하는 성향이 있다는 사실을 확인하였다. 이러한 현상은 개인투자자는 물론이고 기관투자자들도 동일하게 이러한 성향을 드러내었고, 주식의 대폭적인 하락은 오히려 주식을 보유할 확률을 올리고, 최근에 득실이 발생한 종목일수록 승자주는 매도하고 패자주는 보유하는 성향이 강해진다는 사실을 발견하였다.

워싱턴 주립대학교의 존 노프싱어(John Nofsinger)교수는 1990년 11월부터 1991년 1월까지 뉴욕증권거래소의 상장기업 144개의 주가에 대해 미디어의 기사가 미친 영향을 조사하였다. 연구결과 상장기업에 대한 미디어의 좋은 뉴스는 주가를 상승시키고 주식을 매도하도록 이끌지만, 나쁜 뉴스는 주식을 매도하도록 유도하지 않는 것으로 밝혀졌다. 즉 투자자들은 뻔히 들어난 후회를 가급적이면 기피하고 자존감을 추구하는 기분효과에 의해 지배된다는 사실을 알 수 있다.

5. 인지부조화해소 효과

서로 갈등하는 두 가지의 신념에서 오는 심리적 고통을 줄이려는 투자자들의 행동이 주식시장에서도 나타난다. 괴츠만(William Goetzmann)과 펠레스(Nadav Peles)는 'Cognitive Dissonance and Mutual Fund Investors'(1997)를 통해 투자자들이 기억하고 있는 내용으로부터 인지부조화를 해소한다는 연구결과를 발표하였다. 그들은 조사대상자들에게 전년도에 투자한 뮤추얼 펀드의 수익률이 얼마일 것으로 생각하는가와 시장수익률을 얼마나 상회하였을 것으로 생각하는가를 질문하여 그 결과를 조사하였다. 사람들이 인지부조화를 해소하지 않고 있다면 긍정적인 수익성과이건 부정적인 수익성과이건 사실대로 기억하고 있을 것으로 추정할 수 있다.

이들은 투자에 대한 지식이 없는 12명의 건축가들과 투자에 대한 지식을 가진 29명의 전문투자자들(미국개인투자자협회의 회원들)을 대상으로 하여 자신들의 과거 수익률과 시장수익률과의 차이를 문의하여 조사하였다. 그 결과 건축가들은 평균적으로 자신의 투자실적을 실제 수익률보다 6.22% 높게 기억하고 동시에 시장수익률보다 4.62%를 초과하여 달성한 것으로 기억하고 있는 것으로 나타났고, 전문투자자들은 평균적으로 자신의 투자실적을 실제 수익률보다 3.44% 높게 기억하고 동시에 시장수익률보다 5.11%를 초과하여 달성한 것으로 기억하는 것으로 나타났다.

사람들은 자신이 투자한 결정이 옳았다고 믿으려 한다. 이들은 자신의 투자결정에서 오는 수익률을 낙관적으로 평가하는 소위 인지부조화를 해소하려는 그릇된 믿음에 사로잡혀 있기 때문이다. 그러한 믿음과 모순되는 증거가 나오면 두뇌의 방어기체는 모순된 정보를 여과하여, 이미 의사를 결정한 기억을 바꾸어버린다(『투자의 심리학』에서).

6. 산만한 정보

 사례_188 데이비스(F. Davis), 로즈(G. Lohse) 및 코티만(J. Kottemann) 등은 1994년 뉴스정보를 인출하는 시스템이 조직 내에서 증식하기 때문에 MBA 학생이 주식수익을 예측한 질에 대한 정보가 효과가 있는지를 조사하였다. 15개 상장기업의 첫 3분기까지의 주당 수익률, 순판매고, 주식가격 등에 관한 정보를 학생들에게 제공하였다. 그리고 나서 마지막 4분기의 주당 수익률에 대해 예측하여 9등급의 척도로 각자의 자신감을 표시하도록 요구하였다. 학생들에게 두 가지의 다른 정보를 추가로 제공하였는데 하나는 불필요한 정보, 가령 '지난 3분기동안 매상이 21% 증가하였다'라는 정보를, 다른 하나는 필요한 정보, 예컨대 'CEO가 사업의 결과가 역사상 최고이다'라고 말한다는 정보를 추가로 제공하였다.

그 결과 불필요한 정보는 예측의 질에 영향을 미치지 않을 것이고 대신 필요한 정보는 예측의 질을 향상시킬 것이라고 기대하였지만, 추가 정보를 제공하지 않았을 때에 비해 정보를 추가 제공하였을 때에, 학생들의 응답이 제각각이어서, 분산오차가 오히려 더 확대되었다. 그러나 예측에 대한 자신감은 추가정보가 없었을 때에 비해 불필요한 정보라도 추가되었을 때에 향상되었고, 다시 필요한 정보가 제공되었을 때에 더 높았다. 추가정보가 주어졌는데에도 오차가 더 커진 까닭은 추가정보가 피험자를 산만하게 만들어 당초 예측하려는 정보를 오히려 약하게 만들도록 작용한 것으로 분석되었다.

인간은 실제로 있는 정보를 무의식적으로 누락시키거나 없는 정보를 무의식적으로 추가시킨다. 정보를 누락하는 경향은 사람들이 광고는 기억해내지만 광고되고 있는 제품을 잘 기억해내지는 못하는 데서 알 수 있다. 제럴드 잘트만(Gerald Zaltman)은 사람들의 주목을 끄는 것은 브랜드가 아니고 메시지를 구성하고 있는 다른 요소들이라고 지적한다.

 사례_189 어떤 선박엔진 제조업체가 조선업자들을 자사의 엔진공장으로 초대하여 엔진이 만들어지는 과정에서 일어나는 품질과 안전을 강조하면서 홍보행사를 열었다. 물론 조선업자들에게 전달하려고 마음먹은 '강조사항' 리스트를 개발하였다. 조선업자들이 방문이 끝나고 나서 현장방문경험을 평가하는 자리에서 강조사항의 리스트의 일부만을 기억해낸다는 사실이 발견되었다. 그에 따라 엔진제조회사는 이들에게 보여주기 위해 마련한 여러 가지의 그림과

영리한 안전공정 그리고 종업원들을 위한 동기부여선전포스터 등이 이들의 정신을 오히려 산만하게 만들었다는 사실을 발견하였다. 포스터를 철거하고 불필요한 사항을 제거시킨 다음의 방문기간 동안에는 조선업자들이 강조사항을 성공적으로 머리에 담고 있었다고 한다. 이처럼 인간은 있는 정보를 무의식적으로 누락시킨다.
- How Customers Think 에서

사람들은 뇌를 경제적으로 절약하기 위해 경험에서 우러나오는 감각적 판단에 의지한다. 심사숙고하는 데에는 에너지가 소비되기 때문에 의사결정을 내리기 위해 간단한 절차를 밟는다. 그렇다고 모든 일에 대해 무심하게 대응하는 것은 아니다. 주관적으로 평가한다는 것은 흔히 거리나 크기와 같은 물리적 수량을 주관적으로 평가하는 것이나 다름없다. 이러한 판단은 모두 휴리스틱의 원칙에 따라 처리되는 까닭에 그 효력이 제한될 수밖에 없다.

제7절 편견에서 벗어나는 길

주식시장을 지배하는 투자자들의 편견, 즉 자기과신, 후회를 회피하려는 성향, 인지부조화를 해소하려는 위안, 본전 찾기에 집착하거나 공돈효과에 좌우되는 행동, 매몰비용을 무시하지 못하는 성향, 대표성이나 친숙성에 의지하는 휴리스틱한 판단, 현상유지의 편향, 부화뇌동과 감정에 의존하는 행태 등은 부를 극대화하는 합리적인 투자에 걸림돌로 투자자를 지배한다. 그런 까닭에 이러한 편견에서 벗어나는 전략을 습관화하는 일이야말로 합리적인 투자자에 다가설 수 있는 지름길이다. 여기서는 이러한 편견에서 벗어날 수 있는 전략들을 살펴보고자 한다.

워싱턴 주립대학의 노프싱어(Nofsinger) 교수는 『투자의 심리학』(*The Psychology of Investing*, 2005)에서, 첫째, 투자자가 심리적 편견에 사로잡힌 존재라는 사실을 스스로 이해하여야 한다고 지적한다.

둘째, 투자하는 목적을 가령 노후생활의 안정이나 해외여행이라고 막연하게 세우면 심리적 편견에서 벗어날 수 없으므로, 예를 들어 구체적으로 가령 은퇴 후 해외여행용의 정신계좌에 1억원을 그리고 체면유지용의 정신계좌에 1억원을 각각 수립하여 그에 따라 매년 투자할 자금을 저축하기를 권고한다.

셋째, 감정이나 소문 및 기타 심리적 편견에 좌우되지 않도록 계량적 투자기준을 설정할 것을 요구한다. 가령 특정 주식을 매수하기 전에 주식의 특성을 자신이 수립한 투자기준과 비교하여 합당한 경우에만 여기에 투자한다.

넷째, 서로 다른 유형의 주식이 많이 포함되도록 자금을 분산하여 투자한다. 산업이 다르고 기업규모가 상이한 15개 종목을 포함하면 분산투자에서 오는 위험을 어느 정도 줄일 수 있다. 그러나 50개 종목의 기술종목으로 구성된 뮤추얼펀드에 가입하는 것은 분산투자된 포토폴리오가 아니다. 주식은 물론이지만 채권에도 투자대상에 포함하여야 한다. 또한 자신이 근무하는 회사의 주식은 취득하지 않는다. 이미 자신의 인적자본을 회사에 투자한 까닭에 재산까지 함께 집중하여 투자하는 데서 오는 위험을 가급적이면 피할 필요가 있기 때문이다.

다섯째, 투자환경을 스스로 통제하여 심리적 편견을 증대시키는 활동을 제한할 필요가 있다. 가령 투자한 주식의 변동을 알려고 근무를 내팽

개친 채 컴퓨터에 매달려 있지 말고 한 달에 한 번씩 투자종목을 점검한다. 한 시간이 아니라 한 달에 한 번 점검함으로서 후회가 누적되거나 자부심이 에스컬레이트 되는 것을 막을 수 있다. 또 매달 같은 날짜에만 매도 및 매수 주문하여 거래한다. 한 달에 한 번씩 매매하는 것은 자기 과신에서 오는 편견에서 벗어나기 위해서이고 같은 날짜에 매매하는 것은 소문을 바탕으로 부화뇌동하는 투자로부터 벗어나기 위해서이다. 그리고 매년 한 번씩 포토폴리오를 점검하여 자신의 구체적인 목표와 부합하는지를 확인한다. 확인하는 과정에도 앞서 말한 심리적 편견이 개입하지 않도록 유의하여야 한다. 투자목적과 분산투자 기준을 충족하는지를 확인하고 인지부조화를 방지하고 기억의 한계를 극복하기 위해 기록하는 습관을 들인다.

여섯째, 높은 수익률보다 시장수익률을 얻기 위해 노력한다. 높은 수익률을 올리려는 욕망은 심리적 편견을 불러내어 오히려 실패로 이어지도록 이끈다. 심리적 편견에서 벗어나기 위해 매년 심리적 편견을 점검하여 자기통제를 강화한다.

 사례_190 텔러(R. Thaler)와 베르나치(S. Bernatzi)는 'Save More Tomorrow: Using Behavioral Economics to Increase Employee Savings'(2005)를 통해 자신들이 창안한 SMT(Save More Tomorrow)라고 부르는 심리적 편견을 극복할 수 있는 4단계의 절차를 제안하였다. 첫 번째 단계에서는 종업원이 연금저축에 동의하도록 미리 요구받도록 한다. 그렇다고 가입이 자동적으로 발효하는 것은 아니다. 단지 심리적 부채를 부담지도록 하기 위해서이다. 두 번째 단계에서는 급여인상이 되면 자동적으로 연금저축에 납입하는 규모도 자동적으로 상승하도록 동의한다. 세 번째 단계에서는 사전에 설정된 최대연금납입비율에 도달할 때까지 납입비율을 점진적으로 끌어올리도록 동의한다. 네 번째 종업원은 언제든지 SMT제도로부터 탈퇴할 수 있도록 한다. 종업원은 바람직스런 현상유지의 편향 때문에 탈퇴의 선택권을 행사하지 않을 것이기 때문이다. 퇴직연금 가입률이 낮았던 어느 중소기업에서 실시한 결과 종업원들의 저축비율이 크게 늘어났다고 한다.

제8절 요 약

경제이론에 의하면 주식시장이 효율적으로 움직이기 때문에 미래의 주가를 예측할 수 없다. 그러나 행태주의 금융이론에 의하면 주식시장의 투자자들은 과잉반응하거나 과소반응한다. 사람들의 대표성에 의한 휴리스틱이나 보수적 성향 그리고 과신하는 심리적 성향으로 인해 주가는 전통적 경제이론이 예측하는 바와는 다르게 전개된다.

주식투자자는 자신의 견해를 형성하고 재평가하는 데 있어 다른 사람의 견해나 행동 및 일상적으로 일어나는 사건 등과 같은 외부적인 원천에 의지하는 소위 타인에게 의존(dependence)하는 경향이 있다. 그 결과 장기에 걸쳐 주식수익률을 관찰하면 과거의 승자였던 주식이 패자로 역전하고 과거 패자였던 주식이 승자로 전환하는 일이 투자자들의 과잉반응으로 인해 일어난다. 마찬가지로 주식수익율을 단기에 관찰하면 투자자들이 과소반응하는 행동으로 인해 승자는 계속 승자로, 패자는 계속 패자로 남는 현상이 일어난다.

이처럼 과잉반응하거나 과소반응하는 투자자들의 심리적 성향을 심리학자들은 대표성에 의한 휴리스틱, 보수주의적 성향, 과신 등으로 인한 소산이라고 지적한다. 아울러 이러한 편견에서 벗어나는 전문가들의 권고도 살펴보았다.

심리학자와 금융학자들이 상호 교류하면서 주식시장을 지배하는 법칙을 밝혀내려고 노력하고 있는 중인데 주식시장에서의 경제심리현상에 대한 연구는 겨우 10~20년 전부터 활발하게 일어나기 시작하였다.

소나무가 말라 죽으면 잣나무가 슬퍼한다

제12장
게임과 흥정의 심리법칙

어떤 농담이 웃음꺼리에 지나지 않는다는 사실을
정형화된 틀로 증명할 수 없듯이, 경험을 통한 증
거 없이, 합이 영이 되지 않는(non-zero sum
game) 술책게임으로부터서도 무슨 이해를 지각
하였다고 추론할 수는 없다.

-Thomas Schelling, *The Strategy of Conflict*, 1960

제1절 피의자의 딜레마

1. 두 피의자의 딜레마

하딩(Garrot Hardin)은 사회적 딜레마를 지적하려고 1968년 *Science*
지에 "공유재산의 비극(Tragedy of the Commons)"이란 글을 발표하였다.
가령 뉴잉글랜드의 주민들은 누구나 공유초지나 공공초지에서 소에게
풀을 뜯어먹게 할 수 있었다. 공유재산은 자유재이므로 자신이 거느리

는 소의 양이 많을수록 목축업자는 이득을 본다. 그러나 모든 목축업자들이 그렇게 방목하면 풀은 점점 희소해지고 결국에는 완전히 파괴되어 버리고 만다. 그 결과 모두가 이전보다 가난해진다. 더 이상 소를 방목할 수 있는 초지가 사라지기 때문이다.

이러한 공유재산의 딜레마는 이미 잘 알려진 두 사람이 개입된 피의자의 딜레마(prisoner's dilemma)를 확장하여 고려할 수 있다. 두 명의 범죄피의자가 수사관으로부터 따로따로 심문을 받는다. 이들이 범행을 자백하면 일반적으로 법규정에 따라 3년간 옥살이에 처해진다. 그러나 모두 범행을 부인하면 단지 1년간 옥살이가 처해진다. 이들 중에 한 피의자는 자백하고 다른 피의자는 자백하지 않으면, 자백한 피의자는 석방되지만 자백하지 않은 피의자는 (괘씸죄가 추가되어) 10년의 옥살이에 처해진다. 두 사람이 격리수용되어 심문을 받고 있는 까닭에 서로 교류할 수가 없다. 각 피의자는 다른 피의자가 어떻게 나오든지 간에 자신이 가급적이면 더 적은 형기를 받을 수 있는 쪽으로 범행을 자백하거나 부인할 것이다. 두 피의자가 똑같이 이런 생각을 하게 되면 범행을 자백하는 것이 각자에게 이득이 된다. 이것이 범인을 다루는 수사관들이 의도하는 심문기법이기도 하다.

〔표 12-1〕 피의자의 딜레마의 보상행렬

| | | 피의자 2 | |
		부인	자백
피의자 1	부인	(−1, −1)	(−10, 0)
	자백	(0, −10)	(−3, −3)

위에서 설명된 상황은 게임이론(game theory)으로 분석될 수 있다. 피의자의 딜레마를 게임이론으로 표현한 것이 〔표 12-1〕에 나와 있다. 표의 보상행렬 각란의 괄호 속에 관례적으로 피의자 1번의 보상은 왼쪽에 2번의 보상을 오른쪽에 표시하였다. 결과는 형기이므로 이를 음수로 표시하여 보상부호를 마이너스(-)로 표시하였다.

피의자 1번의 보상을 조사해 보면 피의자 2번의 행동 여하에 따라 범죄를 부인하는 것이 1년 또는 10년의 형기를 자초한다. 대신 자백하면 석방이나 3년의 형기를 자초한다. 피의자 1번의 보상은 부인하는 경우보다 자백하는 경우에 더 크다. 따라서 피의자의 합리적인 전략은 자백이다. 피의자 2번의 보상을 살펴보아도 동일한 결과 즉 자백이 기대된다. 양쪽 피의자들의 합리적인 전략은 자백으로 그 결과 모두 최적의 1년이 아닌 3년이란 형기의 결과를 얻는다. 이 결과를 안정적인 균형이라고 한다. 이 상태에 들어가면 어느 누구도 후회하지 않으려고 다른 전략을 선택하더라도 이득을 볼 것이 하나도 없다. 가령 이 상태에서 달리 부인하면 10년의 교도소살이를 하게 된다.

피의자의 딜레마의 균형은 두 경기자가 개별적으로 합리적인 전략을 선택하여 나온 결과이다. 그러나 균형은 비효율적인 자원배분이다. 왜냐하면 두 사람이 이용할 수 있는 보다 나은 1년의 결과가 있기 때문이다. 두 피의자가 협력으로 나오면 두 사람 모두 나은 결과, 즉 1년이란 작은 형기의 결과를 얻을 수 있다. 그런 측면에서 보면 집단으로서는 협력하는 전략(부인)이 합리적이다. 그렇지 못하고 협력의 전략에서 벗어나 모두 불리한 결과를 얻는 선택을 배반의 선택(defective choice)이라고 한다. 피의자의 전략이 갖는 특징은 협력하는 데서 오는 개인적 보상보다 배반하는 데서 오는 개인적 보상이 높고, 그 결과 모두 배반한 결과,

배반하지 않는 경우보다 보상이 작다는 데 있다.

 사례_191 스티븐 코비의 『성공하는 사람들의 7가지 습관』(김영섭 김원석 옮김,
1994, 김영사)에 나오는 글이다. '나는 살고 너는 죽는' 사고방식을 지닌, 즉 단호
하고, 완고하고, 또 자존심이 강한 두 사람이 서로 만난다면, 그 결과는 L/L(나
도 죽고 너도 죽는) 결과로 끝날 것이다. 둘 다 패배하는 것이다. 이들은 다른 사람을
죽이는 것이 자살행위이고, 복수는 양날을 지닌 칼이라는 사실을 알지 못하며,
둘다 원한을 품고 '복수하기'만 원할 뿐이다.

나는 하나의 이혼 사례를 알고 있다. 법정에서 남편은 판사로부터 모든 재산을
팔아서 그 절반을 부인에게 주라는 명령을 받았다. 이에 따라 그 남편은 1만
달러짜리 자동차를 50달러에 팔아, 그 절반인 25달러를 부인에게 주었다.
그러자 그 부인이 항의를 했고, 법원에서 상황을 조사해보니 남편은 자기 재산
모두를 이와 똑같은 방식으로 계획적으로 처분했던 것이다.

2. N명 피의자의 딜레마

피의자가 선택하는 전략에 따라 게임이 어떻게 이루어지는가를 설명
하였지만 서로가 이익을 두고 갈등을 벌이는 과정은 피의자의 딜레마
모형으로 분석한다. 가령 아파트에 사는 주민들이 출입구에 안전시설을
설치하기를 원한다고 가정하자. 이들은 시설구매에 필요한 자금을 모금
하려고 한다. 얼마나 많은 주민들이 기여할 것인가?

이 상황을 보다 구체적으로 살펴보자. 가령 아파트의 가구수가 20명
이고 안전시설의 설치비용이 120만 원이라고 하자. 한 주민이 다른 주

민들에게 구매에 필요로 하는 돈을 갹출할 것입니까? 하고 묻는다. 이 사람은 두 번째의 딜레마에 봉착하게 되는데 왜냐하면 자신의 주도하는 제안을 다른 사람들이 응답하지 않으면 돈은 모금되지 않을 것이고, 응답하면 협력하는 행동으로 간주되어 어떤 의미에서 자발적으로 응답한 당사자만 손해를 볼 수 있다. 다행스럽게 모든 주민들이 협력하면 가구당 분담금은 6만원이 될 것이다. 시설이 각 가구에게 기여하는 가치는 적어도 120만원이 된다고 하자.

그러면 모금에 응답한 주민의 순편익은 적어도 114만 원이 된다. 만약 아무도 협력하지 않으면 시설은 설치되지 않고 주민들은 협력의 이득을 즐길 수 있는 기회를 놓치게 된다. 10명이 협력하면 각 가구에게 2배의 분담이 돌아간다. 그러나 이 경우 주민의 순편익은 다르다. 협력하는 각자는 108만 원의 순편익을 얻는다. 대신 배반하는 각자는 120만 원의 편익을 얻는다. 만약 한 사람만이 협력하면 그의 순편익은 '0'이다. 기여자의 수에 따라 비용과 순편익을 〔표 12-2〕에 표시하였다.

〔표 12-2〕 시설설치의 비용과 보상

기여자의 수(명)	분담금(만 원)	기여자당 순편익(만 원)
20	6	114
19	6.32	113.68
15	8	112
10	12	108
5	24	96
1	120	0
0	0	0

〔표 12-2〕의 숫자를 〔그림 12-1〕(a)에 표시하였다. 최소한 1명 이

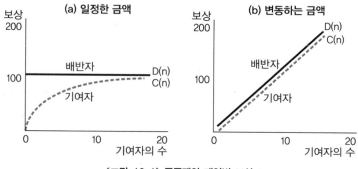

〔그림 12-1〕 공공재의 개인별 보상

상이 기여하는 한, 배반자의 보상은 120만원으로 일정하다. 기여자의
보상은 참여자의 수가 늘어날수록 상승한다. 이러한 결과는 공공재의
자연스런 공급이 갖는 특성이다. 이 경우 공공재 구입은 상대적으로 이
루어질 가능성이 높다. 왜냐하면 보상이 단지 몇 사람의 기여로 상당히
증가할 수 있기 때문이다. 단지 공공재를 시설하는 데 자금을 기여하지
않는 주민들이 문제로 남는다. 공공재에 기여하지 않는 사람들을 무임
승차자(free rider)라고 한다. 게임이론에 따르면 자금을 내지 않고 무임
승차를 선택하는 배반자는, 기여자의 보상보다 자신의 보상이 항상 높
기 때문에, 그의 입장에서는 합리적으로 선택한 것이다.

〔표 12-3〕 시설가격이 변동하는 경우의 보상

기여자의 수(명)	총비용(만 원)	기여자당 순편익(만 원)
20	200	190
19	190	180
15	150	140
10	100	90
5	50	40
1	10	0
0	0	0

보상곡선의 모양은 게임의 보상구조에 따라 다르다. 앞에서는 시설가격이 변하지 않는다고 가정하였다. 이제는 주민 각자가 부담하는 분담금이 일정한 금액이라고 하자. 즉 10만원으로 합의되었다고 하자. 안전시설 공급시장에서는 여러 가지 종류의 시설이 가격을 달리하면서 제시된다. 시설가격은 10만 원~200만 원 사이에서 10만 원이 추가됨에 따라 보다 나은 시설을 구매할 수 있다. 이러한 경우가 〔표 12-3〕에 나와 있다.

개인별 총편익은 기여자의 수가 늘어날수록 증가한다. 왜냐하면 보다 비싼 시설을 구입할 수 있기 때문이다. 이는 기여자는 물론 무임승차자에게도 적용된다. 즉 여기서는 〔표 12-2〕에서 배반자(D)가 기여자의 수에 관계없이 일정한 120만원의 순편익을 얻었던 경우와는 다르다. 주민의 편익은 기여자의 수에 정비례한다. 개인별 순편익을 〔그림 12-1〕(b)에 표시하였다. 그림에서 알 수 있듯이 배반자의 보상과 기여자의 보상과의 차액은 일정한 10만 원이다. 이 경우 배반자의 보상은 기여자의 수에 좌우되지 않는다. 시설설치가격이 일정한 〔그림 12-1〕(a)에서 D(n)과 C(n)의 차이는 협력자의 수가 늘어남에 따라 줄어든다. 이 경우 이미 많은 사람들이 기여하였으면 D(n)과 C(n)의 차이가 작아지므로 배반할 확률은 줄어들 것으로 기대된다. 그러나 양쪽 모두 배반하는 것이 여전히 합리적인 선택이다.

여러 가지 종류의 N명의 피의자의 딜레마게임이 현실에 존재한다. 실생활에 부닥치는 여러 가지 종류의 피의자의 딜레마가 발생하는 상황을 나타낸 것이 〔표 12-4〕이다.

[표 12-4] N명의 피의자의 딜레마 게임

딜레마	변절하는 선택
세금납부	세금회피
군비경쟁	군비확장
남획	어획쿼터량의 초과 어획
가격설정	경쟁자보다 낮은 가격 설정
줄서기	새치기
광고	광고지출예산의 증대

　　공공재 공급에 참여하거나 참여하지 않는 사람들에게 돌아가는 이득
(보상)의 갈림길을 실험으로 디자인하여 공공재가 공급되는 현상을 설명
할 수 있다. 즉 공공재가 공급되면 모두 커다란 이득을 얻지만 동시에
여기에 참여하지 않고 다른 사람이 기여한 공공재를 무임편승하는 데서
도 이득을 얻을 수 있다. 그러나 무임편승자의 수가 많아지면 공공재가
공급되지 않아 이득을 즐기지 못하는 상황에 놓인다. 그러므로 공공재
공급에 기여하지 않는다고 하여 무작정 이득을 보는 것이 아니기 때문
에 오히려 공공재 공급에 기여하여 이득을 보려는 마음도 내킨다. 이처
럼 사람들은 공공재 공급에 기여할 것인지를 두고 갈등하게 된다.

　　도우즈(Robyn M. Dawes)는 1980년 'Social Dilemmas'에서 N명의
피의자 딜레마게임으로 공공재가 공급될 수 있을 가능성을 '주는 게임'
과 '받는 게임'을 바탕으로 하는 연구를 통해 제시하였다. 먼저 주는 게
임에서는 3명의 경기자들이 동시에 칩을 하나 뽑는데 만약 누군가가 붉
은 칩을 뽑으면 3달러를 받지만 동시에 그러한 결과가 나왔다는 사실로
인해 모두가 1달러의 벌금을 낸다. 그러나 푸른 칩을 뽑으면 1달러를
받지만 벌금을 무는 일은 없다. 이러한 게임에서 일어날 수 있는 보상을

[표 12-5]의 (a)에 표시하였다. 붉은 칩을 뽑은 사람은 3달러를 상금으로 받지만 동시에 1달러를 부담하므로 2달러를 번다. 이 2달러는 나머지 사람이 벌금으로 부담한 금액이나 마찬가지다. 그런 의미에서 이러한 게임의 이득은 다른 사람으로부터 받는 벌금이라고 해석될 수 있다. 즉 한 사람은 이득을 보고 다른 사람은 손해를 보는 제로섬게임의 형태이다.

[표 12-5] 받는 게임과 주는 게임

(a) 받는 게임				(b) 주는 게임			
협력자의 수(명)	배반자의 이득(달러)	협력자의 이득(달러)	차액	협력자의 수(명)	배반자의 이득(달러)	협력자의 이득(달러)	차액
3	-	1	-	5	-	12	-
2	2	0	2	4	20	9	11
1	1	-1	2	3	17	6	11
0	0	-	-	2	14	3	11
				1	11	0	11
				0	8	-	-

가령 [표 12-5](a) 맨 아래에서 모두가 붉은 칩을 뽑으면 협력자(푸른 칩을 뽑은 사람)의 수는 '0'이 되고 배반자(붉은 칩을 뽑은 사람)에게 돌아가는 이득은 하나도 없다. 즉 '0'이다. 그러나 3인 중에서 1명이 푸른 칩을 뽑고 나머지는 붉은 칩을 뽑으면, 푸른 칩을 뽑은 협력자는 1달러의 손해를 보지만 붉은 칩을 뽑은 배반자는 1달러의 이득을 얻는다. 만약 모두가 푸른 칩을 뽑으면 각자 1달러를 버는 것으로 끝난다. 물론 모두가 푸른 칩을 뽑았기 때문에 붉은 칩을 뽑은 사람은 존재하지 않아 배반자의 이득도 존재하지 않는다. 여기서 특이한 점은 배반자와 협력자 사이의 이득 차이는 협력자의 수에 관계없이 항상 2달러(마지막 란 참조)로 일

정하다. 이러한 결과는 3명 대신에 여러 명으로 게임을 확장하더라도 동일하다.

이제 주는 게임을 살펴보자. 5명의 경기자가 실험자로부터 8달러를 받아 본인을 위해 보유할 수도 있고 또는 실험자로부터 3달러를 받아 다른 경기자들에게 줄 수도 있는 게임이다. 만약 모두가 주기로 결정한 다면 각자가 받는 금액은 12달러(=3달러×4명)이다([표 12-5]의 (b)의 최상단 참조). 이와 반대로 모두가 보유하기로 결정하였다면 배반자의 이득은 8달러뿐이다([표 12-5]의 (b)의 최하단 참조). 이 중에서 3명이 3달러를 주기로 협력하고 나머지 2명이 8달러를 보유하기로 결정하였다면 배반 자는 17달러의 이득을 얻고 협력자는 6달러의 이득을 얻는다. 이러한 게임에서는 협력하는 사람의 수에 관계없이 배반자가 협력자보다 항상 11달러의 이득차이를 본다. 이러한 측면에서 [표 12-5]의 게임에서는 $D(n)$과 $C(n)$의 차이가 앞서의 [그림 12-1]의 (b)처럼 일정한 거리를 유지한다.

상기에서 논의한 게임의 변형으로 반디크(E. Van Dijk)와 그로즈카 (M. Grodzka)의 공공재 게임(public step good game)과 공유재 게임 (common resource pool game)이 있다. 이 게임에서는 기여금이 일정금액을 넘어서면 이것을 증폭시켜 경기자들에게 균등하게 배분한다. 일정금액을 넘지 않으면 기여금은 몰수된다. 예를 들어 1만 원을 가지고 있는 3명의 경기자가 기여할 수도 있고 안할 수도 있다. 전체 기여금이 2만 원 이내이면, 다시 말해 3명 중에서 1명만이 기여하면 몰수된다. 전체 기여금이 2만 원 이상이 되면 불입된 기여금의 3배가 경기자 모두에게 균등하게 분배된다. 이러한 게임에서 배반자와 협력자에게 돌아가는 순편익을 나타낸 것이 [표 12-6]이다.

[표 12-6] 3명의 경기하는 공공재 게임

협력자의 수(명)	배반자의 순이득(만 원)	협력자의 순이득(만 원)
3	3	2
2	2	1
1	0	-1
0	0	-1

가령 3명이 모두 기여하기로 하였다면 전체 기여금은 3만 원이므로 2만 원을 초과한 결과, 기여금의 3배인 9만 원이 균등하게 배분됨에 따라 협력한 각자는 2만 원의 이득을 얻는다. 그러나 3명 중에서 2명이 기여하여 전체 기여금이 2만 원이 되면 기여금의 3배인 6만 원이 3인에게 배분된 결과 협력한 자에겐 1만 원의 추가이득이 생기지만 배반자에겐 2만 원의 추가이득이 생긴다. [표 12-6]에서 알 수 있는 바와 같이 배반자와 협력자 사이의 이득 차이는 항상 일정한 액수인 1만 원이다.

합리적인 개인을 전제로 한다면 배반자의 이득이 협력자의 이득보다 높은 까닭에 협력이 이루어지지 않아 그 결과 공공재가 공급되지 않을 것으로 기대된다. 그러나 도우즈(Dawes)와 텔러(Thaler)는 'Anomalies: Cooperation'(1988)에서 이기적인 개인이 기여할 가능성이 전혀 없는 한탕의 공공재게임을 실험한 결과, 비록 최적수준은 아니지만, 최적수준의 40~60% 범위에 걸치는 수준의 협력이 일어난다는 사실을 발견하였다.

제2절 피의자의 딜레마에서의 심리적 변수

실험으로 피의자의 딜레마 게임을 응용하는 과정에서 사람들은 게임이론이 기대하는 합리적인 선택을 취하지 않는 현상들이 목격되었다. 게다가 모두 경험하였듯이 사람들은 자발적으로 공공재에 기여하고 공유재산의 비극을 피하는 약정에도 참여한다. 이러한 행동은 어떻게 설명될 수 있을까?

도즈(R. Dawes)는 사회적 딜레마와 같은 게임의 상황에서 일어나는 행동을 다르게 설명할 수 있는 여러 가지 심리적 변수를 설명하였다.

1. 이타주의

1988년 와이스브로드(Burton Weisbrod)가 조사한 바에 의하면 미국에서 자원봉사자가 제공하는 근로의 가치가 연간 740억 달러에 달한다. 사람들은 만족이 끝이 없을 정도로 탐욕을 부리지는 않는다. 그렇다고 다른 사람을 무조건 도우려고 애쓰지도 않는다. 다른 사람이 얼마나 관대하였는가에 따라 자신도 그를 대우한다. 이타적인 상대방에게 이타적으로 행동하는 본인일지라도, 상대가 본인을 해치면, 본인도 상대방을 해친다. 한 근로자가 유달리 회사에 충성하면 경영자는 그를 잘 대우해 주어야겠다는 의무감을 느낀다. 비록 잘 대우하는 것이 경영자에게 이익이 되지 않을지라도 그러한 의무감을 느낀다. 그런 측면에서 이타주의는 복잡한 양상을 가진 행동이다. 이타주의적인 행동이 일어나는 이유를 살펴보자.

❶ 개인에게는 협력하는 선택이 일어날 여지를 많도록 하는 이타주의적인(협력하는) 기질이 주어질 수 있다.

❷ 개인이 전술적 차원에서 이타적으로 행동할 수 있다. 이는 자신의 행동으로 인해 상대방이 협조할 것으로 기대하기 때문이다. 그러나 많은 사람들이 개입된 사회적 딜레마에서는 사회적 상호작용이 제한되어 있는 까닭에 전술적 이타주의가 사람들의 행동을 결정하는 중요한 변수라고 가정할 수는 없다.

❸ 이타적 행동의 사회심리학적 주장은 이기적인 행동이 자연선택 과정에서 생존하지 않았을 것으로 본다. 가령 이기주의적인 유전자가 인간을 지배하였다면 상대방의 보복으로 자손을 퍼뜨릴 수 없었을 것이라고 추정한다. 그 결과가 성공을 거두기 어려웠을 것으로 추정된다. 달리 말해 그런 성향의 인자는 씨가 말랐을 것이라는 의미이다.

유사하게 이타주의, 협력규범 및 도덕으로 향하는 사회혁명이 일어날 수 있다. 이타적 행동은 서로 호혜적인 조건으로 제한된 범위의 사회집단, 예컨대 친족, 친구, 클럽회원, 동창, 계꾼들에게 향해질 수 있다. 이는 사회집단 내부 및 외부에서 일어나는 딜레마에서 사람들이 선택하는 형태에 영향을 미칠 수 있다는 것을 의미한다.

2. 양심과 규범

규범(norm)과 양심(conscience)은 보상이 낳는 효용에 영향을 미칠 수 있다. 예를 들어 자원분할을 둘러싼 다른 규범은 분할결과로 얻어지는 효용에 다르게 영향을 미칠 수 있다. 또한 학습의 형태가 다름에 따라 배반하는 일이 죄책감을 낳게 할 수도 있다.

사례_192　반디크와 그로즈카는 1992년에 수행한 공공재에 대한 실험에서 6개의 집단 내에서 4명의 피험자에게 최초의 유산을 다르게 짝지어 제공하였다. 즉 각 집단의 2명에게 40달러(적은 유산)을 제공하고 다른 2명에게는 80달러(많은 유산)을 제공하였다. 사회규범은 각 경기자들이 형평성 있는 기여, 즉 유산이 많은 자는 많이 기여하고 유산이 적은 자는 적게 기여할 것이라는 가설을 세웠다. 피험자들이 형평성 있다고 생각하는 배분과 서로 다른 경기자들로부터 기대되는 기여금이 가설과 부합할 것으로 기대하였다. 그러나 사적으로 이루어진 평균 실제기여금은 유산이 많은 자와 유산이 작은 자 사이에 별다른 차이를 보여 주지 않았다.

유산이 많은 자는 많이 부담하고 적은 자는 적게 부담할 것으로 기대되는 사회규범과 부합하지 않는 결과를 얻었다. 실제행동이 규범과 다르게 나타난다는 사실이 밝혀졌다. 물론 이와 반대되는 연구결과도 있었다.

 사례_193　도즈가 1980년 집단의 이득과 윤리 등을 담은 938단어의 설교를 전달하여 피험자들에게 도덕심(moralizing)을 부여한 결과, 앞에서 책임성을 부여한 집단에 비해 협력하는 비율이 올라간다는 사실이 밝혀졌다.

3. 교류

도즈, 맥태비시(J. McTavish), 셰클(H. Shaklee) 등이 1977년에 실시한 실험에서 참여자 사이에 교류(communication)가 허용되는 경우, 협력적인 선택이 많이 이루어지는 현상(95% 이상)이 관찰되었다. 이러한 효과가 일어나게 된 배경을 이들은 세 가지 종류의 양상이 존재하기 때문이라고 지적하였다. 첫째 피험자들이 자신을 휴머니즘을 가진 인간으로 인식하고 있다(인간성 동참). 둘째 자신들이 부닥친 딜레마를 논의한다(논의). 셋째 자신의 행동에 책임을 지고 동시에 그러한 책임을 다른 사람으로부터 이끌어 내고자 시도한다(책임). 책임은 논의를 불러오고 논의는 다시 인간성에 대한 동참을 유도한다.

또 이들은 네 가지 조건의 게임결과를 비교하였다. 하나는 교류가 전혀 이루어지지 않는 경우이고, 하나는 아무런 관련이 없는 주제를 10분간 대화하도록 하고, 하나는 게임을 논의할 수 있도록 하고(그러나 책임은 없다), 나머지 하나는 책임을 요구하였다. 네 가지의 조건으로 실험한 결과는 각각 30%, 32%, 72%, 71%의 비율로 협력하는 것으로 나타났다. 이는 인간성에 동참한다고 하여 협력하는 비율이 높아지는 것은 아니라는 사실을 알려 준다. 논의는 협력하는 비율을 높게 상승시키지만 그렇다고 협력을 보장하지는 않는다. 강제적으로 부과된 책임은 오히려 협력을 증대시키지 않는 것으로 나타났다(실험에서 실제 모두 협력한다고 약속하였다). 이와 유사한 결과가 프레이(B. Frey)와 보네트(I. Bohnet)가 1995년에 수행한 실험에서도 발견되었다.

 사례_194 반디크와 그로즈카는 앞의 공공재 게임에서 사회집단으로부터 나온 정보를 다르게 설정하여 실험하였다. 집단 내의 4명 각자에게 다른 사람들로부터 기대되는 기여금이 얼마가 될 것인지를 적어 내거나 적어 내지 않거나 자유의사에 맡겼다. 그리고 나서 사적으로 기여금을 내도록 요구하였다. 실험 결과 6개 집단 내의 평균실제기여금이 조건을 달리한다고 하여 크게 다르게 나타나지는 않는 것으로 조사되었다. 사회적 책무라는 측면에서 제공된 정보를 고려하면 이 시도는 실패로 돌아가고, 오히려 앞의 교류실험 결과와 부합하는 결과를 얻었다.

4. 집단의 규모

올슨(M. Olson)은 *The Logic of Collective Action*(1965)에서 일반적으로 집단의 규모가 커질수록 협력하는 비율은 줄어든다는 사실을 지적하였다. 집단의 규모가 협력의 가능성에 영향을 미치는 이유를 스트로베(W. Stroebe)와 프레이(B. Frey)는 구성원들이 행동을 지각하는 효력과 주목할 수 있는 능력에 비롯한다고 주장하였다. 그러나 여러 실험에서 서로 다른 결과가 나타난 현상을 보상구조에 귀인시켜 설명할 수 있었다. 즉 배반에서 오는 피해가 보다 더 구체적으로 많은 사람 사이에 확산되어야 한다. 이 효과는 협력하는 비율이 높아질수록 〔그림 12-1〕(a)에서 같이 D(n)와 C(n)가 서로 접근하는 게임의 결과로부터 나올 수 있다.

 사례_195 보나시치(P. Bonacich), 슈어(G. Shure), 칸(J. Kahan), 미커(R. Meeker) 등의 1976년 실험에 의하면, D(n)와 C(n)의 기울기가 동일한 경우, 협력하는 비율이 3명, 6명, 9명의 순서대로 줄어드는 현상이 관찰되었다. 이는 보상구조와 관계없이 집단의 규모가 늘어날수록 협력이 이루어지지 않는다는 것을 의미한다.

5. 주목받을 가능성

공공에게 노출·확인될 수 있는 선택이, 알려지지 않는 무명의 선택보다, 상대적으로 협력하는 비율을 증가시킨다는 사실이 관찰되었다. 어느 경기자가 배반하는 것을 다른 경기자들이 안다면 배반한 경기자에게 집단의 제재, 가령 협박이나 적대적 행동이 취해질 수 있다. 배반자에 대한 코멘트는 흔히 도즈, 맥태비시, 셰클 등이 언급한 바와 같이 "당신이 나머지 우리를 배반하면 당신은 여생 동안 이를 기억하고 살아가야만 할 것이다"와 같은 메시지일 수 있다.

현실에서 협력자들이 이미 가고 없는 데에도 배반자들은 오랫동안 자리에 머물고 있는 현상이 관찰된다. 배반자들은 그만큼 죄책감을 가진다. 이처럼 다른 사람들로부터 주목받을 가능성(noticeability)과 다른 사람들에게 알려질 자신에 대한 평판, 즉 명성효과(reputation effect)가 사람들에게 배반하지 않고 공공재 공급에 협력하도록 이끈다.

6. 기대

다른 경기자가 협력할 것인가 아니면 배반할 것인가 하는 기대(expectation)가 자신의 선택에 영향을 미칠 수 있다. 만약 상대방이 협력할 것으로 기대되면 배반하려는 유혹이 줄어든다. 또한 만약 상대방이 배반할 것으로 기대되면 자신도 배반하여 상대방의 봉이 되는 것을 피하려고 할 것이다. 일반적으로 집단협력의 기대와 자신의 협력적 선택 사이에는 강한 양(+)의 상관관계가 존재한다는 사실이 발견되었다. 또한 배반자들은 협력자보다 상대방의 협력을 보다 더 잘 예측하는 것으로 조사되었다. 그러나 일반적으로 피험자들은 누가 협력하고, 누가 배반할 것인가를 예측하는 데에는 서툴렀다.

 사례_196 안토니데스(G. Antonides)는 1992년 피의자의 딜레마 게임연구에서 다른 사람들이 무엇을 선택할 것인가라는 기대가 본인의 행동에 영향을 미칠 것인지를 실험하였다. 실험결과 기대가 행동에 크게 영향을 미치는 것으로 나타났다. 다만 그 영향이 보상의 가치와 부호에 의해 영향을 받는 것으로 나타났다.

제3절 동태적 게임

앞 절에서는 경기자들이 한번의 선택으로 게임이 종료하는 한탕게임(one-shot game)을 다루었다. 그러나 많은 게임은 사전에 횟수를 알게 모르게 계속 반복하여 이루어진다. 이러한 게임을 동태적 게임(dynamic game)이라고 하는데, 이러한 게임에서는 참여하는 경기자들에게 학습할 수 있는 기회를 제공한다. 또한 경기자들은 단기의 보상을 극대화하는 행동과는 달리 여러 번에 걸친 게임으로부터 얻어질 보상을 극대화하는 방향으로 행동을 취할 기회를 발견한다.

반복되는 횟수가 일정한 동태적 피의자의 딜레마 게임에서 (처음을 포함하여) 매번 이루어지는 선택은 동일한 형태의 선택에 의해 지배된다. 즉 협력 아니면 배반이다. 게임 당사자들은 상대방으로부터 착취당할 위험을 감수하면서 협력을 선택할 만큼 합리적이어야 할 것이다. 그러려면 협력적인 선택으로부터 나오는 장기의 보상이 다른 사람을 착취하여 얻는 단기의 보상보다 더 높은 가중치가 부여되는 경우일 것이다. 이론적으로 반복되는 횟수를 모르거나 무한정한 게임에서는 협력하는 선택이 일어날 수 있다. 그러나 반복되는 횟수가 알려져 있더라도 그 수가 많으면 무한정한 게임으로 지각될 수 있다.

 사례_197 래포트(A. Rapport)와 참마(A. Chammah)가 1965년 실험을 통해 반복되는 피의자의 딜레마 게임(multiplay prisoners' dilemma game)을 실시해 본 결과, 협력이 시간이 지남에 따라 U자 모양을 갖는 것으로 조사되었다. 처음에는 협력하다가 게임이 반복되면서 협력이 줄어들다가, 30~60회가 지나자, 다시 협력하는 선택이 증가하는 것으로 나타났다. 이러한 발견은 단기적인 관점에서 장기적인 관점으로 선택이 이동한다는 것을 의미한다.

여러 가지 실험에서 처음에는 협력이 일어나지 않지만 시간이 지나면서 협력하는 현상이 발견되었는데 이를 개과천선한 죄인(reformed sinner)이라고 부른다. 이 전략은 피험자들이 비협력적이다가도 이후 개과천선하여 매우 협력한다는 의미에서 대단히 효과적이다. 또한 피험자들은, 다른 사람들이 협력적으로 나서는 행위를 관찰할 때보다 비협력적으로 교환하는 행위를 관찰하였을 때에, 보다 더 협력한다는 사실이 발견되었다. 이를 두고 프루이트(D. Pruitt)와 키멜(M. Kimmel)은 비협력의 경험이 협력하는 행동이 정착되도록 촉발시킨 셈이라고 지적하였다.

반복 게임모형은 아주 쉽게 컴퓨터 프로그램으로도 작성될 수 있다. 서로 다른 전략으로 작성된 프로그램으로 피의자의 딜레마 게임을 반복하는 경우, 가장 효과적인 전략이 어떤 것인지를 밝혀낼 수 있다.

사례_198 악설로드(R. Axerlod)는 1980년 미시간대학에서 반복되는 피의
자의 딜레마 게임의 전략을 수행하는 여러 가지 컴퓨터 프로그램을 가지고
컴퓨터를 통한 토너먼트 경기가 열렸다. 경제학자, 수학자, 정치학자, 심리학
자 및 사회학자들이 14가지의 프로그램을 고안하였다. 〔표 12-7〕에 나타난
보상을 주어진 것으로 하여 각 프로그램끼리 200회에 걸친 경기를 벌이도록
하였다. 보다 신뢰성 있는 자료를 구하기 위해 경기를 5번이나 반복하였다.

〔표 12-7〕 반복되는 피의자의 딜레마 게임의 보상행렬

		2번 경기자	
		협력	배반
1번 경기자	협력	(3, 3)	(0, 5)
	배반	(5, 0)	(1, 1)

토너먼트 경기에서 승리한 전략은 래포트가 제시한 대응(tit-for-tat)
전략이었다. 이 전략은 처음에 협력하다가 이후 상대방이 취하는 행동
을 따라한다. 이 전략은 아주 간단한 프로그램(명령어가 Fortran으로 4줄)
이고 인간과 경기하는 데 효과적이었다. 비록 대응전략이 다른 프로그
램에 비해 평균적으로는 가장 높은 점수를 획득하였으나, 개별적으로
본다면, 대응전략보다 높은 점수를 획득한 다른 프로그램도 존재하였
다. 특히 프로그램을 무작위로 선택하여 벌이는 경기에서는 대응전략의
프로그램이 아주 관대한 프로그램인 것으로 밝혀졌다.

대응전략은 프로그램의 두 가지 성격이 성공하도록 하는 데 기여한
것으로 보이는데 바로 신사적이고 용서하는 성격이다. 의사결정이 신사
적이라 함은 먼저 배반하지 않고, 마지막 몇 단계의 순서(가령 199회째)

이전에 먼저 배반하지 않는 행동을 말한다. 14가지 프로그램 중에서 여덟 가지가 이러한 조건에 부합하는 신사적인 프로그램이었다고 한다. 의사결정에서 용서함이란 다른 경기자가 배반하고 나서도 협력으로 나오면 여기서도 협력이 나올 수 있는 성향을 말한다. 대응전략은 매우 용서하는 전략이다. 상대방이 수차례에 걸쳐 배반하다가 협력으로 나오면 곧바로 이쪽에서 바로 협력으로 대응한다. 대응전략은 한 번 이상의 배반한 선택을 기억해 내지 못하는 프로그램이다.

 사례_199 이후 악셀로드에 의해 6개국에서 62명이 참여하는 토너먼트 경기가 열렸는데, 여기서도 대응전략이 승리하였다. 대응전략이 가장 최선의 전략은 아니었지만 다른 전략이 참여하는 수에 따라 최선 내지 차선의 전략이 된다는 사실도 밝혀졌다. 즉 승리한 프로그램을 높은 순위로 절반을 잘랐을 경우, 참여하는 다른 프로그램이 늘어날수록 대응전략은 25위, 16위, 8위, 4위를 차지하였다. 비록 대응전략이 많은 프로그램 사이에서는 매우 강했으나 작은 프로그램 사이에서는 최선의 전략이 아니었다는 사실이 밝혀졌다.

대응전략을 응용하는 사례를 살펴보자. 당신이 집을 팔려고 내놓았다. 원매자는 당신이 부르는 값보다 더 낮은 가격을 제시하였는데 그가 제시한 가격은 공정한 가격이다. 그러면 당신은 당초 부른 값을 깎을 것인가? 만약 그렇다면 얼마나 깎을 것인가? 여기서 대응전략이란 당신이 부른 가격을 공정하게 깎아 주는 일이다. 그에 따라 원매자로부터 양보도 이끌어 낼 수 있다. 원매자가 당초보다 약간 더 높은 가격을 제시하면 당신은 단호한 매도자의 지위에서 더 이상의 양보가 없어야만 한다. 그래야만 원매자로부터 착취당하지 않고 거래가 타결될 수 있다.

제4절 다른 종류의 실험적 게임

다양한 실험적인 게임이 존재하는데 여기서 나타나는 개인의 심리적 양상이 실험경제학자들에게 관심의 대상이다. 왜냐하면 게임이론상의 해결이 보편적으로 피험자의 행동과 부합하지 않기 때문이다. 이러한 게임은 논리, 경매, 국제시장, 주식시장, 분배시장, 제휴형성 등의 문제에 사람들의 행동이 어떤 법칙에 의해 지배되는가를 알려 준다. 여기서는 경제적 의미를 가지고 자주 연구되어 왔던 독재자 게임 및 최종협상 게임을 알아보고자 한다.

1. 최종협상 게임

최종협상게임(ultimatum bargaining game)은 귀트(W. Güth), 슈미트버거(R. Schmittberger), 슈바르체(B. Schwarze) 등에 의해 1982년 실험경제학에서 처음 소개되었다. 게임은 두 사람이 수행하는데 한 사람은 제안자로 다른 사람은 반응자로 역할한다. 그리고 두 사람 사이에 분배할 수 있는 일정금액을 제안자에게 주어지고. 제안자는 주어진 금액을 반응자와 서로 나눈다. 그러면 반응자는 제안자의 분배제의를 받아들이든지 거부하든지를 결정한다. 만약 반응자가 받아들이면 제안한 대로 분배가 이루어진다. 만약 반응자가 분배 제의를 거부하면 양측은 아무것도 얻는 이득이 없다. 이런 측면에서 최종협상 게임은 협상당사자들 각자가 이익을 차지려고 하기보다 반응자의 주도에 의해 공정하지 못한 상대방을 처벌하는 성질을 갖는 게임이다.

이러한 게임은 가령 판매자와 구매자, 기업주와 노조, 쌍방독점 등의 경제적 거래에서 일어난다. 경제적 거래에 대한 게임이론적 분석은 제안자가 반응자에게 아주 작은 금액을 제안하고 따라서 자신이 대부분의 몫을 차지하는 것으로 예측하게 만든다. 그러나 실제로 제안자가 50대 50이나 60대 40으로 자신과 반응자 사이에 나누어 갖는 분배를 제안하였고 반응자들은 아주 낮은 제안, 가령 80대 20이나 90대 10의 분배를 거절하였다. 왜 그럴까?

정상적인 경제이론으로 설명되지 않는 이러한 현상에 경제학자들은 사회적 영향을 이유로 든다. 호프만(E. Hoffman), 매케이브(K. Mc-Kabe), 스미스(V. Smith) 등은 1994년 실험을 위해 제안자와 반응자가 상대방을 보지 못하도록 하여 경기자들에게 익명을 보장하는 조치를 취하였다. 제안과 반응이 들어 있는 봉합된 봉투를 사용하고 심지어 실험자들도 누가 제안자이고 반응자인지를 알지 못하도록 하여 경기자들이 금액을 제안하여 반응하도록 실험을 설계하였다. 제안이 다소 극단적인 측면도 있었으나 여전히 게임이론이 예측하는 결과와는 다른 결과가 얻어졌다.

비록 실험경제학자들이 대개 인센티브에 부합하는 행동을 이끌어 내려고 돈을 보상수단으로 이용하지만, 보상금이 게임이론에서 예측되는 행동을 이끌어 내기에는 너무 적었다고 생각할 수도 있다. 1만 원을 나누어 가지는 것과 100만 원을 나누어 가지는 것은 전혀 다른 게임이기 때문이다. 그러나 실제로 보상금이 100만 원처럼 높은 경우에도 분배된 비율은 1만원을 분배하였을 경우와 차이가 없는 것으로 나타났다. 순수한 이기적 행동에서 벗어나는 행동을 설명하기 위해 공평성이나 형평성을 고려하였다는 주장이 제시되었다.

그리고 문화도 최종협상 게임이 이루어지는 결과에 영향을 미치는 것으로 나타났다.

 사례_200 2000년 하인리히(Joe Heinrich)가 미국 피츠버그의 대학생과 페루의 원시농민집단(Machiguenga)을 대상으로 최종협상 게임을 실시하였다. 제안자로 역할하는 미국의 대학생들은 상대방의 몫으로 50%를 제시하지만 페루의 농민들은 15~25%를 제시하는 것으로 나타났다. 문화적으로 경제적으로 세계에서 가장 원시적인 집단이라고 알려져 있는 페루의 농민집단은 경제이론이 예측하는 대로 이기적으로 행동한다는 사실을 하인리히는 오히려 아이러니라고 꼬집었다.

2. 독재자 게임

수혜자가 반응할 기회를 가지지 못하는 최종협상 게임을 독재자 게임(dictator game)이라고 한다. 여기서 제안자는 반응자가 제의를 거부하지 못할 것이라는 사실을 안다. 그러면 게임이론적으로 해석해 보면 제안자가 이득을 모두 다 취할 것이라고 기대된다. 제안자가 모든 이득을 취하더라도 제재가 가해지지 않는 데에도 불구하고, 기대와는 달리 실험에서 제의가 50대 50에 가깝게 이루어지는 경향이 발견되었다.

비록 팁이 서비스의 대가로 주어지는 것이지만, 팁을 주는 행위도 독재자 게임의 한 예이다. 제안자가 배당된 돈의 권리를 가지게 되었다고 느끼거나 수혜자(반응자) 사이의 인적 관계가 덜해질수록 상대방에게 제안하는 금액은 줄어든다는 사실이 카메르(C. Camerer)와 텔러(R. Thaler)의 1995년 연구에 의해 확인되었다.

사례_201 카너먼, 네치(J. Knetsch), 텔러는 인간이 강요되지 않는 상황에서 거래하는 데에도 공정성의 원칙을 준수한다는 사실을 발견하였다. 1984~1985년 사이에 캐나다 토론토와 밴쿠버에 거주하는 시민들을 무작위로 선정하여 기업들의 행동에 보이는 그들의 반응을 조사하였다.

자주 들르는 레스토랑에서 식사를 하는데 서비스가 만족하다면 10달러치의 저녁식사를 든 고객이라면 팁으로 얼마를 놓고 나갈 것이라고 생각하느냐란 설문에 122명이 응답자가 평균 1.28달러라고 대답하였다. 그리고 만약 그 레스토랑이 이후 방문할 것으로 기대하지 않는 여행지의 레스토랑이었다면 얼마를 팁으로 두고 나가겠는가라는 질문에 124명의 응답자들이 평균 1.27달러로 대답하였다. 실험결과 응답자들이 팁을 주는 데 이후 들르지 않을 레스토랑이라면 보복을 받을 염려가 없는 까닭에 독재자로서 역할하는 데에도 불구하고 식사대금의 15%를 팁으로 지급하는 관례를 준수하는 것으로 알려졌다.

동일한 실험을 자동차 서비스가 단골고객과 여행객에게 다르게 이루어질 것인가를 설문하였다. 단골고객과 여행객이 값비싼 부품을 교체하는 서비스를 자동차 수리센터에 맡겼다. 수리공이 자동차를 점검하고서 부품을 교체할 필요가 없다는 사실을 발견하였다. 단지 싸게 수리만 하면 되는 고장에 지나지 않았다. 자동차를 수리하는 것보다 부품을 교체하는 것이 수리공에게 커다란 이익을 남긴다. 이러한 상황에서 수리공이 어떻게 할 것인가 하고 설문한 결과, 단골고객이면 60%의 응답자가 수리공이 부품을 교체하여 이득을 볼 것이라고 대답하고 여행객이면 63%의 응답자가 수리공이 부품을 교체하여 이득을 남길 것이라고 대답하였다.

10명의 수리공 중에서 몇 사람이 이러한 일에 부품을 교체하지 않고 수리하여 고객의 경비를 절감할 것인가 하고 설문한 결과, 고객의 차량이라면 평균 3.62명의 수리공이, 여행객의 차량이라면 3.72명의 수리공이라고 응답하였다. 수리공들은 고객이나 여행객이나 차별하지 않고 취급할 것이라는 응답자의 실험결과가 나타났다. 즉 수리공들이 강요나 보복 또는 명성 때문에 고객을 똑같이 공정하게 취급하는 것으로 보이지는 않는다. 이처럼 사람들은 경제이론이 예측하는 것처럼 이기적으로 게임을 벌이지도 않는다.

제5절 흥정원칙

1. 일상적 흥정

앞에서 살펴본 게임은 복잡한 현실을 추상화시킨 것이다. 그렇다고 사람들은 잘 정의된 보상행렬이 주어지는 현실에서 선택하는 것도 아니다. 오히려 어떤 물품을 두고 구매자와 판매자 사이에 가격을 두고 흥정하는 일이 흔히 일어난다. 가령 이혼을 하는 경우 부부는 각자가 가급적이면 위자료를 많이 받으려고 애쓴다. 또 공동사업을 시작하면서도 가장 최선의 사업파트너를 찾으려고 노력한다. 이러한 상황이 공통으로 갖는 의미는 무엇인가? 이러한 상황에서 어떻게 하여야 하는가? 최선의 해결책을 찾으려고 하는 데 장애가 되는 것은 무엇인가? 가장 최선의 결과를 얻을 수 있는 보편적인 지침이나 원칙은 없는가?

게임이론은 선택대안들을 분석하여 보상을 가장 극대화하는 전략을 발견할 수 있도록 상황을 구성하는 틀을 제공한다. 그러나 흥정하는 문제에서는 게임이론의 틀이 다음과 같이 제한되어 있다.

❶ 상황을 해석하고 분류할 수 있는 정보(즉 누가 경기자이고 선택가능한 전략이 무엇인지하는 정보)가 제공되지 않으며,

❷ 상황을 정확하게 지각했는지 하는 피드백(즉 X전략이 과연 보상 Y를 획득하도록 하였는지)이 제공되지 않으며,

❸ 객관적 자료(이득과 손실)가 사람들의 개인적 가치나 효용(추가소득 100만 원이 나에게 얼마의 가치가 있고, 주말에 근로하는 노력을 얼마의 가치로 평가할 것인지 하는 따위)으로 변형되지 않으며,

❹ 대부분의 경우, 인지능력이 계산할 수 있는 범위를 넘어선다.

이러한 제한으로 인하여 흥정하는 상황에서는 사람들이 게임이론이 설명하는 대로 예측하지는 못한다. 그런 까닭으로 흥정의 상황에서 이루어지는 인간행동을 설명하는 데 전혀 다른 이론적 구조를 필요로 한다.

일반적으로 협상(negotiation)은 흥정(bargaining)보다 폭넓은 개념이다. 흥정은 합의를 목표로 하는 협상의 한 부분이지만 협상은 사회문제를 풀기 위한 모든 종류의 활동을 포함한다. 여기서는 두 용어를 서로 번갈아가며 사용하고자 한다. 협상문헌(게임이론은 제외)은 어떤 정형화된 틀을 사용하지 않지만 흥정하는 상황의 맥락에다 초점을 맞춘다. 게다가 함정을 피하거나 효과적으로 제3자의 역할로서 행동할 수 있는 가장 최선의 결과를 얻을 수 있는 여러 가지 지침을 제공한다.

2. 흥정의 구조

흥정은 여기에 참여하는 당사자들의 수와 다루어야 할 주제들의 수에 의해 구분된다. 라이파(H. Raiffa)는 *The Art and Science of Negotia-*

tion(1982)에서 한 주제를 두고 흥정하는 두 당사자들은 대개 배분을 위한 흥정(distributive bargaining)을 벌인다고 지적하였다. 배분을 위한 흥정은 가령 판매자와 구매자 사이에 물건값을 두고, 사용자와 노조 사이에 임금을 두고 흥정하는 따위의 협상에 적용된다. 이론적으로 보면 이것들은 전혀 복잡하지 않은 상황이다. 그러나 배분을 위한 흥정은 때로는 당사자들의 다른 이해가 맞물려 통합하는 흥정(integrative bargaining)으로 변하기도 한다. 즉 두 가지 이상의 주제가 관련되어 있으면 통합하는 흥정이 가능해지는데 여기서는 한 주제가 다른 주제의 흥정대상이 된다.

〔표 12-8〕 흥정상황의 구조

	1개의 주제	2개 이상의 주제
2인의 당사자	분배하는 흥정	통합하는 흥정
2인 이상의 당사자	분할 및 제휴하는 흥정	

예를 들어 소비자들은 상거래에서 대금을 할부로 분할하여 지급하는 데에 따른 희생으로 높은 가격을 부담한다. 흔히 중재자가 미궁에 빠져 있는 당사자들의 협상장애를 돌파할 수 있는 새로운 양상을 발견하여 통합하는 흥정이 가능하도록 만들기도 한다. 당사자가 두 사람 이상인 경우에 제휴를 통해 보상을 분할하는 것은 적절한 선택이 될 수 있다(〔표 12-8〕 참조).

분배하는 흥정은 협상을 명확히 하기 위해 어떤 용어를 도입하는 데에 이용될 수 있다. 가령 중고자동차를 비공식적인 시장에서 거래하는 판매자와 구매자의 상황을 한번 살펴보자. 가능한 해결책은 차량을 현찰과 교환하는 계약이다. 중요한 개념은 두 결과의 경계를 구분 짓는 유보가격(reservation price)이다(〔그림 12-2〕 참조). 즉 구매자의 유보가격 Rb는 구매자가 지불할 수 있는 최대가격이기 때문에 그 이상의 가격으로서는 계약이 성립하지 않는다. 마찬가지로 판매자의 유보가격 Rs는 판매자가 받아들일 수 있는 최저한의 가격이므로 그 이하의 가격으로서는 계약이 성립하지 않는다. 여기서 만약 Rb＜Rs이면 합의가 이루어질 수 없어 거래는 결코 성립하지 않는다. 그러나 Rb ≥ Rs이면 흥정구역 또는 합의가능 구역은 Rb - Rs이다. 이러한 경우 흥정구역은 양 당사자의 이윤마진을 포함한다.

구매자의 이윤(구매자 잉여)은 판매자의 이윤(판매자 잉여)을 희생하는 대가로 얻어질 것이다. 따라서 분배하는 흥정은 동시에 합이 영이 되는 게임(zero sum game)이다. 분배하는 흥정에서 합의의 대안은 '무계약', 즉 흥정이 성립하지 않는 것이다.

분배하는 흥정게임은 다른 수많은 방법으로 벌어질 수 있다. 구매자나 판매자 중의 한 사람이 개방된 입찰(open bid)방식으로 협상에 들어갈 수 있다. 다른 사람은 제의를 받아들이거나 거절하거나 반대제의 등을 제시할 수 있다. 제의와 반대제의가 연속되는 과정을 협상춤(negotiation dance)이라고 한다. 이 과정은 이해하기도 어렵고 또한 이를 정형화된 식으로 표현하기도 어렵다.

차일디니(R. B. Cialdini)는 『설득의 심리학』(*Influence*)에서 대개 한쪽

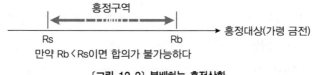

〔그림 12-2〕 분배하는 흥정상황

의 양보가, 사회적 교환의 공정성 때문에, 즉 다른 쪽이 거래의 형평성을 고려하여 양보할 의무를 느낀 나머지, 상대방의 양보를 이끌어 낸다고 지적한다. 흥정은 다른 많은 종류의 전술을 포함할 수 있다. 라이파에 의하면 양 당사자가 상대방의 유보가격을 안다면 합의는 대개 흥정구역 사이의 중간지점에서 이루어지는데 이를 '등거리원칙'이라고 한다.

도슨(R. Dawson)은 『협상의 비법』(*Secrets of Power Negotiating*)에서 협상하는 양쪽이 똑같이 양보하는 데 합의하더라도 각자가 원하는 것을 얻을 수 있다고 지적한다. 그는 등거리원칙이 협상전략으로 이용되기 위해서는 상대가 먼저 자신의 조건을 제시하도록 유도하여야 한다고 지적한다. 가령 자신이 입장을 먼저 밝히게 되면, 상대가 등거리전략으로 똑같이 양보하자고 제안하더라도 상대방은 자신의 목적을 달성하게 된다. 그래서 등거리 전략을 쓰려면 상대에게 먼저 제의하도록 하는 하나의 원칙이 제시된다. 그는 상대방의 전략에 넘어가지 않도록 상대방에게 "당신은 제게 협상을 요청했습니다. 그 태도가 마음에 듭니다. 거래를 요청하셨으니 먼저 입장을 밝히시지요"라고 대담하게 말하라고 권고한다.

 사례_202 상대방보다 자신이 먼저 입장을 밝혀 커다란 손해를 입은 사례를 소개한다. 영국의 그룹싱어 비틀즈 초기에, 매니저 브라이언 엡스타인은 그들의 첫 번째 영화 계약 협상을 하고 있었다. 상대방인 유나이티드 아티스츠 영화사는 10대들을 위한 영화를 계획하면서 예산을 겨우 30만 달러만 준비했다. 연출자는 엡스타인에게 2만 5000달러와 수익금의 일정 비율을 제공하겠다고 재안했다. 유나이티드 아티스츠는 비틀즈가 소액의 착수금만 받고 일을 시작한다면 수익의 25%까지 지불할 생각이었다. 그는 자기 생각을 감춘 채

브라이언 엡스타인에게 원하는 바를 먼저 말하라고 했다. 브라이언은 아직 거액을 만져 보지 못했고, 업계의 사정을 깊이 알아볼 시간도 없었던 까닭에 7.5%에서 단 한 푼도 깎을 수 없다고 단정적으로 말했다. 영화「고된 날의 밤(A Hard Day's Night)」은 흥행에 성공을 거두면서, 조건을 먼저 내건 브라이언의 잘못으로, 비틀즈는 수백만 달러의 손해를 보았다.   -『협상의 비법』에서

분배하는 게임을 제한하는 형태가 최종흥정 게임과 독재자 게임이다. 이 게임에서는 흥정구역의 정보가 양당사자들 모두에게 알려져 있어 밀고 당기고 하는 흥정의 여지가 없다.

스칸초니(J. Scanzoni)와 폴론코(K. Polonko)는 1980년의 연구에서 협상하는 모형을 결혼에 적용하였다. 이 게임은 기본적으로 세 가지 부분으로 구성되는데 각 부분이 〔표 12-9〕에 나와 있는 여러 가지 요소를 포함한다.

〔표 12-9〕 흥정상황의 세 가지 구성요소

사회적 맥락	흥정과정	흥정결과
협상자의 속성	협상자의 이해	계약
협상자의 자원	협상자의 기대	보상
흥정의 정향	흥정전술	보상의 배분
흥정의 역사		보상의 효용
		시장지명도

자료: Scanzoni & Polonko(1980), A Conceptual Approach to Explicit Marital Negotiation, *Journal of Marriage and the Family*.

사회적 맥락이란 흥정상황에 주어지는 다음의 요소를 말한다.

❶ 협상자의 속성요소는 성별, 연령, 위치 및 소속(예컨대 기업, 상점

또는 가계), 법적 지위, 고용상의 지위 등을 포함한다. 흔히 속성은 협상형태, 예를 들어 노동자와 고용주, 생산자와 유통업자 또는 상점과 가계 간의 협상을 결정한다.

❷ 자원은 교육과 지식, 시간과 금전적 예산, 사회적 네트워크, 흥정 기술 및 의사결정의 권한 있는 주체 등을 포함한다. 일반적으로 자원은 협상과정에 이용되는 힘을 생성시킨다. 예를 들어 시간을 충분히 가진 측보다 시간에 쫓기는 쪽이 양보할 가능성이 높다.

자원은 다양한데 금전(예산, 임금 등)이나 물자(식량, 석유, 부품 등)와 설비(기계, 공구, 소프트웨어, 운송수단), 인력(동원가능, 전문성 등), 서비스(기술, 수리보수), 그리고 시간(납기, 연기할 수 있는 능력 등) 등을 말한다. '목마른 자가 우물판다'라는 속담이 있듯이 시간에 얽매이다 보면 양보할 가능성이 높아진다. 자동차 판매상은 보너스를 타기 위해 월말이 지나기 전에 구매가 완료되길 원한다, 하지만 구매자는 다음달까지 구태여 자동차를 필요로 하지 않는다. 시장의 어물전이나 채소점 상인은 저녁 무렵이 되면 고기와 채소의 순도가 떨어지기 이전에 팔아치우기를 바란다. 그러나 손님은 내일 먹을 것까지 구입할 필요성을 느끼지 않아 값을 더 깎으려고 든다.

아이들은 부모가 외출하고 나가거나 손님과 잡담을 나누는 즈음에서야 무언가를 요구하는 버릇이 있다. 일부러 교묘하게 잔머리를 굴리는 것이라고 할 수는 없다. 아이들은 그저 수년간 경험을 통해 시간이 부족할 때 원하는 것을 얻을 수 있는 가능성이 높아진다는 사실을 본능적으로 알게 된 것일 뿐이다.

❸ 흥정의 정향(orientation: 자신의 위치를 알아차리는 능력)은 협상자의 자존감(이는 창피당하는 경우에 중요하다), 성적 역할의 선호(가정에서 두드러지

게 나타난다) 및 협상의 대상이 되는 주제를 포함한다. 예를 들어 해외시장(가령 중국시장)을 겨냥하는 회사는 유럽 내의 기업보다 중국 내의 기업과 합작사업을 고려할 것이다.

❹ 특히 동태적 게임에서 흥정의 역사는 흥정하는 데 과거의 행동이 협상이 지향하는 방향에 영향을 미친다. 과거의 행동은 상대방을 신용할 수 있는가 또는 상대방이 말이 통하고 협력적인 사람인가를 알려 준다. 게다가 과거의 행동이 오해나 분노를 초래할 수도 있다. 이 요소는 향후의 협상에 나서는 당사자에게도 크게 영향을 미칠 수 있다.

❺ 시장지명도는 흥정과정에 행사되는 힘에 영향을 미친다. 시장지명도는 판매자의 수에 대한 구매자의 상대적 수와 전문성이나 설비를 이용할 수 있는가 등을 포함한다.

흥정과정에서 가장 중요한 것은 당사자들이 합의에 도달하였는가이다. 최종흥정 게임에서는 응답자들이 제의를 수용하였는가 거절하였는가가 관찰되는데 각 당사자에게 분배된 절대적 및 상대적 보상규모가 적절한지를 알게 된다. 비록 절대적 보상규모가 그런대로 쓸모가 있을지라도 상대방에게 돌아간 보상을 상대적으로 고려하면 형평성을 아주 상실할 가능성도 있다. 그 결과 배는 부르지만 배 아픈 일이 벌어진다. 이것이 최종흥정 게임이 다른 게임과 차별되는 특징이다.

끝으로 보상의 효용을 검토할 수 있다. 균일하게 배분하면 가난한 자는 부유한 자보다 더 유복해질 수 있다. 그리고 현찰을 당장 필요로 하는 기업은 보상금이 지연되어 지급되는 것(어음)을 받아들이기 꺼려한다.

요컨대 흥정상황은 당사자의 유보결과(가격)에 의해 성격이 정해질 수 있다. 협상된 결과는 통합하는 흥정을 통해, 예컨대 파이를 확대하는 것을 통해 보다 가치가 있을 수 있다. 흥정결과는 합의할 가능성에 영향을 주면서 여러 가지 방향에서 검토될 수 있다. 심지어 이득이 되는 결과일지라도 형평성을 상실하면 흥정이 무시될 수 있다.

3. 협상전략과 전술

피셔(R. Fisher), 어리(W. Ury), 패턴(B. Patton)은 *Getting to Yes: Negotiating Agreement Without Giving In*(1983)에서 협상을 두 가지의 서로 다른 형태로 구분하였다. 첫 번째 형태는 입장상의 협상(positional bargaining)으로, 이는 당사자들이 처한 입장을 주어진 것으로 받아들인다. 여기서 입장이란 이미 결정된 것으로, 문제에 대한 한 개의 해결방안을 갖고 있고, 상대방이 종종 수용할 수 없는 주제를 말한다. 이런 형태의 협상 중에서 터프한 협상은 무엇보다도 상대방을 적대자로 바라보고, 승리를 갈망한 나머지 상대방의 양보를 요구하고 상대방을 위협하고 압력을 행사한다. 지위에서 벗어나면 협상에서 패한 것으로 간주한다. 대신 소프트한 협상은 상대방을 친구로 바라보고, 합의를 이끌어내려고 제의하며, 압력을 피하고 우정을 위해 양보도 마다하지 않는다. 입장상의 협상은 또한 승패(win-lose)협상이라고도 하는데 왜냐하면 한 당사자의 이득은 다른 당사자의 손실로 인식되기 때문이다. 흔히 그 결과는 분배적 흥정으로 끝난다.

이해관계가 아닌 입장에 근거한 협상은 대개 실패로 돌아간다. 피셔(Fisher) 등은 협상가가 서로가 가진 특정 입장을 만족시켜 주는 것이 어렵다고 할지라도 근본적인 이해관계를 납득하게 되면 자신의 이해관계를 만족시킬 수 있는 해결안을 만들어 낼 수 있다고 주장하였다.

사례_203 두 사람이 도서관에서 말다툼을 벌이고 있다. 한 사람은 창문을 열고자 하고, 다른 사람은 닫기를 원한다. 이들은 창문을 얼마나 열어놓을 것인지, 즉 조금 여는 것과 반쯤 여는 것 그리고 3/4정도 여는 것에 대해 소모적인 논쟁을 벌였으나 어떤 해결방안도 내지 못했다. 도서관 사서가 들어와 한 사람에게 왜 창문을 열어야 하는지를 물었다. "신선한 공기를 마시려고요." 사서는 다른 사람에게도 이유를 물었다. "차가운 바람이 들어오는 것을 피하려고요." 몇 분간 생각한 사서는 바람이 들어오지 않으면서 신선한 공기를 들여오도록 하기 위해 옆방의 창문을 열었다.

Essentials of Negotiation, R. Lewicki, D. Saunders, B. Barrg & J. Minton, 김성혁 편역, 『최고의 협상』(2004, 스마트비지니스)에서

위에서 두 사람의 입장은 '창문 열기'와 '창문 닫기'이다. 입장에 근거한 협상을 계속 추구한다면 그 결과는 한쪽만이 승리하는 승-패로 끝날 것이다. 여기서 창문을 어느 정도 여는 타협안은 패-패의 타결책이 된다. 사서가 입장상의 협상을 '차가운 바람 막기'와 '신선한 공기 들여놓기'라고 하는 이해관계를 근거로 하는 해결책을 제시하였기 때문에 승-승의 결과를 얻게 되었다.

두 번째 형태는 원칙상의 협상(principled negotiation)으로, 이는 당사자들이 가진 원칙에 바탕을 둔다. 이런 까닭으로 각자의 원칙에 충실하다 보니 입장변화가 일어날 수 있다. 각자는 상대방을 문제해결사로 간주하여, 지각 있는 해결책을 모색하려고 애쓰고, 상호 이익이 될 수 있는 가능성을 창출하고자 기회를 검토하고 상대방의 원칙을 존중한다.

또한 이런 형태를 승승(win-win)협상이라고 하고, 그 결과 통합하는 흥정을 낳는다. 객관적 기준이 결정적인 역할을 수행하기 때문에 협상

문제는 개인적 양상과 분리된다. 협상당사자의 원칙이 다를 수 있기 때문에 당사자들은 합의하는 데에 다른 양상의 가치를 부여할 수 있다.

 사례_204 1994년 록히드 사와 마틴 마리에타 사가 합병할 당시 양사의 최고경영자들이 자신들이 기대하는 이득을 솔직히 털어놓음으로써 전화통화 3분만에 합병이 이루어졌다. 당시 록히드 사의 회장 다니엘 텔렙은 62세였는데 은퇴하기 전에 회사를 떠나는 것을 달갑지 않게 여겼고 한편 마틴 마리에타 사의 최고경영자는 58세의 노먼 어거스틴이었는데 나이가 상대적으로 작아 부담이 적었다. 이들은 우선 텔렙이 새로운 합병회사인 록히드 마틴 사의 회장직을 2년간 맡고 이후 어거스틴이 이어받는데 합의하였다. 이렇게 두사람이 손해를 보지 않는 윈-윈 게임으로 세계에서 가장 큰 항공회사와 방위산업체가 탄생하게 되었다.

－『최고의 협상』에서

 사례_205 1972년 1월, 닉슨 미국 대통령의 특사가 중국을 방문해 닉슨의 중국 방문에 관해 논의하면서, 방문기간 동안 수많은 수행기자들이 위성을 통해 TV화면과 사진을 전송할 필요에 따라 직접 위성기지국 설비를 가지고 오겠다고 했다. 그러자 저우언라이(周恩來)는 미국측에서 위성기지국 설비를 가지고 온다면 중국이 이를 구매하거나 임대해 외신기자들이 사용할 수 있도록 제공할 것이며, 이 문제에 대해 백악관과 논의해 중국의 국가주권을 보호할 것이라고 말했다. 그리고 저우언라이는 미국에 기지국 설비를 임대해줄 것을 요청했다. 백악관 대변인은 이에 대해 임대료가 100만 달러에 달할 것이라면서 중국이 임대하는 형태보다 자신들이 직접 가지고 오는 편이 나을 것이라고 충고했다. 저우언라이는 이 같은 보고를 듣고는, "이는 단순한 금전 문제가 아니라 우리나라의 주권과 관계된 문제요"라고 말하고, "미국으로부터 기지국 설비를 임대할 것이며, 임대기간 동안 기지국 설비의 소유권이 중국 정부에 속한다. 따라서 미국 정부가 먼저 중국에 사용허가를 신청하고 중국은 미국측에 사용료를 청구할 것이다. 사용료는 임대료와 맞먹는 수준일 것이다"라고 미국 측에 전달했다. 이 말을 들은 미국 백악관 대변인은 저우언라이 같은 협상의 고수는 난생 처음이라며 혀를 내두르고 저우언라이의 요구를 모두 받아들였다고 한다. - 力平, 「周恩來一生」, 허유영 옮김, 「저우어라이 평전」(2004, 한얼미디어)에서

 사례_206 북한 핵무기폐기의 대가를 두고 6자회담이 벌어졌다. 북한은 체제안정을 보장받으려고 하고 한국 등은 북한이 핵무기를 폐기하기를 바란다. 상호에게 각자의 원칙이 반영되는 협상이 되도록 남한 정부는 북한에게 핵폐기의 대가로 무상으로 전력을 공급하기로 제의하였다.

협상에서의 또 하나의 기교가 합의의 엄정성이다. 거래의 가능성을 증대시키기 위해 합의하는 몇 가지 양상이 느슨해질 수 있다. 합의가 본질적인 것보다 절차적인 것으로, 항구적이기보다 일시적인 것으로, 포괄적이기보다 부분적인 것으로, 확정적이기보다 원칙적인 것으로, 무조건적이기보다 상황에 따라서인 것으로, 구속하기보다 약속이 없는 것으로, 또는 일차적이기보다 이차적인 것으로 될 수 있다.

예를 들어 두 당사자가 지불조건(본질적)에 합의가 이루어지지 않으면, 이러한 경우 어떻게 할 것인지를 중재자의 손(절차적)에 맡겨져 버린다. 원칙상의 협상은, 목표에 타협의 여지가 없으나(확고부동) 목표를 달성하기 위한 수단은 열려 있는(유연성) 소위 혁신적인 확고부동의 유연성(firm flexibility)이라고 일컬어 진다.

비록 앞에서 말한 협상형태가 다른 접근방법을 구성하고 있으나 형태

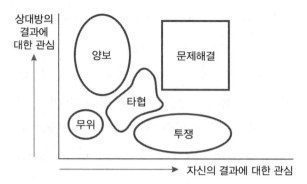

자료: D.G. Pruitt(1983), Strategic Choice in Negotiation, *American Behavioral Scientist*.

[그림 12-3] 이중관심모형

와 관련된 행동은 여러 가지이다. 네가지 종류의 협상집단을 구분할 필요
가 있다. 종류마다 자신의 결과와 상대방의 결과에 대한 관심이 다르다.
이러한 이중적인 관심을 보여 주는 모형이 [그림 12-3]에 나와 있다.

협상의 주제가 자신의 이익에 관심이 클수록 [그림 12-3]의 오른쪽
에 있는 전략(문제해결, 투쟁)을 선택하고 자신의 이익에 관심이 약할수록
그림의 왼쪽에 있는 전략(양보, 무위)을 선택한다. 그리고 상대방의 이익
을 달성되도록 하는 데에 관심이 강할수록 그림의 위쪽에 있는 전략을
사용하고 상대방의 이익에 개의치 않을수록 아래쪽에 놓인 전략을 선택
한다.

문제해결(통합하는 홍정 또는 확고부동의 유연성)은 자기자신의 결과와 상
대방의 결과에 대해 모두 관심을 가지고 공통의 이익을 극대화하는 때
에 일어난다. 투쟁이나 양보는 입장상의 홍정에 속하고, 한 당사자의 결
과에 대한 관심만이 지배한다. 무위(inaction)는 어떤 결과가 나오더라
도 전혀 관심이 없이 철회하거나 침묵으로 일관하는 경우를 말한다.

다시 한번 게임과 협상을 쉽게 구분하고자 두 피의자의 딜레마게임(표

12-1)과 동태적 딜레마게임(표 12-7)을 이중관심모형(그림 12-3)으로 설명해보자. 두 피의자의 딜레마게임은 두 사람이 패-패하는 '무위'로 끝났다. 동태적 딜레마게임은 두 사람이 승-승하는 '문제해결'로 끝났다. 게임의 상황이 이처럼 문제해결이나 무위만으로 끝나도록 짜여져 있지는 않다. 협상은 결과(보상)가 '양보'나 '투쟁', 아니면 '타협'으로 종결되는 상황이 일어나는데 이를 조정게임(coordination game)이라고 부른다.

입장상의 협상에서는 양보나 투쟁이 결과로 나타나면서 승-패의 협상으로 끝난다. 대신 원칙상의 협상에서는 타협이 결과로 나타나면서 비록 완전하지는 않지만 승-승의 협상으로 끝난다. 대부분의 경우 협상은 서로에게 이득이 되는 승-승의 게임을 전제한다. 일방의 승리로 끝나는 게임은 협상이 아니고 군사적 전투나 바가지를 씌운 거래에 해당한다. 군사적 전투를 벌이다가도 휴전에 들어가 협상을 통해 승-승의 결과를 얻는 까닭에 협상이란 단어가 붙여진다.

승-패의 결과를 얻은 전략으로 알려진 역사적 사례로서는 BC 204년 漢나라 韓信이 趙나라를 치기 위해 병서의 내용과는 반대로 물을 등지고 전진을 친 '背水之陣'이나, 서기 711년 이슬람의 지도자 자블 알 타릭(Jable al Tariq)이 겨우 7천명의 군사를 거느리고 지브랄타 해협을 건너 스페인을 침공한 후 자신들이 타고 왔던 배를 불살라버린 'burning the bridge behind'를 들 수 있다(박찬희, 한순구 지음, 「게임의 법칙」, 2005, 경문사).

일상의 생활에서 승-패는 아니더라도 최소한 승-승의 결과를 낳을 흥정을 위해서는 상대방의 페이스에 말려들지 않아야 한다(治人而不治於人). 흔히 장사꾼이 '손해보고 판다'하는 식의 오리발 내놓는 거짓도 때에 따라 필요로 한다(羊頭狗肉). 자신의 강점보다 상대방의 약점을 부각시킨다(知彼知己). 뱀 잡으려고 풀 섶을 두드리듯이 제3자(hostage)를 활용할 필요도 있다(鷄鳴狗盜). 물론 협상과정에 상대방으로부터 신뢰를 쌓는 일을 빼놓을 수 없다(移木之信). 상대방의 진위를 파악하기 위해 소모적인 지구전(war of attrition)을 펼칠 필요가 있다(大不動點鎌掛). 끝으로 협상을 끝낼 기일(deadline)을 설정하여서는 안 된다(五里霧中).

4. 난국

협상이나 흥정이 합의되지 않고 막다른 골목에 도달하기도 한다. 경제학자들은 이러한 상황에 도달하는 것을 정보가 완전하지 못하기 때문이라고 지적한다. 즉 상대방이 허용할 수 있는 가치(합의하지 않고 철수해 버리는 것이 낫다고 생각하는 레저베이션 가치)를 서로가 모르는 상태에서 당사자들은 상대방에게 가급적이면 자신의 레저베이션 가치가 높다는 것을 신호로 보내고자 비용을 들이면서까지 협상을 지연시킨다. 경제학자들은 임금협상을 위한 쟁투기간이 길수록 임금상승률이 높아질 것이라고 가설을 설정하여 검증하였다.

배브콕(Linda Babcock)과 로언스타인(Grorge Lowenstein)은 협상이 막다른 골목에 처해 지연되는 까닭을 비교적 간단한 심리적 메커니즘으로 설명하였다. 원래는 공정한 타결안인 데에도 협상당사자들은 자신에게 이득이 되는 안으로 부풀리려는 자기만족의 편견(self-serving bias)으로 인해 협상을 지연시킨다고 한다. 이처럼 공정성을 자기만족을 기준으로 평가하는 행동으로 인해 협상이 지연되어 결국 다음의 세 가지 방향으로 난국에 도달한다.

첫째 협상자들이 타협안의 대안가치를 자기만족의 방향으로 평가하면, 계약구역(각자의 레저베이션 가치보다 더 나은 타결안들의 집합)을 제거시키게 되어 그 결과 어떠한 타협의 가능성도 배제해버리게 된다.

둘째 자신들이 공정하다고 생각하는 관념이 부당한 것이 아니라고 믿는다면(협상의 두 당사자들이 모두 이렇게 믿고 있다), 상대방이 협상태도를 공격적으로 취하는 행동으로 나온다면 이를 공정한 몫을 얻기 위한 노력에서 그렇게 나오는 것이라고 해석하지 않고, 불공정한 전략적 우위를 차지하기 위한 냉소적이고도 착취하려는 시도에서 그러한 행동으로 나온다고 해석한다. 심리학과 경제학의 연구에 의하면 협상자들은 상대방이 제안하는 타협안뿐만 아니라 상대방의 동기에 대해서도 관심을 둔다.

셋째 협상자들은 공정하다고 생각하는 수준보다 약간 뒤떨어지는 안에 타결하는 것조차 강하게 반대한다. 자기만족의 편견은 사람들이 가진 평균이상효과(above average effect)의 심리현상에서도 관찰된다. 가령 여러 학자들의 연구결과 사람들은 운전능력, 윤리감, 관리능력, 생산성, 건강, 기타 기술능력 등에서 자신을 설문조사대상자의 평균 이상이라고 믿는다는 사실이 밝혀졌다. 또한 사람들은 공동으로 수행되는 과업에서 자신이 기여하는 비율을 과대평가하는 것으로 조사되었다. 예를 들어 로스(M. Ross)와 시콜리(F. Sicoly)의 1979년 조사에 의하면 부부의 경우 여러 가지 집안일에 각자가 기여하는 바를 100% 이상이라고 생각하는 것으로 나타났다.

 사례_207 1996년 배브콕, 왕(Xiangbong Wang) 및 로언스타인은 자기만족의 편견이 현실에서 일어나고 있는가를 펜실베이니아주 공립학교 교사들의 봉급협상이 이루어진 과정을 통해 조사하였다. 1971년 이래 교사들의 봉급협상의 8%가 스트라이크로 끝났는데 그 기간은 16.4일이었다. 협상과정에서 대부분의 경우 타지역에서 타결된 봉급수준이 준거기준으로 기여한다. 조사자들이 노조와 학교를 대상으로 준거기준이 되는 타지역의 봉급수준을 기록해줄 것을 요청하자 노조는 평균 2만 7633달러였는 데 비해 학교는 평균 2만 6922달러였다. 양자의 금액차이 711달러는 통계적으로 유의한 수준의 차이였다. 이 차이는 연간 5% 이내의 봉급이 상승한 시기의 평균봉급의 약 2.4%나 되었다.

자기만족의 편견(자위의 편견)이 스트라이크에 미친 영향을 살펴본 결과 노조가 제시한 봉급과 학교가 제시한 봉급 사이의 차이가 1000달러인 지역은 노조와 학교가 동일한 봉급을 제시한 지역에 비해 49% 더 자주 스트라이크를 벌이는 것으로 추정되었다.

제6절 설득의 법칙

협상은 당사자가 있는 거래인 까닭에 그 결과는 상대방을 어떻게 설득시키는가에 좌우한다. 로저 도슨(Roger Dawson)은 『협상의 비법』에서 상대방을 설득하는 8가지 법칙을 제시하고 있다.

첫 번째로 사람들은 보상받을 수 있다고 생각할 때 기꺼이 설득된다. 상대방에게 보상을 약속했을 때 상대방은 약속을 지키거나 특정 계약서에 기꺼이 서명한다. 판매 실적이 하락하고 있는 골치 아픈 지역일지라도 차기 부사장이 될 수 있다는 확신만 심어줄 수 있다면, 유능한 판매

책임자를 그곳에 발령낼 수 있다.

유능한 판매 사원은 고객의 주문이 자신들에게 안겨줄 이익에 대해 말하지 않는다. 대신 철저한 서비스 정신으로 고객에게 봉사하고, 그 대가로 자신들이 얻은 이익의 일부를 고객에게 되돌려주고 있다는 태도를 취한다. 또 대다수의 사업부문에서 최고 세일즈맨의 위치에 오른 사람들은 자신의 재능으로 인해 얻어진 이익의 상당 부문이 고객에게 되돌려지는 듯한 분위기를 연출한다. 세계 최고의 자동차 판매왕 조 지라르는 "나의 고객은 시보레(Chevrolet)를 사는 것이 아니라 나를 사는 것이다"라고 말한 바가 있다.

두 번째로 사람들은 징벌의 위협 앞에 쉽게 설득당한다. 그 까닭은 인간의 가장 원초적인 본능에 해당하는 공포를 유발하기 때문이다. 매슬로(Abraham H. Maslow)는 인간욕구단계에서 죽음의 공포가 가장 강력한 설득력을 가진다고 주장한다. 또한 외로움에 대한 공포는 수많은 사람들이 애정이 없는 생활을 지속하도록 강요한다. 어떤 상황에서도 '보상'과 '징벌'이 공존하는데 징벌하겠다고 위협하면서 보상의 힘을 병행하면 훨씬 더 강력한 효과가 나타날 수 있다.

세 번째로 사람들은 유대감을 느낄 때 설득된다. 사람들의 사회적 본능은 자신과 공통점을 가진 사람에게 유대감을 느끼고 또한 그의 요구를 따르고 싶어한다. 유대감이란 어머니가 맨 처음 아이와 피부를 접촉하면서 일어나는 심리적 변화를 묘사하기 위해 심리학자들이 사용하는 용어이다.

 사례_208 홀린즈 대학(Holins College)에 재학 중인 24명의 심리학과 학생들은 칭찬을 통해 다른 학과 여대생들의 패션을 바꿀 수 있는지 실험하였다.

학생들은 실험을 시작한 후 얼마 동안은 푸른색 옷을 입은 여학생을 칭찬했다. 그러자 푸른색 옷을 입은 여대생은 25퍼센트에서 38퍼센트로 증가했다. 그러고 나서 학생들은 붉은색 옷을 입은 여학생들을 칭찬하기 시작했다. 그러자 붉은색 옷을 입는 여학생은 11퍼센트에서 22퍼센트로 2배나 증가했다. 이렇듯 칭찬의 효과는 매우 유대감을 일으키도록 촉구하는 것으로 밝혀졌다.

네 번째로 상황의 힘이 지배할 때 사람들은 설득된다. 가령 고객의 입장에서 은행에서 수표를 현금으로 바꿔달라고 요청하거나 구입한 물건을 상점에 환불을 요청할 경우 상대방이 "좋습니다. 이번에만 해 드리죠. 하지만 정규적인 관행은 아닙니다."라고 말할 수 있는 것은 상황을 지배하는 힘이 있기 때문이다.

다섯 번째로 사람들은 전문가에게 쉽게 설득된다. 상황에 영향을 주는 요소는 전문적 지식이다. 의사와 변호사들은 보통 사람들이 이해할 수 없는 전문 용어를 사용함으로써 전문 지식이란 힘을 휘두른다.

여섯 번째 사람들은 일관된 행동 앞에 쉽게 설득된다. 일관된 기준을 지키며 살아가는 상대방을 쉽게 예측가능하여 신뢰하고 협상할 여지가 생긴다. 우리 마음 속에 존재하는 일관성은 '생존과 안전'이라는 인간의 기본적인 욕구와 동등하다고 볼 수 있다. 이 세상이 언제나 일정한 패턴으로 움직인다면 우리는 안전하다고 느낀다. 이와 반대로 일관성이 없는 사람이나 환경과 마주칠 때 우리는 불안감을 느낀다. 이러한 이유로 우리는 인간관계를 맺는 동안 일관된 행동 패턴을 보이는 사람들을 선호하게 되고, 또한 그들에게 쉽게 설득된다.

비록 보상과 징벌이 즉각적으로 영향을 미칠지라도 지속적으로 사용할 수가 없다. 가령 중간 관리자에게 5천만 원의 연봉을 제시하여 처음에 그것이 동기를 부여하는 강력한 요소였지만 해를 거듭할수록 보상이 주는 가치는 감소한다. 처벌에 대해서도 동일한 원리가 성립한다. 이는 가치함수가 이득에 대해 체감하고 손실에 대해 체증하기 때문이다. 그러나 일관성의 힘은 시간이 지날수록 점점 커진다. 절대 벗어나지 않는 일관된 규범을 지킨다는 사실이 널리 알려지면 상대방은 더욱 신뢰를 보내게 된다. 이러한 신뢰를 바탕으로 강력한 설득력이 자라난다.

일곱 번째로 설득하는 다양한 방법으로 상대방에게 의무감을 불러일으킨다. 가장 기본적인 방법은 얻으려는 것보다 더 많이 요구하는 것이다. 그런 다음 일정 부분을 양보하면, 자신에게 유리한 상황을 확보할 수 있다. 점차 요구 사항을 줄이는 과정에서 서로 양보해야 한다는 책임감을 느끼게 되기 때문이다. 정부부처가 예산을 요구하든, 임금 인상을 요구하든, 판매를 하든, 승진을 하든 더 많은 것을 요구하는 태도는 설득 기술의 가장 핵심적인 요소이다.

여덟 번째로 인간은 누구나 일단 무엇인가를 결정했을 때 번복하는 일을 아주 싫어한다. 이러한 성향을 이용하여 유능한 협상가는 얻고자 하는 것보다 더 많이 요구한다. 상대방으로 하여금 이번에는 원하는 대로 했으니, 다음 번에는 양보해야 한다는 분위기를 만들 수 있기 때문이다. 그런 까닭에 일반적으로 노사간의 협상에서 노사 모두 터무니없는 요구를 한 뒤 요구안의 대부분을 양보하는 친절을 베푼다.

제7절 요 약

사회적 딜레마에서 개인의 선택은 다른 사람들이 선택하는 것에 영향을 받는다. 사회적 딜레마의 특수한 형태인 피의자의 딜레마는 개인들의 합리적인 선택이 비효율적인 결과를 낳는다는 상식을 지적한다.

피의자의 딜레마 게임에서 협력하는 선택은 게임이론에 의해서는 예측되지 않지만 종종 실험과 실생활에서 일어나고 있다. 이러한 결과는 협력하는 선택과 배반하는 선택에서 각각 다를 수밖에 없는 보상이 주는 효용으로부터 나온다. 효용은 이타주의, 양심과 규범, 교류, 집단의 크기, 주목받을 가능성, 기대 및 도덕성 등과 같은 심리적인 변수에 의해 영향을 받는다.

피의자의 딜레마 게임을 수행할 수 있는 횟수가 경기자가 선택하는 전략에 영향을 미친다. 경험은 그 게임을 실제로 수행하였거나 다른 경기자들을 관찰하여 얻어진다. 몇 번인가의 배반 이후에 협력하는 선택으로 변하는 이른바 '개과천선한 죄인'전략은 상대방에게 협력하는 선택을 유도한다. 피의자의 딜레마 게임에서 성공적인 전략은 대응(tit-for-tat)전략으로서 이는 처음에 협력하고 이후에는 상대방을 따라하는 전략이다.

여러 가지 실험을 통해 경제적 합리성을 검증한 결과 사람들은 오로지 자신의 이익만을 위해 행동하지는 않고 형평성 이론이 예측하는 바와 같이 협력과 공정성이 지배한다. 독재자 게임이나 최종협상 게임은 형평성 있는 분배를 예측한다.

흥정상황은 당사자의 유보결과(가격)에 의해 성격이 정해질 수 있다. 협상된 결과는 통합하는 흥정을 통해, 예컨대 파이를 확대하는 것을 통해 보다 큰 이익을 낳을 수 있다. 협상결과는 합의할 가능성에 영향을 주면서 여러 가지 방향에서 검토될 수 있다. 가장 일반적인 원칙은 등거리 원칙으로 서로 상대방의 이득이 알려지면 이득을 양분하여 배분하는 흥정이 들어선다.

협상전략은 입장상의 협상과 원칙상의 협상으로 구분된다. 원칙상의 협상은 협상의 지위를 변경시켜 승-승의 결과를 낳을 수 있지만 입장상의 협상은 흥정지위를 변경시키지 못해 패-패의 결과를 낳는다. 협상은 두 피의자의 딜레마게임처럼 '무위'의 결과로 끝나기도, 또는 동태적 딜레마게임처럼 '문제해결'의 결과로 끝나기도 하지만 조정게임처럼 '양보'나, '투쟁', 또는 '타협'의 결과를 낳기도 한다.

찾아보기